陕西师范大学中国语言文学"世界一流学科建设"成果

性别批评丛书 总主编 屈雅君

屈雅君 主编

性别理论的
中西两地视野

Gender Theories in
China and the West

中国社会科学出版社

图书在版编目（CIP）数据

性别理论的中西两地视野/屈雅君主编.—北京：中国社会科学出版社，2019.12

（性别批评丛书）

ISBN 978-7-5203-5901-6

Ⅰ.①性… Ⅱ.①屈… Ⅲ.①妇女学—研究—西方国家 ②妇女学—研究—中国 Ⅳ.①C913.68②D442

中国版本图书馆 CIP 数据核字（2020）第 009139 号

出 版 人	赵剑英
责任编辑	顾世宝
责任校对	闫 萃
责任印制	戴 宽

出　　版	中国社会科学出版社
社　　址	北京鼓楼西大街甲 158 号
邮　　编	100720
网　　址	http://www.csspw.cn
发 行 部	010-84083685
门 市 部	010-84029450
经　　销	新华书店及其他书店

印　　刷	北京明恒达印务有限公司
装　　订	廊坊市广阳区广增装订厂
版　　次	2019 年 12 月第 1 版
印　　次	2019 年 12 月第 1 次印刷

开　　本	710×1000　1/16
印　　张	25.5
字　　数	344 千字
定　　价	138.00 元

凡购买中国社会科学出版社图书，如有质量问题请与本社营销中心联系调换
电话：010-84083683
版权所有　侵权必究

总　序

屈雅君

一　关于使用"性别批评"概念

20世纪60年代诞生于西方新女权运动的女权主义批评，立场鲜明，视角独到，话锋犀利，经过半个多世纪的发展，话语日益丰富，形态更加多样，方法越发成熟。

这套丛书的命名，并未沿用"女权主义文学批评"（或"女性主义文学批评"）等概念，而使用了"性别批评"，旨在强调以下两层含义。

（一）"性别"不是一个中立的概念

"性别"，或者说"社会性别"这个词[①]，和"阶级""种族"一样，一旦进入社会科学研究领域，就决定了它不可能是一个立场中立的概念。20世纪70年代，美国人类学家盖尔·卢宾首次在她的性别研究中使用这个词时，就试图探索人类历史上女人受压迫的根源。"社会性别是社会强加的两性区分，它是性的社会

[①] 英文gender一词，在中文中有"性别"和"社会性别"两种译法，此概念无论在何种语境中出现，都强调它自身与sex一词（sex也有与gender相对应的两种译法："生理性别"或"性别"）的区别。

关系的产物。"① 美国历史学家琼·W. 斯科特将性别划定为一个"分析域",一种"分析范畴",她在定义"性别"一词时,提出了两大核心命题:"性别是组成以性别差异为基础的社会关系的成分;性别是区分权力关系的基本方式。"② 虽然"性别"这个词在有些人看来,较之那些带有鲜明女性立场的"女权主义""女性""妇女"等词汇,貌似更趋向于客观、中立,然而事实是,它在妇女研究领域的广泛流行、被高频率使用,正是女性主义理论进一步深化的标志。

"性别"之所以成为女权主义理论中的一个关键词,在于它包含着一个清晰的逻辑命题,即:既然有别于"生理性别"的"社会性别"是由社会、历史、文化所形成的,那么,它就有可能随着社会、历史、文化的改变而改变。因此,无论是女权运动,还是女权主义理论,抑或是女权主义批评,都肩负着关注妇女命运、促进两性平等、推动社会进步的天赋使命。

(二)性别分析不可能依靠单一性别,它关乎两性,关乎社会整体结构

20世纪80年代以后,女权主义理论大多用"性别"研究取代以往的"妇女"研究。琼·W. 斯科特在她的论著中引述并认同一种看法:"将'性别'作为'妇女'的代名词,这表明,与妇女相关的信息亦与男子相关,对妇女的研究意味着对男子的研究。这种看法表明,女性世界是男性世界的一部分,它产生于男性世界,由男性世界所创造。""孤立地研究女性,会强化这样的信念,即男性的历史与女性的历史毫不相干。"③

---

① [美]盖尔·卢宾:《女性交易:性的"政治经济学"初探》,载[美]佩吉·麦克拉肯主编《女权主义理论读本》,广西师范大学出版社2007年版,第52页。
② [美]琼·W. 斯科特:《性别:历史分析中的一个有效范畴》,载李银河主编《妇女:最漫长的革命》,生活·读书·新知三联书店1997年版,第168页。
③ 同上书,第156页。

20世纪60年代,在新女权主义运动中产生的女权主义文学批评,其目光从一开始就不仅仅限于女性,女权批评家们最先是从男作家的文学作品入手,将男性中心社会所创造的整个文学世界作为观照对象。她们既剖析男作家笔下的男性形象,也剖析其笔下的女性形象,她们既关注男性批评家对女性形象的分析,也关注他们对男性形象的阐释,简言之,女权批评家们将两性作家、两性批评家、文学中的两性人物形象,以及两性的阅读群体全部纳入了她们的批评视野,从而构成一个宽广宏阔的比较平台。她们从性别入手重新阅读和评论文本,将文学和读者个人生活相联系,激烈地抨击传统文学对女性的刻画以及男性评论家带有性别偏见的评论,从而揭示文学中女性从属地位的历史、社会和文化根源。因此,全社会的男女两性,以及无论何种性别标记的人群(而不是其中任何一种单一的性别),才是妇女研究、女性研究、女性主义理念研究的应有视野。

二 关于"性别批评"研究对象

(一)性别批评作为文学批评

作为性别批评的另一种表述形式,"女性主义文学批评"不是一个仅仅与"女性文学"和"女性主义文学"相呼应的概念。但在中国高等教育中,虽然"女性文学""妇女文学"作为文学课程体系中一个边缘的、细小的分支,受到越来越普遍的关注。但是,在中国知识界以及高校文科学生中,仍然有相当一部分学生甚至学者将"女性主义文学批评"仅仅理解为"对于女作家作品的批评"。因此,这里重申女性主义文学批评的主要研究对象是必要的。

美国女性主义批评家爱莲·肖沃尔特(Elaine Showalter)曾就女性主义文学批评的研究对象或曰范围作了经典概括。她将其分为两大类,其一是女性主义评论(feminist critique)。这种批评是以女性读者的眼光来观照文学,它探究文学现象的种种意识形态的假设,这种研究也被称为"女性阅读"研究。其二是"女性批评家"(gynocritics)。它涉及作为作家的女性,即制造本文意义的女性。这种研究也是"女性写作"的研究。①

"女性阅读"研究可以概括为对迄今为止的文学史进行女性主义清理。具体包括:(1)梳理女性主义理论、社会性别理论,以及由这些理论所引申出的文学批评理论,其中包括那些与女性、妇女、性别相关的理论,也包括可为女性研究、性别研究运用和借鉴的理论;(2)阐述女性主义的批评原则,特别是在后现代主义思潮背景下,女性研究、性别研究、女性文学批评所采用的基本理念、研究方法、分析框架和批评策略;(3)对文学文本的主题或曰意指系统的性别研究;(4)文学体裁类别的文化认定及其中心/边缘结构的性别研究;(5)对于隐含在文学题材区分和划定背后的性别权力关系的研究;(6)文学文本的形式主义批评,诸如对文学叙事的诸要素,对文本的表层含义与深层含义,对文本的叙述者、叙述视角、叙述方法的性别分析等。在这些具体研究中,所有关于"本文"与"价值"的分析方法都可以进入女性主义批评家的视野,同时都可供她们有选择、有条件地借鉴。

"女性写作"的研究可以概括为探索和发掘一个被人遗忘的女性文学史,从而使整个人类文学的历史变得更加丰富。具体包括:(1)对于历史上女性文学家及其文学作品的发掘和梳理。文学史上曾有一些男性批评家和男性学者做过类似的工作,因此这种工作既包括了以新的性别眼光对这些已经梳理工作的再梳理,也包括了重新发现、找寻、拾遗、填补新的女作家作品;(2)女性创作能力的心理动力学,特别是与诸如"母爱"等女性独有的经验潜意识对女

---

① [美]埃莲·肖尔瓦特:《走向女性主义诗学》,载[美]埃莲·肖尔瓦特编选《新女性主义批评》(纽约,1985年),转引自康正果《女权主义与文学》,中国社会科学出版社1994年版,第84页。

性创作的影响的研究；（3）通过语言，特别是文学语言的性别研究，去发现、发掘由于各种原因已然形成的女性特有的言说方式；（4）女作家群研究；（5）女作家作品的个案研究；等等。同样，无论是对文学史料的整理，还是在作家作品研究中对"史"与"论"之关系的研究，都不应是任意的、无章可循的。女性主义在批评实践中尊重所有批评理论长期积淀的学术规范，同时以冷静敏锐的眼光审视这些规范中所潜藏的性别偏见，并逐渐尝试一些不同的原则和规范，这些原则和规范的存在使文学批评领域在性别视角的调整过程中逐渐变得更加丰富、多元、立体、深广。

（二）性别批评作为艺术批评

在中国，无论是在学术界、教科书里，还是在人们的日常生活中，一向是"文学"与"艺术"并提。并且在广义的艺术分类上，也一直将文学作为诸多艺术门类之一种——语言艺术。因而从逻辑上讲，"文学"与艺术中的其他门类（如音乐、绘画、舞蹈等）应该具有平等地位。但是，无论是在西方哲学史、文论史界还是在当代中国文艺理论界，"文学中心说"影响深远。已有学者对西方哲学史的相关理论作过详尽的梳理，归结起来主要有以下理论依据：第一，文学是艺术发展的最后阶段（谢林、黑格尔）。第二，文学是艺术最高样式或典型样式，文学是最偏重内容、在思想上最有力度的艺术（黑格尔、别林斯基）。第三，文学是各类艺术的基础。一些综合性艺术样式如戏剧、曲艺、电影、电视等都离不开文学（脚本）基础；各种艺术的思维、构思、创作以及对它们的理解、阐释、评价也离不开文学语言这一基础。第四，文学性或曰诗意精神是所有艺术的共同因素，也是艺术的真正生命和灵魂（马利坦等）。①

---

① 以上"文学中心说"中对西方哲学史相关观点的归纳和梳理详见李心峰《文学：作为一种艺术》，《文艺研究》1997年第4期。

就中国当代社会而言,"文学中心论"体现于学校教育的设置,语文课程(课本内容中绝大多数是文学作品)贯穿了从小学到高中的全过程。就其分量和地位而言,没有任何一门艺术课程(音乐、美术)可以与之相比;在大学教育中,非艺术类专业不再开设艺术课程,但所有专业学生都要学习"大学语文";在中国任何一所综合性大学里,中文专业(语言文字课程占据了绝对比重)一向独立,且地位绝对超过所有艺术专业之总和。也就是说,在一个人一生所接受的全部艺术教育中,"语言艺术"的教育自始至终占据着绝对中心的位置。

必须指出,"文学中心论"与女性主义消解二元对立的基本思维方法在本质上是冲突的。女性主义从诞生那天起,就作为一种边缘力量不断地向各种各样的"中心"发起挑战。就"文学中心论"而言,它的根本问题不是语言艺术与其他艺术门类之间的关系,而是语言的本体论意义。在逻各斯中心主义价值体系中,语言不是工具,不是手段,更不仅仅是艺术的一个分支,语言是目的,是人的存在方式,是人的本质。

上述"文学中心"的事实,是文学批评向艺术批评拓展的基础,也是"女性主义文学批评"向"女性主义艺术批评"拓展的前提。在批评实践中,正如文学批评的许多基本原则都适用于其他艺术一样,女性主义文学批评的一些基本原则和分析框架,如对于影视作品、流行音乐、绘画雕塑等艺术门类,还包括电视综艺、各种网络视频艺术等(甚至包括介于艺术与非艺术之间的各种新型的、另类的制作),无论就其主题的呈现,还是题材的选择、人物的设置等要素的性别分析都具有相当广阔的覆盖面和适应性。即使是偏重于形式材料的分析,女性主义文学批评理论也能够以它无可替代的概括力为其他艺术研究提供某些方法论启示。

(三)性别批评作为文化批评

按杰姆逊的说法:"文化从来就不是哲学性的,文化其实是讲故事。观念性的东西能取得的效果是很弱的,而文化中的叙事却具有很重要的作用和影响。小说是叙事,电影是叙事,甚至广告也是叙事,也含有小故事。"① 如此,叙事就不局限于文学,甚至不局限于各种艺术,而是充斥于全社会整个的文化空间之中。从批评形态上看,女性文学批评是一种对文学艺术的外部研究或曰社会学研究。它所关心的不只是妇女在文艺中的地位,更重要的是通过她们的文学地位来透视她们的社会地位和现实生存状态,并通过文学批评实践与整个女性主义运动相连接。在中国,由于马克思主义的阶级分析和社会解放理论对于女性文学批评的发展和建设起到了不同寻常的影响,这种从文学艺术出发而指向文学艺术以外的倾向更加突出。同时中国传统的"文以载道"观念也格外强调文艺的道德价值和社会功能。在这种现实背景下,中国的女性主义文学批评不仅可以是女性主义理论在文学领域,进而在艺术领域的延伸,同时也是一种对全社会的性别观念施加影响的力量。它的基本原则不仅可以用于其他艺术批评,而且可以用于社会批评和文化批评。比如对既存的流行时尚及公众审美标准的探讨和评判,对于大众传播媒介(如新闻、公益宣传、商业广告,以及从幼儿教育到大学教育中使用的教材,为各个年龄段量身定制的各类畅销读物,以及社会风尚,与大众日常息息相关的各类生活要素的流行趋势,等等)的性别分析和研究等。以广告为例,虽然它只是一种商业现象,但它同时又是一种艺术集成,几乎运用了所有的艺术手段:文学、绘画、摄影、音乐……因此对于商业广告的性别分析离不开最基本的文学批评方法。由于大众传媒内容普遍涉及思想倾向、审美趣味、内容与形式、语言风格、人物、叙述模式等专业问题,因此,对它们的分析不应是情

---

① [美]杰姆逊:《后现代主义与文化理论》,唐小兵译,北京大学出版社1997年版,第66页。

绪化的阅读反应，不应是纯道德的声讨，不应是独断的政治说教，也不应仅仅是一般社会学方法的借用或套用，而需要依据强有力的思想文化理论作为背景资源。女性主义文学批评的产生本身就是对那种拘泥于纯美学思考的形式主义批评理论（如新批评等）的突破和发展。作为后结构主义批评思潮的一个分支，它与西方当代文化思潮特别是后现代主义文化思潮一同生长发育，它借助语言哲学、文化人类学、精神分析学、现代阐释学、符号学等一系列学科作为理论背景。因此，女性主义文学批评有责任也有能力承担女性主义文化批评的使命。

女性文化批评的另一项使命是参与女性文化的建设与发展。比如，对被男性文化所轻视、忽略和埋没的民间妇女文化（织物、绣品和其他手工艺品）的发掘、整理和研究，这种研究不应只是知识的介绍、装饰感的展示与民俗学的说明，而应该是被女性主义文学批评方法论所照亮的，具有一定思想穿透力和理论高度的，充分融入了历史主义和人文主义的，对于世界的新的解释。

上述种种，是本套"性别批评丛书"孜孜以求的目标。它的面世，正是全体参与其间的作者共同努力的结果。

2019 年 5 月于西安

本卷主编　屈雅君

各章作者

第一章	社会性别理论的中西两地视野	李东晓
第二章	马克思主义对女性主义的影响	刘宝成
第三章	他者哲学及其对女性主义理论的影响	屈亚萍
第四章	哈贝马斯交往理论及其对性别研究的启示	程明社
第五章	女性主义批评的解构传统	傅美蓉
第六章	西方女性主义批评的"双性同体"观	陶　慧
第七章	西方语境下女权主义关于身体的理论	侯阿妮
第八章	法国与美国的女性主义的身体理论	杨　梅
第九章	女性身体：作为"性"符码的生产和消费	赵卫东
第十章	生态女性主义早期文本解读	陈雪婧

目　录

第一章　社会性别理论的中西两地视野 …………………… (1)
　第一节　社会性别理论在西方的发展 ………………………… (1)
　　一　社会性别理论的发展历程 ……………………………… (1)
　　二　对社会性别理论的综合考察 …………………………… (13)
　　三　社会性别理论影响下的女性主义文学批评 …………… (17)
　第二节　社会性别理论在中国的接受与传播 ………………… (21)
　　一　sex 与 gender 的翻译 …………………………………… (21)
　　二　社会性别理论本土化之思 ……………………………… (25)
　　三　社会性别理论影响下的中国文学批评 ………………… (29)
　结语 ……………………………………………………………… (36)

第二章　马克思主义对女性主义的影响 ……………………… (38)
　第一节　马克思主义关于女性的思想 ………………………… (39)
　　一　女性问题的起源分析 …………………………………… (40)
　　二　工业资本主义社会条件下的女性问题 ………………… (42)
　　三　女性解放思想 …………………………………………… (46)
　第二节　马克思主义的女性主义解读 ………………………… (48)
　　一　马克思主义作为一种女性主义思想源泉 ……………… (48)
　　二　女性主义对马克思主义的吸纳与发展 ………………… (49)
　　三　女性主义发展马克思主义的成果与不足 ……………… (58)

第三节　马克思主义对女性主义文学的影响……………(63)
  一　强烈的政治性和社会批判色彩………………………(65)
  二　对经济因素的强调……………………………………(72)
  三　女性主义文论的成就及存在的问题…………………(73)

第三章　他者哲学及其对女性主义理论的影响……………(77)
第一节　西方近代哲学对他者的理解……………………(77)
  一　笛卡尔和康德——"他者"问题的背景　……………(77)
  二　费希特…………………………………………………(78)
  三　黑格尔…………………………………………………(79)
第二节　西方现代哲学对他者的理解……………………(80)
  一　胡塞尔对他者的理解…………………………………(80)
  二　海德格尔的他者的哲学——常人的统治……………(82)
  三　萨特的他者的哲学——他人是地狱…………………(85)
  四　精神分析学对他者的理解……………………………(88)
  五　列维纳斯对他者的理解………………………………(95)
第三节　他者哲学对存在主义女性主义理论的影响……(98)
  一　他者哲学对波伏娃女性主义理论的影响……………(98)
  二　波伏娃的存在主义女性理论观　……………………(103)
  三　波伏娃的女性主义理论对后世女性主义的影响……(108)
第四节　后现代女性主义对拉康的他者哲学的
     继承与批判……………………………………(110)
  一　西苏与拉康……………………………………………(110)
  二　伊利格瑞与拉康………………………………………(111)
  三　克里斯蒂娃与拉康……………………………………(113)

第四章　哈贝马斯交往理论及其对性别研究的启示…………(116)
第一节　交往理论与去中心化……………………………(116)

一　交往的前提：个体的自由与自律 …………………（116）
　　二　在反思与批判中阐释 …………………………………（120）
　　三　交往理性：价值协调的理性 …………………………（122）
第二节　交往理论与相对主义 …………………………………（126）
　　一　赋予交往参与者以意义：作为交往背景的
　　　　生活世界 ………………………………………………（126）
　　二　对不可通约性的规避：普遍语用学 …………………（129）
　　三　共识与真理 …………………………………………（132）
第三节　女性主体的不可解构性：对气质中心化与
　　　　相对主义的双重规避 …………………………………（135）
　　一　女性理论的当下困境 ………………………………（135）
　　二　生理性别：一个必需的中止判断 …………………（137）
　　三　身体：应该作为主体而存在 ………………………（139）
第四节　权力与货币：去中心化与去相对主义的
　　　　主要场域 ………………………………………………（141）
　　一　女性气质在权力与货币中的困境 …………………（141）
　　二　权力与货币：女性气质可以自由展现的战场 ……（143）
　　三　重塑批判性的公共领域：让女性气质在
　　　　批判中彰显 ……………………………………………（147）
第五节　关于女性气质的研究立场、方法及其他问题 ………（149）
　　一　女性气质的研究立场 ………………………………（149）
　　二　女性气质的研究方法 ………………………………（150）
　　三　交往理论与中国问题 ………………………………（153）

第五章　女性主义批评的解构传统 ……………………………（157）
第一节　女性主义批评的解构渊薮 ……………………………（158）
　　一　女性主义与解构主义的相遇 ………………………（158）
　　二　女性主义与解构主义的契合 ………………………（159）

三　女性主义与解构主义的分歧 …………………………… (161)
　第二节　作为寄生物的女性主义批评：内在的阅读 ……… (163)
　　一　从《第二性》肇始 …………………………………… (163)
　　二　革命性解读：《性的政治》 ………………………… (166)
　　三　从女性作为读者到女性作为作者 …………………… (170)
　第三节　嫁接复嫁接 ………………………………………… (173)
　　一　嫁接的运作：对父权理论的吸收和改造 …………… (174)
　　二　文本的嫁接：法国女性主义批评 …………………… (179)
　第四节　作为寄主的批评 …………………………………… (184)
　　一　从边缘到边缘 ………………………………………… (185)
　　二　解构再解构 …………………………………………… (189)

第六章　西方女性主义批评的"双性同体"观 ……………… (193)
　第一节　"双性同体"观的理论资源 ……………………… (193)
　　一　西方"双性同体"观溯源 …………………………… (193)
　　二　西方女性主义批评"双性同体"观的理论背景 …… (195)
　第二节　英美女性主义"双性同体"观 …………………… (199)
　　一　"伟大的头脑是双性同体的" ……………………… (199)
　　二　乌托邦构想抑或伟大的解构 ………………………… (205)
　第三节　法国女性主义"双性同体"观 …………………… (214)
　　一　不健全的组合 ………………………………………… (215)
　　二　"另一种双性同体" ………………………………… (220)
　结语　解构二元对立的多元个体 …………………………… (224)

第七章　西方语境下女权主义关于身体的理论 …………… (226)
　第一节　外化视角：女权主义关于身体的
　　　　　　"政治性"理论 ………………………………… (226)
　　一　西方早期女权主义关于身体的理论缺失 …………… (227)

二 女权主义关于身体"政治性"理论之提出 ……………(230)
三 "性政治"清算——女权主义批评方法的介入 ……(235)
第二节 内化视角：后现代女权主义批评中关于身体的
"话语性"理论 …………………………………………(239)
一 后现代女权主义批评的主要理论来源 ……………(240)
二 法国女权主义批评的理论先驱：
西蒙娜·德·波伏娃 …………………………………(242)
三 "话语"领域的硕果——后现代女权主义批评中的
"身体语言" ……………………………………………(245)
第三节 世纪之交女权主义关于身体的
"多元化"质疑 …………………………………………(255)
一 一种多元的性向实践："酷儿"（Queer）理论 ……(255)
二 一个现状：身体的标准化 …………………………(258)
三 一种颠覆：女权主义对消费文化中身体理论的质疑、
探索和诠释 ……………………………………………(261)

第八章 法国与美国的女性主义的身体理论 ……………………(267)
第一节 法国的女性主义理论与身体之关系 …………………(267)
一 露西·依利格瑞：从批判男权话语的身体观到
"二人同行" ……………………………………………(268)
二 克里斯蒂娃：从身体、情爱等层面探寻
话语的可能 ……………………………………………(272)
三 埃莱娜·西苏："身体写作"与"身体" …………(276)
第二节 美国的女性主义理论与身体之关系 …………………(280)
一 反思、挖掘、寻求 …………………………………(280)
二 超越、解放、开拓 …………………………………(285)
第三节 法、美两派女性主义理论比较 ………………………(291)
一 法、美女性主义理论观照"身体"之相似性 ……(291)

二　两国女性主义理论观照"身体"之差异性 ……………（295）
　　三　法国和美国的女性主义理论在对身体的观照中，
　　　　对于"概念"也有不同的看法 ……………………（298）

第九章　女性身体：作为"性"符码的生产和消费 ……………（303）
　第一节　从符号到符码："性"寓言的现代式转换 ………（306）
　　一　从身体符号到符码 ……………………………………（306）
　　二　性符码的伪装与改造 …………………………………（308）
　　三　商品交换原则下的色情命令 …………………………（312）
　第二节　阅读时代性符码的生产和消费 …………………（314）
　　一　在性符码中穿行的欲望叙事 …………………………（314）
　　二　性符码的特征与消费模式 ……………………………（317）
　　三　性符码与消费群体的文化观念 ………………………（319）
　第三节　图像时代性符码的生产和消费 …………………（321）
　　一　技术符码对于身体符号的介入 ………………………（321）
　　二　性符码的特征与视觉转换 ……………………………（324）
　　三　感性审美与本能欲望的纠结 …………………………（326）
　　四　性符码与大众文化观念 ………………………………（328）
　第四节　不同时代文本的解读 ………………………………（331）
　　一　两个文本和一种机制 …………………………………（331）
　　二　父权制与消费主义的合流 ……………………………（336）
　　三　从文化观念到意识形态 ………………………………（337）

第十章　生态女性主义早期文本解读 ……………………………（342）
　第一节　生态女性主义文化思潮 ……………………………（342）
　　一　生态女性主义的产生背景 ……………………………（342）
　　二　生态女性主义与女性主义、深层生态学的对话 ……（347）
　　三　生态女性主义的多元理论观点 ………………………（349）

第二节　生态女性主义早期文本中的女性和自然观 ……（352）
　　一　共识：女性和自然之间有联系 ……………………（353）
　　二　分歧：是否应强调女性和自然的关系 ……………（357）
　　三　早期生态女性主义文本的特点 ……………………（363）
第三节　女性和自然：生态女性主义的永恒话题 ………（370）
　　一　对早期生态女性主义女性与自然观的评价 ………（370）
　　二　后期生态女性主义女性与自然观的发展 …………（374）
　　三　21世纪生态主义女性与自然观的发展前景 ………（377）

参考文献 ………………………………………………………（380）

第一章

社会性别理论的中西两地视野

第一节 社会性别理论在西方的发展

一 社会性别理论的发展历程

（一）社会性别理论的萌芽

人类文明是由两性共同创造的，但在人类文明史相当漫长的时期中女性总是被看作次等的从属的性别，一直处于被支配的边缘地位。在西方，改造这种不合理秩序的呼声从来没有中断过。18世纪的启蒙主义思潮以及法国大革命激发了女性知识分子探讨女性不平等根源，探索改变这种不平等的途径的激情。玛丽·沃尔斯通克拉夫特的《女权辩护》借用启蒙主义思想分析女性的生存状况，阐明了女人是生而平等的却被社会教育成附属的、柔弱的、没有思考能力的人的思想，成为当代女性主义理论的基石。19世纪中期，哈里雅特·泰勒的《妇女的选举权》、约翰·斯图尔特·穆勒的《妇女的屈从地位》等著作也认识到所谓男人和女人之间存在的智力差别都是他们在教育和环境上的差异的结果，并不表明天性上的根本差别。恩格斯的《家庭、私有制和国家的起源》把女人沦为次等地位的原因归结为古代私有财产制度。这些理论家已经认识到后天因素尤其是文化对人的塑造作用，强调通过改造文化社会环境提高女性的社会地位。20世纪中叶,西方妇女运动经历了漫长的争取妇女财产权、选举权的斗争,妇女日趋走向社会,女性主义理论也在西方乃至整个世界有了长足的发展,但生理因素决定女性社会角色及社会地位的观念在社会上仍然非常流行,法国思想家西蒙娜·德·波伏娃向这种"生理结构决定一切"思想观念进行挑战,在她看来,妇女的社会地位与她们的生物属性没有本质的必然联系,而女性气质则是社会文化环境建构的结果。在1949年出版的《第二性》一书中,波伏娃从黑格尔的主人与奴隶关系论述入手对妇女的处境、权利与地位进行了深刻的历史分析,指出古往今来,西方社会对妇女的自由在各方面加以限制,"女人"一直被降格为男人的客体,被看作男人的"他者"(the Other),其自身主体性的权益被剥夺了,在社会上只能处于"第二性"的地位。妇女的劣势不是自然形成的,男尊女卑的等级划分是父权制的产物,是为巩固男性权力服务的。波伏娃"女人不是天生的,而是后天被造成的"的论断揭示了女人的地位与状况是由社会文化造成的,绝不是天生的自然因素的结果。"在人类社会中没有什么是自然的,和其它许多产品一样,女人也是文明所精心制作的产品。"[1] 既然女人是在社会化过程中塑造而成的,女人的命运也就应该改变并且可以改变。所以波伏娃说:"女人仍然可以随心所欲地自由改造女性气质这个概念。"[2] 要将"女性气质"改造成没有性别歧视含义的气质,关键是如何改造。她强调改造社会性别体系中的外在条件的同时,女性在其解放过程中要获得主体地位,内因也起重要作用。"当她成为生产性的、主动的人时,她会重新获得超越性;她会通过设计具体地去肯定她的主体地位。"[3] 波伏娃阐明了两性社会地位的不同并非出于生理原因而是社

---

[1] [法] 西蒙娜·德·波伏娃:《第二性》,陶铁柱译,中国书籍出版社1998年版,第770页。

[2] 同上书,第774页。

[3] 同上书,第771页。

会原因的道理,并鼓励女人通过自我设计去肯定自身的主体地位。"女人不是天生的,而是被社会建构的"这一论点在此后的社会性别理论发展中始终处于中心地位。

(二)社会性别理论的形成与发展

在英语中有两个与性、性别相关的词——sex 和 gender,按照英国文化学者雷蒙·威廉斯的理解,sex 在现代的主要意涵是两性在肉体上的关系,但其早期的用法指的是两性之间的区别。14 世纪时,sex 在英文里出现,最早的词源为拉丁文 secus 与 sexus——意指人类中男性或女性的部分(section)。16 世纪以前这个词并不常用,16 世纪之后才经常以它的普遍意涵出现。gender 的词源是拉丁文 generare——意指生产(beget)。gender 几乎只用于文法用语之中,但它之前有时也不只被当作文法用语,例如在 1718 年格莱斯顿的一段话中:"Athene(雅典娜女神)除了在形体上是一个女人,一点都不像女人;她的性别(gender)是女性,但她根本就没有女人的性向(sex)"。gender 就像其他与性有关的词汇一样,一直被作为一些重要论点的依据,而这些论点对这些词汇在语言中的用法有很大影响。[1] 可见,gender 起初主要是语言学领域的一个语法词汇,指的是词的阴性、阳性或者中性的分类,至迟在 18 世纪 gender 已经有性别的意涵。20 世纪 30 年代,美国心理学领域开始用 gender 来描述人们的心理属性。1968 年,精神病学家罗伯特·斯托勒发现一些人在生物学意义上的性别与其出生时被认定的性别或他们自己定位的那个性别类型并不相符,他就用 sex(生理性别)和 gender(社会性别)描述这种性别不统一现象。1969 年,凯特·米莉特在她的博士学位论文《性的政治》中对斯托勒关于生理性别和社会性别区分的理论作了进一步阐发。米莉特指出,英文中的 sex 可以理解为生理性别,

---

[1] [英]雷蒙·威廉斯:《关键词:文化与社会的词汇》,刘建基译,生活·读书·新知三联书店 2016 年版,第 479—483 页。

是指人类生理上的事实,即婴儿出生后从解剖学的角度用来确定男女的一种生物属性,gender 指社会性别,是在行为、情感、思想等方面与性有关但不具备生物属性的那些方面。以此为基础,米莉特从多个角度对父权制展开了批判。比如生物学方面,男子有着比较发达的肌肉。从本源上,这一差异有生物学的因素,但同时又是通过教养、饮食和体力运动等在文化层面上受到鼓励的结果。两性在社会地位、角色、气质等方面的差别是由文化因素引发的男女差别,正因为社会文化对男女采取了区别对待,才使我们觉察到二者的区别,性别角色(gender roles)也是由后天因素决定的,而与生理因素无关。与性有关的一切活动绝不是在真空中进行,它植根于人类的大环境深处,是文化所认可的态度和价值观的表现。《性的政治》首次从权力的视角来审视全球范围内的两性关系,通过对意识形态、生物学、社会学、阶级、经济和教育、强权、神话和宗教、心理学八个方面的分析,米莉特详细阐释了男权制是如何对女性进行支配和统治的。在社会秩序中,是男人按天生的权力对女人实施支配,通过这一体制,我们实现了一种十分精巧的内部殖民。就其倾向而言,它比任何形式的种族隔离更坚固,比阶级的壁垒更严酷、更普遍、更持久。① 生理性别与社会性别区分的思想成为 20 世纪 60 年代以后西方女性主义理论的依据和出发点,以后的女性主义理论大都是围绕着对社会性别这个概念的反思而不断推进的。

《性的政治》首次从权力的视角审视全球范围内的两性关系,把女性主义斗争的目标引向了父权制。1975 年,盖尔·卢宾在《妇女交易:性的"政治经济学"笔记》一文中指出"父权制"这个概念存在理论盲点,任何社会都有一些制度来对待性和社会性别,这些制度可能是性平等主义的,也可能是具有压迫性的,人类需要将与

---

① [美]凯特·米莉特:《性的政治》,钟良明译,社会科学文献出版社 1999 年版,第 26—45 页。

性有关的领域的创建和已有的性别压迫方式区分开来，而父权制这个词汇只能涵盖后一层含义，不能涵盖前一层含义。盖尔·卢宾认为每一个人类社会都存在一种系统性组织来控制人类的性生活与人种的繁衍，并在此基础上产生了各种意识和道德观，这种组织将女性作为天然的材料接受，并做成驯化的女人产品。这一套对妇女、性生活非常规者以及个人人格某些方面压迫的组织制度，同人类的其他社会组织形式一起构成人类社会。由此，卢宾提出了"性/社会性别制度"的新概念，"一个社会的性/社会性别制度是该社会将生物的性转化为人类活动的产品的一整套组织安排，这些转变的性需求在这套组织安排中得到满足"①。卢宾认为每一个社会都存在一个社会性别制度对人的性、生育活动进行规范，亲属制度就是社会性别制度可观察的实实在在的形态。列维－施特劳斯在《亲属关系的基本结构》一书中从礼品和乱伦禁忌两个方面来阐明"交换女人"的概念。以女人交换为特征的亲属制度在交换女人的同时还交换性的获得权、家谱地位甚至人（男人、女人和孩子）。同样，在战争中女人被掳走，被用来交换，被作为贡品献出，赠送女人的男人则被联系起来。在大部分人类历史中男人一直是性的主体——交换者，而女人一直是性的半客体——礼品。以生理性别为依据的社会分工把两性分为互相排斥而又互相补充的范畴，其作用在于强化两性之间的差异，为性别压迫奠定基础。人类的性生活将永远受到习俗和人的干预和制约，它绝不是完全自然的。社会性别制度并非永远不变的是压迫性的，它必须通过政治行动被重新组织。卢宾梦想着消灭强制性的性欲和性别角色，建立一个雌雄一体、无社会性别的（但不是无性的）社会，在这个社会中，一个人的性生理构造同这个人是谁、是干什么的、与谁做爱都毫不相干。她预言："将来必须有

---

① [美]盖尔·卢宾：《妇女交易：性的"政治经济学"笔记》，载王政、杜芳琴主编《社会性别研究选译》，生活·读书·新知三联书店1998年版，第24页。

个人写部新版《家庭、私有制和国家的起源》,既注重性文化、经济和政治的相互关系,又能充分认识其中任何一方面在人类社会中的全部意义。"①

卢宾在《妇女交易》中探讨妇女受压迫的根源,提出了改造整个社会性别制度的理想,对很久以来流行的观点即妇女受压迫是因为其生理基础这种生物决定论的看法提出了质疑。但她这一理论主要局限于家庭、种族、性关系等有限范围,仍未突破生物学的藩篱。1988年,美国历史学家琼·斯科特在《社会性别:历史分析的一个有效范畴》中指出了卢宾将社会性别局限在亲属制度的领域内的不足,主张把社会性别作为一个有效的分析范畴用于社会权力关系分析中。斯科特把社会性别看作"以性别差异为基础的社会关系的成分"及"区分权力关系的基本成分",认为这两大命题之间存在紧密的联系。一是作为社会关系的一个成分,社会性别具有四个相关的因素:(1)具有多种表现形式的文化象征,比如圣母玛丽亚,无欲而充满了母爱,而潘多拉却是邪恶的化身;(2)对象征意义做出解释的规范概念,这些概念解释了象征的含义,并被社会认同,从而排斥了对该概念做出其他可能性的解释;(3)社会性别会以公开或隐蔽的方式蕴含在这些概念之中,社会组织和机构形式认同、运作这些规范化的概念,并影响人们的价值取向和行为方式,维护两性对立的社会关系;(4)主体的认同,即主体在社会历史文化环境中形成的对社会性别的认同和接纳。斯科特认为,这四个因素是互为联系缺一不可的,但也不是同时发挥作用的,人们可以从社会关系和社会机构中考察性别影响的方法和原因。二是社会性别作为区分权力关系的基本方式。斯科特认为社会性别是权力形成的源头和途径,社会性别作为一组参照物,构成了社会生活细致的象征性的

---

① 王政、杜芳琴主编:《社会性别研究选译》,生活·读书·新知三联书店1998年版,第71页。

组织，这些象征物确定了权力分配，性别也渗透到了权力概念和权力构成之中。① 斯科特认识到了福柯权力理论对社会性别研究的价值，在福柯那里，权力不是单一的、集中的，而是社会领域各种不平等关系的散漫的结合，因此，社会性别应被看作阐释社会关系的一种方式，斯科特主张将社会性别融进现存的学科理论体系中，使其成为破译意义、理解各种复杂的社会关系的一种方法。斯科特的理论为分析复杂的社会关系和权力构成提供了途径，拓宽了对社会性别表现领域的认识。社会性别作为一个与阶级、种族、民族等并列的分析范畴已经形成，而且被运用于社会、政治、文化、经济等学科分析之中，在整个人文科学领域产生了很大影响，极大地推动了女性主义理论的发展。

（三）女性主义者对社会性别的解构

20世纪80年代末期以来，受黑人女性主义、第三世界女性主义、同性恋女性主义的影响，女性主义者把社会性别看作一种认识文化现实的分析范畴，注重分析在不同社会背景中主体的社会性别经验和实践，关注的视点不再仅仅局限于社会性别，而是将社会性别与种族、民族、阶级、性倾向等方面结合，具体分析研究各阶层、各种族及不同性倾向妇女的处境，分析社会性别纷繁复杂的社会、心理和文化机制。后现代主义的兴起和发展，也使女性主义超越了社会性别的二元对立思维，以更为深广的视野去审思性别、审思男人和女人。

1. 斯科特对社会性别概念的再思考

在《性别：历史分析的一个有效范畴》发表十年之后，1998年，斯科特又发表了一篇重新思考社会性别的文章——《对社会性别和政治的进一步思考》来揭示 gender 和 sex 这两个概念在运用中

---

① ［美］琼·斯科特：《性别：历史分析的一个有效范畴》，载李银河主编《妇女：最漫长的革命——当代西方女权主义理论精选》，生活·读书·新知三联书店1997年版，第167—170页。原文把 gender 翻译为"性别"，本书在陈述时为保持上下文一致用"社会性别"。

不断出现的混乱及其原因。斯科特看到了女性主义者在运用 gender 概念时的矛盾，为了突出 gender 的社会构成，竭力排斥其自然属性，但事实上二者很难做出明确的划分。再者，把 sex 和 gender 对立起来也忽视了在建构自然这一概念中语言所起的作用，如果二者都是知识形态，就不能说 gender 反映了 sex，也不能说是把前者强加于后者，而应该说 sex 实际上是 gender 的产物。社会性别作为把男人和女人之间的关系组织起来的社会规则，产生了我们现有的关于性别和性别差异的知识。sex 和 gender 都是关于性别差异观念的不同表达，是从特定角度出发建构而成的观念，而不是关于自然的一种透明反映。社会性别和生理性别都是性别差异的结果，都在话语和历史中产生，女性主义者就不能把它们当作分析的出发点。社会性别被理解成有关性别差异的知识的表述与实践，这对社会性别研究意味着：（1）要抛弃那种认为"男人"和"女人"两个词有固定或已知含义的观点，"女人"不能作为一个透明的永恒物体的名字，而必须考虑这个词在具体的上下文里怎样运用。（2）"男人"和"女人"是用来规定和引导行为的理想标准，而不是对人们真实的经验的描述，现实中的人们是达不到这些标准的。（3）用来描述性别差异的文化模式和社会角色是不一致的，甚至互相矛盾，要对其具体含义作出解读，而不是认为社会生活方方面面都是一致的。在对女性的状况进行分析时，不能假设存在一个永久存在的单一集体——"女人"，相反，应该把"女人"这一范畴的产生作为历史或政治事件进行质疑，分析这一历史或政治事件的条件和后果。① 斯科特的思考的价值在于提醒我们，不应把社会性别当作已经固定和预先知道的知识范畴或者简单地认为社会性别只是人为建立在自然上的固定的范畴。相反，社会和自然这一对立本身就是人为的，社会性别也是

---

① ［美］琼·斯科特：《对社会性别和政治的进一步思考》，载钟雪萍等主编《越界的挑战——跨学科女性主义研究》，上海社会科学出版社 2003 年版，第 2—10 页。

一个不断变化的、复杂的社会和心理现象，必须放在一定的历史条件下进行分析。

2. 有色人种女性主义对社会性别理论的质疑

第三世界女性在讨论男女之间权力关系时强调种族关系和阶级关系，她们认为，一个女人的社会身份不仅仅是女性，她还隶属于某个阶级，来自某个民族、种族，并且有自己的特殊经验。在错综复杂的社会价值观上，她所占据的位置是独一无二的，不会与任何其他女性相同。著名黑人女性主义者贝尔·胡克斯认为，社会性别理论建立在一个共有的和本质化了的社会性别的假设之上，而实际上这是很成问题的，并非所有妇女都以同样的方式和同样的程度被边缘化，走出家庭争取社会工作权这样的女权要求在美国只能代表白人中产阶级女性的利益。从美国历史上看，参加家庭以外的社会劳动对黑人女性来说，根本不是要去争取的权利，争取工作权只代表了被丈夫当作玩偶宠物限制在家里的白人中产阶级女性的要求，现存的女性解放理论不能解释女性经验的复杂性和多重性，西方女性主义理论不是来自受性别压迫最深的黑人劳动女性，而是白人中产阶级女性的无病呻吟。另外，白人中产阶级的异性恋妇女有时就是另一些"他者"的压迫者，或是从"他者"的被压迫中获得好处。"从历史上看，白人妇女对很多黑人妇女来说都是白人至上主义者，最直接的对她们行使权力，其方式要比带有种族歧视的男性更加残忍和灭绝人性。"① 因此胡克斯认为，社会性别寻求优先于其他社会身份的地位，潜在地妨碍了对种族和阶级这样一些身份的认同。莫汉蒂指出第三世界妇女被西方女性主义的话语殖民化了，"假如妇女是一个组织起来，具有同样的利益和愿望，不问阶级、种族或人种属性或矛盾如何的一致团体，这就暗示了一种性别差异或者甚至

---

① [美]贝尔·胡克斯：《女权主义理论：从边缘到中心》，晓征、平林译，江苏人民出版社2001年版，第59页。

可以跨文化的普遍使用的家长制概念"①。西方女性主义的话语在简单化的思维方式里简化了第三世界妇女,把第三世界的妇女看作是同质的,也就很难考虑到第三世界妇女自身的能动性以及第三世界妇女在经济、宗教、文化等方面的差异性,以西方女性主义者的视角看非西方女性的女性生活,其核心不是揭示物质形态的特征,而是寻找妇女群体"软弱无力"的种种事实,以便证明作为群体的妇女软弱无力的这个总论点。所以西方女性主义描写第三世界妇女的效果是一样的,妇女总被说成男性暴力的牺牲品、殖民化过程中的牺牲品、经济进程中的牺牲品等,而不是被看成主动的存在和行动的力量。如果总是把妇女当成整体,看成男人的对立面,内部没有丝毫矛盾,不考虑妇女之间的差异,这就意味着改变这种状况只能用二元对立的方式,即只能给妇女权利,而不给男人权利,这就从一个霸权转变为另一种霸权。所以必须认清第三世界妇女既与西方妇女之间存在着差异,自己内部也存在着差异。

3. 酷儿理论对社会性别的解构

"酷儿"是 queer 的音译,原来是西方主流文化对同性恋者的带有反讽意味的称呼,有"怪异"之意。"酷儿"这一概念作为对一个社会群体的指称,包括了所有在性取向方面与主流文化和占统治地位的社会性别规范或性规范不符的人,既包括男同性恋、女同性恋和双性恋者,也包括所有其他潜在的、不可归类的被一般社会规范认定的非常态的性取向者。酷儿理论在20世纪90年代发展起来,主要代表人物有莫尼克·威蒂格、朱迪思·巴特勒等。

莫尼克·威蒂格继承了波伏娃的女人不是天生的而是被社会建构的观点,但是她比波伏娃走得更远,她反对某些激进女性主义者对女性气质的讴歌,主张真正的妇女解放不仅要超越自由主义者男

---

① [印]莫汉蒂:《在西方的注视下》,载朱立元、李钧主编《二十世纪西方文论选(下)》,高等教育出版社2002年版,第588页。

女机会均等的境界，而且要超越激进女性主义女性优越的思想。她反对女性主义者对生理性别和社会性别的区分，并把"女人们"和"女人"这两个概念区别开来，"女人们"是社会关系的产物，是女性主义者共同战斗的阶级。"'女人'这个类别像'男人'这个类别一样，都是政治和经济的类别，而不是永恒的类别。我们斗争的目标在于攻击作为阶级的男人……一旦'男人'阶级消亡了，'女人'作为一个阶级也会消亡，因为主人没有了，奴隶也就不复存在了。"[①] 在否定了"女人"这个普遍性的概念之后，威蒂格把个体的主体性看作实现革命的条件。"一个新的为所有的人类所做的个人和主体的定义，必须超越性别的分类（女人和男人），而个人主体的出现，要求我们首先必须摧毁性别的分类，不再使用这种分类，并且拒绝所有用这一分类作为其基础的科学（实际上是所有的社会科学）。"[②] 然而，威蒂格把解放的策略归结为拒绝成为异性恋者或者拒绝保留异性恋身份，最终消灭异性恋体制，无意中使得女同性恋成为女性主义的政治理想，不知不觉陷入了二元对立的思维模式，其斗争的分离主义路线受到了朱迪斯·巴特勒的批评。

朱迪斯·巴特勒认为，生理性别和社会性别的划分对本质主义的挑战有其积极的一面，但自然性别与社会性别往往是相互渗透很难区分的，巴特勒指出了关于身体的三种可能性维度——解剖学上的生理性别、社会性别身份以及性别表演，而这三者并不是完全统一的，这种不一致性在装扮（drag）、男女混装（cross-dressing）等性别戏仿（parody）行为中得到显现。性别正如一种身体的风格，就像行动一样，它具有意图，同时又是表演（performance）性质的，而表演意味着戏剧化地、因应历史情境的改变所做的意义建构。因此，社会性别不是"实体"，而是通过一种不间断的行动（doing）

---

① [法] 莫尼克·威蒂格：《女人不是天生的》，载 [美] 葛尔·罗宾等《酷儿理论》，李银河译，文化艺术出版社 2003 年版，第 371 页。

② 同上书，第 375 页。

表现出来的。"性别（gender）不应该被解释为一种稳定的身份，或是产生各种行动的一个能动的场域；相反地，性别是在时间的过程中建立的一种脆弱的身份，通过风格/程式化的重复行动而产生的。因此，我们对它的理解应该是：它是使各种不同形式的身体姿态、动作和风格得以构建一个持久不变的性别化自我的假象的世俗方式。"① 对于巴特勒来说，根本不存在"正确"或"错误"的性别，也不存在原初的或者后天的性别，人的社会性别角色是靠表演来实现的，同性恋、异性恋或双性恋都不是天生的固有不变的性别身份，而是像演员一样，是一种不断变换的表演的过程。

酷儿并不是一个新的固定身份标签，而是提供了一个本体论的类型，它消解了单一的、永久的和具有连续性的"自我"，把社会性别建立在一个不断变换的表演的基础之上，质疑生物学、心理学、人类学和历史学所创造的性、性活动及性别的本质，解构了二元对立的文化体制中人为构建的一系列对立：男/女、同性恋/异性恋、黑人/白人等，自觉地跨越了对性别身份非此即彼的划分和性别类型的尊卑顺序，对性态度和性行为以及性别角色是"自然"不变的这一说法以及异性恋霸权提出了挑战，造成了以性倾向或性欲为基础的性身份概念的巨大变化。同性恋理论、后殖民地理论及有色人种批判理论都受到了其内部与外部的批评，一些理论学家对此提出怀疑：如果否认某种群体具有基本的同一性，即使该群体的成员明显属于同性恋，或妇女，或非裔美洲人，人们是否能努力结束对同性恋者、妇女、非裔美洲人或任何其他群体的歧视？20世纪90年代这种批评声音引出了新的理论观点，那就是承认差异的多重性，如后殖民地女权主义，这类学者已经开始影响性别研究的许多领域，甚至那些不明确涉及人种或种族研究的

---

① ［美］朱迪斯·巴特勒：《性别麻烦：女性主义与身份的颠覆》，宋素凤译，上海三联书店2008年版，第84页。

学者也受到这种影响。这种相互作用仍将继续,因为对于女性主义者来说差异性和同一性的问题显然是日益复杂的 21 世纪世界里的关键话题。

二 对社会性别理论的综合考察

当代女性主义理论发展的一个鲜明的特点是它对已有的理论和知识系统的全面质疑和挑战,这种挑战也促进女性主义理论不断发展。纵观西方性别理论发展的历史,一些学者把社会性别理论划分为本质论和社会建构理论两种理论类型。本质论把男、女两种性别看作对立的概念范畴,以此为基础探讨两性之间的不平等的根源,女性以男性为参照系要求获得权利,妇女的解放以男性的标准为依据。这又有两种理论趋向,一种观点强调男女两性的相似性,认为男女都一样,如果给女性和男性同样的环境和机遇,女性也完全能达到相同的能力,如波伏娃的理论、自由主义的理论、马克思主义的妇女解放理论等,这些理论致力于在社会文化、政治、法律等层面为女性创造均等的机会,从而达到最终的两性平等。另一种观点强调男女两性差异,认为两性不同的分工对社会来说是一种资源优化组合方式,男女两性的差异决定了两性应该各司其职,尤其是女性应该发挥照顾家庭、养育子女的母性天职。比如激进女性主义者就强调生理性别和社会角色之间的紧密联系,她们认为由于女性具有独特的身体特征和养育下一代的能力,妇女不仅是特别的,而且是更为优秀的。部分激进女性主义者赞美女性的优势,甚至把这种两性差异推向了极端,这种观点也受到了一些女性主义者的批评。"激进文化派女性主义者一致认为,妇女有着先天的抚育和赋予生命的本质,而男人则是先天就是腐败和迷恋死亡的,这样她们就落入了圈套,重蹈覆辙;她们不希望他人用本质主义看待自己和其他受压迫群体,她们却正以本质主义看待他人。"① 两种本质论的理论论争和社会实践，推进了社会性别理论的不断深入，也因其明显的实践效果为女性地位的提高做出了实质性的贡献，但本质论是以两性差异作为理论基础的，受到了社会构成论者的批评。

社会构成论以解构为目的，认为真理、理性以及人的一切观念都是男权社会派生出来的，在男权社会中女人的作用、地位都是以男人的标准制定的，女人要进入男性领域以男人的标准要求自己，把达到男性的标准作为平等的标准，要求社会权益，这是错误的。丹尼斯·赖利对本质论中的二元对立提出质疑，认为"本质论总在试图说清楚两性不平等的根源以及性压迫的发展过程，掉进了男权单线型思维的陷阱。根源论意味着社会发展是直线的，是从低级到高级的，这会使人误以为女性受压迫是历史和社会发展的必然，是社会进步的杠杆"②。构成论是在后现代主义思潮的影响下发展起来的。西方后现代主义理论解构了理性、真理，反对二元对立的思维模式，打破了西方自启蒙时期以来所鼓吹的"人是自然的主体"的观念，人的主体性是特定的历史时期、特定的地理环境以及特定的政治纲领的产物，不是固定的、天经地义的。受后现代主义影响，社会性别构成理论否认"男人"和"女人"这样的固定概念，质疑妇女作为一个普遍范畴的存在，认为妇女作为一个普遍化的范畴是没有意义的，它代表不了所有人，也代表不了任何人。女性之间存在重大的差异，不同阶级的女性受到的压迫和歧视是不同的。后现代女性主义强调界限的模糊性，反对一切形式的二元对立，倡导潜在的多元主义：多种可能性纠合在一起，生理性别、社会性别都不再以整体的固定的方式结合，而是可以游离的，其界限是可以跨越

---

① [美]罗斯玛丽·帕特南·童：《女性主义思潮导论》，艾晓明等译，华中师范大学出版社2002年版，第122页。

② 转引自鲍晓兰《西方女性主义研究评介》，生活·读书·新知三联书店1995年版，第10—11页。

的,"父权制"或"男权制"的概念也随之被抛弃。

一些学者保持了对后现代女性主义的警惕,认为社会建构理论有很强的说服力,但是按照这种逻辑女人也是一种社会现象,也面临解构的危险,那么揭示性别压迫并要求女性基本权利,就丧失了理论基础,社会建构论削弱了女性主义的政治性和实践性。苏珊·博尔多认为建构理论的极端化倾向实际上陷入了社会性别怀疑主义,如果社会性别角色完全由社会化形成,天经地义地具有不稳定性,不断产生新意,两性的意义不断增加,那么女性主义批评家就不复存在了,因为人在对社会进行评论时总要找一个立足点,如果非要从实践的每个角度,从各个角度看问题,那就没有任何角度,这种不确定理论对当前女性主义斗争策略影响极大,女性主义如果放弃了社会性别学说,要求女性主义正当权益的斗争就会失去了理论基石。女性主义者不应该忽视女性受压迫、受歧视的社会现实,不应该瓦解自己,而应进一步加强社会性别理论的研究,制定更有效的斗争策略。[1]

社会性别概念被女性主义者在理论与实践中广泛应用,不可避免地使女性主义内部和外部产生了一些疑惑、冲突,它促使一些涉及该概念的问题被提了出来,例如:女性主义的目标是要消除社会性别,还是要改造它?社会性别是否应被赋予新的形式以适应时代的变化?社会性别在塑造女人和男人的生活和经验方面起着什么样的重要作用?社会性别与其他权力与特权等级之间是怎样的一种联系?鉴于女性主义的宗旨是开创改变妇女生活的社会变革,仅仅靠社会性别概念本身不可能完成为这样一个宏大目标服务的任务,但正是在对这一概念论证、质疑的过程中,女性主义理论获得了不断发展。正如英国学者克里斯·威顿所说,女性主义既是抽象的意识

---

[1] 鲍晓兰:《西方女性主义研究评介》,生活·读书·新知三联书店1995年版,第13页。

形态,又是具体的政治纲领,各种流派的女性主义学说都有政治性,都是基于女性对男权的认识来阐述改造社会的可能性的。尽管各种观点相去甚远,但还有共同点可求,后现代女性主义论战实际上为我们提供了超文化的方法论,使我们认识到,任何一种政治都是文化的反映。女性主义也是如此,女性主义从本质上怀疑真理的可能性,因此它从来就没有冒充过真理。女性主义是对现存文化权力结构明显不平衡状态的反抗。女性主义本身也充满了矛盾,它没有统一的思想,它也不需要统一的思想。同世界上任何一种政治一样,女性主义以纵横交错的不固定性、流动性和局限性为特征,它应该而且必须欢迎内部差异和对抗的存在。在我们所处的这个已经意识到的人的局限性、理论的局限性的时代,承认差异,接受差异,较之一味追求平等更有利于女性解放。① 总之,西方女性主义理论对社会性别的理解与表述也不尽相同,有人强调"性差异",有人强调"地位"与"角色",有人强调人际关系,也有人强调性别因素的社会性别化过程,毋庸置疑的是,大家都基本承认社会性别的社会构成性,它是通过社会实践发展而成的女性和男性之间的角色、行为、思想和感情特征方面的差别,女性主义领域里的争论大多是围绕着对社会性别这个概念展开的,这也正是社会性别理论的价值所在。

从 20 世纪 60 年代女性主义学者致力于创立社会性别概念到 90 年代对它的质疑和挑战,女性主义理论在不断发展、壮大并与当代其他思潮活跃交融。女性主义学者从各种角度、各种立场对社会性别概念的批评与质疑并没有导致对它的否定和抛弃,反而产生了对它更丰富、更复杂、更全面的认识。尽管西方女性主义者对社会性别的理解并不完全相同,但这些观点实质上都贯穿了对性别的一种近乎历史唯物主义的理解,她们把生理性别与社会性别区分开来的

---

① 鲍晓兰:《西方女性主义研究评介》,生活·读书·新知三联书店 1995 年版,第 14 页。

意义在于强调人的性别意识、性别行为都是在社会生活制约中形成的。女性扮演的性别角色，并非是由她们与生俱来的生理和心理因素决定的，而是社会生活的产物。从对社会性别单一的强调和孤立的认识到今天将它置于各种差异之中来考察，强调社会性别同阶级、种族、族裔等差异的交叉关系和相互作用，这种不断演化的认识表明社会性别理论是在不断地磋商较量中深化的。

三 社会性别理论影响下的女性主义文学批评

西方女性主义文学批评随着对社会性别概念探索的深入大致经历了三个阶段：女权批评、女性主义批评、女性文化批评。肖沃尔特在《荒原中的女权主义批评》（1985）一文中区分了性别批评的两种互相有别的样式女权批评（feminist critique）和女性主义批评（gynocritics），并指出当时女性主义批评的发展方向——女性文化批评。"第一种样式注重思想意识，观念形态，它是关于女权论者关于读者的批评，它提供了女权主义对许多文本的阅读见解，研究文学中的女子形象和类型，批评中对女性的疏漏和谬论，以及在符号系统中作为符号的女子。"[①] 这主要指20世纪60年代末到70年代初的女性主义批评，女性主义者关注的主题是审视与批判以男性为中心的传统思想文化，揭示传统文学中男性作家文本如何歪曲女性形象，批判文学中的"厌女现象"，抨击传统文学中的父权意识。如米莉特的《性的政治》暴露著名男性作家文本中的性别歧视现象，揭示连男性文学大师也没有意识到的性别政治因素，反抗父权制意识形态，注重从社会政治与文化背景的角度来剖析文学传统中的性别问题，为女性主义文学批评理论奠定了基础。艾尔曼在《想想女人》中剖析了男人心目中所谓女人气质的特点即无定形性、被动性、不稳定

---

① [美]伊莱恩·肖沃尔特：《荒原中的女权主义批评》，载王逢振等编《最新西方文论选》，漓江出版社1991年版，第258页。

性、封闭性、虔诚性、物质性、崇灵性、非理性、巫婆和泼妇,认为男性作家就是在上述成见的影响下来写作的。米莉特和艾尔曼都把矛头指向传统作家尤其是男性作家作品中的女性形象塑造,把批判的焦点放在父权意识形态上,在行文中表达出一种激烈的愤怒情绪,这也是女性主义文学批评第一阶段中所表现出来的普遍情绪,以致有人把"愤怒"看作女权主义者的基本情绪。这个时期,女性学者自觉清理已有的文学经验中的父权思想痕迹,由顺从的读者向反思的读者、抗拒的读者转变,促使原有的文学标准发生松动,文学史的格局重新整合。

70年代中后期,越来越多的女性主义者对男性写的女性形象深感愤怒,女性主义批评开启了从男性中心向女性中心的转向。"女权主义批评的重心已渐渐从修正性的阅读阐释转移到对女子文学的不懈研究,由此过程而产生的女权主义批评第二种样式专门研究女子作家,论题有女子著作的历史、风格、主题、文类和结构,女子创造性的心理动力,女子个人的或集体的创作生涯的轨迹,以及女子文学传统的演变和规律。"[1] 肖沃尔特称之为女性批评,与女权批评相比,女性批评提供了许多理论上的可能性,把女子著述作为文学批评的首要问题,迫使女性主义者进入新的理论前沿,重新规定面临的概念的性质,对传统经典文学文本发起挑战,把研究的重心从男作家创作的文本转移到女作家创作的文本,深入挖掘女性文学与梳理女性文学传统,研究女性美学的特征。批评家们从女性主义立场出发,借用社会性别的视角重新解读女性经典作家作品,对其中的女性形象的意义重新阐释,同时也注意发掘被传统的文学史忽略或埋没的女作家作品,并提出了"重写文学史"的口号,主张以性别意识的文学观念建构女性文学传统。西方学者们做了大量的工作

---

[1] [美] 伊莱恩·肖瓦尔特:《荒原中的女权主义批评》,载王逢振等编《最新西方文论选》,漓江出版社1991年版,第261页。

去发掘女性作品,重新发现了许多被遗忘或被历史忽略的女作家,填补了近代文学史上从奥斯丁到勃朗特姐妹再到伍尔夫之间女作家创作活动记录的空白。

80年代以来女性主义文学批评进入第三阶段,女性主义者开始对建构理论感兴趣,她们重新思考文学研究的基本概念,修正男性批评家的理论,希望在女性主义文学批评理论的建构方面获得突破。在女性主义发展的初期阶段,许多英美女权主义批评家对建构系统的文学理论不感兴趣,甚至抱着一种抵触情绪,认为理论思维是一种男性思维活动方式,充满着父权制的气息。但是,随着女性主义运动的发展,越来越多的女性主义批评者深感理论的不足。社会性别理论探讨的深入以及在社会学领域的广泛认同,促使许多批评者不再局限于文学文本本身,而是把女性观念和女性文学批评置于社会意识形态的复合作用中探讨,避免文学批评的简单化、政治化和主观随意性,使女性文学批评从学院式的纯文学领域扩展为跨学科的文化批评。肖沃尔特认为女子创作理论使用了生物学、语言学、精神分析学和文化的四种差异模式。每一种模式各有其看重的文本、风格和方法。它们交错重叠,可大体说来又先后连贯,每一种模式都纳入了在它之前的那一种。同前三种理论相比,文化模型的理论能为研讨女子写作的独特性和差异问题提供更完整更圆满的方法。女子著述的差异只能从复杂的历史文化关系中去认识。女性中心批评的首要任务必须是标出女子文学属性确切的文化方位,描述穿过个别女作家文化田地的诸种力。在标出女作家的位置时女性中心批评也会考虑到文学中的种种文化变量,例如生产方式和分配方式,作家与读者的关系,高层次艺术和大众艺术的关系以及文类的等次,等等。和性别一样,阶级、种族、国家、历史都是文学的重大决定因素,然而女子文化具有极强的亲和力,仍构成了文化整体中的一种集体经验,一种超越时空而把女作家凝聚起来的经历感受。[①]

近年来越来越多的西方女性主义学者开始对早期的理论进行反省,她们看到了在批评中单纯地采用性别视角所具有的诸多局限性,把性别理论研究的视野拓展到文化领域。美国学者苏珊·斯坦福·弗里德曼的《超越妇女批评和女性文学批评说——论社会疆界以及女性主义批评之未来》一文针对肖瓦尔特总结的两种广有影响的女性主义批评方法——妇女批评学和女性文学批评进行反思,认为它们在性别问题上仍然存在盲点,那就是这两种批评方法与当代文化发展领域的社会身份(identity)和主体性(subjectivity)的理论发展严重脱节。在弗里德曼看来,社会身份这一概念是多种互不相同甚至互相对抗的文化结构(如种族、族裔、阶级、自然性别、宗教等)的交叉点,表示的是多种因素决定的多重主体位置。弗里德曼强调了社会身份的复杂性,总结出六种互相区别又互相关联的社会身份话语。第一,社会身份的多重压迫论。压迫往往不是单一的性别压迫,还有其他压迫,比如美国黑人女性工人受到多种压迫,作为女性与白人妇女一样都受到性别压迫,作为黑人妇女还要遭受种族压迫,与黑人女教授相比还要受到阶级压迫,倘若是非法移民,还会多一重移民的苦难。第二,多重主体社会位置论。社会身份是一种位置,一种交叉点,甚至是由多重因素决定的多重主体位置。在分析其社会身份时,要将多重因素考虑进去,揭示内在的多重相互不同甚至互相对立的文化结构。第三,主体矛盾位置论。它强调矛盾是社会身份的主体结构感知的基础。这种理论可以说明在受到社会性别压迫的同时,又可以从中受益的矛盾状况。主体的位置不是处于某一极端,而是矛盾的交叉点上。第四,社会关系论从认识论来看,任何社会身份都是流动的而不是固定的,取决于各不相同

[①] [美]伊莱恩·肖瓦尔特:《荒原中的女权主义批评》,载王逢振等编《最新西方文论选》,漓江出版社1991年版,第277页。

的参照点和历史具体条件。社会身份的任何一个坐标轴必须与其他坐标轴联系起来理解。注意社会之间的各种关系。第五，社会情景论。强调社会身份与情景环境的关系，在某种情景下，某种身份更为突出，在另一情境中，另外一种身份更突出。第六，异体合并杂交主体论。由于地理迁移造成的文化移植，地区间的移民促使不同文化交流，从而导致社会身份成为文化嫁接的产物。① 作者将以上的社会身份多重属性视为社会身份的新疆界说，极大地拓展了社会性别理论与其他分析范畴融合的空间。在弗里德曼看来，六种社会身份话语是在不同的理论影响下产生的，有着不同的发展过程，但它们在发展中常常相互重叠，并没有清晰的界限。弗里德曼在人们面前展示了后现代的主体身份的不确定性，反衬出以往的女性主义将自然与社会性别差异放大而出现的单一性和偏颇，超越性别也就成为女性主义者的必然选择。超越性别并不意味着忘记它，而是将它返回到女权主义的新的空间，揭示与种族阶级的联系与互动关系。这里，性别身份与种族、阶级身份不是泾渭分明、彼此分割，而是构成社会身份的多重属性，这些属性是变化不定的，往往互相矛盾，朝着不同方向运动。

第二节　社会性别理论在中国的接受与传播

一　sex 与 gender 的翻译

英文中 sex 具有多种含义：1. 指的是从生理特征方面对人进行的分类，如一个人属于男性，或者属于女性。2. 指性器官、性活动、性欲望等与性行为有关的活动或者活动的对象。3. 凡是带有性的意味的一切理念、行为表现，既指可见的性器官、性活动，也强调

---

① ［美］苏珊·斯坦福·弗里德曼：《超越妇女批评和女性文学批评说——论社会疆界以及女性主义批评之未来》，载王政、杜芳琴主编《社会性别研究选译》，生活·读书·新知三联书店1998年版，第429—430页。

"性"所具有的主观性质,不必直接与性器官或性行为有关联。初期的女权主义者认识到社会对女性自身的规范,用 sex role(性别角色)来指称社会对女性的规范。sex role 与 sex 有明显联系,但 sex 在传统意义上直接与生理因素相关联,无法明确表明社会对女性的各种规范,这就需要一个新的词来表达,所以在 20 世纪 60 年代末 70 年代初,女性主义者开始用 gender 来指称与性有关的社会文化含义,西方女性主义者将之发展为一套特定的与男人和女人有关的社会文化内涵的概念。

任何一种理论进入新的文化环境,总会面临接受与拒斥的碰撞,女性主义与社会性别理论进入中国的理论界也经历了同样的命运。社会性别理论是西方学界面临本身的问题进行深入研究的产物,对国内学界而言,社会性别理论的引进、消化和运用也必然有一个重新本土化的过程。单就翻译而言,也不可能是绝对中立客观的,一个概念如何翻译,实际上反映了背后的政治、文化、社会的种种观念,有着深刻的社会意识形态内涵。

在汉语语境中,一般来说,性是身体的、本源性的,性别则是与性相关的气质或者社会身份,性是性别的基础。

Sex 在中国有三种译法:

把 sex 翻译为"性",与之对应的 gender 翻译为"性别"。

把 sex 翻译为"性别",与之对应的 gender 翻译为"社会性别"。

把 sex 翻译为"生理性别",与之对应的 gender 翻译为"社会性别"。

除了以上提到的"性别"和"社会性别"以外,还有把 gender 翻译为"性""性属"和"性/别"的。

(一)gender——性别

"性别"是汉语中原有的一个词,用它来翻译 gender,对中国人来说易于理解和接受。从实际接受的情况来看,用性别来翻译 gender 非常普遍。李小江主张将 gender 翻译成性别,认为"性"和

"性别"是相关却不尽相同、不同却并非排斥的概念:"性"不仅是自然的、生理的,也带有人性的意味,而性别则主要是社会的,是个体身份的一种标志,也是社会秩序的基本成分。她认为,"性"在汉语语境中,原本已将社会的差异性形于字面;"别"这个字,在汉语中有"不同","不苟同"和"拒斥""分离"双重含义。涉及人的"性",从来说的是男女有别,既有正视和认同性的自然属性的一面,也有顺其自然、人为规范性别差异的社会导向作用。迄今为止,不管我们是否愿意正视,性别身份中的自然性和社会性是同时并存、客观存在的。由此对"社会性别"的译法提出批评,认为"社会性别"这一概念在汉语中出现,有画蛇添足之感。①

(二) gender——社会性别

1995年北京第四次妇女大会前后国内一般把gender翻译成"社会性别",海外中华妇女学会翻译出版的一系列著作中,一直把gender翻译成"社会性别"。1997年,海外学者王政论证了将gender翻译成社会性别的缘由,她认为中文的"性别"二字包含了中国传统文化的意义,用性别来指称gender,不仅对我们的理解造成限制,也会产生概念的混淆。女权主义者看到在人类社会中有一套组织人类性的活动的方式和机制,如婚姻制度、性的制度等,她们用gender这个词来标识这一大套的理论认识,标识社会把人区分为男性、女性的各种机制和过程,如果用"性别"这个词翻译,就不能把背后蕴藏的理论含义表达出来。围绕gender和sex的大量学术研究已经使这两个不同的词指代不同的事物,如果我们仅用一个"性别"来涵盖两个不同的、内涵复杂的英文词,那必定会在翻译中造成混淆和误解,也会缩减原文的含义。两个词组是中文里常用的,但两个词的组合却是从未出现过的,使人不能想当然地以自己的理解去套,而会产生一个问号:什么是社会性别?这种不带假设的提问是

---

① 李小江:《女性/性别的学术问题》,山东人民出版社2005年版,第167—168页。

了解一个新概念的有利前提。①

（三）gender——性

林建法等人在翻译陶丽·莫依的著作《性与文本的政治》时把gender翻译成"性"。"因为性是一个关系的实在（relational entity）。"② 译者还对gender作了解释："此处的性（gender）指的是语言学中的阳性、阴性和中性"。译者注意到了gender意义的特殊性，并在"关系的实在"后面标出英文原词。可见，译者是在最宽泛的意义上来认识gender的。从西方gender理论的发展来看，仅把它当作一种语言学中一种阳性、阴性和中性的指代，正如王政所说，忽视了西方特指的理论内涵。

（四）gender——性属

王晓路等人把gender翻译成性属或社会性别。"性属（Gender），或译社会性别，是对人类性别从社会文化层面进行的界定，其关注点旨在对社会所赋予的人类性别特征进行文化考察。"③ 把gender翻译成"性属"的原意可能是区分生理性别的性，强调生理的性所形成的一些与社会相关的属性，从这个意义上讲，这种翻译与把它翻译成社会性别没有区别，但无疑也有一定的缺点，那就是容易造成人们单从字面上理解，从而认为是性别的归属，这样很容易造成gender与sex的意义相混淆。

（五）gender——性/别

我国台湾学者一般把gender翻译成性别或性/别，两者共用。何春蕤的许多研究刊物都以性/别命名，如1997年开始主编的为中小学教师性别教育提供新思考的刊物《性/别研究通讯》以及开拓性/

---

① 王政：《关于"Gender"的翻译及其背后》，载荒林主编《中国女性主义（2004春）》，广西师范大学出版社2004年版，第160—162页。
② [美]陶丽·莫依：《性与文本的政治》，林建法等译，时代文艺出版社1992年版，第91页。
③ 王晓路：《性属/社会性别》，《外国文学》2005年第1期。

别研究领域的学术期刊《性/别研究》。其学术著作也以性别研究著作命名，如《性/别政治与主体形构》《性/别研究的新视野》《台湾性/别研究演讲集》等。

目前，gender 与 sex 这两个词的翻译方面非常混乱，有些学者在一本书中不同的章节几个概念共用，造成阅读的障碍。有的文章还把社会性别翻译成 gender socialization、social sex 甚至 social gender，这是不了解 gender 的确切含义而造成的误译，这种翻译出现在许多重要刊物上，造成很不好的影响。

二 社会性别理论本土化之思

中国当代妇女研究产生于 20 世纪 80 年代，从 80 年代到 1995 年北京第四次世界妇女大会之前，是社会性别理论研究的第一个时期，这个时期的研究主要以马克思主义妇女理论为指导，以妇女为主体，主要是妇女自发自觉研究，基于中国妇女参与社会的切身经验，呈现出"本土的"和"民间的"色彩。这一时期以"妇女问题"为研究对象，使妇女研究从"全社会""男女都一样"的运动思潮中分离出来，具有思想启蒙的意义，因此，一些学者把这段时期的研究称为"妇女研究"。从 1993 年到 1997 年，是社会性别理论在中国传播的快速发展阶段，受中国政府和国际社会合作共同承办第四次世界妇女大会的影响，西方女权主义理论思潮迅速传入中国，研究的主题由妇女研究转向性别研究，社会性别（gender）这个概念被中华海外妇女研究学会的成员介绍过来，在中国大陆逐渐成为妇女研究的一个重要范畴。1995 年在北京召开第四次世界妇女大会是社会性别理论进一步传播的重要契机，对社会性别相关观念的讨论成为重点，社会性别被引入《北京宣言》和《行动纲领》等重要文件，男女平等成为中国的一项基本国策，中国政府在《北京宣言》中承诺确保在所有的政策和方案中体现性别观点。大会结束后，妇联很快就在全国范围内掀起了宣传《北京宣言》和《行动纲领》的运动，gender 概念迅速得到官方与民间妇女运动的承认与接纳，"把社会性别纳入决策主流"成为各级妇女组织和妇女研究者的熟悉话题和努力目标，如何开展关于社会性别的研究，如何促进性别平等等成为学者们关注的议题。大量的西方社会性别理论作品如《社会性别研究选译》《西方女性主义研究评价》等被翻译到了中国；《中国妇女报》对社会性别意识作了充分的宣传与报道；一些妇女理论研讨会、研讨班也对社会性别做了研究和探讨，社会性别理论的思想内容和研究方法在这期间被熟悉和了解。

1997 年以后，社会性别理论越来越多地引起人们的关注，许多学者致力于引进、探讨、推广理论，并尽力在实践领域里加以应用。海外学者王政赞成把社会性别作为女性主义研究的一个重要的分析工具，但她强调研究过程中必须考虑理论如何跟我们的实际情况相联系。社会性别理论运用的弱点是人家研究人家本土的东西，跟我们的语境不那么贴切，每一个理论都是针对它自己的研究对象而产生的，差异是多样的，用特定文化背景下产生的理论跨文化来阐述一定会产生隔膜。所以当务之急，就是要做自己的研究，不能只翻译别人的，必须有自己的创造性。[①]

与王政一样，许多学者对社会性别理论在本土化过程中出现的问题进行反思。李小江注重对比中西女性主义理论发展的异同，认为妇女研究（Women's studies）是 20 世纪 80 年代以来在中国新出现的概念，正好与西方活跃起来的性别研究（Gender studies）同步。西方的性别研究是在妇女研究的基础上发展起来的，在中国二者虽同时出现，也并不意味着后者是前者发展的结果，或者前者应向后者发展或过渡。李小江把性别研究与妇女研究区别开来，认为妇女研究是政治性的、主体性的、专门对象化的研究，主要用于政治领

[①] 王政：《关于"Gender"的翻译及其背后》，载荒林主编《中国女性主义（2004春）》，广西师范大学出版社 2004 年版，第 162 页。

第一章 社会性别理论的中西两地视野

域社会团体；性别研究是学术性的、方法论的、具有学科普及性的研究，在大学以及科研机构流行，但二者并不存在绝对的界限，是相互包容、相互渗透的。由于女人曾经"消失"在历史中，妇女研究有必要树立起自己的旗帜，而且要特别警惕重新淹没在"性别研究"这近似"男女都一样"的科学神话之中。① 李小江对中国妇女在社会历史上因遭受不公正待遇而造成的伤痛记忆犹新，故而一贯致力于性别理论的本土化重建，她认为中国文化一向遵从天人合一的宇宙观和人生观，自然的、生理的与人文的、社会的之间，在万物有序的认识论中从来没有被截然割裂开来。在汉语语言结构中已隐含了阴阳兼济的社会特征，汉语中根本不存在像西方语言中普遍存在的"性"化语言（阴性或阳性），西方女权主义者在特意强调"被造成"的社会因素的同时，力图在淡化甚至回避自然差异的前提下探寻男女不平等的社会根源。在中国使用"社会性别"或"自然性别"这种隐含着对立性质的概念，会使人重新陷入二元对立的思维模式，过分强调社会文化在人的性别建构中的作用而忽视个体的能动性，使个体重新淹没在"社会"中。②

王政与李小江在翻译 gender 一词时存在分歧，但二人都强调社会文化对个体性别身份的影响，都重视理论联系实际，方法上注重中西结合的对比研究，尽力探索西方的理论为我所用的路径。总的来说，李小江一贯致力于本土理论的挖掘与重建，与西方话语保持一定的距离，王政致力于将西方的理论引进中国，充分利用西方的研究成果来反思中国社会现实中的性别问题。在实践层面上，两人走到了一起，李小江注重妇女的自身经验的研究，做了大量的社会调查研究，尤其是妇女口述史的研究成果丰硕，王政在妇女史领域的研究也有很深的造诣。

---

① 李小江：《女性/性别的学术问题》，山东人民出版社 2005 年版，第 105 页。
② 同上书，第 168 页。

中国学者一般都深受马克思主义的影响，在运用社会性别理论时更关注社会文化环境在人的性别身份形成中的关键作用，侧重于从社会环境中探讨男女不平等的根源，在实践上侧重于自上而下的革命，而对自身主体性相对重视不足。李慧英认为，西方社会性别意识的思想基础是人的主体性，它将主体意识引入性别范畴，确立了女性的主体地位，强调女性主体性，不仅要改变女性对于男性的从属关系，而且要改变女性对于国家的从属关系。在她看来，gender在从西方向东方传播的过程中出现了变形和扭曲，那就是抽离了人的主体性。性别意识从西方过来的时候，其实隐含的东西是对每个个体的权利和尊严的尊重，强调人是独立的、自由的，隐含着平等的思想以及相互尊重的东西。西方女性主义者从性别视角看男和女之间的差别，但她们认为男女背后不应该有一种更高的权利，这样就和国家的许多东西不发生根本性的冲突。① 李慧英强调妇女自身的主体性，并涉及妇女和国家之间的关系问题，要求尽力做到个体和国家整体的利益之间关系的和谐。社会性别强调社会对性别身份的建构，挑战了社会中许多被视为"常识"的知识，但后现代思潮影响下的西方学者主要从角色、服装发饰、行为方式等个体层面质疑现存的社会性别身份的必然性和合理性，重视从个体表现行为中追求自身的权利与自由。钟雪萍对此作了反省，她指出，如果认为西方妇女自下而上的解放模式才是真正的妇女解放的话，这一看法将会割断和架空对中国妇女历史经验的充分认识。这种情况下，部分中国女性主义者一方面有着"本土化"的焦虑，另一方面又对中国本土的妇女解放历史不予足够正视。只有把近代中国每个历史阶段对妇女解放所做的努力和带来的历史结果都纳入认识视野，才有望超越妇女解放的思维定式和单一模式，展开对中国女性主义的思考

---

① 李慧英：《将性别意识纳入决策主流的讨论》，《妇女研究论丛》1996 年第 3 期。

和争论。① 随着女性主义理论在中国的发展,许多中国学者对本土的性别理论也开始挖掘,汪丹和汪兵对本土五四前后的妇女观和近现代以来的妇女观进行了比较,认为梁启超的"新妇观"是真正合乎中国国情的妇女观,而近现代以提倡女性独立人格为主导的妇女解放观,则恰恰是忽视中国国情的"西妇观"。②

如今,许多女性研究者更加注重改善妇女生存发展的外部状况,不再仅仅关注女性自身,而且关注女人作为社会人的存在与发展的现实需求,力图"超越社会性别",把社会性别概念和其他的范畴包括阶级的、种族的、年龄的、性倾向的,还有宗教的甚至国家的等表明社会身份的诸多因素结合起来去思考、解读现实生活"文本",也就是打破那种把社会性别看作唯一决定因素的思维方式,把它扩展开来,从多维的、多元化的角度去解读复杂的社会现象,看待性别之间的差异问题和发展问题。在中国思想领域内马克思主义一直占主导地位,社会性别理论与马克思主义的关系问题研究也提上日程,许多学者力求把社会性别理论和马克思主义结合起来探求男女平等的道路。当然,社会性别理论既不能等同于马克思主义妇女理论,也不能取代马克思主义妇女理论。如何在马克思主义妇女观的指导下,积极吸取社会性别理论的合理成分,以推动妇女的社会发展和男女关系的根本改善,进一步提升妇女的社会地位,并将中国妇女运动推向一个新的高度,是一个极有现实意义的课题。

三 社会性别理论影响下的中国文学批评

20世纪80年代到90年代初的女性主义批评一般被看作新时期女性主义批评的第一次浪潮,这个时期以挖掘和颠覆为主要动机,翻译介绍和本土批评共举。对国外女性主义批评理论译介的范围已

---

① 钟雪萍:《错置的焦虑》,《读书》2003年第4期。
② 转引自魏开琼《女性主义理论在中国的发展》,《河南师范大学学报》(哲学社会科学版)2004年第3期。

经相当广泛，包括了英美派理论、法国派的理论、女同性恋理论、黑人女性主义批评、第三世界女性主义批评等。另外，女性主义者借鉴西方的理论来推动本土文学批评的发展，对于该时期批评的主题董之林概括为以下几个方面：对中国女性的命运进行历史性的文化反思；质疑文学批评中的道德及美学评价标准；重新认定女性的"基型"；批判文学作品中的男权主义。① 林树明概括为：阐发女性主义产生的哲学基础和现实依据；批判文学中的男性中心主义；追溯女性文学传统，探索女性意识及女性文学的特殊性，界定女性主义文学批评。② 1995 年在北京召开的联合国第四次世界妇女大会给中国女性文学创作及批评提供了一个与世界对话的平台，随之掀起了中国女性文学创作与批评的第二次浪潮，文学批评主题更加鲜明，视野也更加开阔，这个时期以发现和重构为理论指向，除了对新的西方理论如生态女性主义、女性主义人类学、女性主义叙事学、女性主义身体理论、女性主义美学、女性主义对西方儿童文学的影响等方面的引介以外，本土批评的主题、方法等发生了重要的变化。许多研究者改变了传统的研究模式和研究思路，研究视角也从单一转向了多重，运用社会性别概念研究女性问题，研究社会性别结构、社会性别文化乃至社会性别制度，也就是说，女性研究者不再仅仅关注女性自身，而且关注女人作为社会的人的存在与发展，关注阶级、阶层、民族、代际、社区等现实因素。总的来说，在研究过程中出现了许多学者共同关注的热点问题，比如"社会身份疆界说"对文学批评界的反思，性别研究与文化研究的结盟，面对解构与建构的困惑与反思，女性主义批评思维和策略的调整，构建本土女性主义文论体系的努力，关于女性创作及女性主义研究悖论的反思，

---

① 董之林：《来自女性世界的觉醒之声——近年来女权主义批评研讨情况述评》，《当代文学研究资料与信息》1989 年第 2 期。
② 林树明：《多维视野中的女性主义文学批评》，中国社会科学出版社 2004 年版，第 351 页。

女性主义批评思维和策略的调整,等等。①

(一)"社会身份疆界说"对文学批评界的反思

许多学者赞同多元的文化身份理论,刘思谦认为西方女性主义在建构自己的性别理论时,尚未完全摆脱早期激进主义者将性别问题等同于阶级问题、阶级斗争的偏执论,表现为社会性别单一论即唯性别论,对性别与阶级、种族之间的复杂关系缺乏必要的理论辨析。性别、种族、阶级等人的类属性和类身份,既是相互联系和相互交织的,又是不可相互取消和相互替代的。性别所关联的两性关系的特殊性有三个方面:一是它不可能像其他关系如阶级关系那样阵线营垒分明,二是它的遍及全人类的日常性,三是它的更为突出的个人性。性别及性别关系所关联与覆盖的,是涉及每一个男人和女人的恒久而普遍的日常生活,包括社会生活、家庭生活和性生活,是由此而世世代代年复一年积淀在男人和女人心理深层和日常生活中的性别观念、性别无意识。正是性别的这种生活化、个人化和心理化特征,带来了它和文学的天然的联系和亲和力。她认为"社会身份疆界说"和"多重压迫论"触及了西方性别理论中一个重要的理论盲区,"将性别平等、性别互补和种族平等、种族融合视为人的基本权利之一,将'性别'分解为自然性别与社会性别并在其相互联系中区别对待,便是破译性别密码与种族密码,理性和智性地认知种族属性身份与性别属性身份的一缕晨光"②。

屈雅君力图矫正社会身份疆界理论在本土化过程中出现的偏颇,她强调中国学者应该关注中西女性文学批评学术背景上的差异,努力避免时空的错位。弗里德曼强调妇女学理论应改变单一的社会视

---

① 对女性写作的争论罗婷等人著的《女性主义文学批评在西方与中国》中论述颇为详尽,参见《女性主义文学批评在西方与中国》,中国社会科学出版社2004年版,第293—326页。

② 刘思谦:《性别理论与女性文学研究的学科化》,《文艺理论研究》2003年第1期。

角，转而从性别、阶级民族、种族等多种视角来考察作家和作品人物的社会身份，对当代中国女性文学批评有很大的积极意义。但是，由于"社会身份疆界说"以种族、阶级、性别等多重视角聚焦同一对象，即使每一视角都具有很强的政治色彩，当它们复杂地叠加在一起时，批评的政治色彩反而会因视角的分散而减弱，而马克思主义社会历史批评虽然视野宽广，但却是以阶级分析和社会革命理论为核心的批评，具有强烈的政治倾向性，而这一点，恰恰与女性主义文学批评相类同。在数量上、地位上、机会上又多处于弱势的中国女性批评家们，如果忽略这种学术背景上的差异，就有可能造成理解上的多重错位，就有可能遗漏许多对我们有益的信息，甚至有可能将深入复杂的理论简单化、庸俗化，从而使自己丧失一次理论成长和思想磨砺的契机。[①]

（二）性别研究与文化研究的结盟

考察和研究女性主义文学时，学者们不只是把它作为一种文学现象，而且把性别立场与文化现象联系起来共同考察，如徐坤的《双调夜行船——九十年代的女性写作》、王红旗的《中国女性文化》、荒林与王光明的《两性视野》都是从文化视角切入。妇联刊物《妇女研究论丛》、荒林主编的《中国女性文化》季刊都开设有文化研究专栏。这些刊物关注中国古代妇女的性文化心理、生育文化、少数民族文化、身体文化，并大力推进文学批评与文化批评的契合。荒林在与王光明合作的《两性对话》这本书中也强调说，他们的"对话试图贯彻文学批评和文化批评二合一的标准"，这一标准"能为探讨如何在文学中建立更合理的两性关系、塑造更美好的女性形象和男性形象提供相对合理的策略"。正是由于具有这样一种立场，她们在从事女性文学研究时，并不拘泥于女性文学本身，而是

[①] 屈雅君：《女性文学批评本土化过程中的语境差异》，《妇女研究论丛》2003年第2期。

以女性文学为中心向其他领域特别是向广阔的女性文化领域扩展。与女性文学和文化相关的研究迅猛发展,电影、电视、网络、广告、时尚杂志等文化现象以及传统的文化艺术领域的现象都成为性别批评的对象。

(三) 面对解构与建构的困惑与反思

女性主义文学批评与西方的解构主义思潮有着复杂的关联,女性主义借助于解构主义理论来质疑和颠覆父权制意识形态,但是解构主义注重颠覆现存话语体系却对新的知识体系建构无能为力,女性主义者表现出对社会性别理论和解构主义相遇时的困惑。女性主义对女性本质的研究贯穿了女性主义的整个发展历程,而后现代主义质疑主体的存在,消解性别、种族、阶级等之间的差别,对女性主义的理论研究造成巨大的冲击,其去政治化倾向也使女性主义的崇高理想归于平庸,政治目标变得虚无。后现代主义语境下如何在坚持解构的策略撼动男权中心主义的巨网的同时努力建构自己的理论体系、明确自己的政治目标一直是女性主义不断深入探讨的课题。

(四) 构建本土女性主义文论体系的努力

张岩冰的《女权主义文论》对女权主义在西方的发生发展情况,英美、法两大学派的异同及对一些具体问题诸如女性政治、女性文学传统、女性写作、女性文学语言的情况进行了细致的研究和梳理,探讨了女权主义文论与马克思主义、精神分析、解构主义等文论的关系。在此基础上,作者还分析了中国女权主义文学批评的现状,并提出了"我们自己的女权主义文论"这一命题。[①] 任一鸣、宋素凤、林树明、罗婷等倡导对文艺作品和批评话语作性别向度的理论评析,建构一种面向未来、两性和谐的女性诗学。宋素凤的《多重主体策略的自我命名:女性主义文学理论研究》、罗婷的《女性主

---

① 张岩冰:《女权主义文论》,山东教育出版社1998年版,第216—218页。

文学批评在西方与中国》、林树明的《多维视野中的女性主义文学批评》等著作都表达出建立中国的女性主义文论体系的尝试。林树明的《多维视野中的女性主义文学批评》是介绍中西女性主义产生发展最为详尽全面的一部力作。该书分析了女性主义批评与当代其他各种理论的纠葛，尤其关注女性主义批评与读者接受理论、马克思主义、精神分析、后殖民主义等理论之间的互动关系。该书也对中国文学批评中的性别价值取向作了系统梳理，对女权主义在西方的发生发展情况及一些具体问题诸如女性政治、女性文学传统、女性写作、女性文学语言等方面进行了细致的研究。在此基础上，作者认为随着社会的进步和文艺的发展，女性主义文学批评将会一步步迈向性别诗学，并总结了未来的性别诗学具有的特征。林树明探讨了性别诗学与美学的关系，性别诗学将有助于改善人类文化生态和人文环境，部分弥补 20 世纪西方语言论诗学或后现代主义美学摒弃人文因素所造成的缺陷，构成东方美学特有的感性传统的一个新维面。

（五）关于女性创作、女性主义研究悖论的反思

陈骏涛在《关于女性写作悖论的话题》一文中提出了当前女性写作中的五个悖论，即性别意识与超性别意识，私人空间与公共空间，内视角与外视角，自恋自闭与自省自强，双性对峙与双性和谐。女性写作之所以不同于男性写作是因为它是一种具有性别意识的写作。女性居于社会的边缘，她的写作存在有没有性别意识的问题。超性别意识是对性别意识的超越，是性别意识和人的意识的一种升华与融合，性别意识与超越性别意识二者是一组悖论。陈骏涛认为在对待悖论式的命题时，女性主义者常常采取褒扬一端而排弃另一端的做法，对问题做出非此即彼、非黑即白的判断，思维呈二元对立的状态。二元对立的思维是一种线性的思维，在丰富复杂的客观事物面前是远远不够用的，而且很容易使人误入歧途。必须对这种思维状态进行整合，在此端和彼端之间寻找一个结合点，走出线性

思维的怪圈。① 2018年9月在陕西师范大学女性研究中心等单位举办的"2018年女性文学青年论坛"上,求同与求异、性别意识与超性别意识依然是学者激烈争论的话题。中山大学的郭冰茹指出女性作家在20世纪90年代出现"回归古典"的创作倾向,女作家们坚持性别视角和性别立场,但并不囿于性别,甚至超越性别的局限在更复杂的社会文化背景中呈现个体或人类的命运。杭州师范大学的王侃认为处理性别与超性别关系的策略是"在宏观上去差异化,在微观上要继续追求强调差异化"。上海师范大学的董丽敏认为在对具体文学现象或作品进行研究的时候是可以有一个性别作为立场,但性别立场并不是唯一的评价标准,学术研究可以在差异化和去差异化之间找到切合点。屈雅君在《执着与背叛——女性主义文学批评与实践》中总结了西方女性主义所遇到的三个方面的悖论及对女性主义的意义,这三个方面的悖论是:关于女性文学中的理想主义,关于女同性恋,关于男性参与女性主义活动。她指出:"女性主义文学批评本身就是一个悖论,它的理论指向是肯定式的,但它的言说方式却是否定式的,它提出了一系列不仅是对女人,而且是对人类都具有宝贵价值的重大命题,但这些命题都是'无解'的。而这一点正是女性主义的魅力所在。"②

(六) 女性主义批评思维和策略的调整

早期的中国女性主义者有着比较强烈的性别对抗意识,表现出过激的言论和行动,在文本中也透露出激愤的情绪,摆出与全社会决战的激进姿态。后期女性主义则放弃了前期女性主义的偏颇、激进,在政治倾向上趋于温和。它主张通过教育来普及和提高女性的社会性别意识,增强女性的社会性别觉悟,循序渐进地提高女性的社会地位。这当然并不意味着女性主义者就此放弃了斗争,而是她

---

① 陈骏涛:《关于女性写作悖论的话题》,《当代作家评论》1999年第4期。
② 屈雅君:《执着与背叛——女性主义文学批评与实践》,中国文联出版社1999年版,第52—53页。

们的思维和策略有了调整。前者代表的是一种自上而下的实践方式,主张激烈的变革,通过颠覆和消解男权来达到自己的目的;而后者代表的是一种自下而上的改革,通过提高女性个体的社会性别意识和觉悟来实现自己的目标。她们并不强调性别对抗,而更强调"性别对话",提倡所谓"双性同体"或"双性和谐",用一种双性的或者说第三性的眼光来观照文学,观照文化的历史和现状。这种双性眼光也可以说就是一种超性别眼光。"平等""双性和谐""民主政治""超越性别"之类的概念成为女性文学研究的关键词。种种迹象表明,中国大陆的许多女作家和女批评家都十分重视"双性和谐"或"双性同体"问题,在女性主义文学批评领域,"双性和谐""超性别意识"成为女批评家们奋力追求的目标。

结　语

　　社会性别理论是西方女性主义学者对女性主义理论研究的重要贡献,对于开拓中国女性主义文学批评的视野,对于中国女性主义文学批评理论的建构和批评实践有着重要的借鉴意义。近年来,我国女性主义研究中的社会性别理论取得了较大进展,对学术界产生了深远的影响,但也产生了一系列问题:第一,社会性别的研究基本上停留在对概念的阐述以及社会性别与其他范畴的关系层面上,缺乏系统性,没有建构出较完整的理论体系。第二,对社会性别的研究更多地借助于国外的理论与经验,运用社会性别来分析我国的历史状况和现实问题仍没有得到充分发展,因而,社会性别理论缺乏现实说服力。第三,西方某些激进的理论走向了极端,如对性的过分强调使该理论和中国的语境存在极大的差异,因此,学者们欣然接受社会性别理论的同时,在现实领域里推广还存在极大的障碍。因此,我国的女性主义研究要解决外来理论本土化的问题任务还很艰巨,如何在马克思主义妇女观的指导下批判地吸收和借鉴现代西方社会性别理论的合理成分，建立适合本土发展的社会性别理论体系，以推动妇女的社会发展和男女关系的根本改善，进一步提升妇女的社会地位，并将中国妇女运动推向一个新的高度，是一个极具现实意义的课题。在文学批评领域，一些批评家担心，在文学解读中大量运用性别因素，将文学含义具体到某一方面会降低阅读的文学性。事实上，社会性别视角提供了一种文本接受的独特方式，以一种鲜明的立场改变了整个文学批评的观念。中国的女性主义批评在社会性别理论的影响下获得了很大的发展，其中的争论在所难免，女性主义也正在与各种理论的磋商较量中不断发展，获得勃勃生机。

第二章

马克思主义对女性主义的影响

女性主义起源于19世纪末，是欧美启蒙运动和妇女运动的产物。其最初的表现主题是反抗性别歧视和压迫，争取妇女权益，侧重于现实政治领域的斗争。20世纪60年代后，随着妇女运动的发展，女性获得了一些基本的社会权利，女性主义的斗争重心就由争取男女平权转向关注女性自身发展完善的问题，它强调女性自身的存在，以女性及女性主义的视觉去看待自身与男性、与社会、与自然的关系，以女性及女性主义的体验去解释和评说历史与现实。从而，由政治运动转变为思想文化领域的革命。

作为一种社会文化思潮，女性主义深受其他社会思潮的影响，而在诸多的影响女性主义的社会思想中，马克思主义是最为重要的一种，被公认为是女性主义最重要的思想源泉。

马克思主义对女性主义的影响是久远而深刻的，作为一种左翼、激进的社会批判理论，女性主义对资本主义和父权制的批判与马克思主义对资本主义现代社会的批判是一脉相通的。因而，无论是在思想上，还是在理论方法上，女性主义都对马克思主义予以大胆的借鉴和吸收：马克思主义的唯物史观推动了女性主义对女性斗争史的研究；政治经济学的劳动二重性理论启发女性主义对家务劳动的社会劳动与私人劳动的二重性质的探讨；再生产理论为女性主义的社会再生产理论奠定了基础；马克思的阶级理论，也被拿来分析性别；马克思主义关于异化劳动、劳动力商品、工资的性质等许多理论观点都为女性主义提供了研究的课题。除此之外，马克思主义还直接导致了女性主义的两个重要分支——马克思主义女性主义和社会主义女性主义的产生，双方之间这种密切的关系，既有力地推进了女性主义的发展，又为丰富和发展马克思主义做了有益的探索。

作为一种社会批判理论，马克思主义对女性主义的影响是全面的。如上所述，它不仅影响了女权运动的开展，同时，也深刻地影响了女性文学的发展走向，作为女权运动深入文化领域的产物，女性主义文学直接体现了女性主义的政治立场和斗争方向，因而，有明确的政治目的和很强的意识形态色彩。而致力于对文学进行社会历史分析，从文学文本中揭示性别压迫的历史真相，将文学当作颠覆、抗拒旧有文化和性政治秩序的力量等理论，都与马克思主义理论高度契合。

第一节　马克思主义关于女性的思想

马克思主义的中心课题是揭示资本主义私有制的不合理性、揭示无产阶级与资产阶级之间矛盾的不可调和，以及资本主义将由社会主义取代的必然性。因而，妇女理论不是其主要内容，其创始人马克思、恩格斯也没有论述妇女问题的专著，但马克思、恩格斯在讨论人类解放问题时，把妇女解放作为其中的有机组成部分进行了考察，他们在创建马克思主义哲学、政治经济学和科学社会主义理论体系的过程中也不断地触及妇女问题，在《共产党宣言》《德意志意识形态》《家庭、私有制和国家的起源》《1844年经济学哲学手稿》等著作中也有大量关于妇女问题的论述。从而，形成了以辩证唯物主义和历史唯物主义为基础的相当系统的马克思主义妇女理论，这些理论为女性解放运动提供了政治纲领与政治策略，对妇女运动的开展起了很大的推动作用。

马克思主义的妇女解放思想首要的表现就是对妇女的历史地位和社会作用的重视。立足于建立自由平等的社会、实现人的全面发展的理想,马克思曾经高度评价了空想社会主义者傅立叶重视妇女地位的论断及其对侮辱妇女现象所进行的分析,指出:"每个了解一点历史的人也都知道,没有妇女的酵素就不可能有伟大的社会变革。社会的进步可以用女性(丑的也包括在内)的社会地位来精确地衡量。"[1] 除了思想上的重视,他还十分关注妇女运动的发展并给予具体指导,1868年,他亲自建议在国际工人协会(第一国际)成立妇女支部,并对工人运动中出现的歧视妇女的现象给予严厉的批评。这一切,不但促进了无产阶级妇女运动的开展,而且对后来的西方女权运动和女性主义文化思潮都产生了深远的影响。

一 女性问题的起源分析

马克思的女性思想奠基于其历史唯物主义,经济基础与上层建筑相互关系的理论是马克思主义创始人研究社会问题的出发点。在《政治经济学批判》序言中,马克思指出:"物质生活的生产方式制约着整个社会生活、政治生活、精神生活的过程。不是人们的意识决定人们的存在,相反,是人们的社会存在决定人们的意识。"[2] 因此,"生产以及随着生产而来的产品交换是一切社会制度的基础;在每个历史地出现的社会中,产品分配以及和它相伴随的社会之划分为阶级或等级,是由生产什么、怎样生产以及怎样交换产品来决定的。所以,一切社会变迁和政治变革的终极原因,不应当在人们的头脑中,在人们对永恒的真理和正义的日益增进的认识中去寻找,而应当在生产方式和交换方式的变更中去寻找;不应当在有关的时

---

[1]《马克思恩格斯全集》第32卷,人民出版社1975年版,第571页。
[2]《马克思恩格斯选集》第2卷,人民出版社1972年版,第82页。

代的哲学中去寻找,而应当在有关的时代的经济学中去寻找"①。

从人类历史的基本前提,即构成社会生活的物质资料的生产以及人类自身的生产来考察妇女问题,马克思主义创始人揭示了女性问题产生的原因:女性问题是随着生产方式和交换方式的变更、随着占支配地位的社会关系的变化而产生的,是时代的产物。

马克思主义认为,随着生产力的提高,剩余物质的增长,私有财产开始出现,这就使得物质生产从作为人类自身生产的手段转化为整个社会生产的目的,人不再表现为生产的目的,财富成为生产的目的。

物质生产的发展,对社会和个人来说,都产生了巨大的进步作用,但同时,也使人开始遭受盲目的物的力量的统治,而私有制的出现,逐步使人们的社会分工及人与人之间的关系变得不平等起来。

首先,财富的增多,使两性间的分工开始出现了变化,由于劳动价值和意义的提高,从事物质生产的男性在生产和生活中的作用日益突出,男性的地位也得以提高。而女性由于生育及家务劳动的自然性和非商品性,地位则慢慢下降,最终,逐渐沦为男性的附庸。财产的增加,导致了私有权的产生,男女地位的变化,导致了父系继承权的出现,"因此必须废除母权制,而它也就被废除了"②。

其次,女性地位的下降,女性的家务劳动变成男性的私人劳动,使得女性劳动被排除在社会总劳动之外,进一步导致了公私领域的分离:生产被认为是属于公共领域的活动,而人类的繁殖等则成为私人领域的活动。而且,由于生产力水平的低下,出于生存的需要,公共领域的活动被赋予较高的价值,私人领域的活动则被赋予较低的价值,从而导致了女性的被统治、被支配地位的形成。

对此,恩格斯有着生动的描述,"随着家长制家庭,尤其是随着

---

① 《马克思恩格斯选集》第3卷,人民出版社1972年版,第307页。
② 《马克思恩格斯选集》第4卷,人民出版社1972年版,第51页。

一夫一妻制个体家庭的产生,情况就改变了。家务的料理失去了自己的公共的性质。它不再涉及社会了。它变成了一种私人事务;妻子成为主要家庭女仆,被排斥在社会生产之外……丈夫在家中也掌握了权柄,而妻子则被贬低,被奴役"[1]。女性地位的衰落,是"女性的具有世界历史意义的失败"[2]。此后,女性就一直生活在男性的阴影中,工业革命后,由于资本的统治,女性问题更加突出,成为引人瞩目的现代问题。

综上所述,马克思、恩格斯认为,私有财产的出现乃至私有制的确立是男女两性对抗冲突,女性被压迫、被奴役地位形成的决定性因素。女性受压迫的根源就在于私有制。其中,男性掌握了全部的生产资料和生活资料,成了私有财产的所有者,从而掌握了社会上的一切权力,建立了以男性为中心的父权制社会,形成了压迫女性的社会机制。从此,女性就沦为男性的附庸,一直处于男性的压制和剥削之下。

二 工业资本主义社会条件下的女性问题

作为一种社会批判理论,马克思主义主要的分析、批判对象还是其所处的资本主义社会。马克思主义超越于前人的"核心贡献就是摧毁了与历史无关的、技术主要的经济概念,从历史和政治视角分析了资本主义生产方式"[3],在对资本主义进行全面、无情的批判中,马克思主义创始人也分析、抨击了资本主义对女性的压迫。

(一)资本主义生产对女性的剥削

从人的自由、全面的发展出发,马克思重点关注了资本主义生产方式下作为生产者的人的基本地位,他分别从资本主义的生

---

[1] 《马克思恩格斯选集》第4卷,人民出版社1972年版,第70页。
[2] 同上。
[3] [美]道格拉斯·凯尔纳、[美]斯蒂文·贝斯特:《后现代理论》,张志斌译,中央编译出版社1999年版,第232页。

产环节和交换环节考察了资本主义生产对人的影响。马克思认为,资本主义对利润的追逐和劳动力的极端分工已经把劳动变成了一种异己行为,即劳动"异化"了,对劳动者而言,这种劳动不是他的自我活动,而是自我的丧失,是对人的生命的否定,它导致了一种非人化状态:"人(工人)只有在运用自己的动物机能——吃喝、生殖,至多还有居住、修饰等等——的时候,才觉得自己在自由活动,而在运用人的机能时,觉得自己只不过是动物。动物的东西成为人的东西,而人的东西成为动物的东西。"①

异化劳动所造成的直接结果就是劳动者沦为商品,人被变成了物,即"物化"了。资本主义的工业主义不但把人变成了商品,而且,劳动者所有的社会关系都被物化了,其中,就包括男女两性关系。人类社会两性的关系本应该是平等的,男人与女人的关系是人与人最自然的关系,但是,正如劳动的异化一样,男女之间的关系也异化了,"作为人类的一半,女性无时无刻不被当作一个有缺陷的存在、一个异己的低劣者而遭受排斥和压迫"②。

在批判了资本主义的异化劳动对妇女的摧残的之后,马克思又从劳动价值的角度揭示了资本主义社会对妇女的剥削,他把经济价值分为三类:使用价值、交换价值和剩余价值,其中,交换价值是异化劳动的产物,其在男女不平等的劳动关系中的表现就是,男人以交换为目的的生产抑制了女人以使用为目的的生产,从而为男性权力奠定了重要的基础。因为,在现代工业资本主义条件下,所有生产几乎都是在家庭以外进行的社会性的、以交换为目的的生产,在这种情况下,女性的家务劳动不具有交换价值,其价值是得不到认可的。

在此基础上,马克思还分析了资本主义社会中剩余价值生产对

---

① 《1844年经济学哲学手稿》,人民出版社2000年版,第55页。
② [英]特里·伊格尔顿:《二十世纪西方文学理论》,伍晓明译,北京大学出版社2007年版,第147页。

女性的压迫,根据马克思的观点,任何生产出来供销售的产品,其价值都是由劳动总量或人实际投入的能力及智力的消耗总量所决定的。而在商品的交换价值和工人的劳动力价值之间存在一个差额,这个差额就是被资本家无偿占有的剩余价值。而资本主义为了使这种剥削能永久持续下去,就必然加重对女性的压迫。一方面,它需要利用女性的无偿劳动来生产劳动力,以保证剩余价值的持续生产,因为工人的生存和劳动力的再生产是资本再生产的不可或缺的条件,而女性的无偿劳动对劳动力的再生产则是必不可少的,所以,资本主义利用其社会机制,强迫女性为这种生产提供无偿劳动。另一方面,在机器大工业条件下,资本家为了获得尽可能多的剩余价值,用更加低廉的劳动力价格大量雇用女工,或者把女工作为劳动后备军,以压制男性劳动力讨价还价的能力,从而巩固整个资本主义的阶级利益。资本统治对女性的这些剥削,不但极大地摧残了女性的身心,也进一步加强了女性地位的从属性。

(二) 资产阶级意识形态与父权制对女性的压迫

在批判资本主义生产对女性剥削的基础上,马克思进一步批判了资产阶级意识形态和父权制对妇女的迫害。在资本主义社会,资本统治、意识形态和父权制是压迫妇女的主要因素,它们之间的相互作用是造成资本主义社会女性地位低下的主要原因。资本统治体现的是资产阶级对女性的经济剥削,而意识形态和父权制则构成了压迫女性的思想文化根源。

在批判资本主义社会制度时,马克思批判了资产阶级意识形态对妇女的毒害。启蒙运动的男性思想家在提倡平等、人权,反对国家、教会或经济机构的压迫的同时,将妇女列为二等公民,不给她们同男性一样的权利。在马克思看来,如此一来,资产阶级所宣扬的自由平等不过是统治阶级为自己编造出来的幻想。在这样的社会中,即使妇女在法律上可以享有较高的地位,即使妇女享有契约规定的平等,女性解放也不可能有特殊的空间,资本统治与意识形态的相互作用使得女性解放满足于机会均等的获得，停留于政治解放的层面上，从而忽视了对思想文化等深层次因素的重视。

与资产阶级意识形态紧密结合、交互作用，共同维系资本主义社会"性政治"的，还有父权制，"父权制结构与意识形态，在资本主义社会中发挥着这样一种独特功能：使妇女对男子的从属地位在新近产生的公共与私人领域内、在工厂车间以及资产阶级家庭内，得到了进一步的维护和强化"①。

因此，在批判资本主义制度的基础上，马克思揭示了父权制对女性的压迫。他认为，与资本主义一样，父权制也是一个权力系统，而且是一个更隐蔽的权力系统，从事家务劳动的妻子与"挣钱养家"的丈夫的关系不是平等的交换关系，而是剥削和压迫关系，这种剥削和压迫比资本剥削更为深重也更难摆脱。

而从根本上维持这种社会机制运行的，就是理性原则。作为父权社会的精神支柱，理性原则是男性压迫女性的思想武器，基于理性原则，男性自由主义理论家们对妇女的地位作了明确的规定：妇女的位置在家庭中，她们应由她们的丈夫来保护。洛克在《政府论》中就提出：丈夫应拥有凌驾于他的妻子、儿女之上的权威。他认为，对人的自由意志的自我决定而言，私有财产是核心因素，而保护私有财产，关键在于（男性的）继承权，基于此，一夫一妻制以及对妻子的支配权变得越发重要，其目的就是使私人财产能够保留在家庭中。

这样导致的结果就是，歪曲和破坏了人的生命的价值，毒化了人与人之间的关系，"男人和女人之间真实的社会关系被'商品拜物教'的追逐掩盖起来了，实际的社会交往采取了商品相互作

---

① ［美］道格拉斯·凯尔纳、［美］斯蒂文·贝斯特：《后现代理论》，张志斌译，中央编译出版社1999年版，第239页。

用的形式"①。

三 女性解放思想

马克思、恩格斯在考察了女性地位的演变、揭示了女性受压迫的根源和实质之后，提出了自己的女性解放思想，从经济、政治和家庭诸方面为女性提供了一整套的解放策略。

（一）女性解放的根本途径

马克思、恩格斯认为，私有制的确立是男性统治和奴役女性的根源。因此，女性要从根本上摆脱这种受歧视、受奴役的地位，只有消灭私有制。

私有制是产生一切不平等现象的根源，也是一切贫困、灾难、异化、压迫、奴役和剥削产生的基础，是资本主义社会一切矛盾的根源。因此，马克思、恩格斯对其进行了坚决的批判，他们提出，无产阶级要获得解放，必须组织起来，建立无产阶级专政，彻底变革私有制，大力发展生产力，以最终消灭阶级、阶级剥削和阶级压迫，实现包括女性在内的无产阶级和全人类的解放。只有铲除私有制，建立生产资料公有制，消灭人剥削人的经济根源，才能彻底铲除女性受压迫，男女不平等的根基，女性才能真正摆脱受压迫、被奴役的地位，求得解放。

（二）女性解放的先决条件

1. 参加社会生产劳动

女性解放的先决条件是参加社会生产劳动。马克思主义认为，随着私有财产的出现，家庭内自然形成的劳动分工进一步加剧，男性成为生产资料的占有者和生活资料的所有者，在社会生产和家庭生活中处于主导地位，而女性则因从事私人性质的家务劳动，被排

---

① ［英］特里·伊格尔顿：《历史中的政治、哲学、爱欲》，马海良译，中国社会科学出版社1999年版，第91页。

斥在社会生产劳动之外,丧失了对生产资料、生活资料的所有权,沦为社会生产和家庭生活中的奴隶,丧失了独立的经济地位。

女性在经济上独立地位的丧失,导致了她们在社会中完全失去了应有的地位,丧失了人身自由,也失去了政治参与、受教育等各个方面的权利。马克思主义创始人认为,没有女性的就业,就不会有女性的解放和发展。"只要妇女仍然被排斥于社会的生产劳动之外而只限于从事家庭的私人劳动,那么妇女的解放,妇女同男子的平等,现在和将来都是不可能的。妇女的解放,只有在妇女可以大量地、社会规模地参加生产,而家务劳动只占她们极少工夫的时候,才有可能。"[1] 因此,恩格斯主张,"妇女解放的第一个先决条件是一切女性重新回到公共的事业中去"[2]。因为,只有参加劳动才可以使女性在经济上不再依赖于男性,而这种依赖的消失,才是建立平等的两性关系的基础。

2. 家务劳动的社会化

家务劳动的社会化是女性解放的又一重要条件。家务劳动的社会化,即"把私人的家务劳动溶化在公共的事业中"[3]。对此,恩格斯强调:"随着生产资料转化为社会公有,个体家庭也不再是社会的经济单位了。私人的家务变为社会的事业。孩子的抚养和教育成为公众的事情;社会同等地关切一切儿童,无论是婚生的还是非婚生的。"[4] 为了顺利实现家务劳动的社会化,恩格斯还提出了消灭作为社会经济单位的个体家庭的主张。他认为,现代的大工业社会为此提供了基础,现代大工业,不仅大规模地使个体家庭解体,同时吸纳了大量的女性劳动,并且为家务劳动的社会化提供物质的、技术的基础,使得家务劳动社会化成为可能。

---

[1] 《马克思恩格斯选集》第4卷,人民出版社1972年版,第158页。
[2] 同上书,第70页。
[3] 同上书,第158页。
[4] 同上书,第72页。

第二节　马克思主义的女性主义解读

一　马克思主义作为一种女性主义思想源泉

马克思主义的主要目的在于批判不合理的资本主义社会，建立人人平等的社会，寻求"人的解放"，实现人的全面、自由的发展。其对资本主义的深刻批判，以及消灭压迫、消灭异化的政治主张和理想在渴望建立男女平等的社会的女性主义者中产生了强烈的共鸣，她们开始关注、学习和研究马克思主义，马克思主义创始人对妇女问题起源的考察，关于妇女地位的界定，以及对妇女问题的分析和对妇女解放思想的论述，都成为她们学习、借鉴的资源。

在女性主义者眼中，除去消灭剥削和压迫，解放全人类，充分发展人的个性，最终实现"自由人的联合体"等马克思主义的政治理想和价值观之外，马克思主义的一些基本观点和分析方法，如唯物史观、辩证法、阶级分析方法等也深深地吸引着她们，为此，她们对马克思主义从精神实质到理论方法，进行了多方面的学习、研究，并自觉地将其运用在女性问题的分析上，具体表现在：吸收了马克思历史的、逻辑的研究方法，女性主义加深了对妇女斗争史的研究；运用马克思主义政治经济学的劳动二重性理论，拓展了对家务劳动性质的研究；马克思主义的再生产理论成为她们"社会再生产"理论的基础；马克思分析资本主义社会构成的阶级分析法，被她们改造、转换为性别分析法；马克思关于劳动力商品、工资的性质等的许多观点，也都为女性主义提供了可资借鉴的理论方法和研究课题。女性主义对马克思主义如此倚重，以至于一些女性主义者提出了"提出女性主义的问题，给予马克思主义的回答"[①]的口号。

[①] 鲍晓兰主编：《西方女性主义研究评介》，生活·读书·新知三联书店1995年版，第194页。

二 女性主义对马克思主义的吸纳与发展

女性主义由于其流派众多,主张各异,因而,对马克思主义学习、继承的态程度也不同。概括起来,大致有两种基本走向:一方面,是依据马克思主义的基本原理与方法,对性别平等和妇女解放问题开展研究,即以马克思主义为研究基础或从马克思主义理论出发的女性主义;另一方面,是以其他非马克思主义理论为背景或出发点,来对马克思主义的妇女理论进行研究,即将马克思主义关于性别平等、妇女解放的理论作为探讨的对象,用诸如自由主义、后现代主义等各种理论背景,对其加以审视、分析、解构或建构。两条路径尽管不同,但其面对的理论对象却是相同的,都是马克思主义的基本理论和方法。

(一) 对两种生产理论的继承

两种生产理论是马克思主义分析女性问题的历史唯物主义基础,对此,马克思主义女性主义予以继承,并作了新的阐发。她们首先依据两种生产理论,从物质生产与人类自身生产的角度探讨了女性地位形成的原因,认为女性在家庭和社会上的地位和状况是由其工作地位和经济状况决定的。她们认为,主要由妇女承担的劳动力的再生产是造成妇女受压迫的根源。在她们看来,工人家庭的妇女从生儿育女之时起,就一身担当二任:既是直接的劳动生产者,又是劳动力再生产的主要承担者,这样导致的后果就是,一方面,生育后代容易使她们遭受失业或减薪的威胁;另一方面,容易导致男性工人滋生大男子主义,因为,这些男性工人会认为自己在妇女生育子女期间担当了赡养妻子儿女的义务,为家庭提供了物质生活资料,觉得自己是家庭的"顶梁柱",从而加深家庭内部的压迫。所以,劳动力再生产过程中,男女双方的这种按性别的劳动分工,是造成女性受压迫、受歧视的根本原因。工人阶级家庭中的妇女是这样,中产阶级家庭的妇女也不例外,她们也同样因为养儿育女而受到压迫,在家受丈夫的压迫，在外则因生育子女难以应付就业、升迁的挑战而受资本家的压迫。

女性主义者认为，母亲的义务使得建立家庭成为一种历史的需要，但家庭使妇女被排斥于生产和公共生活之外所造成的不平等是广大妇女受压迫的根源。家庭内部的压迫除了使妇女受制于男人之外，还造成妇女心胸狭窄以及依赖性、被动性和保守性等个性特征，从而使她们难以认识到自己在资本主义社会中所受的双重压迫。基于以上认识，女性主义者认为，家庭结构与性别压迫存在密切的联系，家庭问题是分析性别压迫与寻求妇女解放的重要环节。因而，她们要求把妇女斗争的重心由社会转入家庭，在她们看来，既然家庭作为男女关系发生的主要场所，是妇女自我发展的主要障碍，也理应成为进行性别斗争、争取性别解放的主要阵地。

为此，以玛格丽特·本斯顿和科斯塔等为代表的女性主义者以马克思劳动价值理论为基础，对家务劳动作了新的分析，提出了家务劳动社会化和家务劳动工资化的主张。依据她们的政治经济学理论，资本主义包含两种不同性质的生产，即商品生产和家务生产。她们认为，妇女在家庭中所从事的生儿育女、做饭、采购、清理打扫等劳动，是一切其他劳动得以进行的必要条件，妇女的劳动不仅为现在的和未来的劳动者提供衣食，而且提供感情和家庭温暖，这种生产劳动虽然不像"普通商品"那样可以在市场上自由交换，但也是有用的、必需的，而且，在资本主义社会性生产中，为创建利润、资本积累起着最本质的功能，从而使资本主义机器的齿轮得以不停地运转。就此意义而言，女性的家务劳动不仅是为自己的丈夫工作，更是为资本家工作。然而，在货币表现价值的社会里，由于它只表现于家庭内，无法成为商品在市场上自由交换，其结果是，它只能使生产者的价值"暗藏"，以致使生产者的身份低下，妇女的劳动因非工资性质不仅在客观上完全地贡献于父权性的社会，而且掩盖了她们自身所受的压迫。因此，在这些女性主义者看来，在资本主义社会中，妇女之所以受到男人的压迫和剥削，其主要原因并不是生理的、文化的或意识形态的，而是经济的，是妇女的家务劳动向来不被社会有实效性地认可。要祛除这种弊端，就必须实行家务劳动社会化或家务劳动工资化。只有这样，才可能真正消灭女性在资本主义社会中的被剥削状况。

（二）对阶级理论的继承与改造

阶级理论是马克思主义的重要组成部分，女性主义者以之为武器，分析资本主义社会和性别问题。

女性主义对阶级理论的运用主要在两个方向上展开：其一，是以之为武器开展反抗资本主义的斗争。其二，将之作为一种工具，来分析性别之间的矛盾斗争。

在以阶级为武器反抗资本主义社会时，女性主义者首先从社会发展的实际出发，对阶级的概念进行了新的界定。马克思在定义阶级的基本特征时，突出了三个要素：权力、财产所有权、剥削。并据此把现代社会分为对立的两大阶级——无产阶级和资产阶级，并预言，处于无产阶级和资产阶级之间的中间阶级和阶层会日益消亡，从而整个社会会形成两大对立阶级。但马克思的预言在当代却遇到了新的挑战，在现代资本主义国家，由于资本主义自身生产方式的调整，中产阶级并没有像马克思所预言的那样消亡，而是出现了一个稳定的人数众多的中产阶级阶层。面对这种现实状况，为了寻求阶级改造和反抗资本主义剥削的阶级革命的现实可能性，女性主义者开始重新思考阶级的概念，她们把阶级定义为"剩余劳动占有和剩余劳动分配的社会过程"，从而，用剩余劳动来分析资产阶级对无产阶级的经济剥削、男性对女性的性别压迫和性别剥削、发达资本主义国家对第三世界的经济剥削，同时，把边缘力量遭受的剥削也界定为阶级剥削，提出"哪里有剩余劳动的生产、占有或分配，哪里就有阶级活动"。从而，把家庭中对女性劳动的无偿占有界定为男性对女性剩余价值的占有，将其也归入了阶级剥削的范围。这样的经济分析廓清了对性别剥削、阶级剥削等多样化剥削的认识，强化了被剥削的个人的阶级主体意识，有助于把所有遭到剥削和压迫的被边缘化的力量联合起来，从而把女权运动、民权运动、生态运动、后殖民运动等联合起来，形成一种更广阔的"阶级行动和社会变革的政治"，这些缺乏内在"阶级利益"联系的松散的政治，会因为暂时的被剥削部分认同而联合起来，这种联合虽然不会根除资本主义的剥削制度，但却可以从量上反抗资本主义和其他剥削的程度、形式和条件。

在女性主义者手中，阶级理论发挥作用的第二个领域就是性别斗争。在这里，具有很强政治实践意义的阶级理论，成了女性主义者反对性别歧视和压迫的有力武器，女性主义者企望通过它来帮助广大妇女认识自身地位形成的根源，从而激励广大女性团结起来反对父权制，争取建立一个男女平等的社会。

在以阶级为工具分析性别问题时，女性主义的着眼点主要是"社会性别"（gender），它是西方第二阶段女权主义思潮的核心概念，指男女两性在社会文化的建构下形成的性别特征和差异，即社会文化形成的对男女差异的理解，以及在其中形成的属于男性或女性的群体特征和行为方式，其具体表现，即所谓的"男性气质"和"女性气质"，这种后天由父权文化训导形成的东西，表现的是一种不对称、不平等的两性社会关系，长期以来却被父权文化解释成先天命定的东西，并进而成为剥夺女性各种权利的借口。其隐蔽性以及对女性主义斗争的严重阻碍引起了女性主义者的重视，她们通过分析揭示了社会性别所表明的男女之间的差异主要是社会的，正是社会性别造成了男女两性的对立，因而两性关系形成的根源在于其社会性。

从以上的分析可以看出，女性主义在使用阶级理论时，对其进行了改造和转换。这个马克思主义从劳动出发分析资本主义私有制下剥削关系的理论武器,在女性主义者手中变成了从性别出发分析资本主义控制权问题的工具。女性主义者的这一从阶级向性别的转换,为思考两性平等开辟了新道路,使人们注意到,女性的受压迫,不仅仅是经济因素,在父权文化背景下,性别的社会关系更多地决定了两性之间不平等的政治权力关系。正是在此意义上,性别理论受到女性主义者的高度评价和推崇,弗拉克斯因而说:"'性别问题'是女权主义理论中惟一最重要的进步。"[1]

(三) 对资本主义的批判

与马克思主义一样,女性主义也对一切不平等现象尤其是造成女性不平等的现象进行了猛烈的批判,资本主义首当其冲地成了她们的批判目标。

资本主义一方面利用资本统治剥削女性,另一方面,由于其产生和发展依赖父权性的劳动划分,为了使其统治持续下去,又强化了父权的发展,从而加深了对女性的压迫。在资本主义社会,工人阶级的男人和女人固然都受着同样性质的剥削,但两者所受的压迫和剥削是不同的。男人虽然是工资的奴隶,但在家中是当然的"老板",可以直接对妻子的劳动进行控制,因此,妇女是工资的奴隶的奴隶。家庭固然有益于工人阶级的男女两性,但同时更有益于保证妇女身份的永远低下。基于这些认识,她们相信,导致妇女受压迫、受剥削的根本原因是资本主义和父权的结合,资本主义是私有制发展的极致阶段,也是父权制发展的极致阶段。父权和资本主义的有机结合"合理合法"地为妇女安排了在性别上不平等的地位,为了消除女性受压迫的社会现象,就必须反对资本主义。

值得注意的是,与以往相比,女性主义对资本主义的批判出现

---

[1] [美]史蒂文·塞德曼:《后现代转向》,吴世雄等译,辽宁教育出版社2001年版,第191页。

了新的突破。她们首先一改以往的西方马克思主义者只关注思想和文化层面对资本主义的批判，把视角转向了经济政治分析，用女权主义的视角去重新解读马克思主义。她们从分析左派话语理论中关于资本主义的描述入手，通过女性主义、反本质主义的马克思主义的角度解构人们心目中的资本主义的强大形象。

女性主义的这种批判主要从两种角度进行。作为反本质的马克思主义者，她们以多元决定论为基础，分析了资本主义存在形式的多样性，并利用后现代主义的话语体系对资本主义的霸权地位进行解构和祛魅；作为女性主义者，她们则利用女性主义的研究成果，对资本主义话语中的资本主义与非资本主义关系、经济有机体理论和全球化理论进行解构。

作为反本质的马克思主义者，她们首先一反马克思主义对资本主义的本质主义描述，转而将其描述为一个受规律制约的和排外的独立客体，从而揭露了资本主义形象的虚幻性，恢复了资本主义的本来面目，解构了资本主义在人们心中难以战胜的强大形象。其次，通过批判经济有机体理论，否定了资本主义经济长期存在的合理性。最后，以多元决定论为基础，通过对资本主义经济"去中心化"的方式来解构资本主义经济的主体地位，从而对资本主义不可战胜的虚假命题进行证伪。

作为女性主义者，她们首先通过破解资本主义全球化中的男性"强奸"范本，来解构资本主义全球化。其次，运用同性恋理论揭露了作为强奸主体的男性和作为全球化主体的资本主义经济的虚弱性。在此基础上，分析了困扰当代资本主义的"异质性的经济幽灵"对资本主义的破坏性，她们指出：经济差异、非商品生产和非市场交换、非资本主义商品生产以及资本主义的多样性这四种幽灵，综合起来构成了资本主义的散漫性。这种散漫性，是资本主义的"最后的"幽灵，它严重威胁着资本主义的存在，并预示了资本主义的灭亡。

(四) 对异化理论的运用

异化理论是马克思主义的重要理论,它也引起了女性主义者的重视。一些女性主义者认为,异化理论提供了潜在的女性主义视角,对分析当代社会具有重大价值。所以,她们很注重对异化理论的吸收、借鉴,并以之为工具来分析女性从事的家务劳动的性质和生活状况,并提出了女性的全面异化是女性受压迫的社会根源的观点。

女性主义者首先肯定了异化现象的广泛存在。她们认为,在资本主义社会,对女性的异化无处不在,它既存在于雇佣劳动中,也存在于家庭和私生活领域。对此,《第二性》的作者波伏娃明确地指出,女性生下来就占据着"他者"的地位,并且已经被内在地全面异化了。

在此基础上,女性主义者进一步分析了异化的表现形式。她们认为,在20世纪后期资本主义父权制的结构内,对妇女的压迫采取了妇女与所有事物、所有人特别是与她们自己疏离的异化形式,现代社会的妇女在她们生活的所有方面都是异化的,不仅投入资本主义生产、挣工资的女人被异化了,而且不挣工资的妇女同样经历了异化,这种异化具体表现为:女性的身体、女性的母职、女性养育孩子的过程、女性的精神智力都被异化了。

在分析的基础上,女性主义者从不同的角度提出了消灭异化的主张。一些人认为,女性异化不是一成不变的社会性别关系状态,而是人类特定历史阶段的产物,是资本主义制度下女性经济依附地位和人际关系淡漠的产物。因此,女性异化的消除不能离开其他形式的社会变化,即女性异化的消除不能仅靠自身力量,必须与消除所有其他形式异化的力量联合起来。另一些人则提出,应当在妇女的生育自由、工资和组织独立性等方面做出社会变革,在日常生活中以社会主义女性主义的价值观来看待平等、自由、合作、共享和政治责任,以消除资本主义对女性的异化。

（五）对意识形态理论的运用和对父权制的批判

在探讨女性解放的问题上，马克思主义的意识形态理论也是女性主义者经常使用的理论工具。运用意识形态理论，女性主义者首先对"社会性别意识形态"进行了分析。她们认为，父权制家庭中的性别分工，使得女性的神秘被深深地嵌入女性和男性的意识中，产生了上层建筑——男性至高无上的"社会性别意识形态"，这种"社会性别意识形态"成为女性最难揭露和克服的精神枷锁，在女性压迫的建构和再生产中起了极为重要的作用。因此，现代社会中女性处于不平等地位不再是基于自然的差异，而是基于社会的差异。当代社会男女之间的社会差异，包括他们相关的权力、地位、资源并非其自然差异的社会表达，而是父权制秩序与现代性的普遍主义相冲突的物质和意识形态的产物。

她们指出，正是父权制社会的性别统治、性别压抑和它的一整套意识形态，铸造了历史性的女人，使女人按照男人的价值期望标准来塑造自己，从而使女人降为男人的"他者"，男人的"一部分"，成为男人确证自己的参照物，变成了人类的"第二性"。

进入20世纪80年代以来，女性主义者在继承马克思主义理论的基础上，又吸收了阿尔都塞的意识形态理论，并将其应用于社会性别关系的分析。她们认为，当代资本主义社会的主要问题在于意识形态而不是经济基础，而家庭是维持资本主义意识形态的手段，家庭中渗透了产生于社会整体的家庭意识形态，女性做家庭主妇和男子养家糊口的性别身份正是在家庭意识形态内并通过现实家庭的社会化而建构和再生产的。意识形态在社会不平等的再生产中发挥了重要作用。因此，不打碎长期形成的精神枷锁，妇女的完全解放是不可能实现的。

鉴于此，女性主义者认为，女性要打破长期以来的男性统治，就要完成意识形态的转变，通过文化革命，建立服务于女性确立自身主体意识的文化和意识形态，以之对抗男性霸权文化，最终达到谋求自身全面解放的目的。

(六) 女性解放策略

与马克思主义的妇女解放道路相应，在批判地借鉴马克思主义的基础上，女性主义者也提出了自己的女性解放策略。女性主义的女性解放策略主要包括改良运动、在工人内部开展工作、批判资本主义文化和建立革命组织等。

所谓改良运动，是指"在革命到来之前"，开展有助于形成革命和提高人们觉悟的包括游说、街头示威、静坐等形式的活动。她们认为，这些活动虽然只是暂时的，并非奋斗的最终目标，但却可以尽可能地为女性争取现实的利益，比如增加工资、提高社会保险、免费堕胎等，以保障她们权利的完整。

在工人内部开展工作，则是指女权主义者采取以集体或个人的身份参加广泛的劳工运动的策略，迫使决策者考虑女性问题。这种斗争方式除了有利于女性的群体利益外，还可以提高整个工人阶级的觉悟，因为，在她们看来，工人中的大男子主义似乎更为突出，已经对女性的解放形成了很大的阻碍，克服起来难度也很大，因而必须予以重视。

批判资本主义文化，是指批判使女性长期处于二等性别的文化观念，批判阻碍女性提高觉悟的异化消费现象。她们认为，女性在政治、经济上的解放是基础性的解放，仅仅是解放的第一步，而思想、文化领域的解放才是深层次的解放。它涉及深刻的思想变革，是更为艰巨的任务，因而其重要性不容忽视。

建立革命组织，则是指建立团结的、革命的女性团体，并与其他被压迫团体、组织乃至政党建立广泛的联系。她们认为，任何一个社会团体的平等或解放都是与经济社会制度的巨大变革联系在一起的，并且只有通过这一变革才能最终得以实现。因此，女性解放的前提，是组织起来并同其他被压迫阶级、阶层的团体团结一致，以共同推翻旧的制度。

三 女性主义发展马克思主义的成果与不足

(一) 女性主义对马克思主义的整体评价

作为女性主义最主要的思想源泉,马克思主义提供了理论资源和批判武器。但女性主义并没有照搬马克思主义,她们在肯定马克思主义的理论成就的同时,又对马克思主义的时代局限性提出了批评。从女性视角出发,她们揭示了马克思主义"经济决定论"在分析女性问题时存在的不足,同时,她们还指出,马克思主义创始人虽然对妇女问题进行了宏观的考察,但是缺乏对妇女运动的完整概括和具体指导。女性主义这些观点的提出,提供了全面理解马克思主义的新思路和新角度,拓宽了发展马克思主义的新视野。

首先,女性主义者指出,传统的马克思主义对性别平等、妇女解放的专门性探讨的最大不足,就是存在"性别盲点"。她们认为,这种"性别盲点"在经典马克思主义阶段的主要表现首先就是混淆了社会主义、阶级解放与女性解放的关系,主张社会主义既等于阶级解放,也等于女性解放。对此,她们指出,性别与阶级、种族虽然确有相似之处和内在联系,但是性别压迫并不等于阶级压迫或种族压迫,妇女解放因而也不能归结为阶级解放或民族解放。而现代社会的实际也说明,妇女即使参与反对资产阶级的斗争,也不等于就自动获得了与男性同等的权利和地位,这意味着争取性别平等和妇女解放需要有专门理论的指导。

其次,在对私有制的探讨中侧重于婚姻和家庭,以这两方面为研究主脉阐发人类性关系的演变及妇女被奴役的根源。这一探讨有立足经济基础、依据生产力和生产方式的演变论述妇女问题的历史唯物主义特征,但却可能导致将性别平等、妇女解放问题裹挟于这两大主脉之间,淹没在对婚姻、家庭及私有制关系演变的探究中,沦为这些关系的附属品或补充部分。在此基础上建立起来的妇女解放理论显然是不全面的。

最后，她们认为，在社会历史研究中，马克思主义虽然力求从经济基础、生产方式中追寻性别不平等的原因，并提出了两种生产理论，确认了生育劳动的重大意义。但在之后的劳动价值论中，生育劳动和家务劳动都未纳入社会一般劳动的范畴，即这两项主要由妇女承担的劳动都未进入其政治经济学理论体系，恩格斯虽明确指出"现代个体家庭建立在公开的或隐蔽的妇女的家务奴隶制之上"①，但他解决这一问题的思路是"一切女性重新回到公共的事业中去"②，即希望妇女通过少从事或不从事家务劳动，来消灭"妇女的家务奴隶制"。对此，女性主义表示了有保留的赞同，她们认为，资本主义大工业发展的实际显示，妇女即使大规模参与了社会劳动，她们作为"家务奴隶"的情况也未改变。并且，在资本主义社会里，由于自动化导致的不断增加的结构上的失业，妇女成为劳动力群体中最不稳定的部分和资产阶级社会里最易被牺牲的成员。因此，她们指出，只要生育仍被当作"一种自然现象"、家务劳动也未纳入有酬社会劳动，妇女的平等地位就无法实现，她们就注定要遭受男性、家庭及整个社会的剥削，并因而在社会参与、劳动就业上遭受排斥与歧视。

(二) 女性主义发展马克思主义的成就及不足

基于这样的认识，女性主义对马克思主义的继承和发展呈现出了复杂性和多样性。其中，既有对马克思主义的拓展、补充和丰富，也存在基于女性立场的误读和改造。

首先，女性主义者发展了再生产理论。马克思主义生产与再生产理论的重要内容就是两种生产理论，即人类生产包括物质资料的生产与人类自身的生产两方面，且二者的关系是统一的、不可分割的。但是在马克思的著作中，两种生产理论未得到充分的展开，尤

---

① 《马克思恩格斯选集》第4卷，人民出版社1972年版，第70页。
② 同上。

其是缺乏对女性生育活动的分析。女性主义的再生产理论，就是试图对马克思主义的生产理论做出补充，为此，她们详细分析了人口再生产的性质、作用与意义，提出了妇女的生育能力也是一种生产剩余价值的劳动的观点，从而丰富了马克思的生产理论。

在此基础上，女性主义对家务劳动也进行了全面的分析。她们认为，马克思的妇女理论缺乏对家务劳动性质的分析及体现这种性质的内容。对此，她们予以补充指出，家务劳动最重要的本质是对妇女的自由的剥夺，即便家务劳动工资化能够给这种劳动本身以相应的报酬，它也不能给妇女带来自由。而家务劳动社会化也只不过代表了一种一般性的社会进步，妇女只是碰巧从中获益，并不能解决所有问题。这种理论创新从思想上冲击了家务劳动纯属私人劳动的旧观念，肯定了家务劳动的价值，从而为提高女性的家庭地位、为男女平分家务劳动提出了理论依据。

此外，女性主义者还对女性在资本主义劳动市场的地位问题进行了新的探讨。传统的马克思主义虽然提出了"妇女解放的第一个先决条件就是一切女性重新回到公共劳动中去"[1]，但对妇女与资本主义劳动力市场之间的关系问题缺乏具体的研究。女性主义者对此进行了补充，她们认为，由于家务劳动的制约，女性参加工作的机会减少，劳动能力下降，导致她们进入劳动力市场后所得工资相对低于男性，而这种低工资又进一步加强了她们在婚姻中的依附地位和寻找丈夫的经济必要性，使得她们处于依赖男性养家糊口的不利地位，这种依附地位使女性在劳动市场里只能充当边缘力量，在经济繁荣时期被作为劳动后备军对待，在经济衰退时又会轻易被解雇。这种状况，对资本主义经济制度的顺利运行在客观上起了推动作用，从而巩固了资本主义的统治。

女性主义者对父权制的分析也深化了马克思主义的相关理论。

---

[1] 《马克思恩格斯选集》第 4 卷，人民出版社 1972 年版，第 70 页。

一些女性主义研究者提出的资本主义制度具有"父权制"的性质的论点，就是遵循马克思主义而力求从更深的层面揭示资本主义制度的性质，以此描述当代女性所处的社会境遇。她们认为，虽然远在资本主义产生之前父权制就已经存在了，但资本主义制度的建立使得现代女性在社会中所遭受的压迫成为普遍性和综合性的了，妇女的处境正是资本主义本身的结构和动因起作用的结果。她们把"父权制"定位于处于经济关系之外的一种意识形态结构和社会心理结构，并指出它与当代资本主义经济制度之间存在的复杂互动，以力求更深刻地把握资本主义本质以及由此探讨妇女遭受压迫的历史、文化和社会的某种相互作用的理论路径，这种研究方法不仅对女性解放的理论与实践很有意义，对历史唯物论的当代发展也不失为一种启迪。

对阶级理论的继承、改造集中体现了女性主义对马克思主义的态度。正如马克思曾对阶级进行过深入分析一样，女性主义者从性别角度入手，运用阶级理论对女性的身份、生存处境和解放道路进行了理论探讨，对马克思主义进行了深度解读，完成了从阶级到性别的独特转换。从而，在批判精神与分析方法上继承了马克思主义，又形成了自己的问题领域和话语体系。可以说，女性主义的"性别分析"与马克思的"阶级分析"在理论上是同构的，不少女性主义者讲到女性时，就像马克思讲到无产阶级时一样，用的是同一种叙述模式。

同时，女性主义者还指出了马克思主义阶级理论的不足。她们认为，马克思对阶级进行的宏观分析过于概括，在阶级分析中没有区分男性和女性，而事实上，受压迫阶级本身并不是一个统一的整体，其内部是千差万别的，构成了一个"包含一系列中间色彩的色谱体系"。女性主义者还认为，马克思的阶级理论对非经济性的压迫分析不足，不能适应当代社会反抗资本主义的要求。为此，她们尝试从重新界定马克思的阶级定义入手，从多方面寻找反抗阶级剥削和压迫的力量，寻找所有遭受剥削的边缘人的联合，在理论上为女权运动、后殖民运动和民权运动、生态运动的联合提供了理论基础，提供了把资本主义化"整"为"碎"来反抗的设想。

对异化理论的继承则呈现出复杂的结果。异化理论是马克思主义的核心，但马克思主要关注的是异化劳动，并没有把对异化劳动的判断用到劳动的性别分工上，而且，他所指的劳动也是在家庭之外的公共领域发生的、根据一个自我的对象化来决定的行为。马克思将劳动者等同于男性，他心目中的工人标准是男性。所以，两性问题在该理论中依然是一个空白。但是，马克思主义女性主义却将其作为重要的理论资源来分析女性问题，她们不但建立了新的异化理论来解释家庭和货币经济间的复杂关系，分析家务劳动的性质，还运用其新的理论框架把当代西方社会的女性压迫明确为资本主义社会特有的现象，从而得出了女性的全面异化是女性受压迫的社会根源的结论。

然而，由于马克思早期的异化理论所达到的只是一种伦理意义上的人本主义思维成果，它把精神的因素看成勾勒历史发展的决定力量，把人性的实现程度视为衡量社会形态进步与否的标准，所以它跟成熟的马克思从现实历史中得出的历史唯物主义思维方法还有根本区别。女性主义者把女性解放解释为异化的消亡、女性向自己的类本质的复归的理论，跟马克思的女性解放观还相去甚远，因此，其异化理论在思想上不可能为当代西方女权运动确定一个理解女性压迫的新的方法，对现实的批判也根本无法体现马克思主义的巨大生命力。

对意识形态和文化观念的重视也是女性主义的一大特点。巴雷特和麦金托仕就指出，当代资本主义社会的重要问题在于意识形态而不是经济基础，她们认为，特定文化和意识形态的制约，使得妇女的认同意识和价值判断被紧紧束缚在家庭和个人生活上，家庭既是自私、个人主义社会的产物，又是维持资本主义意识形态的手段，在客观上维持了资本主义的正常运行。因此,思想文化上的解放是深层的解放,其任务更为艰巨。

对意识形态问题的重视标志着女性主义运动的深入。但是女性主义者在文化和意识形态问题上的认识却存在明显的缺陷。首先,它提出的关于女性受压迫根源的理论有些偏颇,文化和意识形态固然是造成女性受压迫的原因之一,但不是决定性的、唯一的。社会发展中女性受到歧视、压迫以及男女不平等的经验是真实的,但却不是用意识转变能够解决的。其次,女性主义者提出的通过文化革命来实现意识形态的变革的主张,还面临统一的女性文化是否存在及如何建立的挑战。一来,女性主义者所谓的女性文化本身就是两性不平等的产物,它担当不起对抗男性文化、实现性别平等的重任。二来,历史实践已经表明,统一的女性文化也是不存在的,不同阶级、种族、民族的女性所组成的女性群体,有着不同的文化和价值观。所以,女性主义的意识形态理论并不能从根本上解决女性的问题。

总之,女性主义者在继承、运用马克思主义分析妇女问题时提出了不少值得思考和有价值的东西,如她们把妇女受压迫的根本原因归结为现行的资本主义制度,并号召妇女开展一场旨在消灭父权制,同时也消灭资本主义制度的革命,这些都是应当予以肯定的。但是,也要看到,她们自身在理论上还存在很大的局限性,对马克思主义的继承存在误读甚至歪曲现象,如过分强调妇女生理上的特点,而对阶级分析这一马克思主义的基本方法缺乏应有的认识,片面突出性别,把性别压迫摆到不适当的地位,甚至把性别斗争同阶级斗争并列起来当作两股推动历史前进的动力等,这些都是不符合马克思主义的。

第三节 马克思主义对女性主义文学的影响

作为一种社会批判理论,马克思主义的影响是方方面面的,它不仅影响着女权运动,也深刻地影响了女性文学。因为"女权运动的最终目标的实现要靠政治行为,而这种政治行为又必须以文学为媒介"①。在"性政治"依然是妇女必须面对的权力关系与权力策略的社会中,女性主义文学的主要使命就是揭露并批判这种不平等的社会现象。而在女性主义文学的诸要素中,最能体现女性主义的政治主张和斗争精神的是女性主义的文学理论/批评,因为"文学理论与政治制度有着最特定的关系:文学理论有意或无意地帮助维持和加强了它的种种假定"②。所以,本节对女性主义文学的探讨,主要着眼于它的文学理论/批评。

作为女性主义重要的文化标记并作为一门学科,西方女性主义文学理论是西方女权运动高涨并深入文化、文学领域的成果,出现于20世纪60年代。其时,女性主义由于公民权的改革而褪去了革命的实践色彩,脱离了社会活动而进入了文化反思阶段,于是,其文学理论便应运而生。它是以女性研究为中心,以女性主义思想为理论基础,以性别和社会性别为基本出发点,以"从边缘走向中心"为行动纲领,力图将妇女在政治、经济和社会方面所受到的所有压力予以揭示并作出严厉的批判的一种年轻的理论观念,具有强烈的颠覆性,其视野所及,包括了文学与社会、与文化之间的复杂关系。

作为一种有着强烈政治倾向和意识形态色彩的批评方法和观念,女性主义的文学理论也同样深受马克思主义的影响。马克思主义文艺理论强调文学的政治功能,要求文艺活动为无产阶级的解放事业服务,女性主义的文学理论则视文学为女性解放的工具,要求文学担负起争取性别平等的政治使命;马克思主义强调人的阶级属性,而女性主义者强调性别区分,并用马克思主义的阶级分析方法来分析文学史上的性别歧视;马克思主义的文学理论注重文学对现实的

---

① 张岩冰:《女权主义文论》,山东教育出版社1998年版,第7页。
② [英]特里·伊格尔顿:《二十世纪西方文学理论》,伍晓明译,北京大学出版社2007年版,第197页。

反映，注重对典型人物的分析，女性主义文论和批评则注重以文学为手段表现妇女被歧视、受压迫的事实，并注重分析文学中的女性形象和女性意识；马克思主义在论及创作主体时，关注作家所处的时代背景、生活环境，以及作家的阅历和思想修养等方面的状况，而女性主义文学理论则关注女作家的现实的经济、家庭及社会困境和文化遭遇等问题。此外，马克思主义关于意识与语言的关系、文学创作语言的主体性问题的论述也为女性主义者所吸收，并运用于创作及批评实践中。凡此种种，都说明了女性主义文学与马克思主义理论的渊源之深，在某种程度上，可以说，马克思主义的文艺理论充当了女性主义文学批评的理论支柱。

一　强烈的政治性和社会批判色彩

女性主义文学理论与马克思主义的相似之处，最根本的是它的强烈的政治色彩。不管是经典的马克思主义作家还是后起的"新马克思主义"的代表人物，均将改造社会作为自己理论的最终目的。因此，其理论中都带有强烈的社会批判色彩，希望以文学批评为工具，通过发掘文学作品的社会意义，使文学完成批判社会、改造社会的任务。女性主义文论也是如此，在女性主义者眼中，文学是一种抗拒、颠覆旧有文化和性政治秩序的力量，是以变革不公平的男权社会为己任的。女性主义希望通过文学来批判男女不平等的社会现实。因此，她们特别注重对文学进行社会历史分析，致力于从文学文本中揭示性别压迫的历史真相，期望通过对父权制文化进行批判的方式来提高女性觉悟，以高扬女性文学传统的方式增强女性的信心，从而达到颠覆不合理的社会现实、解放女性的目的。

（一）意识形态表现

马克思主义非常重视意识形态问题。因为，意识形态对维护本阶级的利益有着至关重要的作用，"意识形态对统治权力会感到难堪的现实予以移置、重铸或欺骗性的解说，为统治权力的合法化不遗余力"①。

　　受其影响,女性主义也很重视意识形态的思想重塑功能。女性主义的代表人物,如陶丽·莫依、玛丽·伊格尔顿等人都赞同并接受马克思主义唯物史观关于社会差异与社会意识形态、话语与主体性的理论,并自觉地把这些理论运用于文学批评的实践中。她们认为,建立在经济基础之上的阶级关系和阶级权力在社会文化结构中发挥着十分重要的作用,不同的阶级使用不同的话语,不同话语的社会地位制约了使用主体的社会权力。男性对资本的高度占有造成了男性话语成为主流话语,男性对话语的统治地位又带来了男权思想的绝对的统治地位,从而使女性话语处于边缘地带,女性思想被淹没。

　　受马克思主义关于语言和意识之间关系的影响,女性主义文学批评十分重视语言的意识形态作用。她们认为,作为一种意识形态策略,语言构成了我们现实生活中的生存方式,它规定了现实社会中男女的性别角色,成为男性中心秩序的凝固物。而文学文本一方面强化了这一策略,另一方面还可能成为这一现实的美化。因此,在女性主义文学批评看来,文学作为一种话语,是一种意识形态符号,文学文本是社会意识的缩影,透过文本可以看到女性受到的来自男性阶级的压迫。但同时,文学这种特殊的意识形态也可以充当女性反抗男女不平等这一丑恶社会现实的手段,来纠正既成的摆布女性的男权社会准则,打破长久以来为男性所把持的逻各斯中心主义,争取本应属于女性却被男性所剥夺的社会、政治等方面的权力。其锋芒所指,是长久以来统治女性的男权话语中心。

　　女性主义批评也是一个产生新的意识形态的政治活动。伊格尔

---

① [英]特里·伊格尔顿:《历史中的政治、哲学、爱欲》,马海良译,中国社会科学出版社1999年版,第86页。

顿指出:"文本不是一种自足的封闭的'有机'本体,而是意识形态发生作用的一个动态和开放的表意过程。因此文学的真实性不是说它'反映'了历史的实在,而是说它本身就是意识形态的产生过程。"[1] 对女性主义批评而言,这个产生意识形态的过程除了表现在以性别身份重新阅读和分析文本、重新分析女性形象外,更重要的表现在于重写女性文学史的行动,通过"复制"或重构文本背后的历史文化背景与时代意识,寻找作者在种种权力结构或秩序中作为"陈述主体"的位置,倾听女性在文本中的"声音"或"语调",还女性文学形象以真实,从而建构一种全新的女性话语方式,颠覆霸占人类文化多年的男权文化中心,夺回女性自身的话语权力。这些努力,既发生在意识形态领域,又生产出了新的意识形态。

(二) 提高女性认识,批判男性权威

为了提高女性觉悟,女性主义批评强调以女性视角重新解读文学作品。这种从性别入手重新阅读和评论文本的批评方法,十分注重读者的个人体验,将文学和读者个人生活相联系,以女性经验批判传统文学尤其是男性作家作品中对女性的刻画以及男性评论家对女性作品的评论,借以揭示文学作品中女性居从属地位的历史、社会和文化根源。从而暴露其作品中隐藏的父权思想,揭示父权文化传统对文学传统的侵蚀。

女权批评认为,在文学这种父权意识的文化产物中,男性作家在描述女性形象时,都采用了一种以男性为阅读对象的叙述策略,而这种策略是造成女性形象边缘化的主要原因。正是凭借着这样的性别意识,男性作家以其作品再现了现实世界的性政治,通过这种性别之间不正常的权力关系,女性形象被塑造成被动的、崇拜阳物的、没有自主性和自由意志的对象性存在。要改变这种状况,女性

---

[1] [英] 特里·伊格尔顿:《历史中的政治、哲学、爱欲》,马海良译,中国社会科学出版社1999年版,第5页。

批评就必须转变立场,从一个赞同型读者变成一个抗拒型读者,就此意义上讲,女性主义对文学的解读更是一种政治行为,她们希望通过重新解释女性生活,提高女性的自我认识,以促使其投身妇女运动,改变现有世界的父权制秩序。

在强调重读文本、重新认识性别身份的阅读实践对妇女形象的再现的重要性的基础上,女性主义者对文学史上的女性形象作了进一步的剖析。她们指出,在男性文本中,不真实的妇女形象一般表现为两种极端的形式——天使和妖妇,天使是男性审美理想的体现,而妖妇则表达了他们的厌女症心理。她们指出,从但丁笔下的贝雅特里齐、弥尔顿笔下的人类之妻、歌德笔下的玛甘泪到帕莫尔笔下的"家中的天使",都被写成天使般的美丽和纯洁,都内敛、顺从并且无私,她们的主要行为都是向男性奉献或牺牲,她们认为,这种把女性神圣化为天使的做法,一方面是将男性审美理想寄托在女性形象上,这些女性只是一种对象性存在,没有自由意志,没有真实人的生活,她们只是一个美好但没有生命的对象。这种做法,无疑是对女性形象的歪曲,它阻碍了女性的创造性,因为天使是被塑造的,她根本不具备创造的才能。另一方面,它以文学为诱饵驱使女性进入一个感情的圈套,从而心甘情愿地成为男性的附庸,这是男性统治女性的一个重要策略,是以虚构的方式巩固男性中心的现实。至于男性文本中另一类女性形象——妖女或恶魔,从斯宾塞笔下的半人半蛇的 Errour、莎士比亚笔下的高奈瑞尔和丽甘,到萨克雷笔下的贝基·夏普,均表达了男性作者对不肯顺从、不肯放弃自我的女人的厌恶和恐惧。她们认为,这些恶魔形象正是女性创造力对男性压抑的反抗形式。总之,男性作家笔下的妇女形象,说到底传达的是男权文化的心声。这种不真实的女性形象正是男性世界用以压制妇女、统治妇女的话语方式,她们认为,只有发现女性的真实处境,才能解构男性笔下关于妇女的种种神话,才能使广大妇女更好地认识现实,思索自己的处境并从中受到教育和启示。

(三) 强调女性写作，颠覆男性文学观念

女性主义批评家认为，女性被拒斥在文学史之外的根本原因在于女性一直被拒斥在写作之外，因此，她们在重视阅读的同时强调女性写作，并视之为颠覆男性文学观念的手段。她们认为，女性之所以被拒斥在写作之外，是因为文化内部给定的女性地位对女性写作的历史性限制和语言的现实性限制。由于这种限制，妇女写作一开始就面临着历史性困境：在父权制中心文化中，作者被定义为他的文本的父亲，写作从一开始就被认为是男人的领域，充斥着男性戒律，而且，这种戒律成为女性内化了的道德律令。而女性由于社会地位低下，缺乏写作的客观环境，被认为缺乏创造力，不具备写作才能。因此，在写作领域，创造力被认为是男性的专利，钢笔也因此成了阴茎的隐喻。为了改变不公平的社会，女性应该像参加战斗一样，勇敢地拿起笔，克服困难和偏见，积极地投入写作。

之所以强调女性写作，是因为女性主义者认为：男性优越的神话是父权社会的规则创造的，而男人制定了所有的规则，在男人制定的所有规则中，最主要的就是语言，无论国度、社会、历史如何变迁，男权话语一直就是语言本身，女性总是处在语言的反面，并在形式上处于后缀与从属。男人具有普遍性与自足性，而女人只能相对而存在。

为了对抗这种男性语言，女性主义作家和批评家努力建造女性写作的独特的话语系统和表达方式，以力求根治女性失语症。她们认为男性语言是理性的、逻辑的、等级的、直线的，不足以表达女性。女性语言是不重理性的、反逻辑的、反等级的和回旋式的，并与女性身体具有有机联系，女性的生理快感和生理节奏使她们运用语言不同于男性的语言和节奏，肖瓦尔特因此认为，女性写作是一种以女性语言进行的实践。

为此，女性主义者在语言方面进行了大胆的探索。法国的女性主义文学批评家在这方面作出了突出贡献。她们关注女性写作的语言和文本，对语言及语义的生成变化表现出浓厚的兴趣，希望建立一种标举差异的文学乌托邦式的符号学。其主要代表人物有朱莉亚·克里斯蒂娃、埃莱娜·西苏、露丝·伊利格瑞。

克里斯蒂娃首先从语言文化学的角度探讨了女性被压抑、被排斥的地位，她认为语言作为一种象征性的符号同主体是紧密相连的，而与传统决裂的女性话语表现是一种表达不同政见的政治活动，属于女权主义运动的一种形式。她吸收和改造了拉康的精神分析的象征理论，提出了一种对男权中心具有颠覆性的符号学，希望借此达到颠覆父权制社会的作用。

与克里斯蒂娃相比，埃莱娜·西苏更强调写作对于女性摆脱"他者"地位的特殊意义。在男权中心社会设置的男女二元对立关系中，女性常常是被排除在中心之外的"他者"，她应有的权利被剥夺了，女性只能被言说而无法言说。西苏认为，要改变这种被奴役的关系只有依靠写作。因为，"写作"行为不仅可以实现女性解除对其性特征和女性存在的依赖关系，使她们得以接近其原本力量，而且还将实实在在地归还女性应有的能力、资格、欢乐和自信等自我的东西。为此，她提出了一套以实现"双性同体"为目标的写作理论，还论述了"身体写作"在女性写作中的意义。她认为，男性追求的是世俗的功名利禄，这符合以父权制为象征的既有的文化秩序，而女性只有依靠这种"身体写作"来建立身体美感、快感与现实世界的亲密联系。在西苏看来，女性写作有其独特的区别于男性文化的语言，这是一种无法攻破的语言，这语言将摧毁隔阂、等级、花言巧语和清规戒律，它是反理性、无规范、具有极大破坏性的语言，这种语言是一种既有无尽的包容性又不排斥差异的"双性同体"式的女性语言，一种事实上已颠覆了父权制中心话语的语言。

女性主义对写作的强调对于批判男性主流文化及与之相对应的一整套语言系统，发展女性自己的文化产生了很大的影响。对此，伊格尔顿给予高度评价："妇女运动的成就之一就是从很多文学理论赋予她们的种种经验主义的内涵中拯救出了'亲身体验'和'身体话语'这类概念……身体话语是一种身体的政治,一个通过对于控制和奴役着身体的种种势力的意识而对身体的社会性的重新发现。"[1]

(四) 重写女性文学史

女性主义批评在注重阅读和写作的同时,还开始重写女性文学史。她们认为,以往的文学史只不过是男人所做的选择性记录,男性作家始终占据了注意力的中心。为了替女作家争得社会承认与"合法"地位,她们开始极力寻找一个被父权文化压抑的女性文学史,"它不仅要阐述女权主义的批评原则,以此确认妇女的文学和社会经验的正确性,而且需要系统阐述一种理论态度,以此对全部文学进行探索研究:它不仅要发掘一个已被遗忘的文学史,同时也要对现存的全部文学史进行重新解释"[2]。

艾伦·莫尔斯的《文学妇女》首次描述了女性文学写作的历史,她逐一研究分析了18—20世纪被英、美、法称为"伟大"的女作家的简·奥斯汀、哈利耶特·比切·斯托、乔治·艾略特、夏绿蒂·勃朗特、薇拉·凯瑟和G.斯泰恩等的创作,把她们看作富有生命活力的女性写作的先驱,认为她们的作品汇成一股与男性主流文学传统不沾边却同样不断前行的湍急而强大的潜流,形成一种女性写作自己的传统,女作家可以从中汲取力量和信心。肖瓦尔特则把莫尔斯的观点又向前推进了一步,她不再把女性文学传统仅仅看成少数几个"伟大"的女作家及其作品的突现,而认为女性文学传统是持续的,既有留名青史的大作家,也有更多被淹没的一般作家,应该同时注意到历史上女作者的文学声誉稍纵即逝的现象和一小群女作家在世时几乎不停地在文学上走红,身后却从后世记录上消失这样

---

[1] [英] 特里·伊格尔顿:《二十世纪西方文学理论》,伍晓明译,北京大学出版社2007年版,第217页。
[2] 王侃:《妇女与写作:西方女权主义文学理论研究笔记》,《浙江师大学报》(社会科学版) 1999年第5期。

的事实。她希望通过对从勃朗特时代起到其生活时代的英国小说中的女性传统的挖掘,来填平奥斯汀、勃朗特、乔治·艾略特、伍尔夫等大作家之间的断裂与鸿沟,以凸显女性文学史的连续性和完整性。为此,她发掘了过去许多长期被湮没的英国女性作家创作的资料,有力地展现了女性文学持续不断的传统。经过不断的共同努力,女性作品中的连续性有史以来第一次变得清晰明了了。女性文学与女作家都因此逐渐恢复了"身份",并逐渐表现出了与男性传统平等的、相对独立的姿态。

二 对经济因素的强调

重视经济的基础作用,是马克思主义理论的一个重要特征。这一点,在女性主义的批评理论中也表现得十分明显。波伏娃在其《第二性》中就毫不掩饰她对于女性经济地位的重视,并且认为,当社会生产力发展到一定程度时,女性问题就会自然而然地解决。伍尔夫并不是一个马克思主义者,她却在《一间自己的屋子》中反复强调了经济之于女性创作的重要性,"一个女人如果要想写小说一定要有钱,还要有一间自己的屋子"①。很显然,在这里,"钱"是经济地位的象征,"一间自己的屋子"则指妇女应有的起码的生存空间,这无疑是从经济的角度来看的。她对牛桥女子学院和男子学院的用餐丰富程度的比较,也隐喻了女性经济地位在教育中所起的作用。

对经济因素的重视同样体现在女性主义的批评实践中。比如,女性主义者对女性传统的寻找,就依赖于从女性的经济地位中对她们的创作长期被压抑和埋没的原因的分析,因为妇女没有经济地位,就使得她们不得不在生活中依附于男人,这种依附关系,使她们失

---

① [英]弗吉尼亚·伍尔夫:《一间自己的屋子》,王还译,生活·读书·新知三联书店1989年版,第2页。

去了创作的自由,也无法受到良好的教育,更无法像男性那样建立自己的出版机构等。类似的例子很多,其问题指向的都是经济问题,从而深刻地表明了经济上缺乏自主对女性创造力发挥的严重限制。

三 女性主义文论的成就及存在的问题

女性主义文学批评的出现,为西方文学批评带来了新的生机和活力,它不但将性别、社会性别、身体、欲望等以往被遮蔽的领域引入文学批评的范畴,更重要的是打破了陈旧的文学批评模式,给处于困境中的西方当代思潮和文学批评提供了巨大的思考空间。女性主义及其文学批评已成为世纪之交世界范围内的哲学、社会思潮与文学批评的主流话语之一。

女性主义在批评理论上创立了一个新的高度,作为20世纪后期最流行的文学研究方法,女性主义文论在很多方面做出了新的探索,其中,性别范畴的确立、批评方法的综合、阅读与写作的理论沟通和理论话语方式的转型是其中最为突出、最具特色的成果,在多个领域、多种意义上引发了文学活动的越界经验。

首先,女性主义批评强调写作的政治性,认真研究文学和批评的社会与文化语境,向传统文学史和美学观念提出了挑战。它在文化话语中的渗透改变了人们从前习以为常的思维方式,使传统的性别角色定型观念受到前所未有的冲击。"它不仅构成了一种学术话语,而且还能不断激发社会与文化方面的运动。"[1]

其次,是性别分析方法的引入。肖瓦尔特指出,女性中心批评的主要任务是建立女性诗学,为女性文学的分析建立一种女性框架,发展建立在女性体验研究之上的新方法。因为,对父权经典的抨击无论多么激烈或深入,都只能为女性带来负面的、否定性的文学经

---

[1] 石岩:《西方女性主义之探讨》,《山东省农业干部管理学院学报》2002年第5期。

验，要塑造女性（无论是作为作者、读者，还是作为文本形象）在文学史上的积极、正面的形象，必须去寻找女性的主体表达。同时，批评理论自身的完善，也要求它适用于女性写作的文本，要求它不仅从阅读的角度，也能从写作的角度去审视文学经验，这一切，都必须建立在性别理论的基础上。因此，女性主义者提出了女性亚文化的观点，以强调女性写作在文化上的联系。并要求对亚文化和文学部分进行女性政治分析，批判父权制度和大男子主义，在文化和文学系统中建立新的文学和批评理论。这种性别分析方法，是女性主义批评及其理论成立的基础。它的凸显，使人发现经典文本及其美学标准的父权逻辑，从而使人反思女性写作被轻视、被排斥的历史。这些，势必为当代女性主义文学批评带来阅读实践和批评理论的革命，使作为读者的女性解除文学经验中的父权规范，由顺从型读者转变为抗拒型读者，促使原有的文学标准发生松动，原有的文学史格局开始解体。

最后，是批评方法的多样化。许多女性主义者在进行分析时都使用了综合的批评方法，如西苏对文本语言进行的文化分析和心理分析，一方面抨击父权利用语言压抑女性创造力，另一方面提倡利用女性语言、女性书写来表达反抗与颠覆；米切尔把精神分析引入性别历史与女性经验进行阐述；艾德里安娜·里奇对与女性切身相关、具有亲和力的语言的呼吁；苏珊·格巴对文本中的空白与女性创造力的关系进行的语言学、精神分析学的解读；桑德拉·吉尔伯特对西苏"女性语言"的文化因素和颠覆力量的重申；等等。其中，最具代表性的是克里斯蒂娃，她较为系统地把精神分析学、后结构主义语言学和社会批评在方法上、在性别意识中融合起来，形成一套相对完整、相对独立的符号学理论，由此展开了一系列人们知之不深的女性政治、菲勒斯逻各斯中心主义、雌雄同体等的批判，这些，都体现了女性主义者综合运用各种批评方法的特点，也体现了女性主义者自觉探索的精神。正是这种探索精神，引导着女性主义批评与当今处于中心的理论话语接轨,进而预示了文学批评的未来发展趋势。

女性主义者的不懈努力,取得了丰硕的成果。由她们建立的女性主义文化诗学,尤其是诗批评论,具有重要理论价值,它研究了女性政治,比较系统地总结出了女性主义和女性批评的本质和特征,代表着迄今为止的女性文学及其批评研究的最高成就,产生了广泛影响。如卡勒所说,"女性主义批评比其他任何批评理论对文学标准的影响都大,它也许是现代批评理论中最富有创新精神的力量之一,尽管常常被一些自负的批评史家和批评理论家视而不见。但是,它将比本世纪许多文论更有发展潜力和前途,更能给文化诗学带来生机和活力"①。

但是,不可否认的是,女性主义批评作为一种新的理论模式,还不够完善,具有感受有余、理论性不足,偏激有余、公正平和不足的缺陷。具体表现为:在批评深度上,她们都未能把批评男权中心的触角深入社会阶级斗争的层面,而且消解男权中心的策略大都停留在语言、文化层面,带有相当大的乌托邦色彩,很难与现实的女性解放斗争真正结合在一起;在理论创新上,很多女性主义者试图用一种非理性化的话语方式来书写理论,这种决绝的反抗虽然轰轰烈烈,但却不能掩盖这样一种尴尬:女性主义批评者在反抗菲勒斯中心主义时,不自觉地陷入了所反抗的菲勒斯中心主义对女性所设置的边缘地位,其自身的反抗依然是以对自身边缘处境的承认为前提的,即是以对这种菲勒斯中心主义的认可为前提的。而且,由于她们把现存文化与语言多半置于男性的名下,所以,女权主义者的反抗便形成了以男性(理性)语言反对男性(理性)语言文化的怪圈,因此,女性主义者又一次被动地成为男性文化的俘虏。她们

---

① 石岩:《西方女性主义之探讨》,《山东省农业干部管理学院学报》2002年第5期。

的创作也时常成为父权文化伦理及美学原则的传声筒或牺牲品,这些,都大大地消解了其所取得的成就。

之所以如此,就是因为她们在很大程度上对资本主义的物质实践的忽视和对差异的盲目崇拜。将文化具体化为各种有意义的实践的自主区域,而将政治变革撇在了一边。规避了阶级问题,将性别歧视单纯视为一种权力斗争,重视微观政治和身份政治的斗争,忽视了从根本上对社会作总体的观照,缺乏历史性把握。所有这些都在很大程度上偏离了马克思主义方向,女性主义者只有在准确、完整地理解马克思主义的基础上,结合时代特征予以发展,才能克服这种缺陷,女性主义文学理论也才能有更大的成就。这既是女性主义发展自身的需要,也是体现马克思主义当代价值的关键所在。

第三章

他者哲学及其对女性主义理论的影响

第一节　西方近代哲学对他者的理解

一　笛卡尔和康德——"他者"问题的背景

提到他者问题我们要谈到这两位主体性哲学的大师,因为正是在对主体性自我的思考的基础上才引出了他者的问题,所以我们应该对其问题背景作一些描述。从一定意义上讲,笛卡尔是近代哲学的真正的创始人,因为他确立了近代哲学的"我思"原则,笛卡尔的"我思故我在"无疑确立了一个基点,这个基点就是自我的思考,"我"成了唯一的主体,其他存在者则作为他者与"我"这个主体相对,因而成为对象,成为客体,而且由于我思的根本地位,我因此在其他存在者面前取得了优先权。如果说笛卡尔是主体性哲学的开创者,那么康德则是主体性哲学的奠基人,在康德的哲学中,我思伴随着我的一切表象,自我是理念和范畴的源泉,能建立统一性,而且这个作为先验统觉的自我是世界的规律和人类的知识成立的前提条件,相对于占统治支配地位的自我,一切非自我的东西,即他者都成为自我统治征服的对象和客体,只是自我的附庸。笛卡尔把我思作为认识的基点,康德则充分地肯定了自我的能动性,把自我提升到从未有过的高度。但是康德的主体性哲学也留下了遗憾和难题,虽然康德肯定了自我的能动性,但众所周知,康德是不可知论者,而且他坚持"自在之物"的存在,这种矛盾性自然引起后来的哲学家的质疑和重新对主体性哲学的思考。

二 费希特

近代哲学真正把他者作为哲学概念进行思考的是费希特,费希特对他者的思考源自对康德哲学的批判,他认为既然康德承认"自在之物"的存在,那就没有真正揭示自我的能动作用,也就不能揭示"自我的本质,这会导致思维与存在,理论和实践不可逾越的鸿沟"①,由此费希特提出了自己的哲学观点,费希特称他者为"非我"。这个非我是一般的客体对象。②

当然他的哲学观点是以自我为基础,他指出自我是唯一的、绝对的和第一性的东西,但是在这个基础上他又提出自我设定非我,这是因为"除非在自己的经验规定中,自我永远不会自己意识到自己,而这些经验规定性又必然以自我之外的某种东西为前提,因此有自我,便必定有非我,用费希特的话说:他之所以为他所是的东西,首先不是因为他存在,而是因为他之外有某种东西"③。

费希特以"自我"为基础,非我是由自我所建立,自我和非我是辩证统一体,它们之间的关系是"自我"是能动的、自由的,"非我"是被动的、受制约的,两者相互限制又相互统一。费希特的哲学当然是主体性原则,不过不同以往的是他的主体性哲学融合了理论和实践,主体和客体的完整的主体性原则,因而不是单纯主观的,而是主客同一体,这样自我才能在所有关于世界和他人的经验中展开自身。但我们应看到这个非我是为自我而存在的非我,它设立于自我之内,并不具有与自我平等的地位,所以费希特的哲学依

---

① 张志伟编著:《西方哲学史》,中国人民大学出版社2002年版,第582页。
② 同上书,第587页。
③ [德] 费希特:《论学者的使命》,商务印书馆1980年版,第7页。

然是主体性哲学的延续,他者哲学的意义需要进一步的开掘。

三 黑格尔

还有一个重视他者哲学价值的哲学家:黑格尔。近代哲学在研究认识论存在的问题时,在主客二元对立的思维模式中,很容易导致两个弊端:其一,过分强调客观必然性,会导致独断论;其二,过分强调主体的能动性,强调主体对客体的改造,人对自然征服的技术理性立场,这又会导致唯我论。黑格尔的过人之处在于指出主体与客体的关系是一个主客二者由矛盾到统一,不断对立统一的曲折过程,最终达到主客的同一,即达到绝对精神的自我认识。

黑格尔的思辨哲学是西方哲学追求"统一""整体"这一维度的集大成者,把精神定义为"在绝对他者中的纯粹自我认识"[1],在他看来,自我从来不是孤立存在的,自我只有通过他者才能达于自身。在《精神现象学》中,黑格尔努力表明绝对知识的历程即是所有向度的他者逐步得到统一的过程,这个过程生动地反映在黑格尔的"主奴关系辩证法"中。即从杀死他人的野蛮观点到视他人为奴的观点再到相互承认每个人的独立自主性的观点。各种观点转化的关键在于认识到他者的价值。具体地说,从杀死他人的野蛮观点到视他人为奴的观点的转变是由于认识到杀死他人,抹杀他人的存在,反而使自己孤立无援,不可能实现自我,不如保留他人的生存权。[2] 于是,蓄人为奴,把自我与他人的关系变成主奴的关系,从视他人为奴的观点到互相承认每个人的独立自主性的观点的转变是由于认识到自己离开了奴隶反而失去了自己的独立自主性,不如承认对方和自己一样是独立的主体。在黑格尔的大写的自我意识下,他者仍是个被统摄的对象,他者作为绝对精神的环节,最终还是避免不了

---

[1] [德] 费希特:《论学者的使命》,商务印书馆1980年版,第633页。
[2] [德] 黑格尔:《精神现象学》(上卷),商务印书馆1979年版,第127页。

被同化于绝对的命运。

黑格尔深刻认识到自我意识源自他人的承认，这不是一种个体的反思行为，而是来自与他者的关系，相对于费希特把非我理解为一般客观性，黑格尔的理解更具有现代意义：他把他者看作另一个自我意识的思想，产生了交互主体性的原则，这一原则开启了现代哲学审视他者的新视域。不过在黑格尔那里，他者作为实现绝对精神的一个环节，最终被同化于绝对之中。

综上所述，在近代哲学视野中，自我是统摄一切的原则，他者不论作为客体、非我或另一个自我意识都没有逃离自我的统治。自我成为绝对的自我，而他者只作为自我实现的环节。自我与他者的关系是认识关系，主体通过认识的桥梁把他者同化到自身之中，这种片面强调主体、忽视他者的倾向在认识论上必然走向唯我论。近代哲学之所以无法摆脱唯我论而真正解决他者问题。根本原因在于他们始终把他者问题看作认识问题，因此他者问题的敞开有待于突破近代主客二元的范式，即在现代哲学的语境下才有可能实现。

第二节　西方现代哲学对他者的理解

一　胡塞尔对他者的理解

胡塞尔是现象学大师，他提出"悬置和还原"的认识事物的原则。[1] 当胡塞尔通过现象学的悬置将世界的客观性还原为先验主体性，还原为纯粹的意识领域时，当他宣称他的先验唯心论可以为一切知识提供绝对的基础时，他最终要考虑应当如何摆脱唯我论的困境，他不得不寻求走出自我而达到其他自我的可能性。尽管现象学将对其他主体存在的信念悬置起来，将自我与他人的区别悬置起来，但是胡塞尔不得不解决这样的问题：现象学要为一切知识提供绝对

---

[1] ［德］胡塞尔：《纯粹现象学通论》，中国人民大学出版社2004年版，第43页。

第三章 他者哲学及其对女性主义理论的影响　81

的基础,那么它就必须具有普遍的有效性,它就不可能只适用于当下的自我,而且必须适用于所有的自我。先验唯心论一开始仅停留在先验自我的范围内,它如何能保证它自身也适用于其他自我呢?如果他要证明自身具有普遍有效性,就必须将其他自我看成现象学的合法主题。

实际上,他人也的确是一个自我,这种自我与我共在并且和我拥有共同的世界——世界不只是我的,世界也是你的,世界也是他的,世界是我们的世界,于是自我与他人通过拥有共同的世界而形成自我的共同体,单一的主体性也随之过渡到集体的主体性,这种集体主体性也就是所谓的主体间性。[①] 主体间性是自我和通过自我而共现出来的他人所构成,具体地说是由我的单子性自我和他的单子性自我所构成,因此胡塞尔又把主体间的共同体称为单子的共同体,那么自我如何确认他人的存在?他人是作为一种单子映现在自我的,因为单子能反映整个宇宙的面貌,自我是浓缩的宇宙,单子性自我也照见他人,这就是"心照不宣"。[②]

尽管自我和他人都被称为单子,但他们绝不孤立,他们存在于自我共同体内,他们有着共同的意向性,他们构造着同一的世界,在这个世界中,一切自我都显现自身,并且是在一种具有"人们"这种意义的客观化的统觉中显现自身,"统觉"向来具有"统摄"和综合意味,它促进了不同自我的意向性的共同体化,但经过共同体化的意向性不再是个别主体性的意向性,而是主体间的意向性,这种意向性构成了不同自我共同的自我性领域,它蕴含着主体间的共同意义。这个世界作为普遍的形式或理念而与主体间性相关,作为主体间性的构成要素的个别主体性同时分享了那个理念的世界,不同的自我之所以能分享共同的理念世界,把握共同的客观意义,

---

[①] 汪堂家:《自我的觉悟——论笛卡尔与胡塞尔的自我的学说》,复旦大学出版社 1995 年版,第 154 页。

[②] 同上书,第 155 页。

绝不仅仅是因为他们"共在",更重要的是因为这些共在的自我能够"心心相印",也就是只要我们设身处地"将心比心",我们就能理解他人。这种"将心比心"的过程,胡塞尔称之为"移情",而移情本身建立在配对性的联想的基础上,自我与他人"成双成对",我在联想中实现对他们的意义的转换,[①] 我就可以根据自我的意义去统觉他人的意义,根据自身的喜怒哀乐去设想他人的喜怒哀乐。

胡塞尔为了解决唯我论的困境而引入"他人",也就是说世界不仅由我的意识构成,同时也是别的意识的构成物,即他人作为世界存在的先验条件保证了世界的客观性,他人的出现否定了我的意识的孤独性。但是先验意识只是为了保证意识对象的客观性才求助于别的意识,他人只不过是构成世界的一个补充,移情概念是以反思自我为前提的,通过自我身心状况推出他者的状况,还是以我为圆心,自我才是最终的本体性,在这里我们看到胡塞尔仍回到他原来的起点。

二 海德格尔的他者的哲学——常人的统治

(一) 他者即常人

海德格尔认为,人的存在即在世的存在就是"共在"的在世存在,即他人与我们共同在此,人的存在方式就是与他人一起存在。世界上没有他人的绝缘之我是不存在的,人必然要与他人打交道,与他人共同存在。人与他人的交往共在不是偶然的属性,它是人的一种本质,[②] 海氏充分肯定了人的社会性。而在与他人的共处中,我们发现了与他人的距离,有了这种距离,我们就会以他人的尺度来衡量自己,我们发现我们往往被他人支配。但这个他人不是一个确

---

① 汪堂家:《自我的觉悟——论笛卡尔与胡塞尔的自我的学说》,复旦大学出版社1995年版,第159页。
② 陈嘉映编著:《存在与时间读本》,生活·读书·新知三联书店1999年版,第84页。

定的人,而是一个几乎无法把握的中性者,一个不是作为个人出现的众多他人的平均数,海德格尔把它叫作"常人",① 这个常人是一切行为方式、制度和观点的总称。

(二) 人在常人统治中的沉沦

自我在共同世界中往往不能领会自己的独特存在,往往在与他人的交往中忘却自己,处在他人可以号令的范围之中,常以"他人"身份考虑自己,筹划自己的生活,放弃自己生活的独立性。在共同存在中,自我就会在受制于他人中丧失个性,远离本质,人云亦云,消融在无个性的"常人"之中,人实际上被那个中性的无所不在的"常人"主宰着,这种独裁是在公共生活中实施的,② 常人规定着我们对事物的观察和思考的方式,"常人怎样享乐,我们就怎样享乐;常人对文学艺术怎样阅读怎样判断,我们就怎样判断,这个常人指定着日常生活的存在方式"③,此在因而就没有了自己的思考、选择和超越,在芸芸众生中混迹。日常状态的常人的那种存在,海德格尔称之为自我的"非本真状态",④ 即主体的"沉沦"。而自我的是必定要走向"非本真状态",沉沦具有不可抗拒的必然性,是无奈的结局。

(三) 常人统治的特点和表现形式

对海德格尔而言,日常生活是一个被歪曲和异化的生存领域,自我在他来到这个世界之时,就已经处在与他人的共在之中,他不可避免地要接受未经审视的先入之见。人的日常共在由"常人"所掌握,而常人是无个性的。从话语的角度讲,常人此在体现在闲言中,由于习惯于听从他人的说法,常人的语言没有体现自己的思考

---

① 陈嘉映编著:《存在与时间读本》,生活·读书·新知三联书店1999年版,第79页。

② 同上书,第87页。

③ 同上书,第88页。

④ [德]海德格尔:《存在与时间》,陈嘉映译,生活·读书·新知三联出版社2000年版。

和判断。他的话不过是闲言，建立在人们的人云亦云和鹦鹉学舌中，"流言蜚语"就是一种典型的闲言的日常话语方式。① 从看的角度讲，常人的看只是一种好奇，这意味着看仅止于事物的外表，从不会领会事物的本质。常人在话语和视线上的这两种日常存在方式总是交错在一起，这就使日常此在始终处于"两可""踌躇"的状态，② 好像是这样，又好像是那样，没有任何本真的判断。而且人们不能掌握自己的命运，不能决定自己的未来，在目标面前模棱两可，犹豫不决。

常人预定了一切判断和决定，他就从每一个此在身上把责任拿走，常人犹如一只看不见的手，导演了一切又掩盖了一切，使芸芸众生沉湎在太平无事的日常话语方式之中。

(四) 常人统治的诱惑

人为什么会甘愿沉沦呢？遗失自己、逃避对自我领悟和超越的沉沦，虽然是人的非本真的状态，但却是人在日常生活中颇有诱惑力的状态，首先，这是因为人可以在"常人"世界中与人流同游，他的一切都已安排好，无须自己进行苦恼的独特选择。再者，离开这种沉沦的世界，以自己的独特创造去开拓自己的潜在对人来说是一种充满畏惧的事情，这是人对自己现在存在情境的超越，是走与众不同又无人同行的特殊道路。更重要的是，在个人所有独特的性质被常人独裁所消除的同时，常人也卸除了个体要承担的责任，一切都由常人来承担，然而法不责众，实际是谁也没有承担责任，所以常人起着减轻压力和罪责的作用，在常人的社会里，没有人承担罪责。

(五) 对常人统治的评价

常人独裁和统治是一种常驻状态，它不是堕落，因此不必克服，

---

① 陈嘉映编著：《存在与时间读本》，生活·读书·新知三联书店1999年版，第117页。

② 同上书，第120页。

但只是一味沉沦而不对其进行反思，被常人的统治埋没的人是不幸的可悲的人。海德格尔对常人统治下的人的此在的沉沦状态的分析是极其深刻的，海德格尔揭示这是一种非本真的状态，但又认为是不可避免的。从海德格尔的态度看，他着意揭示这种非本真存在的负面影响。无独有偶，叔本华有一个关于悲剧的看法，他说最大的悲剧是由通常之境遇、通常之人情造成的悲剧。王国维曾引用这个观点来分析宝黛的爱情，认为不管是贾母、王夫人，还是王熙凤、袭人，都是从通常之道理、通常之人情出发："贾母爱宝钗之婉，而惩黛玉之孤僻，又信金玉之邪说，而思除宝玉之病；王夫人亲于薛氏；凤姐以持家之故忌黛玉之才而虞其不便己也；宝玉之于黛玉，信誓旦旦，而不能言之于最爱他的祖母，则普通之道德使然；由此种种原因，而金玉合，木石离，又岂有蛇蝎之人物，非常之变故，行于其间哉？不过通常之人情和境遇所造成，所以《红楼梦》可谓悲剧中的悲剧。"[1] 她们的行为按常情常理来说是无可厚非的，然而就是这无可厚非的常情常理却联手扼杀了宝黛的爱情，王国维说这是悲剧中的悲剧。我们认为这种悲剧和常人的统治相连：常人的统治制造了悲剧，但却卸除了所有制造悲剧者的责任。

三　萨特的他者的哲学——他人是地狱

（一）他人在注视中到场

萨特哲学的核心思想是自由的理论，他认为自由是人的天赋和本质，人之所以为人，区别一切客观事物就在于人的自由，人注定是自由的，自由是人类存在的基本真理。对人来说自由是绝对的，具有无限性、独立性和选择性。但是自由也总是在一定的处境中发生，总是会遭遇种种障碍，他人的自由就是对我的世界的挑战。按照萨特的理论，人人都有无可争辩的自由，而人并不是现实中孤独

---

[1] 王国维：《红楼梦评论》，上海古籍出版社2005年版，第15页。

的个体，那么一个人的自由和其他人的自由之间是什么关系。人们究竟是如何遇到他人，萨特认为是通过"注视"，在注视中他人与我们相遇，在注视中他人到场，① 我与他人之间存在一种互相限制对方自由的关系，萨特特别选择"注视"这个角度就是强调我和他人意识间的关系本质是冲突，突出了我和他人关系的根本的受动性。在他人的注视下，我成了他的客体，在他的注视下，我不仅体验到他人的主体性，而且体验到他人无限的自由，因为在他人自由的掌控下，我的自由受到禁锢。被注视使我成为他人自由的对象，每当我"为他而存在"时，我就成了"奴才"，所以我会尽力从他人的存在中挣脱出来，因此他人的自由就是我的自由的枷锁，萨特认为：人与人之间的利益永远是对立和冲突的。

萨特通过我的"被注视"揭示了我的"为他的存在"，从而奠定了他者存在的必然性，以及他者对于我存在的异化和颠覆。人与人之间最本质的关系是相互"注视"的关系，是通过看将对方对象化为一种"东西"，因此"注视"与"被注视"，超越与被超越成了我与他人的关系的一个基调。他人是我存在的一种限制，对我的自由是一种威胁，"冲突"在这种与他者的关系中是不可避免的，我与他人都要保持自身的主体性，一个人要么超越他人，要么被他人超越。所以"他人是地狱"对萨特来说无疑是应有之义。

（二）他人是地狱

"他人是地狱"是萨特的一句名言，不过他觉得这句话总是被人误解，"人们以为我想说的意思是我和他人的关系时刻都是坏透了，因而永远是难以沟通的关系，然而这根本不是我的本意，我要说的是，如果与他人的关系被扭曲，被败坏时，他人只能是地狱"②。那

---

① 朱刚：《"他人"在"注视"中的到场》，《沙洋师范高等专科学报》2002年第2期。

② 萨特在为《间隔》录音时的讲话，参见盘培庆译《词语》，生活・读书・新知三联书店1989年版，第208页。

么他人在什么意义上是地狱呢？当我与他人共在时，我是他人注视的对象，他人通过对我的注视获得对我的存在价值的认识，而我又以他人的判断结论作为判断自己的结论，我从他人那里获得对我的认识，他人就像一面镜子，向我揭示我的本质。如果他人认识的我与本质的我基本一致，在这种情况下，地狱并不存在。但问题在于"他人不只是向我揭示我是什么，他还在新的存在类型上构成我"①，这个存在在他人限制我之前并不潜在地在我之中，即他人对我的认识往往不能等同于我的本质——最大程度的理解仍是最低限度的误解，他人错误地规定了我的本质。当然，如果我在体验到我的被异化后，自觉抵制被异化，他人对我的异化并不影响我对自己的评判，我作选择时也不囿于他人所见，因而我是自由的，但如果我肯定他人对我异化的体验，我自愿承担被他人误解或规定的那个我，自愿地留在他人为我构筑的地狱中，那么我成了他人的同谋，我与他人一起禁锢了我的自由。

萨特强调人有选择自己行动的自由，所以人可以自由地以行动改变他人的定见，这对人来说很重要。"不管我们处在怎样的地狱圈内，我想我们有砸碎地狱圈的自由，如果有人不这么做，他们就自愿待在里面，归根到底，他们自愿下地狱。"② 所以只有否定异化，用行动证实本质，才能走出奴役，走向自由。

（三）对萨特他者哲学的评价

萨特的人与人之间的冲突包含着一定的真实的成分，实际上就是怎样看待他者对我的限制，萨特从负面看待了这种限制。从实际的生活来看，萨特的名言是振聋发聩的，因为我们在日常生活中并不时常处在反思的状态，我们发现自己扮演的角色与我们的真实愿望没有多少关系，于是我成为"为他而存在"，我并没有忠实于自己

---

① 朱刚：《"他人"在"注视"中的到场》，《沙洋师范高等专科学报》2002 年第 2 期。

② 李瑜青、凡人主编：《萨特文学论文集》，安徽文艺出版社 1998 年版，第 454 页。

的自由。

萨特的极端的个人主义人际关系引起了很多反对的声音，但是也有人认为，虽然萨特关于人际关系冲突的话言过其实，却是反映了其中的真实面貌。还是米希拉说得好，"真诚地建立人际关系的尝试必须要保持认清事实的眼光"。

四　精神分析学对他者的理解

在有关他者的问题上，法国哲学家拉康依据弗洛伊德的精神分析学和索绪尔的语言学结构主义提出了自己独特的"他者"理论。

（一）"他者"与主体的产生

1. 拉康的镜像阶段论

镜像阶段是拉康的主体理论的基础和关键，它也是人格形成中的一个主要阶段，在这一理论中，他探讨了自我形成的问题。拉康的镜像阶段的概念借鉴于法国心理学家瓦龙，并以精神分析学给予了重新的阐释。[①] 它实际上就是根据观察婴儿对镜子中自己形象的反应，来确定自我意识发生的时间。瓦龙研究发现，人类婴儿能在镜像的活动与他们自身的活动之间看到一种联系——镜像即自我，拉康接受了瓦龙的镜像观，并把镜子发展为一种象征性的东西，因而镜子在拉康的理论中也是一个隐喻，它可以指母亲或他人。

婴儿到大约六个月至十八个月的时候，一般都会经历一种变化，拉康称之为"镜像时期"的变化，据观察，大约六个月至十八个月的婴儿，经常会冲着镜中的自身的像发笑，它表达了婴儿这么一种期待：尽管在身体上仍然处于一种机体不协调，无法自如活动，从而需要旁人照料的状态，但是他在想象的层面上，通过与镜像的认同，期待着一种对身体整体性的自如控制。[②] "镜像阶段"不仅是主

[①] 孙震：《论拉康"他者"概念的内涵及其意义》，辽宁大学硕士学位论文，引自中国学位论文全文数据库。

[②] 黄作：《从他人到他者——拉康与他人问题》，《哲学研究》2004年第9期。

体成长中的一个重要时刻,而且它还含有一种范例功能,即它标志着自我原型的诞生。镜像是自我的开端,是一切想象关系的开始。自我一旦形成,就会以想象关系的形式走向外界,他人便是想象关系不可或缺的另一极。从精神分析学的角度看,他人不是自我的认识对象,而是自我力比多投注的对象,是自我自恋认同的对象,对于自我与他人的这一自恋关系。拉康这样概括道:"事实上。在任何自恋关系中,自我就是他人,而他人就是自我。"① 自我就是他人,这不仅因为处于想象关系中的自我也是另一个自我的力比多投注的对象,而且因为从根本上说,自我一开始就表现为他人。当婴儿冲着其镜像笑的时候,他不但不知道镜像就是他的自我,而且不知道它就是他自身的像。对他来说,不过是一种外物,一种对象,或者说,只是一个他人。不过他还要与这个镜中的自我进行认同,认同的结果便是把镜像这一他人视为了自我,在他人中,我们第一次看到了我们的自我。

镜像阶段一般经历三个阶段:

(1)婴儿看到镜中的影像,却把它看作一个现实的事物,或者说只是把它当作一个可与之游戏的伙伴,它不能区分镜像和他人的差别,还不能将自己和外界其他对象区分开,这时,婴儿的自我是与他人相混淆的。

(2)稍后,婴儿发现镜像仅仅是他人的影像。婴儿可以把影像从他人中区分开,但是它还不能区分自己与自己的镜像,既它还不认识自己。

(3)最后,婴儿终于发现镜像就是自己的影像,比如自己笑,镜像就笑,镜中的影像按照婴儿本身的动作做出反应,在此之后,婴儿就初步确认了自己身体的同一性与完整性,并对这个镜像产生自恋的认同,这就是镜像阶段中儿童对自我的辨认。

---

① 黄作:《从他人到他者——拉康与他人问题》,《哲学研究》2004年第9期。

但到了大约十八个月以后，婴儿的兴趣就从对镜像的迷恋转移到试图对工具的控制和与他人的交往中去，于是"镜像阶段"宣告结束，主体迷恋镜像行为的消失，是主体成长过程中的一个必经阶段，它有助于主体的顺利成长，因为，只有当主体从自恋的想象认同脱身出来时，象征秩序或语言的介入才成为可能，同样，在具体的个体成长过程中，主体很快就能认识到，到了一定的年龄阶段，如果他仍然不用语言来表达其需要的话，那么他的需要就得不到满足，当儿童意识到父母对他的非语言的要求根本不予回应时，"镜像阶段"就结束了。

拉康指出，镜像阶段是一个关键的时刻，这是每个人的自我初步形成的阶段，镜像阶段的结果是，"使婴儿从一个混沌之物发展为一个心理化的个体。镜像阶段对自我的整体性认识，是一种想象的虚幻水平的认识，处于拉康的想象界"[1]。

当"镜像阶段"结束时，婴儿也就开始掌握语言，由想象界进入了象征界。主体的确立是在象征界，而婴儿进入象征界的入口则是"父亲的名字"的隐喻，这又回到了弗洛伊德的俄狄浦斯情结的问题。

2. 俄狄浦斯情结

弗洛伊德的俄狄浦斯情结理论通过对亲子情感关系的研究来描绘儿童主体的形成过程。他说，儿童的俄狄浦斯情结来自对母亲天然的依恋，因为正是她在抚养他，因此他希望拥有母亲而仇恨父亲，尽管如此，他又害怕父亲的阉割，所以儿童又将父亲的价值观念内在化，这就是父权的、社会的道德良知。[2] 男孩解决了俄狄浦斯情结和阉割情结，他就放弃了对母亲的爱，学会如何听从父亲的权威。

---

[1] 孙震：《论拉康"他者"概念的内涵及其意义》，硕士学位论文，辽宁大学，引自中国学位论文全文数据库。

[2] [美] 罗斯玛丽·帕特南·童：《女性主义思潮导论》，华中师范大学出版社2002年版，第194页。

而女孩和男孩有所不同,因为无须担忧被阉割,她们的社会性并没有像男孩那样被充分调动起来。后来拉康继承和发展了弗洛伊德关于俄狄浦斯情结和阉割情结的观点。拉康把人称作"说话的"主体,因此,儿童想在社会—象征秩序中占据一席之地,拥有一个名字和一个讲话的位置,必须接受代表父亲法则的"象征秩序",拉康把它解释为:制约社会的一系列相互关联的符号、角色和仪式。儿童要在社会内表现出合适的角色行为,他或她必须通过语言来内化这一象征秩序。拉康还强调我们是无意识地接受和内化了象征秩序,这个象征秩序就是社会,它先于我们存在的关系系统,如果要适应这个秩序,我们必须经历三个阶段,逐渐顺应"父亲的律法"。

第一阶段:前俄狄浦斯时期,也称为想象期

在镜像阶段,儿童与母亲之间是一个交融未分化的统一体,儿童吮吸母亲的乳汁,安然接受母亲的爱抚,儿童在欲求从母亲那里得到满足的同时,他也幻想着母亲从他这里获得了欲望的满足。换言之,儿童与母亲之间的直接情感关系使儿童把自己看成母亲所缺少的欲望对象——菲勒斯,"如果母亲的欲望是菲勒斯,为了让她满意,儿童愿意成为菲勒斯"[1]。婴儿一方面认同了母亲的欲望对象,另一方面他还没有掌握语言,还未成为一个主体。所以这个时期是一个想象的占有时期,属于自恋阶段。

第二阶段:父—母—子的三元关系阶段

父亲的出现使得母亲与儿童分离,形成儿童、父亲、母亲的三角情感关系,父亲的出现也是"法"的代表,儿童在与父亲的法规接触时,便遇到了阉割的威胁,这时如果母亲承认并服从父亲的法规,儿童也不得不接受父亲的法规,把父亲认同为满足母亲欲望的人,在这个过程中,父亲将儿童与母亲分隔开。这一阶段对于儿童

---

[1] 孙震:《论拉康"他者"概念的内涵及其意义》,硕士学位论文,辽宁大学,引自中国学位论文全文数据库。

进入法规的象征化水平是一个不可或缺的前提条件，拉康在此引入"父亲的名字"是代指父亲的法规，父亲是象征的父亲，代表了一种法规，一种家庭和社会的制度。因此，儿童对"父亲的名字"的认识，实际上就是对文明社会的一套先他而存在的法规的认识。

第三阶段：俄狄浦斯时期

儿童过渡到第三阶段，即对父亲的认同阶段，这一阶段是俄狄浦斯情结衰退的时期，儿童与父母的关系发生了质的变化，儿童习得了父亲的法规，承认父亲的象征地位，接受只有父亲才是母亲的欲望对象这一事实。从此以后，父亲不再是他的竞争对手，而是儿童学习模仿和认同的对象，儿童不再试图成为母亲的欲望对象，而是以此为代价，获得与父亲的认同，从而确立自己独立的主体性人格。获得主体性的儿童便可以从社会的自然状态进入文化的象征秩序之中了。

拉康在论述镜像阶段和俄狄浦斯情结时，始终围绕着主体间性的问题，儿童在镜像阶段还未确立主体性，他首先从母亲的镜像中认识母亲，进而认识自己。在俄狄浦斯情结期，父亲介入母亲与儿童之间，使原来的二元关系变成三元关系，于是出现了斗争和冲突，斗争的结果是父亲的地位得到确认，三元关系复归于二元关系，俄狄浦斯情结的形成是主体性形成的过程，在这个过程中，主体开始接触语言及语言的法规，开始认识到自我、外界和他人的区别，儿童服从于语言的存在，并获得主体性，俄狄浦斯情结使得主体进入了象征秩序，拉康充分肯定了俄狄浦斯情结对于主体形成的重要作用。

女孩由于生理结构和男孩不同，所以不能完全与父亲认同，结果女孩不能充分接受和内化这个象征秩序，因此女性只能被限制在象征秩序的边缘，女性在不情愿的情况下进入了这个象征秩序，也就拒绝接受内化"父亲的律法"，这个律法是强加给女性的，因此她们只能保持沉默。拉康认为,由于女性不能彻底解决俄狄浦斯情结,她们只能留在象征秩序之外或者边缘,这样的存在是超乎思想和语言的,因此,她们是不可知。

镜像阶段和俄狄浦斯情结是主体形成的两个关键时期,在镜像阶段的镜子是一个隐喻,代表了母亲和他人,或者说在这里镜子就是一个"他者"的存在,而在一种想象的关系中,婴儿通过镜子而进行自我的辨认,为主体的形成奠定了基础。而在俄狄浦斯情结发展过程中,儿童从与母亲的分离中获得了对父亲的认同,即对父亲所代表的律法和规范的认同,而这就是"象征界"或者说是语言的世界。

(二) 作为语言符号的"他者"

当儿童辨认出了自我并区分了自我和他人的不同时,就意味着"象征界"或语言世界已经介入,因为如果对象只是作为像而被把握,就会不可避免地具有一种虚幻的不确定性。为了克服这种瞬间性和不确定性,拉康引入语言,在他看来语言代表了一种象征关系,象征关系与想象关系相比具有更高的稳定性,这一点并不难理解,因为想象必须借助于一个具体的像,当像不存在的时候,想象关系也就不存在了。而象征关系借助的是语言,它不用依赖于特定的实体,所以象征关系比想象关系要稳定和广泛得多。这样在他看来,这个世界的本质是象征性的符号集合,他以一种象征关系代替了原来镜像阶段的想象关系,拉康把婴儿面对的那个镜中的像称为"小写的他者"[1],相应地把我们每一个接受语言教化的成熟个体天天面对的象征性的语言符号称为"大写的他者"。[2] 这个"大写的他者"是由一个个能指构成的,正是它编织了我们赖以存在的世界。拉康从语言学的角度出发,认为所谓的笛卡尔我思的主体是不存在的,

---

[1] 颜岩:《拉康"他者"理论及其现代启示》,《重庆社会科学学报》2007 年第 2 期。

[2] 同上。

存在的仅是"说话的主体",也就是说在拉康那里人仅仅是一个说话的工具。拉康认为主体间的言语活动必须以信任为基础,由此他提出了不同于传统的主体间性的理论。在拉康看来,当所谓的个人主体(拉康实际上否认个体主体的存在,这里仅指经验层面的个人主体)对另一个个人主体讲话时,他想达到的目标对象并不是面对的那个"他人",因为他们被语言之墙隔开,言语的发送者又接受到自身的信息,主体的言说又返回自身,实际上主体的言说无法达到他人,那么既然主体言说想达到的不是他人,那究竟是什么呢?拉康说是"他者",这个他者具有绝对的权威,因为主体必须乞求得到它的承认,这种承认其实是一种象征认同的关系。"他者"就是环绕在我们周围的象征性的语言符号,总之,"他者"并不是具体的某一个东西,而是围绕在我们周围的整个语言符号系统。主体在"他者"面前使自己被认可,无疑不是指得到另一个主体的认可,而是指得到沉默的"他者"的认可,当主体的言语需要得到"他者"认可时,"他者"就取得了中心的地位。

(三)无意识是"他者"的话语

相对于主体在"他者"面前需要得到认可而言,处于中心地位的"他者"应该首先被认可。从主体的发展历程来看,他者被认可的过程,就是主体与之进行象征认同的过程。他者概念实际上是从他人的概念发展而来的,最初,通过想象的认同,主体自我与他人之间形成一种想象的自恋关系;当"象征界"介入后,主体就与象征界的代表即"他者"进行象征认同,尤其表现为与他者的集中代表"父亲的名字"的象征认同。"父亲的名字"就是象征的父亲,弗洛伊德认为象征的父亲代表法则和规范,拉康则把象征的父亲推到一个更根本的地位上,即认为"父亲的名字"乃是一切象征关系的核心。[1]

---

[1] 黄作:《从他人到他者——拉康与他人问题》,《哲学研究》2004 年第 9 期。

另外拉康还把他者和无意识联系起来,"象征界"像一张由象征关系所构成的能指之网,它所代表的他者还是能指的源泉。拉康特别指出,他者不仅是语言世界的符号,而且在语言被制度化之前,在主体掌握语言之前,他者就早已在场。儿童在学会说话进入社会之前,就已经受到他者法则的支配。因此拉康反对弗洛伊德把无意识视作本能的汇总,也反对荣格把无意识视作先天的集体思维模式。他认为无意识是一种言语的结构,它的基本性的东西仅仅是能指的元素。这时他就把无意识和他者联系在一起,所以通过提出他者的概念,拉康丰富和发展了弗洛伊德的无意识概念,拉康本人把无意识视为一种话语形式,他称之为"他者的话语"。拉康把话语称为"能指链",如果说语言世界是一个十分巨大的"能指链"的话,那么,无意识无疑也是一条"能指链",只不过它永远也不可能成为可视的,不能用有形的字母来表示,无意识是一种无声的语言,无意识是"他者的话语",表现为"他者"向我们默默地倾诉,这一切无不表明,"他者"处于一种根本的地位,可以说占据着我们人类主体的中心。

五 列维纳斯对他者的理解

(一) 他者之脸

在列维纳斯那里,要理解与他者的关系本质上是伦理的这一点,他人之脸是解开这个问题的关键。

列维纳斯指出"脸"具有可见性和不可见性的双重性。可见性是指人们自然地把他人之脸作为注视的对象,对脸做现象学的描述,而且与他人的相遇才是一种"面对面"的相遇,但是一旦看见了他人之脸,列维纳斯强调的确是脸的不可见性,脸不能还原为鼻、眼、额等,列维纳斯注重的是脸的纯正性,它与脸的五官无关,脸的意义使脸逃离存在,逃离作为认知的对应物，①也就是说，当我们看见他人之脸后，却不能把它立刻当作认知的对象，列维纳斯强调的是他人之脸的超出现象的含义。

与萨特那样通过"注视"来谈论自我和他人的相遇不同，列维纳斯通过"言谈"来解说他人之脸。言谈意味着必须回应，同样，我注视他人之脸，不仅仅是一种注视，也是对他人的回应，注视之脸是可描绘的现象的脸，回应之脸则显现了一种伦理的脸。

在面对他人之脸时，所做的最基本的回应是什么，或者说面对他人所承担的最基本责任是什么？最基本的责任是"不可杀人"，这成了列维纳斯伦理责任的第一原则，②在他看来这是最基本的，是所有其他道德规范的来源。他人具有不可被占有的他性，这点通过他人之脸显现出来，正是这张脸的出现才突破了自我中心主义的世界，"脸抵制拥有，抵制我的权力"③。在他人之脸面前，代表暴力的杀戮总是失败的，那么转而由暴力变成"欢迎别人"，这就意味着对他人的态度进入了伦理性的范畴。由列维纳斯揭示脸引发的原初的伦理性，把不可杀人置于第一要务，作为从根本上反对同一性和总体性的原则。

脸与伦理的关系，是列维纳斯最难理解的地方，脸的出现既在世界中，又超出存在世界，"他在他人之脸中闪烁着外在性或超越的微光"④。他把与他人之脸的相遇置于我的世界之外，是他者之他性不可还原的范式，他人之脸使我的世界、我的权力发生疑问。可以说，脸承担了显现伦理超越存在的任务，在现象学层面我们接近脸，

---

① 杨波：《论莱维纳斯"他者"概念》，硕士学位论文，辽宁大学，引自中国学位论文全文数据库。
② 金惠敏：《无限的他者——对列维纳斯一个核心概念的阅读》，《外国文学》2003年第3期。
③ 同上。
④ 杨波：《论莱维纳斯"他者"概念》，硕士学位论文，辽宁大学，引自中国学位论文全文数据库。

但同时从人的脸上打开了神圣的向度。列维纳斯通过脸显示了与他者关系的伦理性。在他看来，脸实际上是作为弱者的他人的象征，他人之脸没有设防地向我们直接展示，它最容易受伤害，与此同时，它警示我们不要伤害别人，这是实际上说，不要把他人看作我们的生存的竞争对手，我们不能因为自我生存而剥夺他人的生存，相反，由于他人是弱者，我们应该对他人负有完全的责任，在这个意义上他人之脸具有毋庸置疑的伦理性。

（二）责任的主体性

列维纳斯指出，当我看着他人的脸的时候，我不仅是在观察他，更重要是在回应他的诉求，这种回应就是一种责任。

列维纳斯通过他人之脸冲破了自我为中心的牢笼，而为人们论证了一个他人存在的绝对无限性的崭新价值观，而强调一种面对他人面孔的责任感。我永远是他者的负责人，我回应他者，每个人都应该为他者而存在，人们有绝对的义务回应他人的一切要求。他人之脸并非单纯是一幅可塑的形成，而是对我构成一种义务，是对我的一个召唤，对我发出命令，使我处于为他的服务的地位。列维纳斯把责任理解为对他人负责，对不属于我的行为负责，我应该为他人负责，主体性不是一种为己，而是一种为他。只有对他人负责时，他人才实质性地向我靠近，我对他人负责，但并不因此要求他人为我负责，我服从于他人，并且成为这种意义上的主体，于是我为他人献身，但并不因此要求他人为我而做什么，只有对他人负责的主体才可以见证无限。按照列维纳斯的意思，主体性要求对所有的他人负责，这仍然是对他人的捍卫，尤其是延伸到自我之外的别的人的捍卫。

责任的主体性分为两种：一种是主体—客体层面上的责任，是主体对客体负责，是"我"对"它"负责；另一种是主体间关系层面上的责任，是主体对另一个主体的责任，是"我"对"他"

的责任,① 近代西方哲学侧重于讲前一种责任,强调主体的占有性。列维纳斯讲的是后一种,即另一个主体具有不可占有性和不可奴役性。

第三节　他者哲学对存在主义女性主义理论的影响

一　他者哲学对波伏娃女性主义理论的影响

（一）黑格尔的主奴辩证法对波伏娃的影响

黑格尔的主奴辩证法中在论述他人的问题时涉及一个自我意识的问题,他以主奴关系的形式解析了自我意识,其中论述的极为突出的一点即"他者"问题的出现。在黑格尔看来,自我意识永远需要或渴望他人证实它的存在,这种证实显示了主人和奴隶的关系:"其一是独立的意识,它的本质是自为存在,另一个为依赖的意识,它的本质只是为对方而生活或为对方而存在。前者是主人,后者是奴隶。"② 对于主人只有自为存在才是他的本质,因此在这种关系中,他是纯粹的主要的行动,而奴隶就不是这样,他只是一个非主要的行动,非主要的意识,是主人的对象,这个对象构成主人对他自身的确信的真理性。所以他者是自我意识的前提。由此出发,真正的"自我意识"要奠定的基础是:第一,被他人承认,即没有他人的中介就不可能有自我意识;第二,承认他人,没有他人就没有自我作为一个特殊的自我,我的自我的规定性来自他人。③ 这两点对黑格尔来说是互相支撑的,第二点是在第一点的基础上展开的。"自

---

① 顾红亮:《责任与他者——列维纳斯的责任观》,《社会科学研究》2006 年第 1 期。
② [德]黑格尔:《精神现象学》（上卷）,贺麟、王玖兴译,商务印书馆 1979 年版,第 127 页。
③ 方珏等:《精神现象学》,《兰州学刊》2005 年第 5 期。

我意识"也就从两个意义上来理解：第一个意义的自我意识是不确定的；第二个意义的自我意识是伦理学意义的自我，是有着权力和地位的人格。主奴关系的冲突归根到底牵涉权力和地位，通过冲突实现人格，完成从空洞的人到自我意识人格的规定。可以说，黑格尔在《精神现象学》中对自我意识的形成及发展过程的论述，表明了黑格尔是从社会存在的高度来理解"自我意识"的，自我意识只有在一个别的自我意识里才能获得它的满足，它才是真实的自我意识。

在《第二性》中，波伏娃对男女关系的分析可以说是对黑格尔主奴辩证法的一种应用。在波伏娃看来，若将男女两性的历史关系看作主奴关系，那么属于主人的特权是：他不必总想着自己是主人的事实，但奴隶不会忘记自己的地位。同样男人很少意识到自己的男性存在，女性却清楚自己的女性存在。这种主奴辩证法的具体应用就是：一方面女性作为他者本身是依附并从属于男性的，另一方面，根据主奴辩证法和女性他者本身的特性，女性在一定程度上支配着她所依附的男性，尽管男性将女性他者看作自己的危险和威胁，但男性需要女性这个他者来确立自己的主体地位。波伏娃认为把女人看作奴隶是错误的，但不幸的是，每个女人的经历都重现了我们通过整个女人历史所验证的事实：她恰恰是在她不能利用时才有了不必成为奴隶的自由。也就是说：父权社会赋予所有女性功能以服务的一面，所以女人只有在完全失去功效时才可以摆脱奴隶地位。[①]这样波伏娃就男女两性关系和主奴关系的相似性进行了说明。同时波伏娃认为，要改变"女人是他者"的状态，女性应该拒绝客体化，必须抛弃他者意识，肯定自我意识，从而实现自己的自由。

（二）海德格尔的本真与非本真存在问题对波伏娃的影响

在《第二性》中，波伏娃关注到两性关系中的女性处境问题，

---

① ［法］西蒙娜·德·波伏娃：《第二性》，陶铁柱译，中国书籍出版社1998年版，第659页。

指出了女性在两性关系中的被动与他者的地位。在她看来，女性在其生存中总是表现为一种被规定的和未展开的状态，或者说，她总是被置于一种非本真的存在处境之中。由于这种非本真化，女性的存在总是呈现为被塑造的、非自由的和常人式的，女性总是成为日常生活或常人的代名词。波伏娃的这一分析明显受到了海德格尔关于本真存在与非本真存在观点的影响，追溯海德格尔对这一问题的论述将有利于增加我们对波伏娃关于两性处境问题的理解。

海德格尔不谈自我，而是谈论人的在世存在，即此在。海德格尔将人的存在区分成两个领域——本真存在和非本真存在，此在处于本真状态与非本真状态之间，即处在一种异化的、具体的、客观的存在与一个主动的、创造的、超越的存在的紧张关系之间。[①] 此在受到常人的、在世的诱惑，沉沦于具体的客观化的存在，又受到焦虑和良心的召唤，重新筹划其本真的存在。

常人的生活状态是一种平均状态，沉沦于非本真状态并非不存在了，而是进入一种在世之在，与常人所构成的他人共处于在世之在，亦即共在。"常人实际上保持在下列种种平均状态之中：本分之事的平均状态，人们认可之事和不认可之事的平均状态等等。庸庸碌碌，平均状态，平整作用，都是常人的存在方式。"[②] "每个人都是他人，而没有一个人是他人本身。而他人并不等于说在我之外的全体余数，而这个我则从这全部余数中兀然特立；他人倒是我们本身多半与之无别，我们也在其中的那些人。"[③] 此在与他人共在，这又是说：此在作为日常共处的存在，就处于他人可以号令的范围之中。不是他自己存在；他人从他身上把存在拿去了。这个常人，就

---

① [美]多诺万：《女权主义的知识分子传统》，赵育春译，江苏人民出版社2003年版，第164页。
② 同上书，第148页。
③ [德]海德格尔：《存在与时间》，陈嘉映、王庆节译，生活·读书·新知三联书店1999年版，第137页。

是日常此在是谁这一问题的答案。这个常人却是无此人,而一切此在在共处中又已经听任这个无此人摆布了。① 共同此在使得此在跌入无根基的状态之中。

本真的此在要想获得自身的存在,就必须从这种他者、常人的状态中挣脱出来。"一作为常人自己,任何此在就涣散在常人之中了,就还得发现自身。"② 此在有这样一种倾向,它渴望拥有在世之在的具体化形态,渴望拥有一劳永逸的存在状态,以逃避本真的虚无,因为本真的存在状态是动态的,处于流变和不断升腾之中,因而它是虚无,是非存在,所以此在容易沉沦于世界之中。它逃避其可能性与自由,希求获得安逸,但是这种异化的静止状态会遭遇焦虑,焦虑是此在在良心的呼唤下而产生的情绪,这种情绪是一种警戒,焦虑告诫此在此时正处在异化之中,处在自我禁锢和沉沦之中,并未实现本真的自我,并未实现最大的潜能,并未履行自由的义务。当此在陷入深深的焦虑之中时,此在便有可能从沉沦的非本真状态中醒悟,认清本真的存在与非本真的存在。③

此在要从沉沦中抽身,就需要首先找到自己,听到自己内心的呼唤,打断常人的公论和闲言,这种呼唤便是良知。良知所要呼唤的是此在本身,良知要此在回到本真的自己,从芸芸他者中抽身,回到存在诸种可能性之中。海德格尔之后解释,呼唤者和被呼唤者是同一此在,良知在此在内心之中。

在波伏娃看来,男性更靠近本真的存在,女性更靠近非本真的存在。因为,男性在有意识地自我创造、自我筹划,以此获得本真的存在,而女性则倾向于逃避本真存在所带来的紧张与虚无,沉沦于常人的状态之中。不过,男性的本真状态也不是一劳永逸的,他

---

① [德] 海德格尔:《存在与时间》,陈嘉映、王庆节译,生活·读书·新知三联书店1999年版,第149页。
② 同上书,第150页。
③ 同上书,第311页。

必须不断地创造、超越，否则也会沦为非本真的他者。女性的非本真状态也不是永远的，因为焦虑情绪必将使女性反思这种不真实的生活状态，听从良心的呼唤而回归本真。波伏娃借助海德格尔的理论，不仅深入地解释了两性处境，而且从理论上说明了女性摆脱这种非本真状态的可能性。

（三）萨特的自我—他者问题对波伏娃的影响

与海德格尔一脉相承的萨特，在《存在与虚无》中沿着这条路继续深入，在对"自我"的划分上，他与黑格尔、海德格尔具有一致性。他将自我分为"自为"与"自在"，自为的概念与黑格尔的超验的自我、监督的自我以及海德格尔的本真的此在相对应，亦是一个具有超越性、主动性、创造性的自我筹划的存在，是一个动态的概念，总是处于过程之中，处于非存在之中，处于虚无之中。

萨特的自我—他者关系与黑格尔的主人—奴隶关系以及海德格尔的此在—常人的关系是一脉相承的。萨特认为在注视中，我和他人都力图将对方置于对象的境地，但是这种努力恰恰证明，我和他人都是自由的，都是主体。显然，主体表明为一种物化他人的主动力量。[1] 不过萨特认为，自为深深地依赖着自在，主体也深深地依赖于他者，正如"奴隶是主人的真理"一样，主体的建构是以他者的否定为基础的。在波伏娃看来，自为象征着男性，因为它可以从日常性的生活中挣脱出来，没有固态的自我，其所显现出的是可能性的自我，充满了变化和创造。而自在就如海德格尔的非本真的存在的一样，是一种沉沦于具体化、客体化境地之中的存在，丧失了自我筹划和自我发展的可能性。这一点为波伏娃的理论所沿用，自在象征着女性不自由的、非存在的状态，在波伏娃眼中，男性作为自为，总是超越作为获得存在的唯一方式，而女性却逃避这种真实的存在状态，女性在男性的"注视"下丧失自我，丧失自为的本性，

---

[1] 杨大春：《超越现象学》，《哲学研究》2001年第7期。

沦为他者。

萨特的"他者"理论和波伏娃的理论关系极为密切,"他人是地狱"的宣言使得萨特把"我与他人的关系归结为自为之间争夺自由,争夺主体性的冲突关系"①,在萨特那里,自我是一个主体概念,与之相对的他者便是一个客体,当然,在某种程度上,萨特的他者和海德格尔的他者一样代表了一种凝固的公众观念,它投射出一种"注视",使被注视者非本真的姿态固化。② 那么对于女性主义来说,集中代表男权制的社会文化的公众观念对女性的独立性选择就是一种限制,不允许属于女性自己的独立意识的存在,从而确保男性世界的利益。

二 波伏娃的存在主义女性理论观

(一) 生理特点使得"他者"成为可能

对于人类来讲,身体是我们把握世界的工具,也是制约我们设计的一个因素,所以在探讨女性"他者"命运的时候波伏娃首先从生物学方面来探讨了女性的生理特征。因为人类女性在生物学上的生理特征在女性经历中起着重要的作用,也是构成女性处境的一个基本要素和正确认识女性的关键之一。

从生物学的角度看,在人类两性中,女性的生理特点的确能很容易地使得她自己成为男人的他者、依附者。当然女性的生理特征大多源于女性对于物种的从属性,特别是在生物学方面,男性似乎总是受到偏爱;而女性在生育中的角色使她从属作为一个整体的人类。波伏娃通过考察得出一个惊人的结论:在所有的雌性哺乳动物中,女人所受的异化最深。而在其他的雌性中,生殖对机体的奴役并没有如此专横,如此让人不情愿接受。月经、怀孕和分娩的痛苦

---

① 杨大春:《超越现象学》,《哲学研究》2001 年第 7 期。
② [美] 多诺万:《女权主义的知识分子传统》,赵育春译,江苏人民出版社 2003 年版,第 167 页。

都属于女性的特征。① 除了这些人类女性在生育方面让人恼火的特征外,女性身体也比男性身体要弱,波伏娃也这样叙述:女人比男人弱,体力比男人差很多,无法在体能上和男人相匹敌;不但在体能上不及男性,而且在性别上更感性,缺乏稳定性和控制力,所以性格上也更脆弱,更容易受伤害,她对世界的把握能力比较有限。而这些生理性的特征对女性的各种能力的限制是确实存在的极其重要的事实。但是波伏娃说:"我不承认这些事实为女人确定了一个固定不变的,不可避免的命运,这些事实不足以确立两性等级制度,也不能够解释女人是他者的原因,更不能够宣判她永远起这种从属作用。"② 因此她得出结论:"人类雌性在社会中现有的状态,决不是由什么生理的,心理的,或经济的宿命所决定的。"③

但是从生物学的角度看,这种观点无法解释女性所固有的分娩和哺乳等生理特征,从某种程度上讲的确是女性固有的形质和生理特征才使得女性在社会上被男性视为"他者"的存在,这就是说女性的生理特征——物种的命运给人类的雌性(女性)成为人类雄性(男性)的"他者"提供了一种可能性。当然仅仅是可能性而已,这种可能性能否成为现实,要看人类社会的制度和习俗。比如,在生产力比较低下的母权制社会里,人们尊重生命生产的不可替代的重要性,所以女性在社会中的地位和威望很高;而在父权制社会中,随着生产的发展、技术的进步,男人作为一个存在,他不仅在社会中实现了自我,得到了支持,而且他还能够创造、开创未来,通过生存超越生命,而女人的不幸必然在于她注定要重复生命,只是维持、养育和重复生命。因此在男人和女人的关系中,通常是女人在男人的关系中被确定,而男人却不在与女人的关系中被确定,男人

---

① [法]西蒙娜·德·波伏娃:《第二性》,陶铁柱译,中国书籍出版社1998年版,第29页。
② 同上书,第31页。
③ 同上书,第30页。

被视为人类的标准,而女性却被说成有缺陷和不完整。

事实上人类历史出现女人的贬值是人类历史的必然现象,因为女性的威望不是建立在她们本身的积极价值上的,而是建立在男人的弱点——不能从事生命生产上的,所以男性在尽量掩饰自己的弱点,抑制女性的优点,这是不足为奇的。但是随着人类历史的发展和进步,被束缚在生物学命运中的女性早已对这个事实有所认识,而且在不断地争取女性的权利。女性在生物学方面的特征使得她变为男性的"他者"成为可能。如波伏娃所说:"分娩和哺乳不是一种活动,而是一种自然功能,而女性也被动地服从了她的生物学的命运。"①

(二) 父权制使得"他者"确立

前面探讨了女性由于生物学方面的生理原因使得她有可能成为男性的"他者",那么现在我们探讨"他者"是在什么样的制度下确立的,波伏娃在她的《第二性》中已经很彻底地回答了女性被确立为"他者"的原因,其中最根本的原因是父权制的社会制度。波伏娃《第二性》中的"他者"简单地说就是:没有自我意识,处在他人或环境的支配下,完全处在客体的地位。波伏娃就用"他者"来描述女性在父权制度下的基本处境。

在探讨女性被压迫和成为"他者"的原因的时候,波伏娃赞同马克思主义的历史观,她认为父权制家庭的出现是建立在私有制的基础上的,在这种家庭中,女人处在被征服者的地位,而男人处在主权地位,即"此者"的地位。其中的原因有这么几点:第一,由于私有制的出现,男性既成为土地的主人,也成为女性的拥有者,这是"女性具有历史意义的失败"。第二,在过去的婚姻中,男子可以随意纳女奴为妾,而妻子则要严守贞操,丈夫在家中居于统治地

---

① [法] 西蒙娜·德·波伏娃:《第二性》,陶铁柱译,中国书籍出版社1998年版,第58页。

位，妻子只不过充当了生育的工具。第三，女性体力弱小也是其受压迫的根源之一，随着私有制的出现，女性被排除在社会生产之外，而只限于从事家庭的私人劳动，女性的家务劳作失去了往日公共的性质，成为家庭的奴仆。所以女性的命运和私有制的产生有密切的关系。在母系社会的时候，女人在农业公社中常有极高的尊严，女人的母性成为一种神圣的功能，因而女性在母系制度中扮演着重要的角色：孩子往往属于母亲的氏族，由妇女掌管着氏族成员的财产，但是随着生产的发展和私有制的出现，女人具有的极高的尊严和神圣的母权制度被逐渐瓦解，取而代之的便是男人支配一切财产的男人的天下——父权制度。

在父权制度中，男性的行为被认为比女性具有更高的价值，因为他作为生存者得到了自我实现，为了维持，他创造，他的工作不仅是保存既定的世界，而且要冲出既定世界的疆界，为新的未来奠定基础，他们总是在超越；而女性在社会中发挥着她的自然功能——生育，她们因此和任何设计无关，她们只是重复生命而已，只是在维持。因此，人类把优越性和更高的价值赋予了能维持、创造、超越的男性，而把劣等性赐给了只能生育和维持的女性。这样父权制就把女性"他者"的地位确立起来，因为在父权制下的男人们看来，女人就是性、就是生育、就是维持、就是劣等，就应该是他们的财产和附属品。在男人所扮演的角色中，文化的成分被认为要多于自然的成分，对女性的看法恰好相反，由于她们在生殖方面的生物特征，以及父权制下女性扮演的照顾和哺育家庭的角色，妇女被认为与自然的关系更紧密。正如谢里指出："女性对于男性的关系就像自然对于文化的关系"，所以在父权制意识形态下，女性总是与自身的生物特征联系在一起，处在父权社会的最底层，是"此者"压迫"他者"，这就是男性至上主义。因此波伏娃得出结论：历史向我们表明，男人一向握有全部的具体权利，他们意识到，最好让女人处在依附地位，他们制定经典来束缚女性，于是她被规定为他者，这种安排符合男性的利益和他们的道德主张。①

（三）社会仍在造就有"女性气质"的"他者"女人

在《第二性》的第二卷里，波伏娃沿着从童年到老年这条生命发展轨迹，以各类妇女为对象，广泛探讨了女性在父权社会的个体发展，尤其探讨了各个年龄阶段和各种类型的女性在父权社会中，其生理、心理及处境的变化。

小孩子从他断乳那天起就从他母亲的怀抱中撤离出来，小男孩在以后的生活中逐渐失去跟妈妈常有的亲密，而小女孩还可以经常在她爸爸妈妈的怀抱中撒娇并从小就受到女孩就应该做一个讨人喜欢的女人的男权至上的教育，所以说女人具有的女性化、他者性、被动性是从小时候发展来的，是她所处环境的影响和社会制度、传统习惯等造成的，而并不是天生的。正如波伏娃所说：作为女性化女人本质特征的被动性，是一种从她小时候发展而来的特征，但是，如果说它与生物学的事实有关，那就错了，它实际上是教师和社会强加于她的命运。②"书籍和游戏都是为她特别选定的，以便引导她步入指定的领域，人们强烈要求她有女性美德，人们为她制定各种行为规范，站着要笔直，走路不要像鸭子，她的举止必须加以约束，不许参加激烈的运动更不许打架。"③女人一开始就存在自主生存和客观自我——他者的冲突。因为她认识把握和发现周围世界的自由越少，她对自身资源的开发也就越少，因而就越不敢肯定自己是主体，假如鼓励女孩开发自身的资源，她会表现出和男孩同样的活力、同样的好奇、同样的开拓精神。④

所以我们可以毫不费力地看到，教育和环境对儿童心理和认识

---

① ［法］西蒙娜·德·波伏娃：《第二性》，陶铁柱译，中国书籍出版社1998年版，第138页。

② 同上书，第262页。

③ 同上书，第264页。

④ 同上书，第263页。

的发展有很重要的作用,而我们的社会或社会制度或社会习俗的确为女孩设立了许多不利于其成长和客观看待自己的规范和教育。小时候的经历和教育使她成为人们特别是男人所期望和要求的那种女人,即做具有"女性气质"的依附于男人的、被动的、服从的、客体存在的"他者"。而社会制度或社会习俗为男孩设立的环境和教育制度是有利于男孩成长为优越等级、优越地位的那一类人,人们向他灌输男人身份的自豪感,让他一直能够坚持它、他的主观自由和客观主体的地位。

正是由于女性和男性从一开始就受到社会各个方面的不公正的待遇,才会出现男女社会地位的极大差异性,如今虽说随着社会的发展和进步女权主义也有很大发展,但人类仍旧处在一个男人主宰世界的社会,他们仍然要求女性要做他们认为的所谓"女性气质"的女人,在某种程度上讲当代女性所受到的压力比过去更大,因为在社会领域中,她要参与和男人一样的激烈竞争,争夺和男人同样的权利,在社会中找到自己的立足之地;在家庭中她还要做女人应该做的事情,因为在社会习俗中这是女人的天职。所以我们说当今的社会仍是一个男权社会,而且是一个对女人更加苛刻的社会,因此说当今的社会仍在造就"女性气质"的"他者"女人确是事实。

三 波伏娃的女性主义理论对后世女性主义的影响

(一)波伏娃的女性主义理论对后现代女性主义的影响

波伏娃的女性主义思想对后来的女性主义者影响很大,但也受到了批判和质疑,其中批评最多的可以说是她的男性中心主义特征,当代女性主义发现波伏娃在解释女人的从属性受压迫的根源时,她赞同男性规范,抱怨和贬低了女性特征,她极力排斥女性气质,比如被动、内在、顺从等,而推崇男性的超越、有开拓创造精神的社会性。

在波伏娃的著作中,可以找到后现代女性主义的某些思想根源,波伏娃有关女人是夫权制文化的"它在"或第二性之说,深深地影响了西苏等后现代女性主义者,不同的是,她们从后现代主义的立场出发来解释女性的状况,在她们看来,女人之作为"第二性"不仅仅是与女人的受压迫的地位有关,而且,女人的"它在性"还意味着,女人不同于男性的存在,女人不必追求与男人的同一性,女人应该超越父权制文化的逻辑、价值和规范而创立一种新文化。这时候女性仍然是"他者",但她们没有觉得这一处境是应当超越的状况,而是认识到"他者"的种种优越性。她们指出,女人的他者性使得作为个体的女人能够摆脱出来去批评主导的男性文化力求强加给每个人,尤其是那些生活在社会边缘的人的社会规范和价值。他者性,和那些被排斥、被回避、被拒绝和边缘化的事物有联系,有其自身的优越性,因为它承认变化和差异的存在方式,它使开放、多重性、多样性成为可能,从某种程度上可以说,女性的他者特质契合了后现代所倡导的自由多元的精神。

后现代女性主义者举出一系列二元对立的概念,并认为这些二元对立源于男人和女人这一最基本的二元对立,男人是自我,女人是他者,而且男人在完成了对女人的思考之后得出结论:妇女是不可思议和不能被理解的,因此也就不被考虑。① 这一切都源于男权文化的主体性和二元文化的思想基础。后现代女性主义者就是充分发掘女性他者的存在价值来拒斥男权文化和价值。法国女性主义者西苏就提出了"女性写作"来突破男性为女性所建构规定的世界,而且认为"女性写作"是开放和多元的,充满了可能性,"女性写作"是女性作为他者在写作上的探索,是突破男权文化的途径之一。她们要超越男女、主客二分的僵化框架,却决不再企图变成像男性那样的主体,而是作为女性他者创造自己的言说方式和

---

① [美] 罗斯玛丽·帕特南·童:《女性主义思潮导论》,艾晓明等译,华中师范大学出版社2002年版,第291页。

生存方式，它实际上意味着一个非中心、非统一模式化的后现代主义时代的到来。

第四节　后现代女性主义对拉康的他者哲学的继承与批判

一　西苏与拉康

西苏从写作的角度出发将阴性写作（也称女性写作）和阳性写作进行了对比，她认为阳性写作根植于男性的原欲系统，它以阳具为标志。由于社会文化的原因，阳性写作占据了绝对支配阴性写作的位置，男性的宣言就是：我是宇宙的中心，世界的其他部分，我将之定义为他者，他者只有在与我相关时才有意义。[①] 拉康也曾根据弗洛伊德关于男女的性的差异对女性的存在作了分析，他指出，女性没有阳具，没有阉割的焦虑，因此这个没有经过理性规范的世界是不完全的，也是不能被认识的，随后他得出了一个令人惊讶的结论：女人是不存在的。[②] 这个结论当然会产生截然相反的理解：其一，可以认为这是拉康对女性存在的漠视；其二，可以理解为从来不存在男性世界所理解的女性他者，父权制对女性的建构只是一厢情愿。但是就如前面所言，我们不能判断拉康本人真实的态度，不过对女性主义来说第二种理解无疑为她们提供了反对男性中心的武器，用一句通俗的话讲：男性根本就不了解、不认识女性世界，又凭什么来规范和建构女性呢？男人所描述出的女性当然是片面和不真实的。

因此西苏拒绝阳性写作和思考，因为这些都是在二元对立的方

[①] [美]罗斯玛丽·帕特南·童：《女性主义思潮导论》，艾晓明等译，华中师范大学出版社2002年版，第295页。

[②] [澳]伊丽莎白·赖特：《拉康与后女性主义》，王文华译，北京大学出版社2005年版，第22页。

式中铸造的,比如:主动/被动,太阳/月亮,文化/自然等,① 她认为这些对立都源于男与女的对立,在男与女的对立中,男人是与所有主动的、文化的、光明的正面事物相联系,而女人则与被动的、自然的等负面的事物相联系。在男与女的二元对立中,男人是自我,女人是他者。因此,女性按男人的意思在他的世界存在,她或者是男人的他者,或者未被认识,男人在完成对女人的思考后,得出的结论就是:妇女所剩下的就是不可思议,不被考虑。② 西苏的思想之一是她对所谓的"父权制的二元思维"的分析。而这个对立系列最终还将返回最基本的男/女对立上来。

为什么会形成以男性为中心的二元对立文化?这是因为父权制是语言和符号的建构,这又与阳具中心论和逻各斯中心论形影不离,由此形成传统文化中的二元对立,这些对立又总是一方优于另一方,而所有的这些对立无不与男人和女人的对立相联系。西苏希望通过"女性写作"来解构父权制文化,超越父权制文化。而且从上面的分析中可以推断:西苏倡导的着眼点不仅在于女性,它实际上试图为一切被束缚在"父权制的二元思维"中的"他者"群体寻找出路。

二 伊利格瑞与拉康

伊利格瑞同意西苏的观点,女性的性欲和女性身体是女性写作的源泉,但她们也有很多的不同,伊利格瑞的目的是把阴性从阳性的哲学中解放出来。在拉康的理论中,想象期是前俄狄浦斯时期前语言的领域:在这个镜像认同时期,儿童最初把他在镜子中的形象等同于自己,然后又认识到镜子中的形象不是真实的自

---

① [挪威]陶丽·莫依:《性与文本的政治》,林建法等译,时代文艺出版社1992年版,第136页。
② [美]罗斯玛丽·帕特南·童:《女性主义思潮导论》,艾晓明等译,华中师范大学出版社2002年版,第294页。

我，随着这一认识，儿童进入了象征秩序，确认自我为独特的主体，与其他个体的主体分离而独立。拉康认为男孩可以从想象期解放出来，进入象征秩序，这是语言和自我的领域，但是，女孩仍停留在想象期。与拉康相反，伊利格瑞拒绝把想象期的生活看作不可思议，甚至可悲可叹的状态，相反，她认为，妇女想象期的生活对妇女充满了未曾开启的可能性。① 它并不像男权文化所描述的那样不可思议，却一直被他们所遮蔽，这恰是女性可以去发现和寻找自己的领域。

伊利格瑞对传统的精神分析进行了解构，她对父权制下的女人的社会角色，尤其是对"母亲"这一社会角色进行了分析。她解释：父权制的起源是以母亲牺牲为前提的，而父权制的维系是以对母亲的压抑和压制为基础的。因此母亲、处女和妓女都是父权制强加给女人的社会角色，又正是从这些社会角色中衍生出所谓的女性特征。② 在谈到母亲的社会角色时，伊利格瑞特别强调，父权制对父权和阳具的强调使人忘记了对母体的最初依赖，忘记了母亲是人类的生育者，于是，女人或母亲被看作为了男人而存在。她的不可或缺是由男人规定的功能性的存在。此外，她对男女之间的生理差异作了重新的解释，伊利格瑞指出，拉康以男性器官为标准来衡量女性的性体验对女人来说是陌生和强加的。女人有着独特的性体验，这和父权制文化所想象并不一致。所以拉康对女性性体验的解读是对女性的一种忽视或是曲解。当然，她也批判了拉康的符号界理论，在拉康的符号界理论中，女人是不存在的，女人是一种"缺失"或者"它在"。③ 这当然是伊利格瑞所反对的，她指出问题不在于女人

---

① [美] 罗斯玛丽·帕特南·童：《女性主义思潮导论》，艾晓明等译，华中师范大学出版社 2002 年版，第 296 页。

② 覃琮、李德：《法国后现代女性主义研究思想评述及其影响》，《柳州师专学报》2006 年第 2 期。

③ 同上。

是否存在，而在于父权制文化是以对女人的性体验否定为基础的，它使人忘记了母亲的存在和女人的身体。针对此，伊里格瑞提出的"女性女性"的含义实际上就是：由女人自己规定的女性来说明男女之间的差异，女人应该用自己的语言来表达女人的身体。当然，伊里格瑞并不是要将父权制变成母权制，她的目的是创造女人的社会性，所以也要创造女人的语言，她要让女人成为"说话的主体"。伊里格瑞曾师从拉康，因对拉康的精神分析的批判而被开除，但是在她的理论中存在拉康的影响却是不可否认的，她相信拉康所提出的语言文化符号对主体的形成具有关键性的意义，因此她同拉康一样拒绝用真实、自然和天生来谈论女性的性和欲望，而是从社会、心理、现实等方面带来谈论女性的身体。但是她虽然借用了拉康对分析主体性形成采取的方法，但却否认他所得出的结论。伊里格瑞认为，拉康的精神分析学其实也是男性自我表达的一种言说，所以拉康提出的"男根能指"对主体生成的重要性也只是站在男性的角度，而所谓的"想象"和"象征"概念也只能从男孩的视角来谈论想象和象征阶段，却无法谈论女孩是如何走过这一过程。她在批评包括拉康的精神分析学在内的父权制文化时指出：它们自以为普遍、周到，实际上都是为了迎合或保持男性的利益，他们一直在代替女性说话，女人一直被排斥而不能成为讲话的主体。

三 克里斯蒂娃与拉康

克里斯蒂娃的符号分析学主要建立在拉康和弗洛伊德理论基础上，拉康用索绪尔的语言学理论修正了弗洛伊德的主要概念"无意识"，他强调儿童对语言的习得是建立在儿童与母亲认同分离的基础上，建立在儿童经由阉割的焦虑进入由父亲的律法所代表的象征、文化的领域。克里斯蒂娃反对拉康的这个观点。她强调儿童的前语言经历在本质上是与母亲密切相关的，在儿童习得语言的过程中并没有完全丢失，而是成为无意识的一部分，它对父权制主宰的符号领域造成挑战。依据拉康对儿童的俄狄浦斯阶段和前俄狄浦斯阶段的划分,克里斯蒂娃把个体的认知过程划分为"符号"和"象征"两个阶段。克里斯蒂娃的符号不同于索绪尔的符号概念,它包括个别记号、痕迹、图形等,处于符号阶段的儿童生活限于与母亲同步的身体范围内。符号为儿童将来的所有的表达提供了最基本的原材料和推动力。这些表意的最原始的、有形的力比多物质一定要加以约束,进行合适的疏导,使其适应于社会的要求。克里斯蒂娃的"象征"在很大程度上依赖于拉康给"象征"所规定的含义,它意味着儿童进入俄狄浦斯阶段,面临父亲的律法为规范、秩序井然的表达提供前提和依据的局面,对克里斯蒂娃来说,象征是建立在对混乱的"符号流"压抑和包容的基础上,它意味着稳定性,可以确保讲话主体或文本的连贯性和同一性。她将"符号期"与"象征期"进行了对比,认为母性的符号期并非严格地与象征秩序对立,而是这个象征秩序的一部分,它既在象征秩序之外,也在它之内。根据克里斯蒂娃的观点,象征秩序也是建立意义的秩序,或者说是社会领域,它由两个因素构成:一个是从前俄狄浦斯领地渗入的符号要素,另一个是仅仅存在于象征秩序的象征要素。象征要素是允许我们作出理性判断的那一面。与象征要素形成对照的是:符号要素是意义创造中允许我们表达感情的一面。克里斯蒂娃认为一个全面的人应该同时具备"女性气质"和"男性气质",或者说可以在符号领域和象征领域自由行动的人。①

克里斯蒂娃的理论一部分建立在拉康的镜像阶段和阉割情结的理论基础上,她认为:"这两个时刻为主体获得一个讲话的位置提供了必要的条件。"② 镜像阶段为孩子提供了同他的生活经历分离的条件,当事物不在孩子伸手可及的范围时,替代它的象征就成为可能,

---

① [美]罗斯玛丽·帕特南·童:《女性主义思潮导论》,艾晓明等译,华中师范大学出版社 2002 年版,第 300 页。
② 岳凤梅:《拉康与法国女性主义》,《妇女研究论丛》2004 年第 3 期。

孩子同自己的生活经历的分离是象征的前提。阉割情结为"讲话的主体"的生成提供了第二个条件,阉割情结则把他同母亲的形象分开。自我在镜像中的生成是以能指为表征的符号阶段产生的前提,阉割情结是主体同母亲的分离是以所指为表征的象征阶段产生的前提,使主体进入了代表父权规范的象征领域。①

---

① 岳凤梅:《拉康与法国女性主义》,《妇女研究论丛》2004 年第 3 期。

第四章

哈贝马斯交往理论及其对性别研究的启示

在现代和后现代话语的交织和纷争中,我们的理论常常在价值中心化和相对主义的两条道路上游移不定。哈贝马斯的交往理论所建构的价值多元化为这一问题的解决提供了启示,使我们既可以走出中心化的误区,也可以最大限度地避免相对主义的问题。从而也为其他相关领域问题的解决提供了启示。

第一节 交往理论与去中心化

一 交往的前提:个体的自由与自律

哈贝马斯的交往行为理论主张人与人之间进行无压制的、自由的交往,从而在理解的基础上达成共识,以解决韦伯所诊断的意义丧失和自由丧失的时代病症。交往必定是人与人之间的交往,是群体的事情,但究其前提却是个体的自由与自律。"作为行为者,言语者要求承认他既是自律的意志,也是个体的存在。这是交往行为的

第四章 哈贝马斯交往理论及其对性别研究的启示

普遍前提,也是交往行为的必需前提。"[①] 只有个体是自由、自律的,交往参与者才能在交往中自由地表达自己的见解、愿望与意见,才能形成自己的决断,从而必须为自己的言行承担责任,这是社会得以稳定运行的道德基础。

的确,"无论是作为自律的存在还是作为个体的存在,实践的自我关系中的自我都不能通过直接的自我联系,而只能通过其他人的观点来进行自我确证"[②]。也就是说,具体的个体总是存在于群体之中,交往是个体存在的现实形式,但是"在这种情况下我所依赖的不是他人对我的判断和行动的认同,而是他们对我的独特性和不可替代性需求的承认"[③]。哈贝马斯生活在后现代的语境中,他的交往理论旨在探求一种具有普遍意义且兼容个性差异的存在秩序。他提倡多元化而非碎片化,更不是要退回到个体受到全面抑制的社会。这决定了他的理论必然是以承认个体的自由与差异为前提的,是在差异中寻求普遍性而非相反。

长期以来,人们总是过多地强调协商与达成意见一致在交往中的作用,而忽视了个体的前提性地位,并且把 intersubjectivity 一词翻译为"主体间性"或者"主体际性",这无意间造成了对个体自由的某种遮蔽。俞吾金认为,intersubjectivity 可翻译为"在主体性之间"或者"主体性之间的关系",那种翻译为"主体间性"的做法反而使其神秘化了。所谓的主体间性"原本就是个体性在人和人之间的一种延伸;真正的交互主体性的确是以自由个体的独立自由为前提的,个体主体性的发展对于公平合理的互主体性的建立具有决定意义"[④]。

[①] [德]于尔根·哈贝马斯:《后形而上学思想》,曹卫东、付德根译,译林出版社2001年版,第212页。

[②] 同上书,第207页。

[③] 同上。

[④] 洪波:《哈贝马斯商谈伦理学的基本理路》,《浙江学刊》2007年第1期。

个人社会化和社会个人化总是同步进行的,个体自律自由的先在性不仅在理论上是必需的,而且在实践上是可行的。个人社会化和社会个人化的过程是同步的,但不是说它们是完全对等的。在交往理论中,"个体"这个概念从来都不意味着一个完全孤立的、莱布尼茨式的单子存在。其自身总是具有了某种类的属性、凝聚了周围世界的影响。在此基础上,"个体应当被视为根本的东西"[①],人的本质不应该是某种概念上抽象的共性,而是人能自由选择和实现的某种可能的存在方式。"成为一个人意味着成为行为的自律的源泉。只有具有了个性,从而使他不只是他所属的类和群的属性的简单体现时,人才能获得这种品质。"[②] 只有在充分承认差异、尊重个体自由的基础上去寻求在沟通的基础上的、经理解实现的意见一致,才能保证这种意见一致与策略或目的行为的结果区分开来。

在实践中,事事都需要经过沟通可能会造成人类交往的不堪重负,因而出现了两种"约简机制",一种是威望,另一种是体系(媒体)。"媒体(货币或权力)不仅是为了节省信息和时间,而且是为了减少解释支出"[③],货币与权力作为沟通媒介可以调节经济领域和国家管理领域的人类复杂的互动网络,这是交往理性所促生和引发的。

只要货币和权力在自己相应的领域按照自身的规律运行,并且以在生活世界中达成的一致意见为取向,接受生活世界的指导,它就有自己存在的合理性。威望(权威或地位)"若是基于相关领域内以理性思维讨论的方法来达致的,那么,此种'凝固'个人理性思维而达致的沟通仍然可以称为'理性'的"[④]。因此,个体自由自

---

① [德] 于尔根·哈贝马斯:《后形而上学思想》,曹卫东、付德根译,译林出版社2001年版,第171页。

② 同上。

③ [德] 哈贝马斯:《交往行为理论》(第二卷),洪佩郁、蔺青译,重庆出版社1994年版,第341页。

④ 阮新邦、林端:《解读〈沟通行动论〉》,上海人民出版社2003年版,第22页。

律便具有了理论和实践的双重合理性。从理论上讲，个体从生活世界中获得的意义与价值决定了它的自由自律存在的可能性，从现实来看，约简机制的存在使得自由自律的个体在日益复杂化的交往中能够合理运用话语沟通资源维持社会的运行。

如果说哈贝马斯的交往理论是一套建构普遍性的理论的话，那么这种普遍性只是形式上的普遍性，而非内容上的。"今天，我们在交往中的出发点是共同的假定的形式；这些共同的假定形式是必不可少的，有了它们，我们才会与客观世界当中所有观察者都能鉴别的事物以及我们主体间所共有的社会世界中的事物发生关联。"[①] 这里的形式是"共同假定的"，也就是说是在反思中得到的，因而也是现实的，是大家必须遵守的规范。交往理论只是确保有效交往的程序规则，哈贝马斯要告诉我们的是在什么样的条件下能够形成有效的交往，以检验人们的建议、假定或要求是否有效，而非直接告诉我们哪条意见、哪个假定或哪个要求是合理的、有效的。这就为个体自由的发挥留下了充足的空间，个体是一种具体而鲜活的存在，每个个体都有理由提出自己的看法，这是任何个人、组织或体制都不能压制的，至于这个看法是否合理有效，只要进入交往的程序规则去检验就可以了，相对于个体自由与自律，这是之后要做的事情了。没有个体的自由且具有差异的表达，也就无所谓调节的事情了。

同时，从交往的目的来看，交往理论旨在协调人们的交往行为，使人们在理解的基础上达成共识，而不是要获得关于事物的最后真理。因此，"共识并不像利奥塔所说，必定会抹杀个性，取消话语的多元性，相反，是建筑在对个性和多元性承认之上的……真正的共识绝不会否定差异，取消多元性……它所反对的恰恰是一种社会压

[①] [德]于尔根·哈贝马斯：《交往行为理论》（第一卷），曹卫东译，上海人民出版社2004年版，第50页。

制，所追求的恰恰是这种压制的否定和摒弃，它所努力寻找的恰恰是一条将人从社会压制下解放出来的道路"①。在这里，共识就是真理。在交往过程中个体有着充分地表达自己意愿、建议和要求的自由和权力。

二 在反思与批判中阐释

自康德以来，人们相信任何东西都必须经过反思与批判，未经反思与批判的东西是不可信的。反思与批判依据的是人的理性，因而批判时代的到来本身就是人的理性发展的成果，只有充分相信自身理性的人，才会坚决以批判的立场对待世界万物，包括理性自身。在后现代语境下，那些怀疑理性的思想本身就是一个悖论，持这种观点的人试图用理性去打倒理性，他们只会败在自己的手里。哈贝马斯继承了康德的批判精神，但他属于对理性充满自信的人，正是在对日常生活进行反思与批判中，他发现了有效交往的三个条件，即真实性、正当性、真诚性。其中真实性指称着客观世界，正当性指称着社会世界，真诚性指称着主观世界。由此看来，有效交往必须既满足内在世界（主观世界）的要求，又要满足外在世界（客观世界和社会世界）的要求，是内在与外在的统一。在这里，哈贝马斯是通过两个方面的反思与批判而发现交往的有效性条件的。即通过对他人的理解和使自己被理解的方式的反思，和通过对使他人心服并说服他人的方式的反思。从而"对理解过程来说，应该包含两种批判：一是'交往行为者必须相互对他们的解释进行批判'；二是每个解释者'必须从原则上对我们自己的解释进行同样的批判'"②。反思意味着批判，批判必须经过反思，哈贝马斯的反思与批判不仅针对他人，也针对自己。任何人都不可以不加批判地将自己的意愿

---

① 章国锋：《哈贝马斯访谈录》，《外国文学评论》2000 年第 1 期。
② 王红英：《介于哲学和科学之间的批判方法——论哈贝马斯的批判解释学》，《江西电力职业技术学院学报》2004 年第 4 期。

普遍化而强加于他人身上。因此，反思与批判是解除霸权主义的有效机制，是释放个体与受压制因素能量的有效机制。

哈贝马斯的反思与批判与康德不同，他是通过对日常交往进行反思得出交往的有效性条件的，这是一个自下而上的过程，也可以说是一种批判解释学的方法，而康德则直接对人的理性能力和结构进行反思，他用的是一种先验性理论框架，倚重的是从上而下的建构方式。先验的方法设置了一种不可追问的中止判断，其最终的根据是自明的。而在哈贝马斯的批判解释学框架中，任何问题都可以讨论，真理是在人们的讨论中达成的，可以说真理愈辩愈明。其反思所明确下来的交往有效性条件是从日常生活中得来的，可以被日常交往所检验，它不是什么先验的东西，而是现实的存在，是我们经过反思发现的，不是创造出来的。

哈贝马斯主张人与人通过讨论在理解的基础上达成意见一致，这种意见一致是在协调了自我与他人视角的基础上达成的，这类似于传统解释学的主张，不同的是，自我与他人的视角融合必须遵循一定的规范，即真实性、正当性、真诚性。也就是说哈贝马斯的交往理论是要在反思与批判的基础上建构人类有效交往的规范，一方面使人类的生活世界摆脱体系的殖民化入侵，保障个体的交往自由，从而保障个体对自己选择与实现生活方式的自由，实现一个人人都能自由地展现自身潜能的多元化世界。另一方面交往理论也要防止人类在交往中成为一盘散沙，因为那样的话，人人都只以自我作为中心，就不可能达成共识，交往的目的也就会落空。这两个方面其实是针对同一个问题而言的，都是要保障一个合理的多元社会的实现。

在《交往行为理论》中，哈贝马斯有一个类似"多元化"的术语，即"解中心化"。"多元化"与"解中心化"是有区别的，它是在"解中心化"的基础上的进一步发展，并且比"解中心"有着更为明确的目标。解中心理论只是要解除以前的某个中心的优势地位，从而解放受压制者,它并没有标明被解放了的受压制者以后的状态应该是怎样的,为了自身不再落入中心化的圈套,它回避了这个问题,但是这样压制者和受压制者可能由此而成为一种无意义的存在。这个问题是解中心理论无法解决的。对此,哈贝马斯是有着明确认识的,他的解中心化是和生活世界合理化连在一起的,是用交往来做保证的,仅仅靠解中心化是不可靠的。"如果可以证明,世界观的解中心化和生活世界的合理化是社会获得解放的必要条件的话,那么,交往理性的程序概念自然也就能够作为这样一种批判的基础。"① 的确,哈贝马斯的交往理论的目的不仅是要实现解中心化,而且要实现多元化,让每一个个体成为自由自在的、展现自我价值的存在。

三 交往理性:价值协调的理性

哈贝马斯的交往理论是从批判韦伯的社会合理化理论开始的。韦伯认为理性分为工具理性和价值理性,工具理性是以利益为取向来选择实现目的所采用的手段和工具的理性,价值理性则是以道德为取向、不计得失的理性,西方社会的现代化过程主要表现为价值理性向工具理性的异变过程。对工具理性的片面追求导致了意义的丧失和自由的丧失,而这一切是资本主义社会无法克服的。哈贝马斯认为韦伯之所以无法走出这一困境,主要是他将工具理性和理性等同起来了,从而遮蔽了理性应有的内涵。由此,哈贝马斯提出了自己的交往理论,他要用交往理性来解决工具理性所造成的时代病症。交往理性是以共识为取向的,共识是交往理性的首要标志。共识必然是针对生活世界中的某个主题达成的,交往理性只能以生活世界为依托,在生活世界中体现。但是在此我们必须弄清楚交往理

---

① [德]于尔根·哈贝马斯:《交往行为理论》(第一卷),曹卫东译,上海人民出版社 2004 年版,第 73 页。

性与生活世界的辩证关系,否则会陷入交往理性与生活世界相互提供逻辑起点的循环论证。

哈贝马斯的生活世界概念既指向现实又蕴含理想,但以此为理由而指责作者理论体系的含混性则是不对的。因为在哈贝马斯的著作中,在具体的语境下作者究竟意指何者还是比较明显的,而且从理论的整体来看,生活世界应该是一个指向理想的概念,只是在当下的社会中,生活世界遭到了货币和权力的殖民化而出现了病态,但是人类理想的反省仍蕴含于其中,我们现在要做的正是以交往理性为基础,使生活世界合理化。这里隐含的矛盾是生活世界作为理性运行的背景,为交往理性的发挥提供了所需的各种信息和资源,而体系对生活世界的殖民化又使得生活世界作为信息库的作用难以发挥,那么一个受到殖民化的生活世界何以能够作为交往的背景并且为其提供合理的信息与资源?

要弄清楚这个问题,我们需要进一步分析哈贝马斯对行为类型的划分。哈贝马斯认为:"行为者的行为具有多大程度的合理性,主要取决于我们为行为设定的世界的关联。"[①] 他接受了社会学家关于三类世界(客观世界、社会世界、主观世界)的划分并在此基础上将社会行为划分为目的(策略)行为(行为者——客观世界)、规范行为(行为者——社会世界和客观世界)、戏剧行为〔行为者——主观世界和客观世界(包括社会对象)〕、交往行为(行为者——客观世界、社会世界和主观世界)。这几种不同的行为类型中隐含着不同的理性标准。目的(策略)行为的"核心概念是在不同行为可能性之间作出的决定,这样做是为了实现一定的目标,并受到原则的引导,也得到了语境的支持"[②]。目的行为背后隐藏的是韦伯的工具理性,即求"真"的理性。规范调节行为是指行为者作为

---

① [德]于尔根·哈贝马斯:《交往行为理论》(第一卷),曹卫东译,上海人民出版社2004年版,第83页。

② 同上。

社会群体的成员,他们的行为具有共同的价值取向。"服从规范的核心意义在于满足一种普遍的行为期待。"① 规范调节行为蕴含的主要是向"善"的理性。而戏剧行为主要是指作为社会群体的成员,互动参与者相互形成观众,并且在各自的对方面前表现自己,而自我表现的核心是"面对观众对自身的经验表达加以修饰的行为"②。戏剧行为主要在于表达行为者的某种倾向性,即愿望和情感,它希望在一定意义上能得到观众的关注和接受。这种"愿望和情感的表达只能用言语与其内心世界之间的反思关系来加以衡量"③,是涉及行为者的自由展示自我领域,因而其背后是一种审美反思的支撑。

这三类行为分别涉及不同的有效性要求,即真实性、正当性、真诚性。这三种有效性要求是相互平行、不相隶属的。它们各自反映着不同的价值要求,是价值多元化的具体表现。但在当前社会,目的理性过度膨胀并挤占了善的理性与审美反思,因此我们需要一种能够协调三者的理性,使这三者能够各自归位,各自发挥自己的合理性而不相互侵蚀,真正地实现价值多元化,这种协调的理性就是交往理性。交往理性是一种主要通过协商而达成意见一致的理性。"沟通(交往)充当的是协调行为的机制,但这仅仅是表现在,互动参与者通过他们所要求的有效性,即他们相互提出并相互认可的有效性达成一致。"④ 交往参与者通过语言把三个世界世界整合起来,并在解释框架中协调了三个有效性要求,使它们各自的有效性通过讨论得以展现,只有经过交往合理性过滤的规范才是真正有效的。因此可以说交往理性同样是通过反思发现的,它是通过语言的使用而得以发挥作用的,目的是协调与达成共识。从三个世界到三

---

① [德]于尔根·哈贝马斯:《交往行为理论》(第一卷),曹卫东译,上海人民出版社2004年版,第84页。

② 同上。

③ 同上书,第92页。

④ [德]尤尔根·哈贝马斯:《重建历史唯物主义》,郭官义译,社会科学文献出版社2000年版,第150页。

类行为,再到三类理性,行为之间冲突的可能性、现实性及协调的必要性和必然性,这是一条顺乎逻辑的过程。反思是从日常交往入手,按照这条逻辑推进的。

一种理性可能与其他理性发生冲突,使其他理性受到压制,但是不会使其消亡,它们的有效性要求是关于不同层面和领域的。只要三个世界存在就会相应地有三个有效性要求的存在。一种理性也不会和交往理性真正地发生冲突,因为交往理性本身就是一种协调的理性,它自身有着兼容其他理性的要求。一种非交往理性的理性要取得普适性的地位也总是打着交往理性的旗号进行的。交往理性是哈贝马斯交往理论的逻辑支点。因此货币和权力以目的——工具理性为支撑可以入侵生活世界,但是它们并不会使得生活世界彻底地殖民化,一个以交往理性为基础的理想的生活世界总是蕴含于现实之中,并作为一种隐藏的力量对抗着殖民化。

也正是因为如此,日常交往可以成为我们反思的基础,生活世界可以作为交往的背景和信息库存在。同样也因为如此,哈贝马斯给我们开辟出了多元价值赖以存在的现实基地。韦伯对时代病症诊断的结果是意义的丧失和价值的丧失,而哈贝马斯诊断的结果是文化意义的丧失、社会秩序的混乱即社会冲突的加剧、个人心理结构的失衡以及社会化过程的受阻。韦伯没有给出医治社会病症的药方,而哈贝马斯认为以交往理性为基础去解除生活世界的殖民化,实现生活世界的合理化是医治社会病症的有效途径。生活世界的合理化就是要使以语言为媒介、以共识为取向的交往在生活世界中取得自己应有的地位,恢复文化的意义,使社会得以有序地运行,使个人成为有价值的存在。

而且,在交往中,学习机制的存在也使文化的意义和规范的社会秩序以及人的价值得以保持和更新。哈贝马斯指出:社会进化可能具有一种倾向,即使联合在一起的个人能够自觉地影响自己的进化过程,那似乎也不会出现特殊的主体,而是自身创造的、更高级的、主体通性的共同性。社会进化不过是统一化的个体自觉地影响他们的进程的方向，其基本动力是作为社会主体的个体主体的学习能力和学习机制。在一定的条件下，主体以一定的方式只是在原有的生活世界基础上进行交往，但是随着交往的发展，不断地接触新的问题并达成共识，交往主体便在旧的基础上进行重构，更新原来的文化意义、社会规范和自我价值，从而使自我和社会同时获得发展，这是社会进化的基本动力。这种学习机制也加强了社会多元化的倾向，使社会形成一种良性的发展，解除了任何"中心化"机制寻求将某种特定的真理绝对化和普遍化的特权。

第二节　交往理论与相对主义

一　赋予交往参与者以意义：作为交往背景的生活世界

存在者存在的无意义性是相对主义的重要理论支撑，也是相对主义的极端化表现。哈贝马斯则以生活世界理论摒弃了这一支撑，反思与批判是哈贝马斯建构他的交往行为理论的基本方式。他从日常交往入手，经反思与批判而得到了生活世界的概念。从哈贝马斯的理论整体来看，生活世界是指向理想的，是指向交往合理化所建构起来的理想生活情境的。然而，人们日常交往所处的生活世界却常常受到货币与权力的入侵而被扭曲。但是，人是在现实的社会网络中存在的，现实的行动状况不仅理所当然地是理论反思的基础，同样也是交往活动的起点。"在一定方式下，生活世界，即交往参与者所属的生活世界，始终是现实的；但是只是这种生活世界构成了一种现实的活动的背景。"① 这种背景是交往活动的界限，交往活动

---

① ［德］哈贝马斯：《交往行为理论》（第二卷），洪佩郁、蔺青译，重庆出版社1994年版，第171页。

者始终是在生活世界视域内活动的,其不可以超越这个界限。

同时,作为背景的生活世界也是一个信息储存库,这使得交往参与者不可避免地作为意义的载体而存在,成为一种承载意义的实在。生活世界中储存的知识具有非主题化的特质,它是不受人们任意支配的,具有无须质疑的自明性,是一种总体化的力量。生活世界背景是交往参与者不一定能够意识到的,但却是现实的。生活世界不仅具有文化、社会、个性三分的内在结构,而且也与客观世界、社会世界、主观世界联系在一起。内在结构是"为行为角色的创造性活动提供相互理解的可能的建构性范围的因素的总和……只是作为文化传统力量在解释的过程中体现出来"①,是创造性活动可能的场所。"世界"则是行为者从事活动时,"能够与他的行为目的和利益相关联的、起着限定其行为论题的作用的外在环境因素的总和,可以成为有关各方面的说明的认识的对象"②,是对象的主题化。

生活世界的前理解性、非主题化、隐含而不被人们觉察的性质并不是绝对的,部分信息会在交往的过程中为了使交往者熟悉语境而被言明,在被言说出来的瞬间,它形成了自己的突然消解。这时成为可能出错的知识而与可以批判检验的有效性要求发生接触。"我们认为,生活世界的各个部分,如文化模式、合法制度以及个性结构等,是贯穿在交往行动当中的理解过程、协调行为过程以及社会化过程的浓缩和积淀。生活世界当中的潜在的资源有一部分进入了交往行为,使得人们熟悉语境,它们构成了交往实践知识的主干。经过分析,这些知识凝聚下来,成了传统的解释模式;在社会群体的互动网络中,它们则凝固成为价值和规范;经过社会化过程,它们则成为了立场、资源、感觉方式以及认同。"③ 也就是说,生活世

---

① 艾四林:《哈贝马斯论"生活世界"》,《求是学刊》1995年第5期。
② 同上。
③ [德]于尔根·哈贝马斯:《后形而上学思想》,曹卫东、付德根译,译林出版社2001年版,第82页。

界在一定的条件下，通过自身的部分消解而主题化，在交往中达成的共识会再次进入生活世界，从而构成了文化、社会、个性结构的稳定和再生产的媒介。

这里的"一定条件"即行动状况，行动状况构成了参与者生活世界的中心；行动状况具有一种行动的视野，因为它是通过生活世界的复杂性表现出来的，生活世界的"（各个因素的）一定的自我理解力但是只有当它们对于一定的状况成为重要的时候，它们才会成为一种意见一致的并且同时有问题的知识"[1]。交往活动参与者以生活世界为背景进行交往，每一种文化传统都是一个教化过程，个体不可避免地享有生活世界信息库中的资源，即使这些信息是隐含的和非主题化的。韦伯所诊断的时代病症在这个基础领域即得到解决。进一步讲，即使生活世界部分资源因主题化而进入交往过程，也就是显现为一种行动的状况，那么不仅主题化的知识、借以解释的各种论据都源自生活世界，而且在理解的基础上达成的共识也会作为生活世界新的信息资源而影响个体。

货币与权力的入侵并非会导致意义的彻底丧失，交往理性以生活世界为背景形成对体系的抗拒力量，生活世界也不是一种消极待取的资源，而是对交往主体的一种占有，主体在被占有中树立自己，同时也保持了生活世界的活力。因此，生活世界的合理化实际上就是要释放交往理性的潜在力量。

存在的无意义性是相对主义极端化的结果，相对主义从解除典范与权威入手，相信事物的意义是游移不定的，不仅事物与事物之间没有什么规范性力量的存在，而且事物前后也没有什么统一的本质。这种思想的继续发展就是一切都不能确定下来，就是无意义。一个彻底的相对主义与后现代理论中的"碎片化世界"有着内在的

---

[1] ［德］哈贝马斯：《交往行为理论》（第二卷），洪佩郁、蔺青译，重庆出版社1994年版，第171页。

联系和很强的相似性。二者都是对意义的反动。哈贝马斯并不相信后现代主义是一种独立而现实的力量,他一生致力于维护理性,为现代性而辩护。因此,赋予存在者以存在的意义对他来说是至关重要的工作。

生活世界背景不仅是赋予意义的资源,而且具有意义整合的力量。生活世界也是整体性的,文化、社会、个性是它的象征性结构,也就是我们经过反思而对生活世界的一种形式化的反映。生活世界的内容是前反思的、自明的,但我们可以对其概念和形式加以反思并作为象征性的知识而提取出来,否则我们就失去了对生活世界任何言说的可能。文化、社会、个性三分的内在结构不是哈贝马斯随意的划分,它大体上对应着客观世界、社会世界、主观世界,行动状况一方面连着生活世界,另一方面连着世界,在行动状况视域内,世界提供话语的主题化,而生活世界中的部分资源为了使交往参与者熟悉语境而由隐而现地进入交往,为交往参与者提供解释和辩护,成为主题化的话语的理由和论据。这一过程也正是交往理性的潜在力量的发挥过程,由于交往理性所运用的资源:文化、社会、个性从本质上来讲是一个整体,因而,作为交往理性的显现的交往行为也就具有了将客观世界、社会世界、主观世界整合起来的力量,这种整合是通过三个有效性要求而实现的。这种赋予交往参与者以意义并具有协调和整合意义的生活世界是对相对主义的有效回击。

二 对不可通约性的规避:普遍语用学

相对主义的另一个主要理论支撑是事物间的不可通约性,即各事物之间不可能有共同的量度,来将它们统一起来。赋予事物本身以意义并没有彻底地解决相对主义的问题,而只是为解决这一问题做好了准备,作为交往背景的生活世界所具有的整合潜能同样需要一定的媒介才能发挥出来。

为了解决这一问题,哈贝马斯找到了"普遍语用学"。哈贝马斯给普遍语用学的规定是"我已经建议用普遍语用学来指称那种以重建言语的普遍有效性基础为目的的研究"①。按照普遍语用学的观点,所有的言行都含有双重结构,即以言表意和以言行事。这二者是统一的,一个言说者,在将刻意而就的语句变换为以达到理解为指向的行动时,仅仅是实现了那些句子结构中所固有的东西。"对于交往来说,前者通过'信息传递'起着'内容交往'的功能,后者依内容行事,发挥'角色交往'的功能。因而,在一个言语行为中,以言行事的力量存在于被言说的内容的交往性功能中,就是说它的施行性成分需要由陈述内容所建构;另一方面陈述性内容又可以在以言行事潜能的变化中得到恒定的保持。"② 语言是生活意义的积淀,生活意义的积淀由语言去占有个人,日常交往中所使用的言语是活的语言,即话语。一个有效的话语活动最基本的前提是话语的表述符合一定的语言规则,是可以被他人领会的。只有在此基础上才谈得上交往。而一个句子要在表达中成为可被领会的,它必须和以下几个方面发生关联:"(1)已被假定是事物现有状态的外在现实;(2)言说者意在公开场合作为自己的意向而表达的内在现实;(3)作为合法的人际关系而获得主观际承认的规范现实。"③

可以说,我们是通过话语交往而与世界连在了一起,世界是独立存在的,它只有进入语言之中才我们呈现出来,才能表现为我们的世界,人是以语言的方式而拥有世界的,同时人也是通过话语而与他人建立起了联系。满足上述三个条件只是使一个句子成为可被领会的,可领会性对语言来说是乃是所有普遍性要求中能被内在地满足的唯一的一个要求,但它并不能保证这个句子能够发挥有效的

---

① [德]哈贝马斯:《交往与社会进化》,张博树译,重庆出版社1989年版,第5页。
② 韩红:《交往的合理化与现代性的重建——哈贝马斯交往行为理论的深层解读》,人民出版社2002年版,第95页。
③ [德]哈贝马斯:《交往与社会进化》,张博树译,重庆出版社1989年版,第28页。

第四章　哈贝马斯交往理论及其对性别研究的启示

沟通作用。一个句子只有实现了有效的沟通功能，才真正地实现了它的本质作用。根据普遍语用学的观点，可被领会的句子要实现有效沟通还得满足三个附加的有效性要求：（1）就它所呈示的某种东西而言，对参与者来说它必须是真实的；（2）就它所表达的言说者意见的东西而言，它必须被认为是真诚的；（3）就它与社会认可的期望一致而言，它必须被认为是正确的。任何非独白的、用于交往的话语都必须满足上述三个有效性条件，这是话语的内在要求。

但是我们在日常交往中往往只能感受到真实性、正当性、真诚性这三个要求中的某一方面。这不是其他有效性的丧失，而是被突出的某个有效性主题化的结果。在日常交往中，在具体的交往状况下，交往者往往就某一个有效性提出要求，要求言说者对其辩护和解释，这时被提出的有效性要求凸显出来，被主题化，而其他的有效性要求则是发挥着潜在的要求和作用。这种状况体现在话语行为的主语句和副语句的复合结构中，当言说者强调其中一种成分时，并非意味着否定另一种成分处于附属地位。"我们在说话时可以建立人际关系的主题化，这时我们重点关注话语的语气，以及警告、许诺、请求等行为动词。"[①] 主题化是话语交往的常态，其背后则是三个有效性要求的统一。正因为如此，交往话语总是与三个世界建立起了联系，不可通约性在此也得到了解决。即使独白式的话语，也具有有效性，因为它可以被看作言说者与自我之间的对话。从这个意义上讲，人自说出的第一句话开始就不可避免地与他人建立起了联系，建立起了沟通的关系。只要进入了话语交往领域，一切都是可以通约的。

普遍语用学不仅建立起了言语的普遍有效性基础，同时也使生活世界和交往理性的概念落到了实处。共识作为交往的结果，得到

[①] 韩红：《交往的合理化与现代性的重建——哈贝马斯交往行为理论的深层解读》，人民出版社 2002 年版，第 96 页。

普遍承认并在行为者那里具有意义同一性的规范,也是保存在话语中的。也就是说生活世界所赋予我们的意义都是通过语言实现的,不是我们发明了语言,而是我们通过语言在语言中发现了自己。

不仅生活世界是借语言体现出来的,同样交往理性也是通过语言而展现在交往行为中的。哈贝马斯认为确切的言语或者人的交往资质内在地包含着一个真正的主体间的一致性之所以可能的条件,这个条件是一种语言理性的范式,理性是语言性的。特别是交往理性作为协调的理性,其有效性只能体现在语言中,并通过语言而建立起与世界之间的联系,没有语言也就没有交往理性。

而从交往的三个有效性原则来看,哈贝马斯主要向我们提供的是一套实现共识的程序性的操作规范,即获得一致的商谈论证过程、程序,这种程序也就是语言使用的程序。普遍语用学既提供了言语的普遍有效性的基础,也给出了确保这种普遍有效性基础的实现规则。有效交往的展开过程,意见一致的达成结果都是在这些程序性规则的框架下完成的,这是对相对主义的双重规避。

三 共识与真理

交往行为以达成共识为取向,共识即为真理。但这种共识必须是在一定条件下达成的,"即当所有人都进入平等对话,并就同一话语对象进行理论的探讨与论证,最后达成共识时,该话语才可被看做是真实的"[①]。对真理性共识做出保证的,仍是真实性、正当性、真诚性三个条件。因此共识并不是讨价还价式的多数一致,后者当中有着种种利益的算计,已经不属于真正意义上的话语交往行为了。现代政治的投票选举和议会表决都已经丧失了合法性,虽然它们还披有合法的外衣。因为投票选举可能是统治阶级在对大众控制与诱导下进行的,议会表决则一方面直接剥夺了众多民众参与表决的机

---

① 章国锋:《哈贝马斯访谈录》,《外国文学评论》2000 年第 1 期。

会,另一方面,进行表决的议员也往往进行着各种私人的或集团的利益算计。这些都已经完全背离了三个有效性要求,因而与话语交往活动中达成的真理性共识相去甚远。"然而话语理论一方面要制定合理的规则与程序,以限制和消解权力和暴力的运用,消解话语霸权保障每一个话语主体都享有平等,自由的话语权利;另一方面,在现实政治中,却只有拥有了权力才能制定程序和规则,程序和规则的制定本身就是权力和统治的行使"①,这是一对矛盾。

哈贝马斯认为,我们可以这样克服这一难题,话语的程序和规则必须得到法律的体制化保障,绝不能在少数权力拥有者的操纵下制定,而必须通过广泛的民主和自由的论证,体现大多数人的意愿。这一论证过程应绝对排除权力的干涉,更不能屈从于暴力的威胁。此外,权力拥有者自身必须接受规则和程序的约束,将自己置于规则和程序监督之下,而不是高踞于它们之上、随意超越或者破坏它们。作为交往结果的共识,是对相对主义的最终克服,从生活世界背景赋予交往者以意义到通过普遍语用学实现不同意义之间的沟通,再到一致意见的最终达成,哈贝马斯一步步地将相对主义驱逐出了交往理性的领地。这样,共识就与霸权主义下的指令式统一划清了界限,它是日常交往的实践中各种有效性发挥综合作用的结果。但是真实、正当、真诚又是如何判定的呢?这还要在话语交往的实践中通过讨论、解释、理解来达成,然而由于受到交往参与者所处交往状况的限制,在三个有效性原则保证下进行的交往所达成的共识也无法确保自己就是最终的真理,在哥白尼时代,我们所能达成的关于宇宙的最合理的共识也就是"日心说",但"日心说"现在已经被证明是不正确的。从这个意义上讲,共识是一种有限的真理,也可以说是一种相对真理,而不是绝对真理、最终真理。但这种

---

① 章国锋:《关于一个公正世界的"乌托邦"构想——解读哈贝马斯〈交往行为理论〉》,山东人民出版社2001年版,第164页。

"相对真理"并不是对相对主义的恢复,相反,它所克服的正是相对主义。"相对"与"相对主义"是不同的两个概念。相对是针对"绝对"而言的,指"有条件的、暂时的、有限的、特殊的"①;相对与绝对构成对立统一的辩证关系,是我们正确地认识事物必须采用的方法。而"相对主义"则与"绝对主义"相对,它是指"片面夸大事物和认识的相对性,否认事物和认识的绝对性,最终否定事物客观存在和可知性的学说"②,相对主义割裂了相对与绝对之间的辩证关系,否定事物在一定界限内质的正确性,最终导致否认事物的可知性,是我们认识事物时必须克服的。因此,我们要反对的是相对主义的认识论,而不是相对论。

哈贝马斯的交往共识正是在充分考虑交往状况的基础上,对各种有效性条件加以协调,以求取得合理结果的共识,因此,它是相对的共识,而非相对主义的共识。由于它是目前交往状况中所能达成的最合理的共识,交往者在进入交往的时候,都应该具有这样的信念:即使在将来,也不会有人提出与我们的论证相反的意见。(虽然结果往往并非如此,但交往者应该具有这样的信念)共识因此具有了规范的合理性,并具有了指导交往的现实力量和一定的稳定性,它不会成为可作任意篡改的、变动不居的游戏,这也是交往理论对相对主义的有力回击。

一种通过论证达成的共识,要求所有参与者在各种话语层面上表现出宽容大度,这样才能成为检验话语有效性要求是否实现的充分尺度。这要求交往共同体必须不仅在达成共识的过程中持一种开放的态度,从而使人类知识得以不断更新、生活世界日益合理、共识不断向前发展。

总之,个体必须是作为主体的个体,才能进入交往过程,在交

---

① 《哲学大辞典》,上海辞书出版社 2001 年版,第 164 页。
② 同上书,第 1641—1642 页。

往中，个体主体在交往理性的指导下协调不同类型的价值取向，解除了价值领域存在或可能存在的某一种价值取向被中心化、从而挤占其他价值取向的霸权，并指向一种多元价值和谐共处的局面。然而这一指向仍具有危险，对个体主体性和协调性作用的过分夸大向来都是相对主义诞生的便利途径。而哈贝马斯很好地解决了这个问题，使他的交往理论既解除了霸权主义，又有效地避免了相对主义。

第三节 女性主体的不可解构性：对气质中心化与相对主义的双重规避

一 女性理论的当下困境

将"女性"作为一个问题提出来的前提是认识到女性同男性的差异。女性主义者们相信，这种差异不仅是生理上的，更是文化上的，而文化中形成的对男女差异的理解，往往是以男性为首要参照系的，这是对女性的一种压制，也是女性长期处于不平等地位的根源。因此，在女性主义理论发展的整个过程中，一直对中心化有着高度的警惕。对一些女性主义者来说，中心即意味着霸权。她们相信，在女性还未获得解放、取得平等地位的情况下，任何中心化的做法往往首先意味着对女性的压抑。她们努力地从各个方面去解除中心化，在后现代的语境下，她们也不乏种种解除中心的有效武器。这样，作为一个值得骄傲的结果，她们现在可以大声地宣布，任何既成的事实都可能是权力运作的结果，因而是不合理的，没有什么确定的、值得信赖的东西存在。女性并无固定的内容，女性不可界定，只能处在不断的言说中。

当女性主义者过分地夸大文化的作用时，她们认为两性之间的差异仅仅是文化建构的，甚至生理性别也是文化建构的结果。文化建构中女性的外在标志即女性气质，女性气质不仅指个体层次上的认同和个性表现，而且指结构层次上的在文化预期和模式化预期下女性群体呈现出来的"女子气"。当前,如何使女性气质的自我呈现走出男性中心化的阴影而建立在人的和谐共处的基础之上,是女性主义者面临的一个难题,也是一个关乎女性的自由、平等和解放的难题。而当下,很多女性主义者的做法正离对这一难题的解决越来越远。

女性主义者们在宣称她们可以瓦解任何既定东西的同时,也瓦解了女性主义本身赖以存在的基础。"彻底革命且完全解放的女性,是在他者的位置上尽情言说的人,不幸的是,她们的话语方式及抱负都与无处不在的谋生和劳作中的女人毫不相干,而后者,从来都是男权社会的他者,也曾经是女性主义的原动力和归属地,现在却被再次地、双重地他者化了。我们不得不承认,女性主义在理论最自由、最精到地表达自己的那一刻,也许就是她在精神上、行为上背离自己最远的时候。"[①] 这样做导致的另外一个后果就是,她们只知道什么是不合理的,而不知道什么是合理的,在破坏之后,她们无法承担起重建的重任,无法指给我们光明的道路究竟在哪里。

和这种主张相联系的是对任何既成事实都认可的女性主义,她们相信包括女性因患旷野恐惧综合征而不敢出去工作,因追求苗条的身材而患上厌食症的现象都是合理的,因为有厌食症的女性以自身的身体健康为代价,引起了人们对相关问题的关注,特别是她们在节食的过程中的坚持和与反对这一行为的人的斗争,显示了她们自身的坚毅和勇气,因而这一举动是很有价值的。而旷野恐惧综合征是女性对男性要求自己履行家庭主妇职责的"罢工",这些职责包括送子女上学、陪伴丈夫出席社交活动等,"通过阻止妇女尽到妻子的责任,如她照顾小孩子,做丈夫和孩子的守护天使,这可以成为

[①] 魏天真:《后现代语境中的女性主义:问题与矛盾》,《外国文学》2005 年第 5 期。

循规蹈矩的妇女可以表达对生活的某一个或者某几个方面的不满的一个途径——大多数情况下是无意识的表达"①。如果说前一种否定一切的做法阻止了任何肯定立场的形成,因而走向了价值中心化;而后一种肯定一切的做法则陷入了相对主义的漩涡。中心化、相对主义、精英主义倾向和前途的渺茫性是女性主义理论发展的困境,也是后现代主义的困境,是女性主义理论在借鉴后现代主义的解构方法时对其批判不足的结果。哈贝马斯的交往理论作为对后现代主义的反思和批判,其在维护理性地位时既有效地解除了其中心化,因此在交往理论的基础上,探讨女性如何自由地呈现自我个性和"女子气",也许可以作为探讨女性如何走向自由、平等、解放的突破口。

二 生理性别:一个必需的中止判断

当下,解构一切的女性主义理论使得女性气质无处安身,女性气质是一种现实存在,它需要容身之所,哈贝马斯的交往理论告诉我们,这个容身之所就是女性的身体。因为自由与自律的个体是交往的前提,而进一步讲,只有承认个体的先在性,才谈得上"自由"与"自律"。当然我们不是为了给女性气质寻找一个合适的安身之处才找到了"身体",而是身体本身的不可解构性使得女性气质成为必然的存在。反思是最好的武器,反思不仅是发现生理性别的方法,也是预防生理性别决定论和彻底相对主义的方法。日常生活世界为我们提供了各种资源,现实中思想领域的一切都可能是不可靠的,绝对精神、灵魂、上帝等都只是人类头脑中的一个幻象而已。后现代的女权主义者相信,它们的出现只是为了维持现实中的权力体系,或者最多是为了创造一个新的权力体系,这根本无助于解决女性生

---

① [美]佩吉·麦克拉肯主编:《女权主义理论读本》,广西师范大学出版社2007年版,第252页。

存中的难题。

身体是一种现实的物质性的存在,如果说后现代文化是一种视觉文化,那么后现代女性主义者不应该对身体视而不见。大多数激进后现代女性主义者即使对身体持一种解构的立场,她们也往往很难在其理论中前后一致地始终否定身体。就连巴特勒也承认,先在的物质性是存在的,解构是有界限的。只是她在具体的论述中往往忘记了这一点。我们将在生理性别的意义上理解身体及身体的物质性。而区分和确认生理性别是可能的,男性与女性明显的外部特征及现代医学的发达足以对这一领域中的难题做出解释和解决。与生理性别相对的是"社会性别","社会性别关注的是男女之间由于社会结构原因所形成的差别"①。女性气质是女性社会性别的外在表现,是文化建构的,同时,它又是以生理性别为基础的,没有了生理性别,社会性别和女性气质的建构最终会落入相对主义的陷阱而说不清楚。

女性的他者地位的形成可以是符号建构的结果,但总是通过女性的现实实体表现出来的。如果一切都只是符号、只是文本,那么暴力与身体伤害又如何呢?我们需要肯定,女性主义作为一种批评实践要继续发展,就必须以女性生理性别为基础。身体具有一种先在物质性,但它不是康德意义上的先验存在,而是哈贝马斯意义上对日常生活现实反思得出的结果。交往理性是哈贝马斯交往行为理论的逻辑支点,交往理性体现在话语交往行为之中,但是话语交往行为的承担者又只能是在交往中存在的现实的人,个体的人的自由平等是交往理性实现的前提。没有实体的人的存在一切皆空。女性同样是生活中的女性、交往中的女性,解构了女性的身体,也就等于否定了女性本身存在的价值,这不是在实现女性的解放,而是彻底地否定了女性解放的可能性。因此我们应当把身体作为不可再进

---

① 王宇:《女性新概念》,北京大学出版社2007年版,第78页。

行解构的一项中止判断确定下来,而有了这个基础,女性主义理论才可能走出虚无主义与精英主义的误区,真正地亲近劳作中的女性,而女性气质便也成为可能。同时,对女性身体的肯定,不仅是走出气质的男性中心化的起点,也是克服气质理论的相对主义的起点。

巴特勒将女性气质完全归之于社会建构的结果,并将之与女性气质的生理决定论针锋相对起来。她认为身体的"生理性别"不是解剖学意义上的生物特征,而是一种社会性别的话语建构。"用巴特勒的话来说,性别话语并不描述先前的物质性,而是产生规范身体的物质性的可理解性。"[1] 性别只是一种表演,即性别身份(无论是生理性别还是社会性别),并不是制度、话语、实践的原因,而是它们的结果。也就是说,不是主体创造了制度、话语、实践,而是它们通过决定主体的生理性别、社会性别和性欲倾向而创造了主体。"我"是不断重复的产物,而"如果,'我'仅仅是通过某种对自己的重复而获得的身份的外表,那么'我'总是要不断地被维持这种重复本身的实践所取代"[2]。这意味着,主体是一个表演性的建构,是通过重复的表演行为建构起来的"过程中的主体"。巴特勒使客体完全落入了客体的概念之中,而且当她完全抽空了物质的内容之后,她便无法令人满意地回答为何同样的话语在不同的身体上会得到不同的体现(即肉体化),为何身体会产生颠覆性的戏仿。我们将生理性别作为中止判断并不意味着要恢复女性气质的生理决定论,而是认为生理性别应该作为女性气质理论的基点,这个基点并不决定生理性别中的女性必然对应着某种气质。

三 身体:应该作为主体而存在

哈贝马斯的交往行为理论是以个体的自由和自律为前提的,也

---

[1] 钟厚涛:《朱迪斯·巴特勒:性别表演》,《齐齐哈尔师专学报》2006年第3期。
[2] [美] 葛尔·罗宾:《酷儿理论——西方90年代性思潮》,李银河译,时事出版社2000年版,第326页。

就是说，个体必须是一个主体，才能进入交往关系中，所谓的交往伦理并不是交往形成了伦理，而是交往需要伦理，这个伦理的实质就是必须承认和维护个体作为主体的意义和价值，维护价值的多元性。承认女性的主体地位，不仅是承认其作为群体存在的主体性，更重要的是其作为个体存在的主体性。在交往理论中，个体之所以会成为主体，一个重要的原因是个体进入交往过程时，作为交往背景的生活世界占有了个体，使个体成为一种承载意义的存在，且其承载的意义并不是一些任由人们言说的意义碎片，而是经交往而产生的规范性共识。因此女性作为主体而存在，一方面通过自由地展示自我的差异性、独特性而形成对气质中心化的消解；另一方面主体自身所承载的意义及这些意义背后的规范性共识的支撑，又形成了对相对主义的有效规避。

女性气质只能是女性的气质，明确"女性"这一概念是我们谈女性气质的前提。虽然我们在言说女性的时候不可避免地造成对女性的某种强制性规定，但是语言本身的丰富潜能使我们可以在规定女性的同时描述女性，将语言作为一种中性的工具来使用是可能的。仅仅将身体提炼出来并视之为不可解构的基础对女性气质理论来说仅仅是一个起点，因为身体这时只是像非人的物一样的存在。在合理的话语中，女性必须首先作为"人"存在，对于处于"非人"状态下的女性来说，自然不会有什么属于自己本有的气质。因而在这种意义上讲，对人的本质的认识是弄清这一问题的关键。我们认为，人的和动物的区别就在于人是一个能够制造和使用工具，也就是能够思考并在意识的指导下发挥自己的创造性的存在。女性分享着人的尊严，这使她本身必须作为一个主体而存在，而非仅仅作为生物性的身体而存在。

哈贝马斯的交往话语不仅涉及人类表述的形式层面，更涉及表述的内容层面。要求形式层面的正确性，即表述要符合语法规则，具有可理解性；同时要求内容层面建立起与客观世界、主观世界和社会世界的联系，要求其相应地符合真实性、正当性、真诚性的表述的内在要求。因此，女性的生理性别，即女性的身体，并不是任由话语和各种制度施以暴力的场所。内容方面的三个有效性要求是交往参与者主体地位的重要保障和体现，也是女性气质的去中心化与去相对主义的有效途径。相反，女性可以被表述，也可以表述。女性在表述的时候，在某种程度上也是发挥自己的创造力并实现自己自由的时候，因为她们不只是消极地运用语言，同时也在表述的过程中去选择语言，创新语言，并促进话语本身的发展。正是在这一过程中，女性将自己与周围的世界联系起来并体现了自己独特的气质。合理的女性气质应该通过女性主体表现出来，而非通过女性身体表现出来。而巴特勒建立在生成中的语言结构主体基础上的女性气质实际上是通过瓦解女性的主体地位而瓦解了女性气质。

日常话语不仅蕴含了维持权力的潜能，同时也蕴含了反抗权力的潜能。正是话语的这一双重作用，使得女性主义者可以选取合适的话语去描述身体，在描述中显现自我气质。选择话语，从某种意义上说就是选择权力，选择已有的权力或者消解已有的权力。而哈贝马斯要求交往话语必须满足真实性、正当性、真诚性的要求，就是在对交往行为深入反思的结果上认为，决定交往成功和保持生活世界的决定因素恰恰是语言中没有受到权力侵蚀的另一种潜能，这种潜能不仅是现实存在的，而且是具有去中心化与去相对主义的双重巨大能量的。

第四节　权力与货币：去中心化与去相对主义的主要场域

一　女性气质在权力与货币中的困境

哈贝马斯在批判韦伯理论的基础上，做出了自己对时代弊病的诊断。他认为现代西方社会面临的主要问题是体系（权力和货币）

对生活世界的入侵,导致了文化意义的丧失、个人的异化和社会的失范等一系列的问题。波德里亚认为消费者相信自己自律性的买卖,但为了使想买东西的心情与实际的消费品结合起来,就必须在供得的商品中进行选择,使自己的意向转化成为"需要的选择性",这里,不见得自己买自己真正想买的东西。个体的消费需求是资本主义的需求系统产生出来的,是经济系统推导出个体的功能和与之相适应的物品和需求的功能。如果把资本主义对需求的控制力称为"消费力"的话,那么"工业体系已经对大众进行了社会化并使得他们成为生产力,这一体系还可能会走得更远,直到实现自我的完善,并对大众进行社会化(也就是说控制),使他们成为消费力"[1]。

有意义的消费是一种系统化的符号操作行为,其体现的不是人与物之间的关系,而是人与人之间的社会关系。在消费中,既定秩序强加给了大众的被动身份。同样,这种"抽象化"也体现在政治领域,选民形成自发的舆论,他们作为集团表明意见,打算选出自己的代表,但实际上他们只不过消极地支持政治领导人,由此发挥已成事实的现有体制的"大众的忠诚"。社会福利国家的福利使权力常以货币的面目出现,使福利措施的受益者在享受福利的同时,将统治者的权力体系一同接受下来。

习惯上以战斗姿态出现的女性主义者对这种殖民化有着高度的警惕,在当下权力与货币结合程度日益密切、消费本身作为一种意识形态存在的情况下,她们在关注权力殖民化的同时,更多地反思与批判消费行为对女性气质的建构作用。一些女性主义者相信,由于女性总是花更多的时间在购物上,消费是既定的社会秩序为女性设下的一个圈套。它使女性误把购物的自由当作解放了的主体自由,陶醉在购物之中而不去反思和反抗现有的秩序。现有秩序在引导女

---

[1] 罗钢、王中忱主编:《消费文化读本》,中国社会科学出版社 2003 年版,第 30 页。

性消费中,通过控制她们的消费方式而对现有的不合理性别秩序起到了保持和再生产的作用。消费对女性的控制总是通过隐蔽的方式进行的,在这个过程中,大众传媒起到了很大的作用,大众传媒总是自觉地对男女两性进行角色定型化描述,受众反复被灌输这种描述而对两性的社会性别形成成见。比如,在电视上,男性"多是具有理性、智慧、坚强、勇敢等特征,而女性则多是温柔的、迷人的、少竞争的、性感的、情绪化的、依赖男性的角色"①。而且,大众传媒同时也为女性推出了她们可以效仿的楷模,即所谓的时尚女性,以教她们如何通过合理购物来打扮自己,甚至不惜牺牲自己的身体健康来达到其身材标准,以体现那些充满欺骗的所谓女性应有的气质。那么女性气质的自由展现应该在什么场域?是否消费领域已经成为女性气质的禁地?如果是这样的话,那么在这个消费社会中,女性失去了消费领域不也就意味着失去了容身之地吗?

二 权力与货币:女性气质可以自由展现的战场

"如果我们从宽泛的意义上把社会看作是由符号建构起来的生活世界,那么,社会的形成和再生也就的确只能依靠交往行为。"② 也就是说,社会是由符号建构起来的生活世界。社会的合理化应该以生活世界的合理化为基础。如果说商品消费的实质是一种符号消费,其中体现的是人与人之间的社会关系,那么,这种关系及其中的意义也只能是生活世界赋予的,而对于目的或策略行为而言,生活世界同样是不可或缺的基础。从非介入型观察者的视角,可以把社会看作行为体系,在这个层面上,人们之间的互动与工具行为相对应,其中每一个行为都具有维持体系的功能,因而属于体系整合的范畴;从参与者的视角,可以把社会看作生活世界,在这个层面上,行为

---

① 赵树勤:《女性文化学》,广西师范大学出版社2006年版,第130页。
② [德]于尔根·哈贝马斯:《后形而上学思想》,曹卫东、付德根译,译林出版社2001年版,第95页。

主体之间的互动具有彼此认同的基础,沟通行为与生活世界是"亲和性"的。生活世界是解决社会成员之间的行为取向的协调问题,而体系则是用来解决社会成员之间行为后果的相互协调问题。"在行动论上,沟通行为是最根本的基础,工具行动是建基在沟通行动之上的;在社会互动、社会关系、社会控制层次上,生活世界也是最根本的基础,系统也是建基在生活世界之上。"① 因此,权力与货币的独立是相对的,是靠生活世界提供价值取向的,也正是出于这个原因,权力与货币才能成为交往的约简机制,在它们之中,已经凝固了人类以语言而达致的沟通。哈贝马斯所批评的不仅是权力与货币过分膨胀,反过来整合生活世界的现象,还有权力与货币脱离生活世界规范的现象。

有了生活世界的保障,女性气质便可以在体系和生活世界、工具目的行为和沟通行为中自由地展现。并不见得女性气质展现的自由只能出现在生活世界和沟通行为中。一位女性疯狂购物、追求时尚、爱好零食并不见得该女性已经深陷消费符号的意识形态之中且她的气质被深深地建构起来而不可能再是自我本真的自由表达。当一位女性走上街头去投票或者接受福利救济的时候,也并不意味着她已经认同和屈从于权力符号的圈套为其设置好的某种只待接受的气质。一个女性受虐狂身上所体现出来的气质完全可以是其本真意趣的自由表现,只要其作为主体处在一个真实、正当、真诚的交往情境之中。当然这种"本真意趣的自由表现"并非个人的随心所欲,为所欲为。气质本身也是一种价值和意义,价值和意义要在他人的相互认可之中达成,交往参与者只有在生活世界中才能成为主体,没有了作为信息库的生活世界,交往参与者只是一个行动符号,同时这个具有交往理性的主体还必须通过话语交往来沟通、协调自我与他人在意义理解与价值取向中的冲突,并最终达成一致,本真意

---

① 阮新邦、林端:《解读〈沟通行动论〉》,上海人民出版社2003年版,第95页。

趣的自由表达只能是符合共识规范的个人意趣的自我呈现。相反，一个随心所欲者所展现出来的气质只能在造成对他人的影响中成为空虚的炫耀。

问题的关键在于符号所代表的意义与价值应该由生活世界和沟通行为来赋予。在社会互动、社会关系、社会控制的层次上，生活世界作为交往的背景是整体性、自明性的。生活世界的潜在资源在交往过程中会主题化为实践知识、传统的解释模式和价值与规范，从而支持交往以达成共识，同时这种达成的共识也会再次进入生活世界，进而促进生活世界的更新与再生产。简单地说，生活世界是贯穿在交往行动中的理解过程、协调行为过程以及社会化过程的浓缩和积淀。这种协调性、整体性本身既是去中心化的有效资源，又是去相对主义的有效资源。在行动论的层次上，沟通行为以个体的自由与自律为前提、以三个有效性要求为保障、以达成共识为价值取向，它同样是在去中心化与去相对主义的两个层次上进行的。因此，以生活世界和沟通行为为价值导向的货币和权力（体系）也必然成为去中心化与去相对主义的可资利用的场域。

从交往参与者的角度来看，生活世界合理化的根本在于实现交往行为的合理化。在哈贝马斯看来，"生活世界的合理化可以理解为在交往行为中表现出来的合理性潜力的连续体现"[1]。而交往行为合理化即是主体的交往行为"在道德实践方面的理性化"。在人群共同体生活中起决定作用的是道德规范之类的社会整合形式。道德规范的形式是有赖于一系列程序化的原则，即话语交往的真实性、正当性、真诚性。在这三个有效性原则下达成的共识，具有道德规范性，它是平等、自由辩论的结果，除了论证，没有任何强迫，每个人试图想要的东西，都可以在理解中得到重新认识。在现代消费社会，

---

[1] ［德］于尔根·哈贝马斯：《后形而上学思想》，曹卫东、付德根译，译林出版社2001年版，第83页。

这种道德规范性更多的是通过法律而对体系（权力与货币）发挥着制约作用。

在交往行动层次上，沟通行为是最根本的基础，工具目的行为是建立在沟通行为之上的。因此，"购物可以是一个人的、主观的活动，而不仅是社会的、客观的或功能性的现实"①。在前者的意义上，购物是女性气质自由展现的一种有效方式。这种展现可以在以下几个方面得以具体表达。首先，在购物中，女性的选择性不断增加，个性化不断增加。其次，女性购物可以在"随便看看（只看不买）"中成为追求快感的审美行为。最后，女性在花时间为家庭购物时，常常有意无意地表达她们对伴侣和孩子的爱，购物成为一种个人情感的体验与表达。当然我们可以从消费意识形态的角度对女性购物作出完全相反的解读，但不可否认的是，前一种情况是现实存在的，而且对女性来说这应该成为自我自由选择的一部分，从而也成为自我气质自由展现的一部分。作为一种协调的理性，交往理性要协调的正是人类在交往中的价值冲突，真实、正当、真诚的三个有效性要求是一个整体，表达的是真善美价值的和谐统一。

如果说现代社会的消费更多的是趋向于意识形态化，那么这正是沟通行为所反对和校正的，理想的权力与货币领域应该排除压迫与强制。女性在消费的过程中，其情感、旨趣、意愿得以表达，在这个过程中，女性表达自我气质的媒介是货币，而在投票活动中表现的媒介则是权力。从根本上说，"问题不在于某些妇女错失了女性特质，而在于女性特质错失为一个可靠的目标"②。我们总是在批评消费与权力对女性气质的建构作用而忽视了其作为女性气质自由展示的领地的作用，这导致了女性的无所适从和深深的自我怀疑，我们该怎样行动？女性应该怎样、应该在何种场域中展现自我气质？

---

① 罗钢、王中忱主编：《消费文化读本》，中国社会科学出版社 2003 年版，第 165 页。
② ［美］苏珊·布朗米勒：《女性特质》，徐飚、朱萍译，江苏人民出版社 2006 年版，第 237 页。

交往理论告诉我们，权力与货币领域是一个可资利用的战场。

三 重塑批判性的公共领域：让女性气质在批判中彰显

从观察者角度来看，体系对生活世界殖民化的结果是公共领域失去了批判性，失去了批判性的公共领域不再作为体系的合法性基础，反而被其俘获，成为一种附庸性的存在，体系反过来通过公共领域去占领生活世界中的交往主体并使其失去了主体性而仅仅作为一个个体存在。因此，生活世界的去殖民化的另一个途径就是要重塑批判性的公共领域，使公共领域重新成为体系的合法性基础。哈贝马斯认为公共领域包括教会、文化团体和学会，还包括独立的传媒、运动和娱乐协会，辩论俱乐部、市民论坛和市民协会，此外还包括职业团体、政治党派、工会和其他组织等。

公共领域不会自动产生，它是交往行为开启的社会空间。从逻辑上讲，批判主体先在于公共领域，没有批判主体的存在，就不会有批判性的公共领域。但同时，公共领域也有自身的相对独立性，公共领域并不会随着批判主体的存在而必然地出现。单个的批判主体如果缺乏合理化的公共领域就难以在批判中形成有效的沟通，也就难以达成共识，难以发挥自己应有的力量。一个合理的公共领域的存在有利于批判主体的成长和其潜在力量的发挥。"在公共领域中公共舆论无疑是重要因素，公共传媒是最重要的公共空间。"[①] 由于交往理性的存在，体系对生活世界的殖民化必然会引起其某方面的有效性在日常生活中被主题化，于是被主题化的问题进入交往过程，交往主体用三个有效性要求对其进行讨论、辩护，从而达成共识而解除殖民化。辩护就是从生活世界中汲取信息资源，参照真实、正当、真诚三个有效性要求，对所要辩护的意见进行的反思、批判和

---

① 汪行福：《通往话语民主之路——与哈贝马斯对话》，四川人民出版社2002年版，第273页。

论证。在讨论、辩护的过程中，公共领域形成了。一个合理的公共领域必须坚持其自身的独立性，它应该作为生活世界和体系的缓冲地带。权力与货币不能侵占公共空间。辩护是交往理性发挥作用的过程，辩护必然是在公共空间完成的，辩护中所激发的主体批判力量才是公共领域最为根本的东西。

体系的相对独立性使其常常溢出交往理性的规范框架并对女性气质进行殖民化，在传媒时代，这种殖民化往往通过公共传媒进行，"那些把受众设定为女性的媒体往往倾向于教女性如何成为'赏心悦目'的女性"[①]。成为"赏心悦目"的，意味着女性应该拥有柔弱、娇媚、顺从的气质。然而，对我们来说，困难并不在于揭示女性气质背后的建构因素，而在于如何使女性可以自由地展示自我气质，如何使得一个女性具有柔弱、娇媚、顺从的气质且这些气质又不是体系建构的结果，而是出自女性自由的选择。如果说"选择"也是在某种潜在前提下进行的。这个前提只能是交往中形成的共识。在交往共识的达成过程中释放出来的反思与批判的潜能也许是女性自由地展现自我气质所能借用的最好武器。

世界的复杂性不断增长，女性必须运用批判的眼光对涉己的事件或现象做出反思，在反思中形成自己的看法、做出自己的选择，只要不违背共识中达成的道德规范，任何选择都是自我气质的自由展示。女性不能让自己的气质被外在的非法的力量所吞没，相反，她们必须在批判中善于使自己的气质体现在周围的事件与现象中。时尚不仅是向我们传输某种定型化气质的工具，同时，由于时尚的求新性质，它也往往是女性气质突破刻板效应的有效途径，当然，女性气质应展示在更广阔的世界之中，生活中并无女性气质的禁地。作为批判主体的女性，在面对体系对女性气质的殖民化时，可以随

[①] 沈奕斐：《被建构的女性——当代社会性别理论》，上海人民出版社2005年版，第304页。

时进入与他人的讨论中，并为某种意见作辩护。

批判性的公共领域的重建是去殖民化的最有力的方法。公共领域是社会要解决的问题的告示栏、社会的预警系统、社会问题的感受器。一方面，它具有防御功能，可以防止体系对生活世界的扩张；另一方面又具有积极的建设性功能，能捕捉社会问题。通过批判、主体辩护、澄清问题，影响法律的形成并最终解除体系对生活世界的殖民。因此，女性气质并非总是被动性建构的，在女性作为批判主体而存在时，女性气质完全可以是女性自我意愿的积极展示。

第五节 关于女性气质的研究立场、方法及其他问题

一 女性气质的研究立场

后现代女性主义者倾向于认为由于对知识客观性的承诺"并不能保证其结果就是社会中立的，政治和文化经常成为禁锢知识的牢笼"[①]。因此不少人放弃了在研究中使用"客观性"一词。然而如果放弃了这一追求的话，我们所获得的知识对我们是否有用，在多大的程度上有用都将是一个十分麻烦的问题。

哈贝马斯的交往理论虽然没有告诉我们真理的具体内容，但他提供给了我们一套实现共识的法则，在一定意义上讲，共识即真理，因而知识是具有客观性的。但共识真理并不是绝对的、最终的真理，而是在当下交往情境中的、经过充分协调相关者意见的真理。共识真理是随着交往状况的变化而不断发展的。这里我们看到了哈贝马斯的交往理论与女性主义立场论者的一致。立场论者认为政治和文化可以成为禁锢知识的牢笼，"也可以经常充当知识'工具箱'的角色，促进新视角的产生、扩大我们对未来更好生活的说明、理解

---

① 苏国勋：《社会理论》（第2辑），社会科学文献出版社2006年版，第20页。

和向往的视野"①。因此,女性气质研究具有政治和伦理导向并处于社会情境中,正是其优势所在。这使它往往能产生出在经验上更加准确的关于这个世界的说明。"一种理论越是表现为价值中立就越是可能助长统治群体的霸权利益,越少可能觉察到社会关系的实际状况。"② 由此出发,女性气质的研究应该以社会情境为基础。这里的社会情境即交往情境,也就是每一次话语交往都与主体世界、客观世界和社会世界有着具体而复杂的联系。我们应该在这种经验与情境中去探讨女性气质在主流社会是被如何思维、如何构造的。但是进一步来看,对女性气质研究的这种构想使我们不得不面对这样两个难题。即一方面,怎样使知识在情境化的同时又是真实的;另一方面,怎样在承认女性气质多元化的同时坚持某种具有普遍性因素的女性气质。立场论者哈丁说过:"立场论赞成一种历史的文化的、社会意义上的相对主义,而拒绝理性批判的、认识论意义上的相对主义。"③ 也就是说,一方面他们主张知识都是社会情境化的,另一方面他们又主张通过批判性的评估来决定哪些社会的情境倾向于产生更加客观的知识。在此保留"客观性"一词并不意味着宣称自己有某种超越历史的特权,而是相信针对女性气质的研究,在当前情境下,可以而且应该达成某种共识。这种共识并非没有缺点,只是在当下,如果没有更好的可以取代共识真理的其他路径,一味地对其批评不如接受。这种共识应当具有行动的合法性,同时这种共识由于话语的有效性而具有某种客观性,但这种客观性随着交往条件的变化是可以被修正的,是可错的。

二 女性气质的研究方法

从认识论及方法论的层面来看,在如何解释社会现象方面有两

---

① 苏国勋:《社会理论》(第2辑),社会科学文献出版社2006年版,第20页。
② 同上书,第26页。
③ 同上书,第20页。

大阵营,一是定量的方法,二是定性的分析方法。前者认为人类行为同自然界运行都是受某种规律支配的,属于因果系列。对社会现象的解释应该基于"真实的和可靠的数据,而不应该受到人的主观意识的影响"[①]。后者则强调,人是有意识的,会对环境做出反应。因此,"只能依据人类行动和行为所提供的感受和理解的意义,而不是根据任何类似自然现象的因果关系来进行社会研究"[②]。定量的方法是工具理性的一种反映,而定性的方法则与交往理性有着亲和性。每一个交往参与者都处在一定的交往状况中,女性只有在其交往状况中才能自由展现自我气质,因而对女性气质的研究来说,必须充分地考虑到女性自身的差异性、独特性。在对女性气质的研究中应该将定量的方法和定性的方法结合起来而以定性的方法为主。

定性分析应该充分重视对访谈方法的运用。对于女性气质的研究来说,访谈是一种适用性很强的方法,和定量的方法相比有着天然的优势。其一,女性人口中还有很高的比例是文盲,对于没有文字书写能力的女性群体,访谈为研究者与被研究者之间的沟通提供了条件。其二,访谈作为一种定性的数据收集方式,它不同于调查研究,访谈中的研究者与被研究者是自由地处于相互作用之中,包含了解释与讨论的机会,而调查研究则典型地排除了这种机会。访谈方法关注人们对现实的看法,从而使研究者形成理论。访谈提供了许多非标准的信息,它鼓励人们用自己的语言表述自己的观点、思想和回忆。这种方法有助于打破长期以来忽视女性的体验而谈女性气质的做法,也是对女性气质的研究走出相对主义与中心化趋向的有效途径。

交往理论对多元价值的建构使女性"个性"之自由展现成为可能,同时,它并没有成为女性群体层面"女子气"自由展现的障碍。

---

① 王金玲:《女性社会学》,高等教育出版社 2005 年版,第 172 页。
② 同上书,第 173 页。

女性作为群体所呈现出来的"女子气"背后都有一种文化预期和模式化预期的支撑，只要这种文化预期和模式化预期是在交往理论的框架中形成的，也就是说建立在经真实、正当、真诚等有效性辩护而达成的共识的基础上的，它就是合理的。它与女性的自由与解放是内在契合的。虽然这种"女子气"也在某种程度上会成为女性"个性"表现的约束，但这种约束是必要的，没有任何约束的个性表现的后果是不可想象的。而且建立在共识基础上的"女子气"会成为对抗体系对女性个性表现进行殖民的潜在力量。女性气质在个体层次上的认同和个性表现所遵守的共识性规范主要是以"女子气"为中介而表现出来的，而这种"女子气"本身也是女性气质在结构层次上的体现和女性气质的有机组成部分。

女性气质是女性的气质，它是相对于男性气质而言的，因此，任何对女性气质的言说都是以男性气质为参照系的。但这种参照应该在自然、自由的交往状况中体现，不仅女性气质以男性气质为参照系，而且男性气质也以女性气质为参照系，男性或者女性在和谐相处中既观照对方，也观照自我。我们要打破的，是那种将男性气质中心化的做法。在日常生活中，男性气质往往是已经确定下来的，这种确定不是共识的产物，而是将男性作为强者的一种社会性宣示。这种宣示深深地影响了大众的思想，使人们相信因为男人是强者，所以与男人相对的女人是弱者，因为男人必须刚强、勇敢、富有统治力，所以女人必然柔弱、温顺、服从，等等。男性作为一种标准被事先确定下来，女人只是作为男人的附属品而被考虑的，女性是相对于男性的第二性别。这样的女性气质自然不会成为女性价值的体现，而只能作为男性价值的确证。

交往理论旨在维护人与人之间的平等自由关系，因而女性气质以男性气质为参照系并非承认男性气质的优先性。这种参照不是单向的，而是双向的，是男女两性在自由、平等的交往中所形成的共识性文化预期的层面上进行的，建立在人们对他人、对自己的价值进行思考和反思的基础上,是三个有效性辩护的结果。

运用访谈的方法应该重视以下几个问题:一是让女性在访谈中不仅做描述者,而且做解释者。在定量的研究中,被调查的女性只是在调查者设计的问题框架内作选择,她们实际上只是一个被动的、有限的描述者角色。而访谈则是要让被访谈的女性具有和访谈者一样的主体地位,一方面要让她们想说什么就说什么,想怎么说就怎么说;另一方面要让她们"不仅如实地提供自己的生存状况,而且更为重要的是还对生存状况作出自己的解释"①。只有这样,我们才能了解到被访谈者的气质被建构的、符合实际生活情境的因素和在其身上所表现出来的某种意趣的自由表达。二是应该重视男性在访谈中的作用,女性气质是相对于男性气质而言的,如果离开了男性气质的参照,女性气质也就不成为女性气质了,而且如果长期将男性排除在对女性气质的研究之外,不仅会使女性气质的社会建构论失去现实性,同时也会使女性气质在解构男性气质的霸权地位的同时,使自己成为这种霸权的替代品,从而不利于和谐的两性气质观念的形成。三是应该重视与少数群体,如少数民族、偏远地区人群、低收入人群以及非主体肤色人群的互动交流,这些群体的生存经验和生活情境极易被忽视,其导致的结果就是女性气质的盲目普遍化,以及由之引起的女性气质的另一种霸权主义。

三 交往理论与中国问题

交往行为理论的形成是哈贝马斯对资本主义特别是晚期资本主义反思的结果,是其医治由体系(权力与货币)入侵生活世界引发的一系列时代病症的一种构想。那么,当前我国存在的问题是什么?哈贝马斯的交往理论及我们在其启示下构建起来的女性气质理论是否能够解决目前我国相关领域的问题?正确认识我国当前的社会状

---

① 叶文振:《女性学导论》,厦门大学出版社2006年版,第88页。

况是回答这些问题的关键。

体系与生活世界二元架构并不是从人类社会开始就存在的。相反,部落社会和传统社会依赖的是具有神话色彩的世界观的支持,权力机制与亲族结构结合在一起,系统是作为生活世界内在的未分化的职能存在的。对于这些时代,哈贝马斯常以"文化共同体"来标识。随着商品经济的发展和相对独立的市场交换领域的形成,经济运行系统和行政权力系统开始在法治和契约的支持下从生活世界中分化出来,其突出的表现是市场机制和现代国家的形成,是理性化经济运行体系与科层化行政管理体系的形成。可以说,商品经济的发展是体系从生活世界中分化出来的决定性因素。而体系从生活世界中分化出来并不是资本主义社会病症的症结所在,相反,这是正常的,也是具有进步意义的历史进程。

问题在于,随着社会的发展,体系的独立性增强并开始在权力与货币的支配下自律地运行,并且独立化的体系会反过来干预生活世界的运行,造成生活世界的殖民化。使"我们生活中的一切东西都必须抽象为可以用货币来交换、用权力来控制的东西才是有用的,才是有价值的"[①],包括人的意志与愿望、兴趣和爱好。这是资本主义的时代病。

我国市场机制的运行使得体系与生活世界的矛盾在我国同样突出,而要使生活世界摆脱体系的入侵仍需发挥交往行为的作用。同时,由于我国商品经济和市场机制的发展还不够成熟,行政干预还相当普遍,这使得我国当前权力与生活世界之间的矛盾十分突出,市民社会的力量一直相当弱小,公共领域存在先天不足。个人处在体系之中,更多的是作为体系的一部分而存在,而非作为自由自律的主体存在。

---

① 王晓升:《哈贝马斯的现代性社会理论》,社会科学文献出版社2006年版,第175页。

具体来说，我国的公共领域存在以下问题：一是缺乏社会关怀精神，功利主义与工具理性的入侵使得很多人放弃了公共关怀，而只在其"共同体"内部寻求个人的发展，缺乏一种批判性的"公众舆论"。二是缺乏独立性和批判性，公共空间的不足导致我国公共领域的各种组织与团体对权力的依附性太强，力量相对有限，不具备一定的独立性，而"独立性的缺乏进而导致中国公共领域批判性的匮乏，因为依附于国家的社会无法确立其批判立场"[①]。三是缺乏足够的公共空间，目前权力对公共领域的侵占十分明显。在这种环境下，社会组织和媒体没有足够的成长空间，没有起到自己应有的作用。

这样的现状造成的结果是：（1）女性气质成为被建构的，且由于社会关怀精神的缺乏，女性不自由、不平等、难以自由展现自我气质的状况不能被主题化，因而无法进入人们辩论的场域，最终造成人们对这一现状的沉默无语。（2）由于交往理性的作用，女性自发地对不符合交往有效性要求的体系殖民化现象进行反思与批判，形成了自己的看法，有了自己的选择，但由于无法进入合适的公共空间进行自由的讨论，女性无法检验自己意见和选择的合法性，软弱无力的个体或者小范围内的论证也无法对体系的运行进行有效的监督和去殖民化。（3）不具备独立性的公共领域必然同时意味着批判性的丧失，这样的公共领域不但不能成为女性争取自我气质呈现的自由的场域，反而为体系入侵女性气质提供了便利。在这样的"公共领域"内，体系让女性相信，符合体系要求的气质才是女性应该享有的自由。

这些都使女性气质理论的建设在我国面临更加复杂和艰巨的任务，女性作为批判主体而真正地体现出其本真的气质还有很长一段

---

① 罗贵榕：《当代中国公共领域的特征分析》，《中山大学学报论丛》2006 年第 7 期。

路要走。不过，我国公共领域的种种不足也正在改善，国家对私人财产的承认和保护是使个体成为独立主体的重要举措。"两会"期间很多网站都开通了百姓和记者、代表互动的栏目，人们热议的众多话题反映到代表那里，成为议题。公共领域改善的迹象为女性气质之自由呈现提供了更多的可能性。对女性来说，积极地参与与融入公共领域，将其作为前进的基地是目前切实可行的做法，同时，女性在参与的过程中也会促进公共领域的拓展，使批判性公共领域的重建和女性为争取自由、平等的努力进入相互促进、良性循环的状态。

在谈到交往理论在中国的应用问题时，哈贝马斯说："由于（中国）经济和国家的关系不同，我完全能想象将西方模式直接'应用'到中国的任何一种尝试所遇到的困难。不过我确实认为，经济的进一步自由化和政治体制的进一步民主化，将最终促进而且也需要民主形式的舆论必须植根于其中的、我们称之为政治公共领域和联系网络的某种等价物。任何一种以更广泛、更知情和更主动的参与（我们在西方仍在为之努力的目标）为目标的改革，均依赖于某种健全的公共交往，它可以发挥某种敏感过滤器的功能，用于体察和解释'人们的需要'。这一点，我指的是那些全社会性的问题，其产生的后果人们在他们的私人生活中最先感受到，而且关于对它们的体会和解释，这些人本身便是最可靠的权威。"[1]

在哈贝马斯看来，只要我们的经济和政治进一步地走向自由化和民主化，公共领域就必然存在并将进一步地健全和完善。面对女性气质的长期被塑形、被扭曲的不平等、不自由状况，女性应该成为公共领域的首要和权威的发言者。

---

[1] 章国锋：《哈贝马斯〈关于公共领域的问答〉》，《社会学研究》1999 年第 3 期。

第 五 章

女性主义批评的解构传统

　　敬请你们不要问我是谁,更不要希求我保持不变,从一而终;因为这是一种身份的道义,它支配着我们的身份证件。但愿它能在我们写作时给我们以自由。

　　　　　　　　　　　　——米歇尔·福柯《知识考古学》[1]

　　毋庸置疑,女性主义批评是当代西方最有影响的批评流派之一,对文学批评领域乃至思想领域都产生了深远的影响。但遗憾的是,女性主义批评常常遭受漠视、非难与否定。解构主义批评家乔纳森·卡勒(Jonathan Culler)曾中肯地说:"人们将会发现很难公平对待女权主义批评,而女权主义批评对文学规则的影响,比之任何一个批评流派更为深刻。不仅如此,它还是当代批评革新中势头最猛的生力军之一,尽管人们对它不无争议。"[2] 女性主义批评是一种异质的、不稳定的话语,父权话语与女性意识的幽灵一直在其内部纠缠不清,常常令其陷入悖论、困境乃至危机之中。要消解男性中

---

[1] [法]米歇尔·福柯:《知识考古学》,谢强、马月译,生活·读书·新知三联书店2003年版,第19页。

[2] [美]乔纳森·卡勒:《论解构:结构主义之后的理论与批评》,陆扬译,中国社会科学出版社1998年版,第20页。

心主义，女性主义就必须进入父权社会，冒着被解构①甚至被同化的危险。说，则陷入男性话语中心；不说，则面临着永远被边缘化的困境。

第一节 女性主义批评的解构渊薮

一 女性主义与解构主义的相遇

自19世纪中叶以来，女性主义运动一直坚持不懈地揭露传统和权威对女性的压制。在初期，女性主义者以实现男女平等的政治权利为主要目标，对理性怀有极大的热情。随着运动的深入，女性主义者逐渐洞悉到父权意识形态的虚假性，开始质疑理性。1968年，法国的五月风暴以失败告终，引起法国知识界对系统性、结构性概念的普遍厌恶，解构主义应运而生。女性主义批评的诞生并不是一个孤立的历史事件，既是文学批评内部空虚、不断越界的结果，更是女性意识觉醒与女性主义运动相结合的产物。1970年，凯特·米利特（Kate Millett）的博士学位论文《性的政治》（Sexual Politics）的发表，标志着女性主义批评的诞生。对女性主义批评而言，解构不仅仅是一种技巧和方法，更是一种策略和传统。女性主义与解构主义沿着各自的发展轨道，相遇在后现代语境里，既具有时间的偶然性，也具有历史的必然性。雅克·德里达（Jacques Derrida）认为女性主义批评作为一种可鉴定的建制性现象，"与解构的主题、阳物理性中心论之解构同时出现，未必或不总是意味着依赖于它，但至少表示属于同一组合、参与同

---

① "解构"一词来源于海德格尔《存在与时间》中提出的"destruction"一词，表示把结构加以分解或拆开，从中把意义发掘出来，使之显现。德曼沿用其含义，将解构视为一种有效手段，强调其揭示了文本中存在的某种事实。在雅克·德里达这里，则演变为"deconstruction"，补充了"消除""抹去""分裂"等含义，开始强调其与破坏的关系。

一运动,属于相同的动机"①。

二 女性主义与解构主义的契合

在后现代语境下,一向冷若冰霜的解构主义对女性主义露出了亲和的笑容,并为其打开解构之门提供了契机。"由于解构试求既从内部也从外部来观察各种系统,它有意为这样一种可能性敞开大门:妇女、诗人、先知和疯人的偏执行为,有可能产生关于他们所在系统的真理,虽然在这些系统中他们是处在边缘地位。"② 解构主义以其自身的理论张力对当代女性主义批评的发展产生了巨大的影响。

要解构男性中心主义,女性主义首先需要解构的就是阳物中心论与理性中心论之间的一种不可分离性。德里达认为某些战斗的女性主义者在虚虚实实的论争中相持不下,他们不明白"离开对连接理性中心论与阳物中心论的内容追根寻底的读解,换言之,离开必要的解构,女权主义的话语就会冒着赤裸裸地重造它旨在进行批判的东西的危险"③。女性主义批评自诞生之日起便试图在父权文本中消解、破坏男性中心主义,并把解构视为消解男/女二元对立思维模式的理论武器。解构主义则不知疲倦地致力于对中心性和结构的消解,甚至直接向中心概念本身发难,试图摧毁所谓的在场的结构和中心。两者不谋而合,挑战的是同样一种观点,即"认为人们应该像一个特殊的、有权威的理性或编程命令一样进行思考和阅读"④。

女性主义要消解的是数千年的传统文化——男性中心主义,而

---

① [法]雅克·德里达:《文学行动》,赵兴国等译,中国社会科学出版社1998年版,第24页。
② [美]乔纳森·卡勒:《论解构:结构主义之后的理论与批评》,陆扬译,中国社会科学出版社1998年版,第136页。
③ [法]雅克·德里达:《文学行动》,赵兴国等译,中国社会科学出版社1998年版,第26页。
④ [美]斯蒂芬·哈恩:《德里达》,吴琼译,中华书局2003年版,第7页。

解构主义要消解的是西方数千年传统文化的根本原则——形而上学，即理性中心主义。对解构主义者来说，要消解理性中心主义，从男性中心主义入手是最直接、最便利的。正如斯皮瓦克（Gayatri Chakravorty Spivak）所言："与其说解构主义为女性主义者打开了通道，不如说妇女的形象和话语也同样在为德里达指点迷津。"[①] 卡勒在谈论女性主义批评的契机时，也曾提出女性主义应该探究理性概念是如何维系一体，或如何同男性的利益发生冲突的方式。他认为，"妇女"一词已逐渐成为"一切颠覆传统男性话语的概念、假设和结构的激进力量"[②] 的代名词。

此外，德里达对象征秩序的全面批判，解构批评对文本所宣称的在场的中心成分的揭示，以及对文本逻辑的质疑，都有助于女性主义批评达到自己的一些目的。德里达对二元论、理性中心主义、阳具中心主义等的摧毁和颠覆，是解构男性中心主义的利器。女性主义把女性从父权统治下解放出来的问题，正好与解构精神不谋而合。德里达的解构主义为文学批评开辟了新的理论空间，使以边缘性为研究对象的女性主义批评获得生机。玛丽·朴维（Mary Poovey）在《女性主义与解构主义》一文中承认了解构主义对女性主义的三大贡献：消除神秘特征的规划（the project of demystification），揭示了所有意识形态的虚构性质，以及性别范畴的内在诡计；向等级制和对立统一逻辑提出挑战，确立二元对立本质的虚假统一体；其"中介物"观点（the idea of "in-between"）作为女性主义的专门策略，构成了摧毁二元对立思维的工具。[③]

解构主义批评是一种以读者和阅读活动为重心的批评。对女性

---

① [美] 斯皮瓦克：《女性主义与批评理论》，载张京媛主编《当代女性主义文学批评》，北京大学出版社1992年版，第315页。

② [美] 乔纳森·卡勒：《论解构：结构主义之后的理论与批评》，陆扬译，中国社会科学出版社1998年版，第50页。

③ [美] 玛丽·朴维：《女性主义与解构主义》，载张京媛主编《当代女性主义文学批评》，北京大学出版社1992年版，第340—341页。

主义批评而言，一旦女性的读者和阅读活动成了批评关注的焦点，那么父权文本就扩散成由多个层面构成的空间：一个个词语释放着父权力量，各种贬抑女性的主题、观点和修辞在文本中碰撞交汇。作者和文本的权威被打破了，于是文本的意义就成了妇女的一种建构活动。解构主义质疑传统的简单化的阅读和批评，在文本能指符号的置换过程中探索文本内外的逻辑，给女性主义批评提供了新的机遇，带来了多种可能性。当然，女性主义批评不仅仅关注具体的文本，更关注父权文本何以能够产生意义，怎样产生意义，以及产生意义过程中涉及什么样的父权结构。

三 女性主义与解构主义的分歧

女性主义批评自诞生以来，就一直以一种寄生物兼寄主的方式存在着：对父权制理论及其本身既有肯定又有否定，既有修正又有模仿，往往是通过汲取其营养成分在其内部繁殖而破坏之、颠覆之、解构之。虽然女性主义批评进入父权文本后，父权文本的内部会慢慢地被分裂、吞噬，但父权文本不只是一种文字的实体或印刷品，它像幽灵一样潜藏在隐蔽的角落，扑朔迷离，甚至诡计多端。女性主义批评不可能一蹴而就地确定文本或穷尽文本的意义，只有不断地调整解构策略、吸收营养，才能改写、颠覆父权文本，使曾被遮蔽的"不在场"现身。

无论是德里达，还是米勒，显然都坚持着语言第一的观点。特里·伊格尔顿（Terry Eagloton）曾描述道："后结构主义是1968年那种欢欣和幻灭、解放和溃败、狂喜和灾难等混合的结果。由于无法打破政权结构，后结构主义发现有可能转而破坏语言的结构。"[1]斯皮瓦克明确指出法国后结构主义理论忽略了意识形态的问题，及

---

[1] ［英］特雷·伊格尔顿：《当代西方文学理论》，王逢振译，中国社会科学出版社1988年版，第206页。

其自身在历史中的含义。① 尽管女性主义批评也重视语言的作用，但其政治实践性却决定了它必须将解构理论纳入自己的政治框架，考察其所掩盖的意识形态。换言之，女性主义批评并不是解构的游戏，它寻找着被压抑的历史，追求的是另一种深度，而解构正是它在历史和思想的边缘和背面所操持的策略。从某种意义上说，女性主义批评是一种政治实践，要摧毁的是特定的父权思想体系，及其背后父权结构和父权制度赖以生存的逻辑。

究其实质，女性主义批评与解构主义并非一脉相承。前者有其政治目标，并非纯粹学术化，对当代西方资本主义的经济、政治和社会制度均有所涉及，因而它在理论上的发展也要满足社会政治实践的需要。后者的主要目标是西方二元对立的思维模式，注重单纯的逻辑推理，常常穿梭于文字的迷宫。女性主义批评因与女性主义运动紧密结合在一起，更加关注话语、文本等意识领域的运作，且矛头指向历史、生活和实践。而解构主义则连同启蒙主义、人本主义以及人、妇女一起解构掉了，而女性主义批评仍需策略性地利用妇女（women）这一洋溢着本质主义精神的女性身份，来实现妇女的解放和自由的目标。值得警惕的是，女性主义批评在利用它作为武器的同时，自身也必然遭到它的解构；在利用它作为改造工具的同时，必然会受到它的改造。吊诡的是，只有按照解构主义所说的来认识解构主义，女性主义才有可能拆毁那些"把所有妇女都归纳到单一特征和边缘位置的系统"②。

总体而言，女性主义与解构主义至少属于同一组合，参与同一运动，但两者的逻辑起点和奋斗目标都不相同，故在短暂的相聚之后注定要分道扬镳。不过，女性主义批评依然在解构精神的指引下，

---

① ［美］加亚特里·查克拉沃尔蒂·斯皮瓦克：《属下能说话吗?》，载赛义德等《后殖民主义文化理论》，陈永国等译，中国社会科学出版社1999年版，第100页。

② ［美］玛丽·朴维：《女性主义与解构主义》，载张京媛主编《当代女性主义文学批评》，北京大学出版社1992年版，第345页。

犹如邪恶的寄主,寄生于父权文本之中,并在其内部繁殖。女性主义批评正在努力探究当今批评的程序、假设和目标是否和维护父权同谋合略,从而开拓其他的批评策略。如何潜入父权文本内部,利用其寄生物兼寄主的特点,使双重的文本游戏成为可能,是女性主义批评不得不面临的问题。只有操纵父权制理论,同时设置陷阱,使父权的权威在其中不再能行使威力。

第二节 作为寄生物的女性主义批评: 内在的阅读

米勒根据虚构与重复的解构修辞原则,将其修辞批评扩展到文本间的关系,提出在文学作品有一种"寄生物"(parasite)与"寄主"(host)的关系在不断发生作用。"寄生物总是在葬送寄主。这个异己已经闯入家门,或许是要杀害这一家之主,其行为看起来并不像弑杀长者,而事实却是如此。"[1] 每一种批评本身既是寄主,也是寄生物,其自身之内必然包含着自己的敌人,女性主义批评也不例外。女性主义批评通过一系列"寄生的"东西,策略性地对父权文本进行了种种模仿、戏拟、盗用、嫁接和倒置,甚至吸收了父权理论的某些主要精神。父权文本自身所包含的不一致性、重复转义、断裂和不确定性,给女性主义批评进行内在的阅读提供了一个契机。内在的阅读与德里达的解构一脉相承,既是一种增殖、补充的过程,也是文本自身解构导致的意义的播撒(Dissemination)和异延(Différance)。

一 从《第二性》肇始

如果说解构是一种好的阅读方式,那么探讨解构的最佳场所就

---

[1] [美] J. 希利斯·米勒:《重申解构主义》,郭英剑等译,中国社会科学出版社1998年版,第96页。

是共同的阅读行为。"阅读行为先于批评,它是批评之源头。"① 按照德里达边缘解读的方法,父权文本中有一个非常明显的"边缘",可以被分离出来,作为一种暗中破坏文本一致性和可理解性的轨迹。一致性和可理解性往往只有通过一种压制行为才能维持,父权文本敞开后,整个内蕴、流程、方法与意识形态都可在阅读过程中体现出来。在《第二性》中,波伏娃着眼于作者的性别意识与读者的阅读行为,有效研究句子的组织结构、隐喻的选择、说明和叙述的模式等,试图修正那一整套阐释文本的约定俗成的父权程式。

波伏娃的阅读方式瓦解了作者与读者之间以及文本与读者之间等级森严的对立,使对父权文本的内在阅读成为可能。在第一卷中,波伏娃运用心理学理论,结合经济和生育解释了妇女的从属地位,强烈控诉了对妇女的传统偏见。"女人神话,是虚假客观性设置的一个陷阱,而信奉现成评价的男人,一头扎进这个陷阱。"② 为了证实这一分析,波伏娃考察了在某些男作家中一直被采用的特殊而混杂的各种形式,解读了蒙特朗(Montherlant)、D. H. 劳伦斯(David Herbert Lawrence)、克劳代尔(Paul Claudel)、布勒东(Breton)和司汤达(Stendlhal)笔下所呈现的女人神话。

在探查蒙特朗的文本是如何构筑男人的概念时,波伏娃通过审查女人在蒙特朗文本中的地位,揭示出运行在这些微妙或并不微妙的压抑中的逻辑:男人从反面界定女人,并通过否定女性来假定其作为人的地位。"解构阅读就是要具体说明它并非连贯一致,它是异质性的,是向逻辑前提、逻各斯统一体的力量的挑战,而且并不因此创造一种有机统一的阅读。"③ 不过,蒙特朗没有戳穿永恒女性的

---

① [美] J. 希利斯·米勒:《重申解构主义》,郭英剑等译,中国社会科学出版社1998年版,第1页。

② [法] 西蒙娜·德·波伏娃:《第二性》,陶铁柱译,中国书籍出版社2004年版,第244页。

③ [美] J. 希利斯·米勒:《重申解构主义》,郭英剑等译,中国社会科学出版社1998年版,第282页。

神话，他的文本中弥漫着一种"厌女"情绪：母亲和情人（女人）都是不祥的，把男人限制在了贫困的生活。通过仔细检查蒙特朗的伦理学，波伏娃指出了女人处于从属地位的历史真相："身为绝对的劣等者，女人的存在正好衬托了男性那根本的和牢不可破的优越性。"①

不同于蒙特朗，劳伦斯并未界定男人和女人的特殊关系，而是把男女两性还原为生命的真实。但在还原中，"女人必须使她的存在服从那个男人的存在"，"妻子要从丈夫那里证实她的存在"。② 波伏娃通过细读文本，发现劳伦斯启动了另外一套程序——"阳具崇拜"，以巩固男人的地位。与此同时，劳伦斯从另一面界定了女人："既非玩物，也非猎物，更非面对主体的客体，而是信号相反的一极赖以存在的一极。"③ 波伏娃继而发现，克洛代尔把蒙特朗和劳伦斯的作品中所夸耀的男性自豪视为渎神，其笔下的女人都明显地献身于神圣的英雄主义，诗意地表现了天主教的传统。男人在上帝面前要敬重女人，在尘世却把她当奴婢对待，暗示女人的顺从正是其救赎之路。在此，男人对女人的统治和支配不但没有松动，反而更加牢固、隐蔽了。到了布勒东那里，女人成了男人眼中的诗，"是女性给文明引入了另一种因素，这种因素是生命与诗的真谛，只有它能拯救人类"④。显然，布勒东并未把女人当作主体谈论，他赞美女人，但只是赞美比喻意义上的女人。

在司汤达看来，"永恒女性"的观点迂腐而可笑，没有什么本质可一成不变地界定女性，"她们不是天使，也不是魔鬼，更不是斯芬克司：她们只是被社会的愚蠢习惯降低到半奴隶状态的人"⑤。波伏

---

① ［法］西蒙娜·德·波伏娃：《第二性》，陶铁柱译，中国书籍出版社1998年版，第195页。
② 同上书，第207页。
③ 同上书，第203页。
④ 同上书，第223页。
⑤ 同上书，第225页。

娃把司汤达笔下的女性形象的一些描写颠倒过来,结果发现:"司汤达首先要求女人万勿堕入严肃事物的圈套;因为凡是重大的事情都在她们力所能及的范围之外,她们很少冒她们迷恋的男人所冒的风险;她们更有机会保持天真纯朴的性格和司汤达最推崇的慷慨大度。"①

在逐一考察了这五个作家笔下的女性形象及性别意识后,波伏娃发现理想的女性无非都是男人显示他自己的他者。"在她身上,他往往不自觉地暴露出他的世界观与他的个人梦想之间的裂痕。"② 女性主义批评的内在阅读必须要洞察并寻找到父权文本内部自我颠覆的罅隙,钻进这些裂痕,暴露其隐藏的性别意识。

二 革命性解读:《性的政治》

《性的政治》这一女性主义经典作品的问世,激发了一批反映女性意识觉醒的作品,宣告了女性主义文学批评的诞生,并将女性主义运动推向了高潮。米利特从生物学、社会学、人类学、心理学和意识形态等方面对男性中心主义进行了全面的清算,揭露了虚假的男性中心话语是如何不断地歪曲妇女的形象和生活,并继续批判男性文学中的"厌女现象"。她发现,"在我们的社会秩序中,尚无人认真检验过,甚至尚不被人承认(但又十足制度化了)的,是男人按天生的权力对女人实施的支配"③。米利特将这种支配称为精巧的"内部殖民",并进一步说,"就其倾向而言,它比任何形式的种族隔离更坚固,比阶级的壁垒更严酷、更普遍、更持久"④。

从策略上来说,米利特认真处理作者的观点,把这些小说家与

---

① [法]西蒙娜·德·波伏娃:《第二性》,陶铁柱译,中国书籍出版社1998年版,第226页。
② 同上。
③ [美]凯特·米莉特:《性的政治》,钟良明译,社会科学文献出版社1999年版,第38页。
④ 同上。

其笔下的男主人公等同起来,通过对文本的再经历来完成对父权文本的解构。她不仅假定了作家经验的真实性,而且假定了表达经验的文字的真实性。父权文本仿佛是透明的,可以任其出入,甚至米利特将讨论所使用的语言也看作一个绝对透明的媒介。"透明只有通过看穿作者才能做到,即发掘他在作品中所表达的意识之每一特点的深层原因。"① 米利特的阅读直接指向父权意识,力求辨识他们最纯粹的意识形态,此种阅读虽过于莽撞,却不失为解构男性文本的一种方式。

在分析性革命的第一阶段时,米利特通过分析《无名的裘德》《利己主义者》《韦莱特》《莎乐美》等作品考察了性的革命在文学中的反映。托马斯·哈代(Thomas Hardy)在《无名的裘德》中遵循的是维多利亚时代的文学和文化的惯例:玫瑰和百合。女人是不完善的,作为牺牲品的女人,在被赋予精神的时候便被剥夺了情欲。反之亦然。米利特犹如文本中残缺的女人在哈代的文字里游弋,察觉到了哈代对百合和玫瑰的感情其实是分裂和矛盾的:贬斥之又为之辩解,厌恶之又神往之。她还注意到,意识的中心是属于裘德的,哈代只是从侧面,或隔一段距离观察女人,不对她的命运承担责任,"谋杀"她的孩子从而使她回到父性权威中去。②

米利特在阐述其性政治的理论和性革命的历史背景之后,通过考察劳伦斯、亨利·米勒、诺曼·梅勒、让·热内等男作家的性意识形态对男性中心主义进行了深刻的剖析和无情的批判。她拒绝同情性的阅读,对父权文本自始至终都持反抗性的态度,并进行了寄生性的阅读。米利特策略性地将劳伦斯一生的创作切成几大块,然后一小块一小块零零碎碎地进行敲打。她指出,劳伦斯的查泰莱夫

---

① [美] J. 希利斯·米勒:《重申解构主义》,郭英剑等译,中国社会科学出版社1998年版,第4页。
② [美] 凯特·米莉特:《性的政治》,钟良明译,社会科学文献出版社1999年版,第198页。

人是遵循弗洛伊德"女性被动,男性主动"的规定虚构的虔诚的女性形象:既非妻子又非母亲的扭曲的性的存在。在《儿子与情人》中,她把身边无用的女人——他的情人们(甚至包括他的母亲)一个个地抛弃。米利特一步步掀开劳伦斯女性意识的面纱,并在其叙事线条上不停地打结,审查从百合到玫瑰的蜕变过程中遮蔽了什么,又暴露了什么。

解构性阅读不是寻找主题的出现、故事的逻辑论证或叙事结构,而是关注符号之间的空间、以前所丢失的意识形态批判。米利特转入历史的背后,考察了《虹》创作时的一个重要背景:女权运动正酣,劳伦斯处于守势地位。劳伦斯对厄休拉·布朗温的敌意在文本中贯穿始终,最终让她学业受挫,回到了厨房,回到了男人的势力范围内。米利特说:"事实上,他一直在提醒说,女人的这种侵犯违背了自然的规律,也是不必要的。"① 在实现从儿子到情人的过渡后,劳伦斯故伎重演,再次令新女性回到妻子的屈从地位,如《恋爱中的女人》中的厄秀拉。米利特指出:"劳伦斯对女人之间任何形式的联合都怀抱深深的恐惧。"② 与此同时,男人却被鼓励着去建立联盟和"兄弟情谊",如拒绝建立同盟的杰拉尔德被冻死在阿尔卑斯山。在《阿伦的权杖》那里,男性已经联合起来了。在父权制文化中,两性之间的关系、劣等男性和男性精英之间的关系,都是一种政治关系。阿伦和利利对女人怀有狂热的仇视,渴望女人绝对服从他们的权威。米利特注意到劳伦斯措辞方面的细微差别,窥见了其在刻画阿伦妻子时所流露出来的鄙视和恶意,以及对曾表达过敬意的子宫的仇恨。文本就此断裂,米利特写道:"具有讽刺意味的是,

---

① [美]凯特·米莉特:《性的政治》,钟良明译,社会科学文献出版社1999年版,第401页。厄休拉·布朗温是《虹》中的一位新女性,与劳伦斯一样有着从贫民区的教书生涯到上学的艰苦奋斗历程,对其构成潜在的威胁或竞争。最终,劳伦斯没让她获得学位,成为家庭主妇,从而达到诋毁女权运动的目的。

② 同上书,第411页。

劳伦斯在自己的著作中大力渲染具有恋子情结的母亲,但本书却如此粗暴地贬斥母亲的身分。"① 与保罗·莫雷尔一样,阿伦遗弃了他生活中的女人——一个妻子和三个女孩。于是,男性统治被罗曼蒂克化了,统治和被统治的关系被遮蔽了。

内在的阅读是一种解构的阅读,不同于结构主义寻找主题的出现、故事的逻辑论证或叙事结构,它关注的是符号之间的空间和被遮蔽的隐晦的性意识形态。亨利·米勒把自己看成劳伦斯的门徒,但其性观念要传统得多,粗暴、庸俗,表达出一种轻蔑感,而且公开地鄙视女人本身。米利特在他们的房间里看到了男性的自我是如何实现的:"性成了一种游戏,它的乐趣则在于对一位痴呆者的强制性的、战略上的欺骗和操纵。"② 作为男性崇拜的囚徒,诺曼·梅勒把性和暴力联系在了一起,并对男性狂热进行了完美的分析和辩护。不过,梅勒内部的分裂并没有逃脱米利特的慧眼:"梅勒是一位不寻常的人物,身上体现出矛盾的情绪、被分割的良心、和互相敌对的事物的忠诚。"③ 在最后一章中,米利特把让·热内与劳伦斯、亨利·米勒、梅勒进行了对比。热内象征着性意识形态的某种高度,"总是在对事物进行重新组合,从而他身上占末位的女性属性被安排为第一位的因素,并且总是要取得胜利——往往意味着绝望和导致牺牲的胜利"④。

文本意义往往并不是中立的,蕴含着男性作家许多主观的预设,甚至社会背景、文化传统也是同谋共犯。对女性主义批评来说,解构就是要对歪曲、丑化和压制了女性的父权文本进行革命性的阅读。在此,女性意识的觉醒与女性意识的复苏至关重要,

---

① [美] 凯特·米莉特:《性的政治》,钟良明译,社会科学文献出版社 1999 年版,第 425 页。
② 同上书,第 471 页。
③ 同上书,第 489 页。
④ 同上书,第 538—539 页。

但波伏娃和米利特的内在阅读不能因此而归结于一种还原的经验和简单的分析。女性主义批评不仅仅是一种文学话语，还是一种政治活动，意在通过改变读者的意识及其与被阅读文本的关系来改变世界。

三　从女性作为读者到女性作为作者

卡勒将"作为女人来阅读"分为三个契机：在第一个契机中，批评求诸验证某一阅读的给定经验，妇女读者认同的是对女性特征的关注；在第二个契机中，妇女们并不曾作为女人来阅读，而被引向认同男性的特征，以牺牲作为女人的自身利益为代价，与男性争夺理性；在第三个契机中，女性主义批评不是同男性的批评争夺理性，而是探究我们的理性概念如何维系一体，当今批评的程序、假设和目标是否与男性权威合谋。① 显然，在卡勒眼里，《第二性》和《性的政治》这种从主题入手，发难妇女文学形象，揭露"厌女"现象的批评，尚处于女性主义批评和读者交往的第一个层次。在那里，女人第一次被要求作为女人来阅读。② 实际上，在女性主义批评中，米勒所划分的这三个阅读的契机和层次并不是绝对孤立的，而是紧密交织在一起的。

女人作为女人来阅读，虽然存在某种悖论，暗示着女人从来未曾作为女人来阅读。但女性主义批评本身是一种理论上的冒险与精神上的革命，唯有读者从作为男人阅读的视角转换为作为女人来阅读的身份，女性主义批评才有可能。美国女性主义批评创始人之一伊莱恩·肖瓦尔特（Elaine Showalter）曾明确指出女性主义批评可以被分成两个独特的种类：女性主义批判（feminist critique）和女性

---

① ［美］乔纳森·卡勒：《论解构：结构主义之后的理论与批评》，陆扬译，中国社会科学出版社1998年版，第35—52页。

② 海尔布朗（C. Heilbrun）认为在《性的政治》中，我们第一次被要求作为女人来看待文学，作为男人来阅读的居高临下的地位亟须移一移窝。（同上书，第38页）

中心批评（gynocritics）①。在女性主义批判中，"女性作为读者"（女性作为男性生产的文本的消费者）是基于这样一个前提：女性读者能改变我们对特定文本的理解，唤醒我们警惕其中性代码的意义。而在女性中心批评中，"女性作为作者"（女性作为文本意义的生产者）则涉及女性创作的心理动力，语言学与女性语言的问题。很显然，"女性作为读者"的策略与波伏娃、米利特的解构策略是一脉相承的，内在阅读即为一种女性主义批判。

女性主义批评并非想否定理性，偏袒非理性，而是力图发展一种新的批评模式，使男性权威所生产的概念暴露在一个更大的文本系统之中。那么女人到底应当怎样阅读？女人作为女人阅读将会怎样？卡勒提到这样一种可能性，即让"女人作为女人来读女人作为女人"。他在分析卡缪芙（P. Kamuf）的"……女人（来读）作为女人（来读）作为女人……"时写道："妇女作为女人来阅读，并不是去重复某一种给定的同一性或某一种经验，而是去扮演一种她参照她妇女身份而建构起来的角色，这角色同样也是一种结构。"②"女人"与"女人"的不一致性恰恰揭示了妇女内部存在间隙和分歧，显然，第二个女人只能是理想状态下的女人。尽管卡勒认为"肖瓦尔特女性读者的前提这一概念，标志着读者方向批评中'经验'的双重或者说分裂结构"③，但这一在男性批评家的批评中被遮蔽的至关重要的分裂，只有在女性主义批评中才凸显出来。

对女性主义批评而言，女性经验是内在阅读的出发点和通行证。

---

① "gynocritics"源于法文术语"la gynocritique"，肖瓦尔特认为英语中不存在这样一个术语来与"女性作为作者"的专门话语对应，应此生造了"gynocritics"。（相关观点，可参见［美］伊莱恩·肖瓦尔特《迈向女权/女性主义诗学》，载张中载等编《二十世纪西方文论选读》，外语教学与研究出版社2002年版，第469页。）

② ［美］乔纳森·卡勒：《论解构：结构主义之后的理论与批评》，陆扬译，中国社会科学出版社1998年版，第52—53页。

③ 同上书，第39页。

"作为女人的经验,适是她们阅读反应中权威的来源。"① 女性主义批评设定了一种全新的阅读经验——女性阅读的经验,许多批评家也都肯定了女性的经验,且相信不同于男性的经验将会引导她们从不同的视角来解读文本。这种经验是女性主义批评不可或缺的参照点,但它犹如一把双刃剑,在指明出路的同时又制造了诸多麻烦。肖瓦尔特揭露了女性主义批评所承受的来自男性话语的种种诘难、诬蔑以及诽谤等,主张重建妇女社会的、政治的和文化的经验。因为"太多要求具有普遍性的文学概念,实际上仅仅只描述了男性的感觉、经验以及选择,并歪曲了在文学生产和消费中的社会环境与个人背景"②。卡勒还有另外一种担心:"但是假设读者是一个女人,其结果虽大致是一样求诸经验,然不复是观看姑娘的经验,而反过来成了被看的经验,一个被圈定、被发落到边界的'姑娘'的经验。"③

女性主义的批评要颠覆的不是以逻辑为中心的话语,而是文本中男性中心主义的意识形态。没有任何一种话语的修辞和结构是偶然的,文本经内在阅读或自我分裂之后,导致了一种令人生畏的质疑:男性文本不再是可寓居的了。经历了女性阅读的文本不再同于传统阅读的文本,前者是后者的缝隙与踪迹。正如玛丽·埃尔曼所说:"显然,性别冲突已成为智力冲突的普遍而无固定意义的字面和隐喻的特定中心议题。"④ 但要解构男性中心主义,女性仅仅作为读者是远远不够的。事实上,肖瓦尔特在区分两种类型的女性主义批

---

① [美]乔纳森·卡勒:《论解构:结构主义之后的理论与批评》,陆扬译,中国社会科学出版社1998年版,第35页。
② [美]伊莱恩·肖瓦尔特:《迈向女权/女性主义诗学》,载张中载等编《二十世纪西方文论选读》,外语教学与研究出版社2002年版,第467页。
③ [美]乔纳森·卡勒:《论解构:结构主义之后的理论与批评》,陆扬译,中国社会科学出版社1998年版,第31—32页。
④ [美]玛丽·埃尔曼:《想想妇女们》,载[英]玛丽·伊格尔顿编《女权主义文学理论》,胡敏等译,湖南文艺出版社1989年版,第156页。

评时，就已经意识到了女性主义批判应该转向女性中心批评。

1981年，肖瓦尔特在《荒原中的女权主义批评》中重申了女性主义批判和女性中心批评，认为"多数评论者将它们混淆起来，而混淆则意味着永远搞不清它们的理论潜势"[1]。如果女性主义批评仅仅只是对父权文本的一种阐释，就必然会被新的阐释替代。女性主义批评所提倡的女性中心批评，不能只是修正、挪用、颠覆和反抗父权理论，而必须建立自己的理论。虽然女性中心批评为女性主义批评提供了理论上的多种可能性，却容易落入父权理论的陷阱。英美女性主义批评虽向父权发出了挑战，却没有质疑权威本身。如果说女性主义批判具有寄生性，那么到了女性中心批评，就已开始具备寄主性了。

第三节 嫁接复嫁接

经过内在的解构阅读后，女性主义批评开始着手具体的文本操作，对父权理论进行吸收和改造。德里达将嫁接（graft）看作用以思考文本逻辑的一个模式，他指出"意义产生于一种嫁接的过程，而言语行为，无论是认真的还是不认真的，亦是不同方式的嫁接"[2]。女性主义批评将话语看作各种联合或插入的产物，探讨父权语言在新语境中表现新意义的能力，试图将一种"不受污染"的话语插入父权话语，或直接介入父权话语。从程序上说，文本的嫁接牵涉贴标签、重复、改写、移植、倒置等几个步骤，且这些步骤常常纠结在一起，共同作用于系统之中。

---

[1] ［美］伊莱恩·肖瓦尔特：《荒原中的女权主义批评》，载王逢振编《西方最新文论选》，漓江出版社1991年版，第258页。

[2] ［美］乔纳森·卡勒：《论解构：结构主义之后的理论与批评》，陆扬译，中国社会科学出版社1998年版，第117页。

一 嫁接的运作：对父权理论的吸收和改造

在不同时代、不同地域和不同文化背景下，女性主义理论不断地吸收着各种主流思潮的精华，并衍生出形形色色的女性主义流派。这一特征在第三次浪潮中尤为显著。玛丽·伊格尔顿曾这样描述女性主义批评的源头："女权主义者对男性中心论的怀疑是对马克思主义批评家关于文学传统中阶级歧视理论的发展。"① 尽管女性主义各流派在历史渊源、分析方法和主张上均有所差异，但其根本目的都在于批判、改造父权文化，其革命性和反抗性昭然若揭：从解构父权文本入手，继而深入社会的权力网络，并试图对其进行颠覆。女性主义批评通常采用重复、改写、盗用、戏拟、倒置等多种嫁接方式将女性意识的种子撒播开来，通过一系列的篡改工作，使得父权文本内部的语言互相颠覆、互相分界，从而导致父权文本以引语、变形等形式成为女性主义批评的组成部分。到了20世纪70、80年代，女性主义批评更加宽容和灵活，兼收并蓄了许多父权理论上的修正和批评，成果显著。

"女性主义批评"是在父权理论框架内女性意识的结晶，本身就是一个嫁接物，因此能够比较灵活地在父权话语中游走。在后现代语境下，"文学史里的所有定义、分类或分界都是策略性的"②。女性主义流派众多，虽很难形成一种模式或一个学派，但却可能引出一系列相互关联的文化倾向和一套相互认可的价值观念。朱丽叶·米切尔（Juliet Mitchell）声称："我并不相信有所谓女性写作或'女人的声音'这东西，有的只是歇斯底里的声音：用妇女的男性语言，

---

① [英] 玛丽·伊格尔顿编：《女权主义文学理论》，胡敏等译，湖南文艺出版社1989年版，引言第3页。

② [以色列] 布莱恩·麦克黑尔：《后现代世界观及其与现代主义的关系》，载 [荷兰] 佛克马、伯顿斯编《走向后现代主义》，王宁等译，北京大学出版社1991年版，第65页。

谈论女性的经验。它既是妇女小说家对妇女世界的拒绝（她毕竟是小说家），又是来自男性世界内的妇女世界的建构。"① 从一开始女性主义批评就清楚地意识到自身的策略性质，大张旗鼓地承认了自己的策略性，并对形形色色的父权理论进行了策略性的嫁接，贴上了自由主义、马克思主义、社会主义、精神分析、存在主义、后殖民主义、生态主义等标签。贴标签是认识的一种手段和途径，这些所谓的父权标签是女性主义批评有益的工具。当然，给女性主义贴标签也是危险的："如果这些标签贬低了激进女性主义者或生态女性主义者的努力，例如，她们努力于不依赖任何父权制思想重建哲学，这个任务令人生畏、甚至有风险但却值得提倡；如果这些标签贬低了她们的努力，那同样是一种不幸。"②

女性主义批评作为一种话语，是从模仿开始的。埃莱娜·西苏曾用极富抒情性的语调说道："我的父亲我的母亲我的国家，它们都失去了，我的语言扮演着我的父亲的丧失，我的母亲的海，我的声音模仿着我的父辈们的言行。"③ 在后现代语境下，女性主义在对父权制的模仿和批判中完成了对西方理性中心主义传统的解构，并将其与阳具中心主义嫁接成"阳具理性中心主义"（phallogocentrism）。嫁接后，女性主义批评在保留旧概念的同时，通过不断地重复来模仿父权神话，将新的意义移植进来。"一个简单的嫁接，虽然它的潜在涵义颇为复杂，是在同一页上把两种话语并肩连在了一起。"④ 女性主义批评在很大范围上运用了类似的技巧，贴上父权标签的女性

---

① ［英］朱丽叶·米切尔：《女性·记叙体与精神分析》，载［英］玛丽·伊格尔顿编《女权主义文学理论》，胡敏等译，湖南文艺出版社1989年版，第181页。
② 艾晓明：《女性主义思想的多样性》，载［美］罗斯玛丽·帕特南·童《女性主义思潮导论》，艾晓明等译，华中师范大学出版社2002年版，导言第1页。
③ ［法］埃莱娜·西苏：《从无意识的场景历史的场景》，载［美］拉尔夫·科恩主编《文学理论的未来》，程锡麟等译，中国社会科学出版社1993年，第25页。
④ ［美］乔纳森·卡勒：《论解构：结构主义之后的理论与批评》，陆扬译，中国社会科学出版社1998年版，第119页。

主义批评的存在,本身便是与父权话语的一种交流,它不是对二元对立的解构,却依然可以达到一种解构的效果。女性主义批评的嫁接虽具有解构的力量,却暗示了男性话语霸权的无微不至。女性主义批评肇始于这样一种原初的模仿,贴标签其实就是一种简单的重复和嫁接,"解构一个二元对立命题,不是摧毁它,废弃它,而是将它重新刻写一遍"①。正是在这貌似简单的嫁接和重复中,女性主义批评解构了父权话语中的二元对立。不过,"说一个标记或一个文本本来是可重复的,就等于说,没有单纯的起源,也就是没有纯粹的独特性。它们即刻地分解并重复自己,它们因此就成为能够在其根基处被根除的"②。

20世纪70年代,女性主义批评就开始多方面地运用结构主义、精神分析和马克思主义理论等方法论的工具。在多元化的时代,各种不同的阐释模式并存。女性主义批评已意识到,对待复杂的父权制及其文化,任何阐释角度都是有局限性的,同时又有独特的有效性。"移植一段言语于新的语境之中,重复一段惯用语于不同场景之中的可能性,并没有推翻是语境而非意向决定示言外之力的原理。相反它还肯定了这一原则:在引用、重复和框架之中,它是一种新的改变示言外之力的语境特征。"③ 女性主义批评各个流派的话语经过改造、融合和重建,在对父权文化的批判中发挥着各自的作用。父权文本界限被打破后,里面的东西涌出来,外面的东西不断进来对原有的东西进行替补,新的意义则无规则地撒播在结构了的文本之间。正如斯皮瓦克所说:"如果根据妇女的劳作及生育重新审视异化、劳动及创造财富的性质和历史,那么我们则可以从马克思学说

---

① [美]乔纳森·卡勒:《论解构:结构主义之后的理论与批评》,陆扬译,中国社会科学出版社1998年版,第116页。

② [法]雅克·德里达:《文学行动》,赵兴国等译,中国社会科学出版社1998年版,第30页。

③ [美]乔纳森·卡勒:《论解构:结构主义之后的理论与批评》,陆扬译,中国社会科学出版社1998年版,第107页。

中读到某种马克思本人未曾料及的东西。"①

传统马克思主义理论以历史唯物论为基础,认为男女不平等的关键在于资本家对妇女具体的经济剥削。马克思主义女性主义对其加以吸收和改写,猛烈攻击了这种粗糙的经济决定论,认为马克思主义中存在性别盲点,资本主义制度和父权制是一丘之貉。她们认为马克思的历史唯物论失之偏颇,重视由男性控制的公共领域的生产活动及生产关系,而忽略了私人领域的再生产活动及两性社会关系。那么,"引文在主要文本的构造体内是一个异己的寄生物呢,还是包围并缠绕住引文的阐释性文字是寄生物、因而引文成了寄主?"② 就马克思主义理论而言,其中关于人性、意识形态、阶级意识、虚假意识以及异化等概念和理论均被女性主义加以引用和改写,且在嫁接后显示出了新的生命力。盖尔·卢宾曾试图借用人类学和精神分析学的概念来建构一个关于妇女压迫的理论,并在巧妙地借用中使父权理论的性别歧视渗透出来。她穿梭于马克思主义、结构主义和精神分析之间,引用"性/性别制度""生育方式""父权制"等概念对经济制度和性的制度进行了明确的区分,并指出性的制度具有某种独立性,并不总能够用经济力量来解释。在此,我们看到了她对马克思的戏仿,问道:"一个顺从的女人是个什么人?她是人类雌性成员中的一员。可这个解释就跟没解释一样。一个女人就是一个女人。她只有在某些关系中才变成仆人、妻子、奴婢、色情女招待、妓女或打字秘书。脱离了这些关系,她就不是男人的助手,就像金子本身一样不是钱……等等。"③

女性主义批评一方面意味着突破原有的父权系统,打开其封闭

---

① [美]斯皮瓦克:《女性主义与批评理论》,载张京媛主编《当代女性主义文学批评》,北京大学出版社1992年版,第308页。

② [美]J.希利斯·米勒:《重申解构主义》,郭英剑等译,中国社会科学出版社1998年版,第95页。

③ [美]盖尔·卢宾:《女人交易——性的"政治经济学"初探》,载王政、杜芳琴主编《社会性别研究选译》,生活·读书·新知三联书店1998年版,第23页。

的结构,排除其本源和中心,消除其二元对立;另一方面意味着将瓦解后的系统的各种因素暴露于外,看看它隐含了什么,排除了什么,然后使原有的父权因素与女性因素自由组合,使它们相互交叉,相互重叠,从而产生一种无限可能性的意义网络。而女性主义者对语言一词本身以及精神分析和文学批评术语的质疑则引起了一种内乱,"妇女对话语的接触涉及屈服于阳性中心论,男性和象征秩序的问题:拒绝另一方面也会使女性更处于边缘位置,更被视为一种疯狂和胡闹"[1]。既然拒绝只能进一步表明女性受压迫和压抑的处境,女性主义批评势必将父权文本拆散,彻底地颠倒男/女二元对立的传统,并通过玩弄语言的游戏尽可能地超越父权文本产生的反复增殖。"女性主义批评则不仅仅重新刻写了父权文化中的二元对立,而且在试图篡改它、颠覆它。妇女颠覆性地挪用大众男性声音,与不同的文学联系起来时,就会产生不同的看法。"[2] 女性主义批评的鼻祖波伏娃就深受其伴侣萨特的存在主义哲学的影响,她从存在主义的基本理念切入,开宗明义地指出女人的他者(the other)地位,"女性要素既包括在善与恶、吉与凶、左与右、上帝与魔鬼这些鲜明对比的概念里,也包括在阴与阳、尤位纳斯与宙斯、日与月和昼与夜这些成双成对的概念中。他者性(otherness)是人类思维的基本范畴"[3]。在全面探讨女人的第二性的处境后,波伏娃挑战所有本质论的女性主义与反女性主义,提出了女性主义的经典论断:"女人并不是生就的,而宁可说是逐渐形成的。"[4] 几乎所有的女性主义者都认可了女人的他者性及其第二性的境遇。

---

[1] [英]玛丽·雅克布斯:《观点的差异》,载[英]玛丽·伊格尔顿编《女权主义文学理论》,胡敏等译,湖南文艺出版社1989年版,第380—381页。

[2] [英]玛丽·伊格尔顿编:《女权主义文学理论》,胡敏等译,湖南文艺出版社1989年版,第162页。

[3] [法]西蒙娜·德·波伏娃:《第二性》,陶铁柱译,中国书籍出版社1998年版,作者序,第5页。

[4] 同上书,第309页。

二　文本的嫁接：法国女性主义批评

法国女性主义批评与1968年后的新女性主义息息相关，其中对父权理论进行成功嫁接最有代表性的应该是埃莱娜·西苏（Helene Cixous）、露丝·伊利格瑞（Luce Irigaray）和朱丽娅·克里斯蒂娃（Julia Kristeva）三位批评家。德里达在关于异延的分析中提到了阴性书写（l'écriture féminine）和阳性书写（littérature）。埃莱娜·西苏将之进行对比，并在《突围》（Storties）列出了这些二元对立的概念：

主动性／被动性
太阳／月亮
文化／自然
白昼／黑夜
父亲／母亲
头脑／心灵
可理解的／神经质的
理性／情感[①]

在这些对立项中，前者往往优于后者，处于中心地位，是积极的、主动的；后者则以前者为依据，处于第二位，是消极的、被动的。从言说到书写，从高到低，这一对立思想一直在起作用。安·罗莎琳德·琼斯论及西苏的女子气，说道："西苏的女子气作品概念与德里达对作品差异的分析之间的关系极密切。对于西苏，所谓女子气本文指那些'体现差异'的本文，她曾经这样说道，它的奋斗方向就是差异，竭力破坏占统治地位的阳性中心的逻辑，撕毁二元

[①] ［法］西苏：《突围》，载张中载等编《二十世纪西方文论选读》，外语教学与研究出版社2002年版，第509页。

对比法的假面具,在开放的本文性(texuality)中寻找欢乐。"① 西苏发现这些二元对立项都是按照优劣的层级排列的,而对立项的真相都涉及"男/女"的对立。每一种对立都源于男/女的对立,男人是自我,与所有主动的、积极的事物相联系;而女人则是他者,与所有被动的、消极的事物相联系。于是,西苏继续列举:

自然/历史
自然/艺术
自然/心灵
激情/行动②

她进一步发现,象征秩序内的文化、艺术、宗教、家庭和语言,都在精心阐述着同样的故事:男/女。"而每一个对立项获得意义的行动就是摧毁另一项的行动。"③ 每时每刻战争都在爆发,死亡都在发生,而胜利永远都属于统治项——男人。正如陶丽·莫依(Toril Moi)所说的:"关键不在于你选择其中哪一组对立向来强调,因为隐藏的男/女对立项(不可避免地要带来积极/消极的评价),总能被追溯为潜在的范例。"④ 哲学结构正是从贬低女性开始的,西苏相信通过动摇这种二元结构,阳具中心主义的主体优势的基础将被动摇。所以西苏的整个理论目标正是要摧毁理性中心主义与阳具中心主义,颠覆男/女二元对立,欢呼一种新的语言——阴性书写的到来。在此,我们看到了一种倒置,它强调无意识的主导力量,然而依旧将无意识界定在意识的参照系中,且作为被压抑或延宕的意识。女性

---

① 安·罗莎琳德·琼斯:《描写躯体:对女权主义创作的理解》,载[英]玛丽·伊格尔顿编《女权主义文学理论》,胡敏等译,湖南文艺出版社1989年版,第406页。
② [法]西苏:《突围》,载张中载等编《二十世纪西方文论选读》,外语教学与研究出版社2002年版,第510页。
③ 同上。
④ 同上书,第509页。

被压抑了,降为第二性。西苏揭开了她们隐匿的存在,使她们恢复了在场的尊严。她反对男/女二元对立,甚至男性、女性的术语,坚信所有人类的天性中都蕴含双性同体的因素。同时,西苏也揭露了这样一个事实:男/女两性将我们的思维限定在二元逻辑中,"大多数的妇女都是这样的:她们写的是别人的——男人的——作品,不自觉地确认了它并让它说话,结果写的作品实际上是男性的"①。这就意味着,作品即使签上了妇女名字的也未必是"女性化"的,反之,那些签上了男人姓名的作品也不一定就排除了"女性因素"。

伊利格瑞也认为女性性欲与女性身体是女性书写的源泉,但她所致力的事业是把阴性(feminine)从阳性的哲学思想里解放出来。以她的博士学位论文《他者女人的反射镜》(*Speculum of the other women*)为例,论文从结构上来看是"阴性"的,如同一面凹透镜,中间部分为"反射镜",在论述弗洛伊德和柏拉图的过程中有意插入一些零碎的议论,意在检验女人是如何被从父权话语生产中排斥出去的。"所有的摹仿物都在洞穴假象中重现了,且作出了扭曲和翻转:阴影/光明,退却/跨越,偶像崇拜/宇宙秩序,有限的洞穴/宇宙……毫无疑问,反射镜的对象被移置。他们假装还原它,实际上使它不再出现。"② 伊利格瑞试图通过柏拉图关于洞穴的寓言来说明女性是怎样被贬降到从属的地位,从而将妇女的"他者性"转化为一种反射镜般的关系:妇女不是遭人忽略,便是被视为男子的对立面。美国学者罗斯玛丽·帕特南·童(Rosemarie Putnam Tong)认为伊利格瑞的著作存在一种张力:"她确信,我们必须最终结束给事物贴标签、划分类别的过程;她也同样确信,我们无法阻止这个过程,

---

① [法]西苏:《阉割》,转引自安·罗莎琳德·琼斯《描写躯体:对女权主义创作的理解》,载[英]玛丽·伊格尔顿编《女权主义文学理论》,胡敏等译,湖南文艺出版社1989年版,第407页。

② Luce Irigaray, Translated by Gillian C. Gill, *Speculum of the Other Women*, New York: Cornell University Press, 1985, p.297.

只能介入其中。"① 伊利格瑞把女权主义话语的破坏性力量置于一种游戏性的模仿中，主张采取嘲弄式的模仿、干扰以及超量过度的策略，去粉碎和破坏阳具中心主义话语。然而，"玩弄模仿并不能为我们提供权威，特别是如果主流文化也像玩弄你的模仿（mesis）的时候。而且在模仿主流的语言时，我们怎么能够保证：模仿被理解违反讽——理解为非暴力抵抗、庸俗下流、或者女权主义的差异而不理解为单纯的派生物呢？"② 对她来说，自我矛盾是一种反叛形式，是反叛阳具中心主义所要求的逻辑连贯性。她乐于从自己写作中的含糊、矛盾中不断得到乐趣，而不为之感到困窘。"女权主义批评没有能力解决模仿问题，或者放弃女性主体性的观念，即使我们把这一观念作为建构的或形而上学的一个观念而接受。"③ 单纯的模仿并不能摧毁等级，唯有当它包括一种转换或颠倒之时，才有机会来置换等级结构。可见，这一策略至少不能单独成为有效的范畴。但伊利格瑞并未就此放弃，后来又提出了"女人腔"（le parler femme）的策略，希望能够建立独特的女性语言，而且开始反思差异问题，质问道："女性总是被当作空间来对待，而且常常意味着沉沉黑夜，反过来男性却总是被当作时间来考虑。"④

克里斯蒂娃则采用拉康的精神分析框架，将俄狄浦斯阶段与前俄狄浦斯阶段进行对照，从反面来探索女性话语与解构的关系，批判拉康的男性生殖崇拜，揭露其理论是一种超验能指。她认为女性主义批评的对象是以牺牲想象力为代价的象征秩序制度下的现实社

---

① ［美］罗斯玛丽·帕特南·童：《女性主义思潮导论》，艾晓明等译，华中师范大学出版社2002年版，第290页。
② ［美］伊莱恩·肖瓦尔特：《我们自己的批评：美国黑人和女权主义文学理论的自治与同化》，载［美］拉尔夫·科恩主编《文学理论的未来》，程锡麟等译，中国社会科学出版社1993年版，第273页。
③ 同上。
④ ［法］露丝·依利格瑞：《性别差异》，载张京媛主编《当代女性主义文学批评》，北京大学出版社1992年版，第374页。

会关系和性别关系。"在男性统治的社会中,妇女总是被符号、形象和意义所代表和界定的,但由于她们也是这一社会秩序的'否定',所以她们身上总有某种东西是过剩而无法代表的,因此未在这一秩序中体现出来。"① 克里斯蒂娃以"符号态"(semiotic)和"象征态"(symbolic)这两个术语区分重新规范了拉康的"想象"和"象征"的区别,并启用流动多义的"记号"来破坏象征秩序,迫使男/女的严格区分陷入混乱。特里·伊格尔顿指出:"记号并非象征秩序的替代物,不是一种我们取代'规范'话语的一种语言:它是我们习用符号系统的界限。"② 记号本质上并非女性主义专用,但它是流动的、多义的,其所挑战的是那些"固定的符号(上帝、父亲、国家、秩序和财产等等)"③,因此对"记号"的运用也是语言领域中的一种政治斗争。另外,克里斯蒂娃肯定性地将自己置身于德里达和福柯的窘困之中,认为被困在权力网络中的男/女实际上是不可分析的。

嫁接总是受制于进一步的嫁接,女性主义批评将所描述的父权话语纳入自身的程序之内,并没有导致一种呈现的连贯性和透明度。"如果边缘能成为中心的话,什么又是中心?"④ 或者选取一个罕为人知的文本,移入传统的主流之中,或者选取文本中明显是边缘性的成分植入一个关键性位置。女性主义批评正是像这样在两种论点的嫁接中一面接上新的意义,一面又得保持旧的名称。当然,按照德里达的策略,则是"保留了旧名,以作为一种'参与的杠杆'",同时在有意转化的男性/女性这一等级对立命题上"留下一个操作把手"。⑤ 但是女性主义批评的嫁接不仅仅局限于解构理论的新用法,其目标是清

---

① [英]特里·伊格尔顿:《文学理论:导引》,载[英]玛丽·伊格尔顿编《女权主义文学理论》,胡敏等译,湖南文艺出版社1989年版,第378页。

② 同上书,第377—378页。

③ 同上书,第376页。

④ [美]乔纳森·卡勒:《论解构:结构主义之后的理论与批评》,陆扬译,中国社会科学出版社1998年版,第123页。

⑤ 同上。

除文本中男性中心论的臆说，这似乎与德里达的工作有着一致之处，实践了以质疑的方式阅读文本的可能性。同时，女性主义批评家也开始反思：启用男性批评家意欲接受的概念和范畴来辨识性别偏见是不是一种有效的策略？肖瓦尔特则认为女性主义批评仅仅只是对父权本文的意识形态进行修正和颠覆，或者沿用其词汇和方法等都不是长久之计，因为"马克思主义和结构主义都把他们自己视为有特权的批评话语，并且先发制人地要求在批评方法中居于优先位置"①。因此，她相信："在女性主义批评当前的僵局中，更大的问题是寻觅'严格的定义和适当的术语'，或者'在奋斗中建立理论'。"②

第四节 作为寄主的批评

在后现代语境下，历史Ⅰ（history Ⅰ）和历史Ⅱ（history Ⅱ）③之间的严格界限开始瓦解，几乎所有的理论和概念都默认了自身历史的不稳定性。女性主义批评所揭示的是因传统的父权叙事而被掩盖在无数事件之下的静止和沉默的基底以及这一稳定的难以打破的不对等的平衡状态。透过历史Ⅰ，作为寄生物的女性主义者看到的是另外一种几乎静止的历史，女人被放逐在边缘地带的历史。但"寄生物是一种异己，它不单单是有能力侵入家庭这块小天地，蚀尽一家人的食物，把主人杀死，而且在做这一块的过程中，还有奇特的能力把寄主化作大量增殖的自身的复本"④。作为寄主的女性主义批评

---

① ［美］伊莱恩·肖瓦尔特：《迈向女权/女性主义诗学》，载张中载等编《二十世纪西方文论选读》，外语教学与研究出版社2002年版，第483页。

② 同上书，第485页。

③ 英国哲学家R.阿特金森认为，历史Ⅰ是指过去发生或做过的事情；历史Ⅱ是指对过去发生或做过的事情的研究。参见王治河主编《后现代主义辞典》，中央编译出版社2004年版，第419页。

④ ［美］J.希利斯·米勒：《重申解构主义》，郭英剑等译，中国社会科学出版社1998年版，第100页。

也看到了自身的不稳定性，在边缘之地还存在边缘：第三世界女性主义批评、同性恋女性主义批评以及不能说话的属下。在每一个文本中，总是隐居着一条寄生性存在的长长的链条——对先前文本（包括父权文本和女性文本）的模仿、改写和借喻。这一链条中的每一个先前的环节本身对其先行者来说，也都曾扮演过寄生物兼寄主的角色。"没有寄主就不存在寄生物。寄主和有点邪恶或说具有颠覆性的寄生物是同坐在食物旁边的同桌食客，共同分享着食物。"[1] 这一法则既适用于女性主义批评所批评的文本，也适用于女性主义批评本身。

一 从边缘到边缘

随着女性主义批评的成熟期的到来，该批评越来越意识到自身的断裂和不完善，在内在阅读和嫁接的基础上，开始反思自身的理论，意识到自身内部仍存在边缘地带。作为寄主的女性主义批评面临着自身层次的断裂，其策略性使其自身能在历史范畴中辨别各种不同的沉积层，正如福柯所说："过去一向作为研究对象的线性连续已被一种在深层上脱离连续的手法所取代。从政治的多边性到'物质文明'特有的缓慢性，分析的层次变得多种多样：每一个层次都有自己独特的断裂，每一个层次都蕴含着自己特有的分割；人们越是接近最深的层次，断裂也就随之越来越大。"[2] 第三世界女性主义批评和同性恋女性主义批评正处于主流女性主义批评的断裂层中，使女性主义批评永不疲倦地处于从边缘到边缘的过程中。

20世纪70年代以来，女性主义批评开始关注有色人种、殖民地以及同性恋的文学，呈现出多样化的面貌。"为了充分认识第三世界

---

[1] [美] J. 希利斯·米勒：《重申解构主义》，郭英剑等译，中国社会科学出版社1998年版，第99页。

[2] [法] 米歇尔·福柯：《知识考古学》，谢强、马月译，生活·读书·新知三联书店2003年版，第1页。

的妇女,争取不同层次的读者,必须懂得这一领域巨大的异质性,第一世界的女权主义者必须知道不再以自己是妇女自居。"① 女性主义批评开始觉醒,察觉到妇女受压迫的地位与特定的族群在全球经济、政治和殖民结构中的密切关联,对种族歧视、殖民主义和帝国主义等因素开始加以考虑。譬如,对种族歧视地区的妇女而言,其压迫剥削问题,与当地的殖民结构中的政治、经济和文化有染,不能只归究于性别因素。女性主义批评倘若对这些因素熟视无睹,就会导致其自身的解构,而不单单是寄生物与寄主的转化问题。"瓦解既可来自左也可来自右,异曲同工。父权制象征内已包含有这类瓦解。"② 女性主义运动的兴起为女性主义文学、女性主义文学批评、妇女研究的发展奠定了基础,起初它们把注意力几乎全部放在文学研究上。到了20世纪70年代末,黑人和同性恋女性主义者开始挑战女性主义批评:女性主义批评自身一直忽视和阻止对黑人和同性恋女作家的作品进行研究,在黑人男性学者和白人女性学者那里,黑人女性受到了双重歧视。巴巴拉·史密斯质问道:"作为一个开始,我至少想在文章中看到白人妇女承认她们的矛盾:她们的研究和创作中究竟是谁和什么被遗忘了。"③

随着黑人女性主义运动的发展,女性主义者开始质疑"妇女"这一概念的主体地位,认识到性别政治同种族斗争和阶级斗争是黑人妇女作品中两个密切相关的因素。芭芭拉·史密斯最先意识到从任何角度来评论黑人女作家和女同性恋作家都是没有先例且被忽略的,并打破了这种巨大的沉寂。她对白人女性主义运动的目标和策略进行了重新评估,试图把黑人妇女的生活政治与她们的写作及艺术家的状况联

---

① [美]加·查·斯皮瓦克:《国际框架中的法国女权主义》,载[英]玛丽·伊格尔顿编《女权主义文学理论》,胡敏等译,湖南文艺出版社1989年版,第68页。
② [英]朱丽叶·米切尔:《女性·记叙体与精神分析》,载[英]玛丽·伊格尔顿编《女权主义文学理论》,胡敏等译,湖南文艺出版社1989年版,第183页。
③ [美]巴巴拉·史密斯:《迈向黑人女权主义批评》,载[英]玛丽·伊格尔顿编《女权主义文学理论》,胡敏等译,湖南文艺出版社1989年版,第141页。

第五章 女性主义批评的解构传统　187

系起来,在指出黑人女性主义批评的必要性后又努力探索黑人女同性恋作品的存在与否这一事实本身对黑人妇女的文化现状的影响以及它如何揭示黑人妇女所受压迫的严重性。同时,她指出黑人妇女应该从自己的经历出发进行思索和写作而非套用白人男作家的文学思想和方法。史密斯对几位不同评论者的引证说明,如果不从黑人女性主义批评的角度看问题,不仅会误解黑人妇女的作品,而且会在批评中扼杀这些作品。"当白人妇女阅读黑人妇女的作品时,她们当然不可能理解其中种族政治的复杂的内容。一种黑人女性主义的文学评论是完全必要的。"① 她批评了肖瓦尔特在女性主义最佳作品中只字不提任何黑人或第三世界女作家,指责她蓄意忽视任何肤色女同性恋作家的存在。"白人对黑人女作家的错误态度表现在他们根本无视她们的存在,尤其在女性主义评论方面。"② 而埃伦·莫尔斯的《文学妇女》和帕特里夏·迈耶·斯帕克斯的《女性想象力》也表现了同样的种族主义错误。

　　同性恋女性主义批评的存在对于女性主义批评来说,其寄生性也是不容忽视的。同性恋女性主义批评认为异性恋是一套完整的价值和结构观念系统,认为异性恋是唯一自然的性行为和感情表达方式,为父权制的文化环境提供了感情帷幕。玛丽·伊格尔顿指出了读者和读者存在这样一种无意识的共谋关系:"男性批评女性作品时所犯的错误同样出现在一些女权主义批评家对女同性恋和黑人作品的批评上,根本无法找出其中的区别,因为对白人的评论正是异性爱妇女的论著对所有妇女的评论。"③ 异性恋既然在父权社会只是一种政治手段,不是个人的选择,男女关系因此也就具有政治意义,涉及权力和统治。"女权主义文学选集中的异性爱主义——如同男性

---

① [美] 芭芭拉·史密斯:《黑人女性主义评论的萌芽》,载张京媛主编《当代女性主义文学批评》,北京大学出版社 1992 年版,第 103 页。
② 同上书,第 104 页。
③ [英] 玛丽·伊格尔顿编:《女权主义文学理论》,胡敏等译,湖南文艺出版社 1989 年版,第 4 页。

中心选集里的性歧视——起着抹掉女同性爱存在的作用,起着隐饰谎言的作用——妇女只能从男人中寻求感情的和性的实现,抑或根本就未寻求。"① 艾德里安娜·里奇主张女性主义者应对强迫妇女接受异性爱做出女性主义的批评,指出"强迫异性爱制造了一种偏见,认为女同性恋是不正常和可怕的,或干脆认为它不显眼以致看不见"②。无视女性没有经济、文化特权的事实,而把女同性恋者视为男同性恋的女性变体,甚至等同起来,实际上是对女性存在的又一次否定和抹杀。她认为女同性恋在历史上有其自己的政治使命:"女同性恋的存在包括打破禁忌和反对强迫的生活方式,它还直接或间接地反对男人侵占女人的权力。"③

先前的女性主义批评,既是新女性主义批评的基础,也是其必定要予以消灭的某种东西。新文本消灭旧文本的方式是使它合并进来,使之成为自身的基础。20 世纪 80 年代中后期,肖瓦尔特终于发言了。在《我们自己的批评:美国黑人和女性主义文学理论中的自主与同化现象》④ 中,她概略地叙述了过去 25 年的美国黑人批评和女性主义批评理论的平行历史来研究主导文化中共有的经验,承认双方可以受益匪浅,重申黑人和妇女思想家、发言人、读者和作家的重要性。而凯图·卡特拉克指出:"西方知识分子经常本着最良好的愿望,结果却不自觉地与某种旨在使主导力量合法化的活动同流合污,具有讽刺意味的是,他们本来是反对这样的霸权意识形态的。"⑤ 卡特拉克以弗里德里克·詹姆逊的《跨国资本主义时代的第

---

① [英]玛丽·伊格尔顿编:《女权主义文学理论》,胡敏等译,湖南文艺出版社 1989 年版,第 27 页。
② 同上书,第 37 页。
③ 同上书,第 39—40 页。
④ [美]伊莱恩·肖瓦尔特:《我们自己的批评:美国黑人和女性主义文学理论中的自主与同化现象》,载张京媛主编《当代女性主义文学批评》,北京大学出版社 1992 年版,第 239—267 页。
⑤ [美]赛义德等:《后殖民主义文化理论》,陈永国等译,中国社会科学出版社 1999 年版,第 445 页。

三世界文学》为例,试图从第三世界反殖民思想资源中寻求支持,以期建立一种适应第三世界女性文本的理论模式和阐释策略,并揭露了詹姆逊本身就是一种家长式的作风,自以为承担着第三世界文学理论化的责任的白人男子的责任。主流女性主义批评作为黑人女性主义以及后殖民主义理论的寄主,被这个异己的寄生物深深吸引,在吞噬与被吞噬中不断地改造自己。到了20世纪90年代,第三世界女性主义批评和同性恋女性主义批评不再要求"从边缘走向中心",而是站在话语的边缘位置来言说边缘性本身的双重性。这一策略对女性主义批评也产生了极大的影响。

二 解构再解构

女性主义批评是异质共生的,在它所阐释的文本中,总能够发现它所认定的诸如寄生物与寄主的关系这种双重对立格局。在不同流派的批评之中,甚至在不同的批评家之中,一种批评与另一种批评,一个批评家与另一个批评家都被寄生性地联系在一起,而这种关系又极不明确。有时甚至在同一个批评家的不同阶段也会发生寄生性的关系,正是这些在内部进行的解构活动,使女性主义批评处于去权威化的过程中。女性主义批评在限定性批评和多元论批评之间也曾展开了激烈的争论。玛丽·伊格尔顿(Mary Eagleton)认为米利特建立了一种限定性的阅读,"在揭橥早期阅读的虚假的一致时,构想的不是多种阅读,而是要用一种更加正确的、同样规定性的阅读去替代非正确的父权制的阅读"[1]。也有女性主义者否定了限定性批评,认为不能只参照政治目标去解释和促进女性主义批评,并问道:"女权主义作家把小说自身作为对社会现实的实录,这可能吗?"[2] 还有女性主义者明确提出应

---

[1] [英]玛丽·伊格尔顿编:《女权主义文学理论》,胡敏等译,湖南文艺出版社1989年版,第315页。

[2] 同上书,第308页。

采用"多元论"的标签,不应该强求一致的批评程序:"我们的任务是开始实行戏谑的多元论,对各种批评流派和方法的种种可能性反应敏锐,但又不为任何一种束缚,认识到我们分析所需要的许多工具将必然是大部分应继承,部分是我们自己的创造"①。而陶丽·莫依则怀疑女权主义的"多元论",审视批判理论,保证工具和方法的有效性,认为女性主义批评不能忽视政治的作用,"没有共同的政治立场,也就不能存在任何可辨的女权主义批评"②。各种关于女性主义批评的话语交互往复、循环解构,中心和边缘的界限在此消融,权威的根基摇摇欲坠。

女性主义批评正是在不断地批评与自我批评、修正与自我修正、超越与自我超越中突破边缘与中心的界限的。这种突破不仅仅在各种观点群中进行,而且在批评家之间愈演愈烈。以克里斯蒂娃为例,她试图将妇女的革命潜力理论化,认为符号具有革命作用,打破封闭,破坏了象征。而马克思主义—女权主义文学团体则认为克里斯蒂娃关于符号的概念想把被压制的、前语言的成分与女性联系起来是荒谬的,不能从历史的角度界定,倾向于使生物学区别的社会夸张、永恒。"从女权主义角度看,不仅只存在着局限,而且通过认为女性的符号是颠覆的,她建造了一种混乱的、在政治上并不令人满意的革命的诗学。"③ 特里·伊格尔顿(Terry Eagleton)也指出克里斯蒂娃的观点很容易犯形式主义的错误,并且易受曲解,"忽略了一个本文的政治内容,意义破坏的历史条件,也忽略了理解和运用这些本文的历史条件,摧毁统一主义这一活动本身也并不就是一个革命姿态","但她的工作往往在主体被粉碎或陷入矛盾的时候就止步

---

① [英] 玛丽·伊格尔顿编:《女权主义文学理论》,胡敏等译,湖南文艺出版社 1989 年版,第 327—328 页。
② [挪威] 陶丽·莫依:《性与文本的政治——女权主义文学理论》,林建法等译,时代文艺出版社 1992 年版,第 95—96 页。(注:陶丽·莫依即托里尔·莫瓦)
③ [英] 玛丽·伊格尔顿编:《女权主义文学理论》,胡敏等译,湖南文艺出版社 1989 年版,第 346 页。

第五章　女性主义批评的解构传统　❋❋　191

不前了"。① 斯皮瓦克则从另一角度解构了克里斯蒂娃，认为她在《中国妇女》一书中由对中国妇女的顺化策略入手，却不小心地表现出了作为第一世界的享有特权的美国白人知识分子的优越感。

　　作为寄主的斯皮瓦克遭到了批评家们寄生性的批判，而斯皮瓦克同样也作为寄生物吞噬着异己的批评，包括其先前的文本。她在《三个女性文本和一种帝国主义批评》中分析了《简爱》《藻海无边》《弗兰肯斯坦》三个女性文本，批判了女性主义批评的帝国主义性，并指出："新兴的女权主义批评开始复制帝国主义的公理，这是很不幸的事情。对女性主题的尊崇基本上仅限于欧洲和英美范围，女权主义规范也是在这个基础上确立的。"② 在《在国际框架里的法国女性主义》中，斯皮瓦克不仅指责桑德拉·吉尔伯特（Sandra Gilbert）和苏珊·古巴（Susan Gubar）的角度非常单一，而且认为西苏选择美杜莎作为她的标识是其幼稚的出发点，进一步指出："在国际女性主义的话语里，西苏忠实于或毫无保留地接受了德里达的观点这一问题很快就变得离题。这种反女性主义与被理解成批评男人名位或男性生殖器崇拜的反人文主义有着密切的联系，应该把它们与其它种类的法国女性主义区别开来。"③ 十年后，她在《重温法国女权主义：伦理与政治》中在展示法国女权主义的框架和起源后，却要"提醒我自己，在框架内，在起源之后，是一块拼凑之物，如果不以颠倒的方式使钦佩合法化，还不知道如何谈论这种拼凑之物（因为人种论/社会学在这里必须被忘掉）"④。斯皮瓦克从波伏娃的

---

① ［英］特里·伊格尔顿：《文学理论：导引》，载［英］玛丽·伊格尔顿编《女权主义文学理论》，胡敏等译，湖南文艺出版社1989年版，第378页。
② ［美］斯皮瓦克：《三个女性文本和一种帝国主义批评》，载［美］赛义德等《后殖民主义文化理论》，陈永国等译，中国社会科学出版社1999年版，第158页。
③ ［美］斯皮瓦克：《在国际框架里的法国女性主义》，载张京媛主编《后殖民理论与文化批评》，北京大学出版社1999年版，第95页。
④ ［美］斯皮瓦克：《重温法国女权主义：伦理与政治》，载王逢振等编译《性别政治》，天津社会科学院出版社2001年版，第99页。

"母亲"形象开始,指出了西苏对母亲形象的利用以及对多元化的展示;并在玛丽-埃米·埃利-卢卡丝的后殖民语域和西苏的欧洲书面浪漫文体之间穿梭,强调了女人/个性的至关重要;而伊利格瑞则把作为前占用象征的爱抚繁殖力重写为一种(不)可能的占用,超越了西苏"模糊"的母亲。这篇论文是对"国际框架"的再一次尝试,开始认为宗主国女性主义和后殖民主义女性主义之间可以进行交流,承认自己在第一次尝试作为一个闯入美国大学的少数民族成员的主体地位对其选择后殖民主义的立场起了决定性作用。很显然,十年后的斯皮瓦克修正了对法国女性主义批评的批评,认为法国派尽管不与底层的女人认同,却努力不懈地从底层解构了父权政治理论。

在后现代语境下,理论界对差异问题越来越关注,作为寄生物兼寄主的女性主义批评也在不断地进行界定和重新界定。正如肖瓦尔特所说:"在人文科学中,明智的人常常根据新观念来改变和修正他们的理论的立场,而不是顽固地坚持其发轫的范例至死。"[①] 女性主义批评寄生于父权文化的结构中,同时又从某种它无法命名的外部着手,不断变换游戏规则,以求确定那被其历史所遮蔽或禁止的东西。在这种寄生性过程中,女性主义批评保持着一种历时性和开放性,意义不断推迟。

[①] [法]肖瓦尔特:《我们自己的批评:美国黑人和女权主义文学理论的自治与同化》,载[美]拉尔夫·科恩主编《文学理论的未来》,程锡麟等译,中国社会科学出版社1993年版,第246页。

第 六 章

西方女性主义批评的"双性同体"观

第一节 "双性同体"观的理论资源

一 西方"双性同体"观溯源

"双性同体"又称"雌雄同体""两性同体""两性共体"。它在植物学上指雌雄同株,这种现象在植物中很普遍;在动物学上指一种动物兼有雌雄两种性器官,可以进行自我交配和繁殖;在医学上指同一个体兼具男女性器官或两性体质(第二性征)[①],因现象罕见而被称为两性畸形;在性心理上指性倾向既为同性又为异性;在心理学上指兼具男女两性人格特质。作为女性主义理论中有关性别气质的重要概念,它在英文版本中主要涉及 androgyny 和 bisexuality。二者都属印欧语系,但前者由希腊文词根构成,后者词根为拉丁文。

从词源分析,双性同体 androgyny 由希腊文词根 andro(男性)gyny(女性)构成,在希腊文中 andros 是男,gyne 是女。而两个词根颠倒顺序后就形成了具两性畸形内涵的 gynandromorphism。

[①] 参见林树明《多维视野中的女性主义文学批评》,中国社会科学出版社 2004 年版。

bisexuality 的主要构词 sex 属中古英语，词根是拉丁文 sexus，secus 一词又来自 seco，意即"劈开、砍开"，但 sex 一词直到 14 世纪才出现。

追溯到古希腊，有一个与双性同体 hermaphroditism（医学用语）相关的神话传说。赫尔墨斯（Hermes）与爱神阿芙罗狄蒂（Aphrodite）所生之子赫马佛洛狄忒斯（Hermaphroditus）长相俊美，住在附近湖里的水中仙女萨尔玛西斯（Salmacis）对他十分爱慕，但遭到他的严厉拒绝。仙女不死心，趁赫马佛洛狄忒斯在水中游泳时，钻入他的身体，并祈求众神不要让他们分开。众神应允，他们便永远合为一体。除了象征爱情的完美，双性同体还象征了人类最初形态的完整。

古希腊智者柏拉图在《会饮篇》中讲述了一个人类的原初形态——具有完整性的双性同体。人最初是球形，身体除了一个圆头之外，其余各组成部分的数目都是双倍，这便是不同于男、女的第三种性别——"阴阳人"（hermaphrodite）。阴阳人既是男性又是女性，可以看作不男不女，也可以看作半男半女，具有两性性别特征，但又含有轻蔑的意味。正因为男女都是被劈开的"一半"，所以他们会找寻自己的另一半。"全体人类，包括所有男人和女人，全体人类的幸福只有一条路，这就是实现爱情，通过找到自己的伴侣来医治我们被分割了的本性。"① 相拥的情人很乐意接受铁匠赫淮斯托斯的帮助，被放在炉子里化为一体。"人的生育是神圣的，可朽的人具有不朽的性质，靠的就是生育。"② 这里表现出人类在远古时代的生殖崇拜，也展示出人类对自身完美人格的追求。而《圣经》中认为上帝及其所创造的第一个人亚当就是双性同体。荣格所说的阿尼玛、阿尼姆斯原型所反映出的人类心理，恰与此相映证。

---

① ［古希腊］柏拉图：《柏拉图全集（第 2 卷）》，王晓朝译，人民出版社 2003 年版，第 231 页。

② 同上书，第 249 页。

第六章　西方女性主义批评的"双性同体"观　❋❋　195

　　几乎所有的神话传说和宗教都认为，最早的神和人是双性同体，后来被分割成单一性别的存在物。弗洛伊德也认为，人在生理上起初是双性的，进化使人变为单性。然而当男性和女性被劈成两半时，两性之分别的历史也随之开始。在原始社会或者更早，为了适应残酷的生存环境，男性和女性在社会分工中表现出不同的性别特征，但随着当代社会体力劳动机会的下降和脑力劳动机会的提升，传统性别角色越来越束缚个体人格的自由发展。美国心理学家桑德拉·贝姆（Sandra Bem）于1974年设计了第一个测量双性化特质的心理量表——贝姆性别角色度量表（Bem Sex Role Inventory），并把人的性度分为四种：双性化人格（Androgynous Personality）、男性化人格、女性化人格以及中性化（不典型）人格。贝姆认为，复杂的社会需要性别角色上的灵活性，更多的人应是双性化人格，具有弹性（flexibility）和整合性（integration）的人格才适应社会发展。因此心理学上的双性同体指同一个体兼具男女人格特质，在社会生活中能够表现出优秀的人格力量。

　　而用于西方女性主义文学批评领域的"双性同体"这一概念，或指一种大脑不分性别的文学创作状态及批评标准（androgyny），或被用来专指妇女独特的创作风格（bisexuality），定义颇多却有着相同的前提。然而这些同样基于完美构想的双性同体观也遭到了种种批判。

二　西方女性主义批评"双性同体"观的理论背景

　　双性同体是西方女性主义理论中的重要概念，而它所涉及的性别气质及两性差异问题在西方女性主义理论中始终占据着重要地位。精神分析学家将解剖学领域中的双性同体（bisexuality），扩展到性行为领域及心理学领域，指涉性取向或性别气质领域。对于性别气质的形成，理论界主要存在两种观点：生理决定论和社会建构论。前者认为两性气质先天存在，后天无法抹杀，心理上的特性由生理决定；但后者认为所谓先天的性别气质是由社会文化建构而成，具有后天的可塑性。

性别本质主义观念由来已久，西方本质主义的性别观念是以菲勒斯为中心的逻各斯二元划分，认为男人是规范的、积极的、优越的、具有理智思维，而女人是失常的、消极的、低劣的、具有直觉思维。[①] 所谓的男性气质、女性气质，男子气、女子气，男性化、女性化，遭到了众多学者尤其是女性主义者的质疑。

康斯坦丁诺普尔（Constantinople）于1973年率先从理论层面对两极的男性气质—女性气质的心理学建构提出质疑，从而提出双性化的性别角色概念。男性气质和女性气质是独立的单一维度，即一个人可能同时拥有男性气质和女性气质。

而美国学者玛格丽特·米德（M. Mead）的《性别与气质》则阐释了所谓先天气质的可建构性。米德最初在三个原始部落搜集资料是为了揭示两性间的性差异，但两年后她发现所搜集的资料仅与人的气质差异相关，与性别无关。"想要同时谈清楚生物学所指的性差异和个人天赋的气质差异是很困难的。我只想谈谈我们每个人属于一种性别并有一种气质，一个与我们同性别的人所共有的气质而且也与同一文化中的异性所共同分享的气质。"[②]

玛丽·沃斯通克拉夫特（Mary Wollstonecraft）早在《女权辩护》（1792）中声称"男性化"不过是个吓人的字眼，"人为的女性软弱会产生压制他人的倾向"[③]。在她看来，男女两性生理上虽不同，但在道德、灵魂上是相同的，不应对心灵进行性别的区分。女人应被看作有道德、有理性的人，"她们应该采取和男人一样的方法"。而对于心灵进行人为的性别区分，正是造成

---

① 参见［英］玛丽·伊格尔顿编《女权主义文学理论》，胡敏等译，湖南文艺出版社1989年版，第357页。
② ［美］M. 米德：《性别与气质》，宋正纯等译，光明日报出版社1989年版，第2页。
③ ［英］玛丽·沃斯通克拉夫特：《女权辩护》，王蓁译，商务印书馆1995年版，第7页。

女人性格软弱的根源,男人们所热烈主张的那种两性差别是毫无理由的。

约翰·斯图尔特·穆勒(John Stuart Mill)在《妇女的屈从地位》(1869)中说道,温顺、服从、自我克制等被称为妇女天性的特征明显是人为的结果。"女作家写的关于妇女的大部分作品不过是对男人的阿谀奉承。至于未婚妇女,她们的很多作品似乎只是想增加择偶的机会。"① 在穆勒看来,"任何人借口用天然素质决定妇女是什么或不是什么,能做什么或不能做什么,是失于冒昧的。迄今为止,关于自我的发展,她们一直是被囿于如此不自然的状态,以致她们的天性不能不被极大地扭曲和伪装起来,没有一个人能有把握地断言,如果让妇女的天性像男人的一样自由地选择其方向,如果除了人类社会的条件所要求的并同样地给予两性的以外,无人试图给它以人为的扭曲,那么,在妇女所显露的性格和能力上,会同男人的有任何重大的差别吗?或任何一点的差别吗?……现在存在的即使是最少争论的差别都只是由于环境产生的,没有天然的能力的差别。"② "社会引起的人为状态以两种不同的方式掩盖了作为观察目标的事物的自然趋向:消灭天性或改变天性。"③ 对于性别气质的传统规范、刻板的性别角色模式即是如此。

美国批评家玛丽·艾尔曼指出西方社会在各个层次上都充斥着一种"性别类比思维习惯",以及用性别类比来考虑问题的有害影响。卡罗琳·海尔布伦(Carolyn Heilbrun)也在《迈向男女双性的认识》中认为,人类应该走向没有社会性别角色模式的社会,人可以自由选择自己的行为规范。海迪·哈特曼(Heidi Hartmann)在《资本主义、家长制与性别分工》一文中提出应消灭社会

---

① [英]约翰·斯图尔特·穆勒:《妇女的屈从地位》,汪溪译,商务印书馆1995年版,第278页。
② 同上书,第308页。
③ 同上书,第318页。

强制的性差别。① 卡罗·吉里根（Carol Gilligan）在《男性生命周期中的女性地位》一文中指出，在性别观念方面，"似乎中立的理论其实都反映着一种观察与评估的偏见"，而人们竟"如此习惯于从男性视角来观察与思考"。② 南希·乔多萝（N. Chodorow）认为，性别差异的根源不在于解剖学的区别，而是早期生活所受到的抚养不同，从而男女各自的感受不同，影响人格心理的形成。吉里根这样评述20世纪的妇女："妇女们公开表述自己的观点成为一件十分困难的事，甚至连私下面对自己时都难以找到真正的自我。女性面具如此牢固，如此威力无穷，使女性迷失掉自己。"③ 斯蒂芬·希思在《性的困境》中将男女的区别明显区分为生理的和历史文化的。"男人和妇女不仅有简单的生物学区别，他们之间还有历史和文化的差异，他们的社会实践和表述活动也有区别，其中包括生物定位及这些过程中的形成和解释。要求有一个'不可否认的'生物现实作为一个基础的定义其本身通常便是一种社会阐释，是一个特殊的假设和论争结构之内的社会表现。"④

至于那些持性别本质主义的生理决定论者，谈论那些定义永不会改变的自然差异确实是种更为安全的方式。这就是性别歧视思想的基础。"不要寻找一个真正的、永恒的本质，因为这一寻找正好使我们脱离最有效的斗争，阻止我们反对限制或将要限制人类的社会历史环境。如果说人类存在着一种自然特点，那就是人类天生便是社会的人。"⑤

性别气质的发展是包括女性在内的"人"的性别解放的深化，

---

① 李银河主编：《妇女：最漫长的革命：当代西方女权主义理论精选》，生活·读书·新知三联书店1997年版，第75页。
② 同上书，第107—108页。
③ 同上书，第116—117页。
④ ［英］玛丽·伊格尔顿编：《女权主义文学理论》，胡敏等译，湖南文艺出版社1989年版，第389页。
⑤ 同上书，第412页。

也是女性主义文学批评对以男性为主的性别理论的逐渐渗入。"双性同体"正是这一发展过程中不可忽视的重要理论。在"性别气质"理论逐渐由原来的"二元划分""刻板印象"向"同体""多元"转化的过程中，伍尔夫从男女平等思想出发，将双性同体观用于文学创作、批评领域便是一个鲜明标志。此后，西方女性主义研究领域对此理论产生了不同的回应。法国女性主义者西苏则提出另一种双性同体理论，倡导一种突出差异的"女性/阴性书写"。在后现代语境下，女性主义批判性别问题上的本质主义，否定将两性及其特征截然两分。克里斯蒂娃等人不再给概念以固定阐释，认为没有固定的"女性"或"男性"概念，每个个体都千差万别。关于"性别气质"批评话语的变革，也在促进现实社会生活中的人——包括男人、女人在内的"性别气质"的多元转化和生成，从而为更自由、更全面的"人"的形成准备了必要的宽松、健康的社会性别文化条件。

第二节 英美女性主义"双性同体"观

一 "伟大的头脑是双性同体的"

柯勒律治说，伟大的头脑是双性同体的。英国女作家、"意识流"小说的代表人物之一弗吉尼亚·伍尔夫（Viginia Woolf）从男女平等思想出发，最先将双性同体（androgyny）这一概念用于文学创作及批评领域，在《一间自己的屋子》（1929）中指称一种最佳的文学创作状态和批评标准。

不论是在现实生活还是在小说中，妇女都被感情和家庭生活所俘虏。妇女不能创造文化，即使容许对妇女进行描写，也都是以非真实的变形状态出现。文学创作对于女人来说，比男人面对更多的障碍和困难。在伍尔夫看来，男女作家之间的本质区别，并不在于男人描写战争而女人描写孩子这种简单的描写对象不同，而是由于他们之间存在大量不同的经历。而每一性别的作者都应表现自身。

艾德里安娜·里奇称自己作品的风格首先是由男诗人形成的，她所受到的教育要有大众性，不能有女性色彩。所以她曾不愿以女诗人出现。因此在伍尔夫看来，妇女作家要冒险杀死房间里的天使并真实倾诉自己的体验。双性同体观正是在这一思想前提下被伍尔夫引入文学创作批评领域的。

《一间自己的屋子》是伍尔夫在1928年4月宣读两篇论文的基础上撰写而成的。伍尔夫以"妇女与小说"为题，谈到"妇女与贫困"，继而探寻"性别与小说创作"，尤其是妇女这一性别作家的创作。小说不同于散文、书信，它的庞大体系需要一定的空间、时间来完成。

伍尔夫在提出"妇女与小说"的诸多问题，分析了妇女创作的历史、现状后，提出妇女创作的条件：钱、屋子。在女作家与小说创作之间，存在的问题是"穷困"。穷困实际上不仅表现在物质方面缺乏金钱、房间，更重要的是精神方面的贫困。在伍尔夫看来写作的艺术最重要的是"表达的自由和完整"，只有智力上的自由才能产生伟大的作品。没有一定的物质保障，没有受教育的机会、创作的时间空间，妇女就永远不能够达到智力上的自由。只有满足了一定的物质条件，女作家才不会在创作时受到种种外界因素的干扰，智力上的自由才易达到"最适于创作工作的心境"——"艺术家的脑子里不能有一点点的障碍，不能有不相干的杂质，没有任何反抗、传道、呼冤、报仇的愿望"。而这种可以消除一切障碍的最佳创作头脑，正是伍尔夫在文中倡导的双性同体（书中译为"半雌半雄"）的伟大头脑，如莎士比亚、普鲁斯特所具有和表现的那样。伍尔夫将柯勒律治的话语借用在文学创作批评领域，实际上提出了涉及"妇女与小说"这一演讲题目的另一个问题："妇女创作"与"妇女自身性别"的关系，更确切地说，是"文学创作与性别"的关系。

在伍尔夫看来，忠直是小说家的背脊骨，所谓"忠直"，即能使读者相信那是真实的。小说家在创作时要做到忠直，但作家的性别似乎又常会干扰。作家观察世界不应局限于人类的性别角度,还有人与现实的关系以及从任何事物本身出发的角度。局限于性别的创作头脑不能够创作出优秀的作品,伟大的作品只能由不分性别的双性同体头脑创作出来,这种头脑因而是伟大的。正是这种不对生理性别抱任何既定偏见、不对性别气质进行刻意的社会性划分的和谐精神状态,才是伍尔夫所提倡的、可给予伟大作家自由创作的双性同体观。

伍尔夫的这种基于完整、和谐的自由创作头脑——双性同体观,具有以下几个突出特点。

第一,伟大的双性同体头脑能够使作家在进行创作时充分调动所有官能,使其毫无隔膜地传达情感。只有这种状态是最完美的,然而这并不是说所有作家都能够具有伟大的头脑。简·奥斯汀的写法在伍尔夫看来与莎士比亚相似,"双性同体"头脑消除了一切障碍。但简·奥斯汀又因实际因素的影响不能平心静气地写,她写的实际是自己。只有作家具备了一定的物质精神条件,被人为划分为男女两性气质的力量才能够在大脑中联姻,才可以在伟大的双性同体状态中创作出令人感到舒服[①]的作品。因此妇女要有自己的钱和一间自己的屋子,要勇敢、自信地走出历史的阴影并能够得到社会文化对于两性的平等对待。

第二,"双性同体"这一完美的创作头脑(或者说是一种创作状态),在伍尔夫的文本中并非强调、突出其中任一性别,它的提出是针对将性别进行严格的社会区分并以男性为中心标准的传统二元思维模式。"一个发达的完美的脑子,不把男女性分开想。"但伍尔夫对于刻板性别模式的反对,不能够说明她提倡所谓的女性气质要与男性气质相同、女人应与男人的创作方式相同。在她看来,若女

[①] 伍尔夫很重视舒服的感觉并在文中指出对伟大作品的感觉。详见《一间自己的屋子》。

人与男人的创作、生活甚至相貌都一样,会是件十分可惜的事情。生理性别不同的作家只要具有双性同体的头脑,都可以创作出伟大的作品,即使他和她都是雌雄参半的"双性同体"头脑,也只能说明一种相似的完美创作状态——脑子里没有障碍和不相干的杂质。而经历的不同、生理的不同,所感受思考的不同,也必然会有各自的内容和风格,同异并存。而所谓妇女的句子及所谓妇女创作的特点,实际上仅指当下或以前,具有历史性、社会性,但并不指向未来,并不具有永恒必然性,并不与生理上的女性必然联系。

第三,伍尔夫所说的"双性同体"并不是"无性"。莎士比亚、济慈、施特恩、考波、兰姆、柯勒律治、普鲁斯特,在伍尔夫看来都具有"双性同体"的创作头脑。而"薛来也许是无性的"。如果说"双性同体"的创作头脑是男性力量与女性力量在头脑中和谐地生活,① 是社会传统性别模式所谓的两性力量进行的一场精神合作,那么"无性"则应是两种力量都未发挥作用,更谈不上在头脑中进行"联姻"活动。

第四,"双性同体"的创作头脑仅是一个最大的满足、最完美的快乐状态,伍尔夫并未将其看作人类头脑的模板,也并未否定或反对纯粹男性或女性②脑子的存在,只是提倡一种最佳的精神状态。在文学领域,"也许一个纯男性的脑子和一个纯女性的脑子,都不能创作"。

伍尔夫提到了"男人女性""女人男性"两个概念,女人、男人指涉 sex,生理性别;而女性、男性实际上涉及心理学上的性别气质,在女性主义者看来所谓的性别气质划分多是社会性别的人为划分,指涉 gender 一词。暂且不论将某特征的气质命名为"男性力量"或"女性力量"这种继承式命名是否合理,单就伍尔夫文本中

---

① 两种力量达到一种平衡、自然的合作。详见《一间自己的屋子》。
② 笔者认为,此处指刻板性别模式划分意义上的男性、女性。

所展示的，并不是简单地说生理上的男人或女人都具有双重生理气质，而是不论生理性别为男或女，伟大的头脑永远都是和谐的双重气质。

伍尔夫所宣扬的是每一种性别自然发展的状态。所以她并不提倡男女的创作、模样、生活完全相同，认为那会是一件十分可惜的事；也并不认为应固守社会性别角色的传统模式，"思考性别的不同是件很费力的事"。而是应忘记自己的性别，在"忘记自己是女人"的状态下写作。现代作家对于性的敏感，恰与"双性同体"的伟大的头脑不同。只有这样不受束缚、自然发展的性别，才会充满"奇怪的性的性质"。伍尔夫所追求的自然状态，恰是她所说的"心一定要有自由、要有和平"，脑子中男女之间要先结合，然后创作的艺术才能完成。

所以，女作家若想创作出伟大作品，也应具有双性同体的头脑。伍尔夫最后回到"妇女与小说"这篇演讲题目，"任何人若想写作而想到自己的性别，那就无救了"。想到自己的性别，是一种"意识的偏颇"。这又回到最初伍尔夫所提出的问题："一个女作家的性别会不会影响她的忠直？"小说家要忠直，女作家不应让她的性别影响到她的忠直，所以她在创作时不应想到自己的性别。值得注意的是伍尔夫此处所指的是社会所规范的性别角色，是社会传统习俗对女性言行的束缚。因为伍尔夫说她像女人那样写，但是像一个忘记自己是女人的女人。这里所"忘记"的是社会传统习俗命名的女人，而忘记后所剩下的"女人"是一个自然本真状态、仅仅生理性别为"女"的女人。

另外值得注意的是，在伍尔夫看来"双性同体"的头脑并非不可实现、不可达到的理想状态。莎士比亚在文中已被作为典范多次强调。

伍尔夫并未在理论上系统地阐释"双性同体""男人女性"等概念，她用讲故事的假设手段表达了自己所向往的女人创作、生活的状态。鼓励女孩子们赚钱、创作,不要整日在家中做家务。抛开"双性同体"的头脑概念,妇女写小说在物质条件具备的前提下,可任由自己的智力自由驰骋,能够具有勇气、胆量,女人能够写出好小说,如同她所假设的那位莎士比亚的妹妹。不是女人自身没有创作伟大作品的能力,而是有史以来社会从未给予女人应有的教育、权利、施展才能的机遇。

弗吉尼亚·伍尔夫于 1927 年 10 月开始写《奥兰多》(Orlando),而《一间自己的屋子》是在 1928 年 4 月宣读两篇论文的基础上撰写而成。可见二者的相关性并非巧合,《奥兰多》中所孕育的思想也并非仅是一个创作上的玩笑。双性同体观念在伍尔夫思想中占据着重要地位。小说《奥兰多》塑造了一位具有多重自我的人,性别像服装一样可以转换和选择。然而对于不断转换性别的主人公,批评家们不知道该如何评价。

"奥兰多的性格是由多种气质混合而成,这很奇特。他忧郁、懒散、冲动、喜欢冲动","他是一位患上文学病的贵族"。[①] 这些气质被刻板的二元性别思维划分为女性特有的气质并视为劣等,在这里多种气质仅是一种奇特的现象。

叙述语言似乎一直避而不谈对于性别的观点,但又时时在叙述中暗含一种对于性别气质的划分及变化随意看待的思想。甚至在奥兰多变性完毕洗浴后,穿上的服饰也是"那些不分男女一概适用的土耳其外套和裤子"。[②]

心理学家会依据一定的标准区分男性气质和女性气质,但在作者的叙述语言中不难看出其观点:生理上可以明确区分奥兰多以前的男性性别和后来的女性性别,但性别气质几乎没有任何变化。但正是奥兰多所生活的时代文化背景,造就了变性后前途的必然改变。

[①] [英] 弗吉尼亚·吴尔夫:《奥兰多》,林燕译,人民文学出版社 2003 年版,第 38 页。

[②] 同上书,第 77—78 页。

与其说作者在叙述语言中对奥兰多性别的认定已经表明其反对生理决定性别论的性别本质主义观念,不如说奥兰多这一人物的塑造本身就充分蕴含着伍尔夫的性别观念。奥兰多变性后变卖了珍珠穿上一套流行的女装。"此前,她很少留意自己的性别,这听上去离奇,却是事实。"① 变性后的奥兰多经历了另一种性别的真实生活,体验到男性与女性在社会中被用不同标准看待和衡量。

奥兰多逐渐变化着,对写作开始变得谨慎,对自己的身体开始虚荣,对自己的安全开始担心。并非服装塑造了我们的心、我们的脑、我们的语言,"服装不过是象征了某种深藏不露的东西而已。是奥兰多本身的改变,指令她选择女性的服装和女性的性表现"②。

虽然总会有精灵"用一把家庭女教师用的戒尺"窥视奥兰多的写作,如同伍尔夫在《一间自己的屋子》里所说的妇女写作所遭遇的社会性别规范束缚,但"如果时代精神仔细检查她的头脑,会发现其中有一些严重的违禁品,为此她会遭重罚",但奥兰多又会耍点小聪明,勉强逃脱,她"不需要抗拒自己的时代,也不需要屈从它。她是时代的产物,又保持了自己的独立性"③。可以说这些语句是对奥兰多处世方式的最好概括,也不可避免地显露出伍尔夫对自身生理性别处于社会劣势的看法。既不抗拒,也不屈从;不可避免一个时代的社会文化对于性别的塑造,但也能够保持自身一定的独特性。

二 乌托邦构想抑或伟大的解构

伟大作家所需的创造想象力在伍尔夫看来不应依据生理性别区分对待,伟大的创作头脑应是社会规范下男女两性力量的统一和谐。但自伍尔夫提出双性同体观后,西方女性主义研究领域对此理论产

---

① [英]弗吉尼亚·吴尔夫:《奥兰多》,林燕译,人民文学出版社2003年版,第86页。
② 同上书,第106—107页。
③ 同上书,第156页。

生了不同回应。伊丽莎白·白恩斯在《给小说命名》中指出:"女权主义者认为写作是有意识的:我们妇女应该出于我们性别而有意识地写作;弗吉尼亚·伍尔夫的男女双性的概念掩饰了那种渗透。"① 以美国女性主义者伊莱恩·肖瓦尔特为代表的观点认为,双性同体是一种不现实的构想,是对女性气质和独特的女性经验的压抑。弗吉尼亚·伍尔夫不仅发展着她的双性同体思想,并创作出适合表达她这种思想的小说形式。然而真正的"双性同体"是两性气质在感情上得到完全的平衡与支配,这一概念如同乌托邦理想一样缺乏热情、活力,使她能够抑制自己的愤怒和抱负,而她所采纳的女性美学,最终又阻碍了她的发展。②

肖瓦尔特首先在文中大量阐述伍尔夫的个人生活经历,尤其是她的病历、精神状况,试图以此为证据。而伍尔夫所提出的"双性同体"是解决"在不公正的现实面前镇定起来"的办法,而这一办法又与伍尔夫的现实精神崩溃密切相关,如同心理学上的前脑叶自质切除术般。

其次,肖瓦尔特认为伍尔夫并未注意女性经验如何使女性强大,而是敏感于它如何导致了女性的弱势。她认为,要超脱民族、性别、身份的行为是胆怯而非勇敢的,让女性忘记痛苦的行为是躲避的、逃避的、被动的。肖瓦尔特在《建立女性诗学》(1979)中曾提出"女性批评"观(gynocriticism),即将女性作家的作品和其女性经验相联系,探索适合女性研究的理论和方法,可见其对经验的重视。

而伍尔夫文中的代词"his"被肖瓦尔特紧抓不放。肖瓦尔特敏锐观察到这一代词,并更加确信伍尔夫"双性同体"的幻想有待质疑,那分明是由脑中的婚姻交给了男性窥淫癖的大脑。在这种情况

---

① [英]玛丽·伊格尔顿编:《女权主义文学理论》,胡敏等译,湖南文艺出版社1989年版,第308页。

② Elaine Showalter, *A Literature of Their Own*, 外语教学与研究出版社2004年版,第263页。

下,哪个被压抑的女作家还能"假装"是双性同体呢?pretend 一词的使用即表明肖瓦尔特的态度——那是根本不可能实现的,那是不真实的。它是一种压制、自我约束。肖瓦尔特甚而引向女性主义,与其说伍尔夫是力荐双性同体,不如说是她对女性主义事业的警告。"It is not so much that she recommends androgyny as that she warns against feminist engagement."① 这便涉及作家创作时是否应想到自己性别的问题。伍尔夫认为创作时不应想到性别,否则是致命的。而肖瓦尔特认为此时的忽略、遗忘性别,恰与女性主义的宗旨背道而驰。肖瓦尔特认为伍尔夫带阶级倾向和布鲁姆伯利集团倾向,即将政治与艺术分离,伍尔夫也因此开创一种让愤怒和反抗成为艺术缺陷的文学理论。然而肖瓦尔特在这里过于敏感的联想,恰使愤怒和反抗成为艺术缺陷。

总之,伍尔夫所倡导的"双性同体的创作头脑",在肖瓦尔特看来不过是一位理想的艺术家所采取的一种乌托邦式的寄托,虽然伍尔夫希望这一思想给人们带来光明,但它并不符合人性和现实,它代表一种不愿直接面对自我性别经验的逃避。伍尔夫所构想的理想艺术家要么超越了性别,要么没有性别。肖瓦尔特认为,作家在进行创作时应完全沉浸于个人经验中,表达出所受到的愤怒,直面表达个人经验中的独特之处。实际上,肖瓦尔特的这种真实性正是伍尔夫所说的"诚实"——只有在她所提倡的双性同体创作状态下才会有的"诚实"。

正如斯蒂芬·希思所说的那样,"双性"在理论争论中成为一种从任何立场出发都可以利用的工具。伍尔夫引入双性同体概念以倡导一种不同于性别刻板模式的和谐创作状态;肖瓦尔特认为伍尔夫的双性同体观不过是一种不切实际的乌托邦构想,是一种背离女性

---

① Elaine Showalter, *A Literature of Their Own*,外语教学与研究出版社 2004 年版,第 288 页。

主义的怯懦表现；然而在挪威女性主义批评家陶丽·莫依看来，双性同体观正是伍尔夫这一女性主义先驱人物的思想精华和战斗武器。

陶丽·莫依在《性与文本的政治——女权主义文学理论》中，将伍尔夫置于全书的绪论并强调提出"谁害怕弗吉尼亚·伍尔夫"。在这样一个金矿里，双性同体的历史脉络得到了最好的显现，而莫依尤其对肖瓦尔特的理论观念进行了大量分析。在莫依看来，肖瓦尔特书中的理论框架就没有搭好。而肖瓦尔特对伍尔夫双性同体观强烈的否定情绪，显露出其阅读批评文本方法的局限性。

伍尔夫文本中的"我"由许多人物表现而成，主体位置反复变化、转移，总是在不断地拒绝一种固定的视角观察，从而达到了一定的讽刺效果。但伍尔夫所建立起来的这种"多重复合透视"激怒了肖瓦尔特，她对伍尔夫所运用的动态多元论观点深恶痛绝，也不能够将文中任一个"我"看成伍尔夫。她称那是伍尔夫文体学上的鬼把戏，令人喷饭。视角的流动性被肖瓦尔特视为躲闪和逃避，以及对于真正的女性主义的否定。肖瓦尔特努力强调伍尔夫书中热情奔放的创作风格以及作者的个人经历，这恰好分散了人们对伍尔夫文中所传达信息的注意力，却在过多地关注文本作者的精神病症。肖瓦尔特认为伍尔夫由于精神病才导致创作出如此不可实现的虚幻概念。莫依认为肖瓦尔特的不耐烦情绪更多地来自她对伍尔夫文本的创作形式和风格的认识，而不是伍尔夫文中的思想观念。在莫依看来，要像肖瓦尔特那样阅读《一间自己的屋子》而不受所读文本中叙述技巧的影响，如同没有阅读一样，根本不能够领会到文本所传达的真谛。虽然伍尔夫说她是从柯勒律治那里借鉴过来的双性同体（androgyny）思想，但实际上弗洛伊德在20世纪初叶从生理、心理的角度就提出过有关双性同体（bisexuality）的思想。莫依认为弗洛伊德和伍尔夫有着潜在的关系，并由此推出伍尔夫像弗洛伊德那样，认为无意识的驱力和欲望经常会给自身的意识思维行动施加压力。人的主体在心理分析层面来说，是一个复杂的实体。意识思维必须被看作多重结构的"过分决断"(overdetermined)。而这恰好在理论上解释了伍尔夫文本独特的创作风格及表达方式。

莫依批评肖瓦尔特站在批判现实主义或资产阶级现实主义的写作形式立场上,否定了伍尔夫的现代主义价值,排除了对伍尔夫现代主义价值的真正认可。莫依从书中归纳出肖瓦尔特的评判标准:文本应反映作者的经验,读者感受越深切,文本就越有价值。而伍尔夫独特的创作方式恰未以作者的身份传达给读者任何直接经验。在肖瓦尔特看来,表达女性经验的行文方式应是直接而明朗的。肖瓦尔特曾称赞利维斯澄清了"女性经验"这一问题,而伍尔夫对此问题什么都不知道。[1] 肖瓦尔特对伍尔夫大加否定,认为伍尔夫太主观,太消极,死抱着双性同体观不放,以逃避她的女性特征。在肖瓦尔特看来,伍尔夫摒弃了个体应拥有的完整统一的自我特征。可以说自我特征这一概念恰体现出肖瓦尔特的女性本质先在的性别本质主义思想。而这种统一自我观在莫依看来恰是西方男性人道主义的核心观点,而人道主义的创始者又都是男性。肖瓦尔特根据自己对女性主义的定义——能有力地表达某一社会框架个人经验的作品,认为伍尔夫作品的政治性不强,从而否定了伍尔夫的作品以及她的双性同体观。

肖瓦尔特在《论伍尔夫》一章中提到的唯一文论家是卢卡契。卢卡契认为,"无产阶级人道主义的目的就是要重建完整的人格,使它不再遭受在阶级社会里所遭受的扭曲和肢解"。而伍尔夫的双性同体观,就是要重建完整的人格、完整的精神状态,不带性别歧视和偏见的完整观念。卢卡契的艺术观影响了许多女性主义者。他认为真正伟大的现实主义胜过一切其他艺术形式,帕特里西亚·斯塔布丝就是一个很好的例子,她与肖瓦尔特持同样的观点,认为伍尔夫

---

[1] Elaine Showalter, *A Literature of Their Own*,外语教学与研究出版社2004年版,第294页。

身上绝不存在创造新型女性形象或楷模的思想。在她们看来，伍尔夫的创作文风是"主观意识感觉的一片混沌"，要塑造出新型现实主义的女性形象，就要使用现实主义小说形式。她们认为，女性主义的好作品应能表现出女人强大的真实形象。在莫依看来，虽然肖瓦尔特文中提到了卢卡契，但肖瓦尔特不是卢卡契那样的无产阶级人道主义，而是自由个人主义（Liberal-individualist）的传统的资产阶级人道主义。她并不赞同伍尔夫将女性主义与和平主义联系起来的思想观念，恰能说明这一点。而反人道主义的研究方法在莫依看来能让我们更好地把握伍尔夫美学思想的政治性质。

莫依认为，要为女性主义政治援救伍尔夫。那些女性批评家没能对伍尔夫的作品做出积极的政治、文学评价，是由于她们在自己的理论、批评方法上犯了错误，而不是伍尔夫的文本有问题。莫依用不同的方式阅读，将伍尔夫的文本称为一种"解构"的写作形式，一种反对并揭露话语两重性（表里不一的本质）的写作形式。伍尔夫在其文本实践中揭示了语言的一种规律，即语言不愿被死盯在一种潜在的基本意义上。语言具有意义上的无限延展或差异，符号的自由作用永远不会产生终极的、统一的意义。莫依认为，要根据德里达这样的文本和语言学理论来阅读伍尔夫《一间自己的屋子》文本中的那种游戏式的视角转换、变化，这才不至于使严肃的女性主义批评家肖瓦尔特恼羞成怒。莫依不仅从伍尔夫文本中读出了"非本质主义的写作形式"，还揭示出人们对男性人道主义观念持深刻的悲观态度。

肖瓦尔特阅读方式的不适当性正是由于忽略了一种革命性的写作形式。克里斯蒂娃认为，有一种特殊的写作实践，自身带有"革命性"。莫依认为，按照克里斯蒂娃的观点可将伍尔夫拒绝使用理性或逻辑的写作形式，理解为对于象征语言（象征男性秩序）的突破，这便是一种革命性的写作形式。若主体的语言让那些所谓无意识的"痉挛性力量"（会使主体重新陷入前恋母情结或想象的混乱中）瓦解象征秩序，那么这个主体会冒着陷入疯境的更大危险。因此，伍尔夫本人的精神病周期发作正是她进行女性主义战斗的精神体现。正是伍尔夫文本所具有的革命颠覆性才使她需要不断地冒着陷入疯境的更大危险。在莫依看来，克里斯蒂娃对于本质主义的摒弃——"反本质主义"（anti-essentialism）①，恰与伍尔夫文本对刻板性别规范的解构不谋而合。而伍尔夫的双性同体观这一重要思想更应放在解构的语境中加以阅读理解。

卡罗琳·海尔布伦（Carolyn Heilbrun）虽然认为人类应该走向没有社会性别角色模式的社会，人可以自由选择自己的行为规范，并在《迈向双性同体的允诺》（Toward the Promise of Androgyny, 1973）一书中将伍尔夫的双性同体列入了文学批评的词汇。但双性同体这一概念"具有无限而根本不可界定性"。她同肖瓦尔特一样，也将伍尔夫断定为非女性主义者，否定双性同体会成为女性主义的欲求，甚至认为解构阶段并不属于女性主义的战略步骤。南希·托萍·贝兹恩（Nancy Topping Bazin）认为伍尔夫的双性同体观是一种男女性的结合，与那种认为它是二元性之解构的观念完全对立。而赫尔伯特·马尔德（Herbert Marder）从伍尔夫所创作的小说中寻找样板，认为拉姆齐夫人和达洛维夫人都是伍尔夫双性同体的理想，是伍尔夫的女性理想。在莫依看来，这些批评家要么认为性别根本无法改变，要么认为男女不同，要讴歌自己的性别。这些都是对伍尔夫文本基于性别本质主义的误读。应将德里达和克里斯蒂娃的理论结合，来分析伍尔夫的女性主义，从而看到"双性同体"观的伟大解构力量。"一种需要解构性别特征的理论应属地地道道、货真价实的女权主义。"②

---

① 按照克里斯蒂娃的观点，可分为三种类型，自由女性主义、差异女性主义、反本质女性主义。即平等、差异、摒弃男女二分。

② ［挪威］陶丽·莫依：《性与文本的政治——女权主义文学理论》，林建法等译，时代文艺出版社1992年版，第19页。

马克思主义女性主义批评家米歇尔·巴莱特（Michele Barrett）关注到伍尔夫的双性同体观运用在小说中时，总不显露其唯物主义立场。而以简·玛尔库斯（Jane Marcus）为代表的另一群不同于上述两种批评方法的女性主义批评家，则对伍尔夫文本持一种情感主义的论证态度和传记式的批评方式。玛尔库斯认为伍尔夫欲急切脱离英国男性文化以及资本主义帝国主义的形式和价值观，它们使她内心充满恐怖，而伍尔夫如同一位"身着维多利亚旧裙子的游击队员"。在莫依看来，玛尔库斯通过传记式的类推法，通过传记材料，而不是通过对文本的分析来证明她的观点。伍尔夫在写作时是否颤抖并不重要，重要的是她写了什么。

派利·梅塞尔（Perry Meisel）是莫依所熟知的唯一的一位把握了伍尔夫文本中激进的解构性质的批评家。他结合了后结构主义的某些先进理论，关注沃尔特·帕特（Walter Pater）对于伍尔夫的影响。他认为伍尔夫以及帕特的主要原则是"差异"，所有语言特征都通过差异显露自身。伍尔夫各文本的巨大趋异性，使任一个创作时刻都不能具有结论性，对于这种打破了正常说话的参照系的话语（自我—作者的位置错乱），就不应再坚持自我和作者的连贯一致。这也恰是对肖瓦尔特"统一自我观"的再次批判。

女性主义者对于伍尔夫观念的接受情况自相矛盾，会认为她是一位不充分的女性主义者而拒绝伍尔夫，又会因为她的小说而赞扬她。在莫依看来，正是由于女性主义批评家不知不觉地将自己置于错误的立场，对传统的男性学术统治的人道主义美学范畴无意识地表示认同，使她们仅在形式、政治上观察女性主义与非女性主义的区别。所以她们不可能对女性主义的先驱伍尔夫的双性同体观，做出任何公正的女性主义批评。

究竟该如何看待文本中的性别差异及对于性别经验的表达，仍旧是一个重要问题。女人气是一个被男性操纵的东西，妇女创作在19世纪因其受到非难，但在20世纪却又因其受到赞誉。玛格丽特·

沃特伍德的研究表明，把写作风格严格地分为男性和女性的观念在20世纪的文学评论中仍十分牢固。时代的变迁、文化的变更，左右着所谓先天生理性别气质的变化。玛丽·雅克布斯在《观点的差异》中说，女性专有的语言领域，只能表明妇女受压迫和压抑的地位。"实际上差异在伍尔夫的术语中已成为一个可以越界的概念。"① 个体性别所具有的社会复杂性，在伍尔夫含混的文本中得到了充分体现。而"对复杂性的忠实就是对妇女生活的尊重"，"对女权主义批评的探索是以妇女的经验与性别差异的功能开始的。异质性持续审视着妇女间的差异，这些差异是肉体与社会、地点与历史所孕育的"。②

然而需要注意的是，莫依确实未对伍尔夫文本中所使用的"his"（肖瓦尔特所抓住的这一把柄）作任何解释，这也是一个被莫依策略性忽略的问题。重新解读伍尔夫文本的主要思想，似乎远比拘泥于词语使用的心理分析更为重要。斯蒂芬·希思认为伍尔夫在文本中无意识地显露出了性别网，他在《性的困境》中说道：伍尔夫陷入了一个文字、比喻和创作方法的陷阱，伍尔夫在《罗曼斯与心灵》中说过"妇女的语言""女性的精神逻辑语言"。从根本上说，没有由性别划分的基本的男性和女性语言。③ 而不可否认的是，自从伍尔夫开始将双性同体作为文学创作的思维机制以及文学批评的标准，双性同体诗学（an androgynist poetics）成为后来女性主义批评一直关注的问题。

---

① ［英］玛丽·伊格尔顿编：《女权主义文学理论》，胡敏等译，湖南文艺出版社1989年版，第381页。
② ［美］凯瑟琳·R. 斯廷普森：《伍尔夫的房间，我们的工程：建构女权主义批评》，载［美］拉尔夫·科恩主编《文学理论的未来》，中国社会科学出版社1993年版，第175页。
③ ［英］玛丽·伊格尔顿编：《女权主义文学理论》，胡敏等译，湖南文艺出版社1989年版，第389页。

第三节　法国女性主义"双性同体"观

双性同体 bisexuality 不同于 androgyny。bisexuality 在心理学上常指双性恋倾向，弗洛伊德即以此词指涉性欲层面上的双性恋。伊利格瑞在这一基础上对弗洛伊德理论进行了质疑和颠覆。而西苏所说的另一种双性同体，正是赋予了传统双性同体概念革命性的含义，与抹杀差别的"双性"概念相对立，指每个人在自身中找到两性的存在，这种存在依据男女个人，其明显与坚决程度是多种多样的，既不排除差别也不排除其中一性。

伍尔夫和肖瓦尔特等人对双性同体（androgyny）虽持不同见解，却都以女性现实的困苦生活为问题的出发点和关注重心，如果说英美女性主义更加注重实践领域的批判，那么法国女性主义更多体现在理论领域。在费尔曼看来，女性在男性中，又相异于或瓦解着男性。女性即压抑 repression 本身。"虽然费尔曼没有明说，但女性的另一个名字或许可以叫做双性（bisexuality）——必然要作为怪物回来的双性。"[①] 在西方二元划分的社会性别规范中，女子气是低于男子气的，女人创作显示女子气被视为低劣，不显示又会被视为无性。所以有女子气的女人就是低劣的观点根深蒂固。法语中的"女性的"（féminin）既可解释为"女人的"，也可理解为"女子气的"。然而词语只要贴上男、女的标签，就会让人误以为那些特点是男人或女人生来就具有并应该具有的。特里·伊格尔顿在《文学理论：导引》中说道："到底有没有特殊的女性创作方法？"克里斯廷·伯葛、菲利帕·贝里在《"精神卖淫"：一篇关于十七世纪女性预言家的论文》中称，女性语言是一种男女两性都可以拥有

[①] ［奥］弗洛伊德：《弗洛伊德文集》，车文博主编，长春出版社 2004 年版，第194 页。

的语言。① 关于小说创作,朱丽叶·米切尔在《女性·记叙体与精神分析》中指出:"小说是伴随十七世纪妇女所写的自传而开始的……绝大部分早期小说乃是妇女所作。"② 米切尔认为,妇女小说家必须是歇斯底里的,这是在父权制资本主义下对妇女的性特征的接受与拒绝,小说的精髓正是在于妇女既要女性化又得拒绝女人气所能做的。"我并不相信有所谓女性写作或'女人的声音'这东西,有的只是歇斯底里的声音:用妇女的男性语言,谈论女性的经验。它既是妇女小说家对妇女世界的拒绝(她毕竟是小说家),又是来自男性世界内的妇女世界的建构。它触及两者。因此,它也触及到两性同体(bisexuality)的重要性。"③

一 不健全的组合

法国著名女性主义者西蒙娜·德·波伏娃(Simone De Beauvoir)从存在主义立场出发,在《第二性》这本被誉为西方女性的"圣经"中(第一卷第一部分)探讨了有关妇女的命运问题。她首先从生物学角度探讨了雌雄两性的性生活,从单细胞动物到哺乳动物。雄性和雌性两种个体类型依据生殖功能划分,只能相关地确定。划分并不能够总是泾渭分明,而且这种划分又并未得到普遍证明。生物界存在多种繁殖方式,单细胞依靠自身进行分裂和再分裂,独自完成繁殖;在多细胞动物或后生动物那里,可以无性地进行繁殖——单性繁殖。在这种情况下,雄性可能根本不起作用。波伏娃在这里的叙述对人类社会文化的性别现状进行了嘲讽。在植物中普遍存在双性同体的物种。两种配子虽有区别,但其等价性仍引人注目。雄性和雌性主要根据它们所产生的配子——精子和卵子,被分

---

① [英]玛丽·伊格尔顿编:《女权主义文学理论》,胡敏等译,湖南文艺出版社1989年版,第223页。
② 同上书,第180页。
③ 同上书,第181页。

别确定为雄性和雌性。多数物种的雄性个体与雌性个体在生殖中是合作的。两种配子在根本上起着同等的作用；它们共同创造了生命体。雄性要素提供了产生新生命所需要的刺激，同时雌性要素为这个新生命提供了一个稳定的机体。虽然卵子的细胞核在表面上是被动的，但它在本质上的主动性已为生殖提前做好准备，而在这一过程中又需要精子提供相应的能动性，二者不可或缺，都起着十分重要的作用。然而它们一旦结合，便都会在受精卵中失去各自的个体性。但在失去自我个体性的同时，它们既超越了自身又使自身得以永存。胚体在波伏娃看来可以算是一种双性同体（书中译为雌雄同体）的种质，它使母亲和父亲的种质得以延续，并以雄性或雌性的形态把它们一起传给后代。

胚体发育变成性腺的组织最初没有分化，性器官的发育都有一个未分化的早期过程。波伏娃认为这些都有助于解释介于双性同体（文本中译为雌雄同体）与双性异体（文本中译为雌雄异体，即两性分离）之间的状况。波伏娃在生物学领域对雄性雌性的探讨，正是对人类社会性别规范及相应思维模式进行批判的铺垫。对于人类性别所进行的社会性规范，并非生物学能够证明的。但早在奥古斯特·孔德（Auguste Comte）时期，女人就被认为不具备"人类理想"，雄性和雌性之间有着肉体上和精神上的根本差异，而女性气质是一种"延长的未成年状态"。[①] 阿尔弗雷德·富耶的性别观则代表了当时众人认同的、以男权为中心的性别观念。他在《体质与性格》一书中完全根据卵子定义女人，根据精子定义男人。似乎物种在奴役着女性以及限制着她的各种能力。但物种通过社会取得生存地位，人类所服从的却是习俗，所谓"人类的第二本性"。生物学事实所具有的价值是生存者赋予的，所以必须从本体论、经济、社会及心理

---

① [法] 西蒙娜·德·波伏娃：《第二性》，陶铁柱译，中国书籍出版社1998年版，第130页。

第六章　西方女性主义批评的"双性同体"观

等多方面去看待生物学事实。不应把性的关系追溯到两种配子的关系。两性分化仅是生理上的一个分化过程，本身不具有任何文化意义。两性分化是个生物学事实，而不是历史上的一个事件，但男人为了证明女人是一个劣等的性别，给她们有差别的平等。就整个动物界而言，尤其在最高等的动物中，两性表现出了物种生命的两个不同方面。它们之间的差别仅仅是不同而已，并非主动性与被动性差别。卵子的细胞核是主动的，而胚体发育也是一个主动的、充满活力的过程，并不是一种机械的展开。精子只是由于它的生命力在受精卵中得到维持才可能进行创造，而卵子只有经历发育变化才可能得以存留。①

波伏娃在使用"女人"或"女性"这些词时，未参照任何所谓固定不变的本质。波伏娃反对生理决定心理特性的观点，在她看来男人、女人的概念都是历史观念，正是教育和习俗的历史及现状形成了所有个体女性生存的共同基础。而人类的个体潜能正是有赖于经济和社会的处境。在这一点上波伏娃与沃斯通克拉夫特、伍尔夫的观点达成共识。在人类社会，"雌性"一词将女人束缚在她的性别中。"雌性是懒惰的、热切的、狡诈的、愚蠢的、无情的、好色的、凶残的、谦卑的，男人把这一切全都抛到了女人身上。"② 而所谓女人本质特征，与生物学事实无关，是从她小时候发展而来的特性，是教师和社会强加于她的命运。所谓的女性气质即显得软弱、无用和温顺，具有相异性和劣等性。女人必须摆脱隐含在女性气质中的种种束缚。而许多男人和女人一样，也被束缚在一个中介性和工具性的范围里，被束缚在次要手段的范围里。女人的处境使她无法具备人类最崇高的品质：英雄主义、反抗精神、大公无私、想象力和创造力，但这些品质对于男人来说也很少见。而做人的使命和做男

---

①　[法] 西蒙娜·德·波伏娃：《第二性》，陶铁柱译，中国书籍出版社1998年版，第28页。

②　同上书，第6页。

性的使命之间没有矛盾,所以在年轻男人看来容易完成的生命历程,年轻女人则面对着种种阻碍与困难。女人在承担无止境的、单调重复的生活中始终对物具有依附性。男人的极大幸运在于必须踏上一条极为艰苦却又是最可靠的道路,而每一种事物都在诱使女人走容易走的道路。女人在放弃女性特质时不会取得男性特质,甚至易装癖也无法让她成为男人——她是个拙劣的模仿者。而中性态度是不可能存在的。一种否定的态度背后总是隐含着相对应的肯定态度。①所以在波伏娃看来:"首先,男女之间会永远存在某些差别;她的性爱因而她的性世界有着它们自己的特殊形式,所以不能不产生具有特殊性质的肉欲和敏感性……在平等中求差别的生存是可以实现的。其次,是制度导致了一成不变。"②

如果抚养小女孩时,从一开始对待她如同对待她的兄弟一样,同样的奖惩、严厉、学习、游戏,许诺同样的未来,让她认为周围的男女和她是平等的,那么阉割情结和恋父情结就会彻底得到更正。母亲一旦在同一基础上和父亲一样承担起夫妻在物质和精神方面的责任,她就会享有同样持久的威望;孩子就会在她周围发觉一个两性并存的世界,而不仅仅是一个男性这一单一性别的世界。不应向男孩子灌输优越情结,而应让他们像尊重男人那样尊重女人。从古希腊到当代,女人许多所谓的共同特性,都是由她们的地位及处境决定的,没有一种是源于雌性荷尔蒙或女性大脑的先天结构,而是由她的处境塑造出来的。所谓永恒女性气质始终在她的经济、社会和历史的整体制约下形成。③

波伏娃的一系列沉思和疑问,都在指向本质论对于性别气质的规范。于是她在文中宣称,女性气质从未存在过。人类社会中没有

---

① [法] 西蒙娜·德·波伏娃:《第二性》,陶铁柱译,中国书籍出版社1998年版,第775页。
② 同上书,第826页。
③ 同上书,第673页。

什么是自然的,女人也是文明精心制作的产品。女人并不是生就的,而宁可说是逐渐形成的。在她的命运中,他人的干预起着决定性的作用,也就是说,如果这种行动采取另外一种方向,就会造成完全不同的结果。决定女人的并不是她的荷尔蒙或神秘本能,而是她的身体以及她同世界的关系,通过他人而不是她自己的行动而得以缓和的方式。新型女人出现的前提并不仅仅是女人经济地位的变化,还有道德的、社会的、文化的改变。①

以弗洛伊德理论为代表的精神分析理论将力比多与男人的主动性联系在一起。只有一种力比多服务于两性性功能,于是男人被定义为人,女人被定义为雌性。而当她的举止像一个人的时候,她就会被说成是在模仿男人。精神分析学家认为她们在"男性化"和"女性化"这两种倾向之间受折磨,但波伏娃认为,她们在所给予她们的客体即他者角色和坚持自由之间犹豫不决。男人在婚姻生活中进步,女人却在生养及千篇一律的家务中日益封闭。女人的依附性是内在化的,而男人从本质上就是独立的,虽然两性都是物种的受害者,夫妻两个人也都在受不是他们所创立的制度的压迫,然而正是男人依照自己的利益所发展的社会,以某种形式确定了女人的处境,这种形式是当前男女两性都在受折磨的根源。精神分析学家造成了许多含糊之处。男人(man)代表积极的人,中性的人,就是说他既代表男性又代表人;而女人却只是消极的人——女性,她不论何时作为一个人去行动,都要宣称自己与男性是一致的。所谓"真正的女人"是如同阉人一样的文明创造产物。"她本能地选择了做一个健全的人,一个面向世界和未来的主体和自由人。如果说这一选择具有男性化倾向,那么在女性化如今是意味着不健全的这个意义上,的确是如此。"②

---

① [法]西蒙娜·德·波伏娃:《第二性》,陶铁柱译,中国书籍出版社1998年版,第820页。

② 同上书,第467页。

波伏娃设想找一个天使——"两性人"来评判男人女人孰优孰劣，但"即使找到两性人，也不会有什么用"，"两性人不完全是健全男人和健全女人的结合，他是由男女的某些部分组成的，所以他既非男人也非女人"。"归根结蒂还是某些女人最有资格解释女人的处境。"① 除了健全的两性结合，也许就只有女人最有资格解释女人的处境了。双性人在她看来并不是完美的组合，而恰是不健全的结合。而对于柏拉图所讲述的关于男人、女人、两性人的神话，波伏娃认为那只是关于爱情的诠释，仍旧可以设想出一个单性生殖的或雌雄同体的社会。而只有对个人的独特性感兴趣，才会存在对多样性的要求。动物生命的进化程度越高，个体性发育得就越充分。在最低级，生命只与物种整体的存活有关。在最高级，生命通过特定个体寻求表现，同时也在完成群体的存活。② 而低等动物虽然是机体，却不能够被看作个体，所以它们介于双性同体和双性异体之间。所以在波伏娃看来，双性同体更不具备个体的多样性。

二 "另一种双性同体"

"人类"这个词在法语中是阳性而非中性。在这一点上，法国女性主义者有着与英美女性主义者相同的深切体会。法国女性主义者露丝·伊利格瑞（Luce Irigaray）在《他者女人的反射镜》（*Speculum of the Other Woman*）③ 中借弗洛伊德关于女性气质的演讲，批判了性别观念中的男权理论。女人被男人评判却对结果一无所知，男人也从未考虑过女人的意见。虽然双性同体既是男人又是女人，但男人们仍旧会毫不怀疑地认为一种性特征总是优于另一种性特征。

---

① ［法］西蒙娜·德·波伏娃：《第二性》，陶铁柱译，中国书籍出版社1998年版，第23—24页。
② 同上书，第20页。
③ Luce Irigaray, *Speculum of the other women*, Translated by Gillian C. Gill. Ithaca, N. Y.: Cornell University Press, 1985.

即使男女成分混合比例具有可变性,但从科学的精确性看来,这种情况十分罕见。双性同体特征在弗洛伊德文中只有一次被认可,却又在谈到男性的受虐倾向时大打折扣。男性特征总是已确定的、可定义的,而女性特征总被保持着神秘感。"女性之谜"可能源于"女性生活中的双性特征"。这一双性特征一方面被分析为"早期的男性气质",另一方面作为对"阉割既成事实"的承认,又作为"女性气质的开端"。在伊利格瑞看来,精神分析学领域所谓女性的双性特征,恰是男性性欲为自身所书写的"程序"的颠倒重演。然而每一个体内都存在双重欲望是不可否认的。伊利格瑞在《性别差异》中说:"如果没有一种双重欲望,正负两极就会分别归属于男女两性,而无法创造出一种交错配列(chiasmum)或双回路线圈,使每一方都可以向着双方运动而又能回归自我。"[①] 双重欲望成为两性和谐沟通相处的必要前提。可以说,伊利格瑞关注的主要是西方形而上学传统如何建构女人,以及揭示弗洛伊德理论中单一性别的权力地位。男性将女性看作负面,又欲代表女性抹去差异。她在《这个性别不止一个》(1977)中指出,为了证明女性的存在,就要使用完全不同的话语来定义女性特征,拒绝妇女和男人说同样的语言。在她看来女性的特征就是发散,女性的天性就是多元。虽然伊利格瑞努力打破理论上女性特征的劣等定式,但仍旧未能逃出基于生理决定论的性别二元对立说,仍旧欲将某一特征定性为女性永恒不变的、必然具有的天性,将特性性别定位并本质化。然而伊利格瑞对于性别本质在一定程度上的解构,与西苏有着共通性和借鉴性。

埃莱娜·西苏(Héléne Cixous)在《突围》(*Storties*)[②] 中批判了基于性别本质主义的二元对立概念。主动性/被动性,太阳/月亮,文化/自然,白天/黑夜,父亲/母亲,头脑/心灵,可理解的/神经质

---

① 张京媛主编:《当代女性主义文学批评》,北京大学出版社1992年版,第376页。
② 张中载等编:《二十世纪西方文论选读(英文版)》,外语教学与研究出版社2002年版。

的,理性/哀婉。在这些对立项中,前者往往优于后者,处于中心地位,是积极的、主动的;而后者总是劣于前者,处于第二位,是消极的、被动的。西苏也同样在《美杜莎的笑声》中针对写作理论,对基于弗洛伊德理论的双性同体观点进行了批判。在西苏看来,"写作是双性的,因而是中性的"这一观点,排除了女性、男性写作间的差别。传统概念的双性在象征阉割恐惧之下,带着对于完整存在的幻想。从这消除差别的双性身上,可以看到失落的作用和可怕的切割印记。① 于是西苏提出了另一种双性同体(other bisexuality),不同于那种"自我抹杀和吞并类型"的双性同体。西苏的双性同体指主体未被禁锢在菲勒斯中心主义,主体都建立了她和他的性爱世界。这种双性鼓动、追求差别。"双性即:每个人在自身中找到两性的存在,这种存在依据男女个人,其明显与坚决的程度是多种多样的,既不排除差别也不排除其中一性。"("nonexclusion either of the difference or of one sex")这一双性在西苏看来是专属于妇女的。妇女是双性的,而男人则"泰然自若地保持着荣耀的男性崇拜的单性的观点"。② 飞翔是妇女的姿势,用语言飞翔也让语言飞翔。然而女人写女人、男人写男人的倡导,更体现出身体经验在西苏看来的重要意义。只有自己写自己,才可能在言语中更多地展现真实的自我感受,才能够真正地从"常规""外面""文化"的彼岸,回到自身。

现代语言学和心理分析学表明,语言操纵着我们,"女人"是写作的结果,而不是写作的源泉。面对带有性别色彩的语言,西苏并未拒绝规范用语,坚持一种无语言的女性本质,而是接受有缺陷的语言,同时对语言进行改造。这另一种双性同体的女性语言并不完全排斥男性话语,相反,它一直在男性话语内部活动,用自己的血

---

① 张京媛主编:《当代女性主义文学批评》,北京大学出版社1992年版,第198页。
② 同上书,第199页。

第六章　西方女性主义批评的"双性同体"观

肉之躯支持自身,将自己的经历写进历史,填补历史,修正历史。尽管菲勒斯中心主义是那样的"自我爱慕""自我刺激""自鸣得意",几世纪以来依旧在产生着那些所谓的"真理"。

西苏以写作作为一种为女性争取说话的策略,不仅要返回自身写作,还要夺取讲话的机会。只有通过女性并面向女性的写作,接受一直由男权统治的言论的挑战,女性才能确立自己的地位。这种女性写作实践无法被定义,也不可能被理论化、规范化。这种双性同体写作使用一种女性所独有的、区别于父权文化的语言,具有要"冲破""飞翔"的反理性、颠覆性和破坏性,是女性主义在研究性别差异的基础上对男女二元对立的解构。此双性同体(bisexuality)不同于古老的男女双性结合(androgyny),在词语构成上即表现出社会性别特征的多样性。"妇女是双性的",而保持着男性崇拜的男人仍旧是单性的。以男性中心作为衡量世界的标准,必然是狭隘的视野。然而西苏又以妇女为双性这一基点看待男人这一单性,不可避免地陷入她所批判的对象的相似境地。实际上,父权社会中的每一种性别都是以畸形的单性方式存在,西方自古感性、理性分裂的思维方式,逐渐造成了后来的两性刻板角色模式。定性分类,以及两类的高低之别,都使性别的发展遭受着不平衡。

"人类的心脏是没有性别的,男人胸膛中的心灵与女人胸膛中的心灵以同样的方式感受世界。"[1] 在西苏看来,两性用身体写作才是真实的。虽然人类的心脏没有性别之分,男人和女人的心灵以同样的方式感受世界,但躯体是完整的,不同的身体必有着对事物不同的感受,女人不是男人,对男人的快乐(ouissance)一无所知,男人也不应为女人代言,西苏也因此不敢在小说中创造一个真正的男性形象。在她看来男女生理上的区别会使一种性别不能够真正体会另一种性别的身体感受。这种不能忽略的真实区别在西苏看来,正

---

[1] 张京媛主编:《当代女性主义文学批评》,北京大学出版社1992年版,第233页。

是身体写作所体现出的重要意义。

西苏专注于寻找女性独有的性特征，以此区别于男性。尽管她的双性同体理论具有本质论（essentialism）倾向，但它以超越男权束缚为主要目的，倡导文化的差异性和多样性，仍旧具有着理论上的革命性意义。

结语　解构二元对立的多元个体

"女性化极不容易取得，也永远不会完成……实际上，生物学的先天论和社会学的作用论都表现出完全被动的特点：妇女要么听其自然命运的摆布，要么就是被一个同样难以抗拒的社会打上它的印记。"[①] 在美国的杰奎琳·罗斯看来，重要的任务在于如何理解性别差异，既不固守它也不拒绝它。而引入文学创作、批评领域的双性同体正是对于性别差异的探讨。如果说伊利格瑞、西苏等人不拒绝差异，那么伍尔夫、莫依等可以被看作不固守差异。

"双性"在理论争论中成了一种双方都可利用的工具。实际上不论是伍尔夫引入文学批评领域的双性同体（androgyny），还是西苏所提倡的另一种双性同体（other bisexuality），都是对西方父权文化性别二元对立观念的批判。与其说其中仍有基于生理决定论的性别本质主义，不如用佳娅特丽·斯皮瓦克所谓"策略上的本质论"（strategic essenrialism）来看待它们对于父权制的反抗。法国的朱莉亚·克里斯蒂娃在《妇女的时间》中指出，女性语言的词法独特性也许更是社会约定俗成的产物。在克里斯蒂娃看来双性同体不过是人类对于性别归于整体的渴望，而这种整体恰恰掩盖了两性间的区别。每一性别内部也是多元的，所以应将"个性的女人"取代群体"女性"的概念。奥托·威林格说，妇女没有存在、没有实质，她们什

---

① 张京媛主编：《当代女性主义文学批评》，北京大学出版社1992年版，第392页。

么也不是。正如美国玛丽·朴维所说,解构主义的任务在于质疑对立的概念和对立所依赖的特征的概念,在缺席中延搁或游戏。基于妇女经验的女性主义,认为妇女的生理本质决定某些感情和经验的女性主义,是另一种错误的人本主义。"女性"(woman)仅仅是社会产物,不具有自然基础,而"真正的历史妇女是存在的,她们分享着某些经验"①。但她们又是多元的,并不具有固定的经验模式。

双性同体概念象征了人类对自身局限的不满,对完整状态的追求。但双性同体这一概念在人脑中的反馈,容易以先在的二元性别气质为接受背景,尤其是 androgyny 的构词形式更易指引错误的理解方式,易忽略掉女性主义所谓双性同体概念内在的不确定性和可变性。

1914 年 6 月,阿拉伯妇女解放运动的先驱、埃及女作家梅·齐亚黛在一篇演讲稿中提出构想:未来的文明不是男性或女性单一的文明,而是整个人类的文明。只靠单一性别构建的畸形文明并非实现理想未来文明的模式。而奥地利的奥托·魏宁格早在 1903 年便提出了西方学术界著名的人类雌雄同体论(theory of human bisexuality)。世界上不存在纯而又纯的性格类型,每个人都是两种素质的混合体,每个人的性格都在两者之间取适当比例协调发展。这一理念逐渐被学术界认可,当今的双性人格成了最健康、最适应社会发展的选择。双性同体概念已逐渐成为西方女性主义哲学中所提倡的"双性同体社会理想",象征以解构二元对立为前提的个体人格品质的完善和多元化自由发展。

---

① 张京媛主编:《当代女性主义文学批评》,北京大学出版社 1992 年版,第 334 页。

第 七 章

西方语境下女权主义关于身体的理论

第一节　外化视角：女权主义关于身体的"政治性"理论

不同的女权主义流派关于身体有不同的理论。从18世纪初开始，西方女权主义在理论上和斗争实践中的重要战场是解构主流社会用男女生理差异来界定妇女社会性别的话语。西方现代主义理论的一个重要基石是理性，它建立在笛卡尔头脑与身体的二元对立基础之上，认为现代社会使人与自己的存在异化，所以必须由大脑来控制身体。在现代主义话语中，身体被看成是不变的、物质的，为了建构能理性思考的主体，人必须从身体中解放出来，只有男性才具有这种能力。女性在头脑与身体、理性与感性这两种交叉的话语中常常感到缺乏自主权和整体性。这是因为，现代主义将男性建构为理智的，而将女性规范为身体的，这样的话语使女性无法从她们的身体中解放出来进行思考。更有甚者，在某些父权制话语和想象中，女性的身体是无法控制的，是与理性相左的，女性的身体因其生育特征而被视为不洁、危险，令人恐惧厌恶，女权主义者对此提出了基于两性平等的种种政治性批判。

一 西方早期女权主义关于身体的理论缺失

受启蒙主义宏大叙述的影响,早期西方女权主义者在一段时期内对现代主义理论中头脑与身体二元对立的质疑存有暧昧,忽视甚至回避了关于身体问题的研究,以自由主义女权主义、马克思主义与社会主义女权主义的理论为代表。

当女权主义者谈论平等和平等的权利时,她们最接近自由主义的传统。当她们谈到"个人的就是政治的"时,就与自由主义思想产生冲突。自由主义女权主义者最普遍的信仰:两性差异是文化性的差异而不是生物性的差异,是教育形成的而不是自然而然的。自由主义女权主义以自由主义的"天赋人权"思想为基础来证明,不能用人的生理差别来决定人的社会属性。虽然女性与男性的生理结构不同,但如果给予其充分教育,她们就能够在理性、道德和社会责任上与男性媲美。自由主义女权主义者认为妇女应该和男人一样。女性主义先驱玛丽·沃尔斯通克夫特(Mary Wollstonecraft)指出,女性理性思维的局限是性别社会化和缺少教育的结果,而不是生理结构决定的结果。[①] 自由主义女权主义者希望把妇女从受压迫的社会性别角色里解放出来,她们强调,父权社会把性(sex)与社会性别(gender)合并为一,认为妇女只适合那些与女性气质相联系的工作。对此,贝蒂·弗里丹提出用雌雄同体的理想抵消社会传统倾向。女性应该获得更多的受教育和就业机会,以便进入政治和公共领域。不管自由主义女权主义者支持单一的雌雄同体还是多样的雌雄同体,她们都趋于同意:人在生物学意义上的性无论如何也不能决定男女的心理和社会性别。可见,在认识论上,自由主义女权主义对身体的认识还局限于西方知识结构中头脑与身体对立的二元模式,局限

[①] Mary Wollstonecraft, A Vindication of the Rights of women, Hamondsworth: Penguin, 1975, p. 144.

于本质主义、宿命论（determinist）和简化论（reductionist）。这类女权主义像父权话语一样惧怕女性的身体，对其采取的态度或是拒绝接受，或是回避，或是排斥。

与自由主义女权主义一样，马克思主义和社会主义女权主义也忽视对身体的研究，而把目光集中于女性的阶级属性、资本主义生产方式对女性主体意识与生活状况的影响以及父权制对女性的压迫。马克思主义女权主义者受马克思、恩格斯思想影响，倾向于认同妇女受压迫的终极原因是阶级压迫，而非性别压迫；社会主义女权主义者似乎更多受阿尔都塞和哈贝马斯等人影响，认为妇女受压迫的根本原因既非阶级歧视，也非性别歧视，而是资本主义女权主义者和父权制之间错综复杂的相互作用。二者虽存在差异，但其共同信念一致：妇女受压迫并不是个人蓄意行动的结果，而是个人生活于其中的政治、社会和经济制度的产物。社会主义女权主义者试图解决阶级与性别的问题。在她（他）们挑战公共与私人、文化与自然的二元对立时，"生育"是一个核心概念。对马克思主义女权主义者和社会主义女权主义者来说，家庭和私有财产有关，两者都构成了资本主义的基础。女性在家庭或者说在"生育"中的角色，实质上都是无报酬的家务劳动。社会主义女权主义者朱丽叶·米切尔（Juliet Mitchell）在《妇女地位》中强调要推翻资本主义，就必须与消灭社会性别的女权主义革命相结合。她放弃了传统马克思主义的立场，认为妇女的地位与作用，是由女人在生产、生育、儿童的社会化以及性关系中所扮演的多个角色一起决定的。性别分工的物质基础是生殖系统，但家庭和女性之间的联系是由社会建构的。生育不是纯生物学现象，而是性别劳动分工和父权制的产物。她反对自由主义女权主义者的论调，即通过深化改革提供给妇女更多受教育和就业的机会就能达到两性平等；也反对激进女权主义者关于生育技术是妇女解放的关键的论断，认为纯粹生物学的解决方法不能从根本上解决心理方面的问题；最后，米切尔也反对马克思主义女权主义者以经济革命使男女平等的方案。在米切尔看来，只要女人和男人的心理依然在阳具象征的支配下，对待妇女的态度绝不可能有根本的改变。因此，为了使社会真正充满人性，必须推翻父权制的资本主义制度。因为父权制的资本主义特征就是妇女的边缘化。

阿利森·贾格尔在《女人主义政治学与人性》中把"异化"作为强有力的概念，它足以容纳女权主义三大流派的深刻见解。她认为，当代女权主义者一致反对压迫妇女，但在怎样反抗以及压迫怎样构成等问题上彼此概念不同。自由主义女权主义者认为妇女受压迫源于不公正歧视；传统马克思主义者认为压迫源于妇女被排除在公共劳动之外；社会主义女权主义者则通过修正马克思的异化理论来描述女人受压迫的特点；激进女权主义者认为，妇女所受压迫主要在于男人对妇女的性和生育能力的普遍控制。贾格尔在性（sexuality）、母职（motherhood）和精神能力（intellectuality）等标题下，阐发了她对关于妇女的异化和分裂的思考。妇女不仅与她们的性相疏离、与她们的生育过程相疏离、与她们履行母职的过程相疏离，甚至与她们的精神智力相疏离，妇女就是这样被异化了。女人被培养得如此不自信，不敢在公共场合表达自己的观点，当思想和话语的条款由男人设定时，女人们永远不会轻松自如。在资本主义父权制结构中，妇女受压迫正是源于这种异化形式。①

基于这些理论，这一时期女权主义运动的重要战场一是争取妇女受教育和就业机会以及法律上的平等权利，二是反对父权社会机制对女性身体的控制。包括反对父权社会对妇女使用避孕药的控制、争取人工流产的社会资源和机会、针对妇女的肉体摧残与性压迫的妇女运动等。如1830—1880年美国反对卖淫的运动，19世纪以来反对裹小脚、阴蒂切割、穿紧身衣等社会习俗的群众运动，以及20世

---

① [美]罗斯玛丽·帕特南·童：《女性主义思潮导论》，艾晓明等译，华中师范大学出版社2002年版，第179—180页。

纪70年代的西方女权主义者倡导的"性解放"运动。20世纪随着医学技术的发展,妇女生育能力得到控制,使许多西方女性认识到解放自己身体的重要意义。罗宾·摩根(Robin Morgan)指出:"作为女性,我们应该开始重新收回属于自己的土地,最具体的地方首先是我们的肉体。"① 身体因此在许多女权主义理论中逐渐占据中心地位。

二 女权主义关于身体"政治性"理论之提出

与这一时期其他女权主义思想派别一样,激进女权主义相信文化可以征服生物性,相信"女人"与"男人"存在区别,相信可以普遍解决女性面临的问题。激进女权主义的核心概念是"父权制"。然而,与自由主义女权主义和社会主义女权主义不同,激进女权主义并不感兴趣于男女平等或者女人变成与男人一样。她们的目标在于摧毁父权制以解放女性。她们提出女性之间的差异尤其是性认同上的差异,挑战公共领域与私人领域的划分中基本的异性恋设定。同时,激进女权主义开始触及权力问题,认为"父权制"是男人统治女人的权力。在任何时候,这种权力的基础都可能是暴力或强制。

与自由主义女权主义、马克思主义女权主义和社会主义女权主义回避身体的话语相反,美国激进女权主义把身体提高到理论核心地位。她们认为男女的主要差异是身体的差异。女性的身体是父权制对女性权力控制的主要空间,集中在对女性生育和性方面的控制。父权社会按照男性文化界定和塑造女性的身体和思维。因此,激进女权主义者指出,女性的身体是既是女性受压迫的焦点,又是女性利用与男性之间的差异来赋权于自己的空间。这些女性主义者打破公共领域和私人领域的界限,将女权主义反对父权社会和父权话语

---

① Robin Morgan ed., The word of A women: Selected prose 1968 – 1993, London: Virago, 1993, p.77.

的斗争集中到对妇女身体含义和社会地位的控制等方面,揭示了父权社会对女性思维和身体的压迫。

在"身体"方面,激进女权主义侧重探索父权社会关于女性的性、生殖控制、性暴力和性剥削等理论。20世纪80年代以后,激进女权主义试图重新评价和改变父权社会对男女两性的社会性别规范,尤其是对女性社会性别的负面特征之规范。她们赞美女性的身体具有忍耐力和创造性,是力量和权力的源泉。激进女权主义强调女性身体、生育和性经历,使其理论和政治成为建构当代西方女权主义的身体理论最强有力的一支力量。这些女权主义者认为女性生育、生殖能力赋予女性权力,因此这些女权主义者注重保护女性的身体,使其免受现代生物科技的危害侵蚀。在政治实践上,她们激发了广泛的妇女健康运动,涉及妇女的性、色情文化、性骚乱和女性生育,鼓励妇女增强对自己身体的控制意识。激进女权主义扩大了自由主义女权主义、马克思主义女权主义与社会主义女权主义政治运动的内容和目标,把妇女运动集中到抵制父权话语对女性身体的各种控制上。

随着女权主义思潮中本质主义(essentialism)的出现,激进女权主义分化为两大阵营:激进自由派女权主义者(radical-libertarian feminists)和激进文化派女权主义者(radical-cultural feminists)。两派女权主义关于"身体"的理论出现了争执,主要体现在对性/社会性别制度和生育问题的不同阐释上。

激进女权主义者认为妇女受压迫的主要原因是性/社会性别制度(sex/gender system)。激进自由派女权主义者认为社会性别与生理性别是可以分开的,而父权制社会用严格刻板的社会性别角色限制妇女,女性气质、生育、性角色和责任,限制了女性作为完整的人的发展。对此她们提出"雌雄同体"概念,认为两性应该发展出一种男性气质和女性气质的结合体。激进自由派女权主义者凯特·米利特(Kate Millett)在其代表作《性政治》(*Sexual Politics*)中指出:

性就是政治。因为男女两性关系是所有权力关系的范式,男性对公共和私人领域的控制构成了父权制,妇女要解放,必须根除男性统治。要铲除男性控制,男女必须消除社会性别,即男女特定的性地位、性角色和气质禀赋,因为这些都是在父权制下建构出来的。[1] 父权制的意识形态夸大了男女两性在生物学上的差异,规定男人是统治的,女人是从属的。米利特盼望一个雌雄同体的未来,渴望一种文化的整合,能够把分离的男性气质的亚文化和分离的女性气质的亚文化合为一体。但这种整合需要在对男性气质和女性气质彻底评估的基础上进行。只有男性气质和女性气质分别都具有价值,雌雄同体才有意义。而激进文化派女权主义者拒绝激进自由派女权主义者关于注入男性气质的"雌雄同体"观念,要求保持女性气质特征,摆脱男性气质的毒害,并且摆脱男人建构的女性气质。

激进自由派和激进文化派女权主义者在性欲的性质、功能、社会建构、控制性方式、满足性自由等问题上认识也不同。对激进自由派女权主义者而言,性是"肉体的情欲快感和生殖器官快感的交换"[2],是社会图谋控制的一股强大力量。异性恋以压迫为特征,女权主义应拒绝父权社会对同性恋的歧视,收回对自己性欲的控制,结束性压抑,最大限度获取性快感和性满足。"理想的性关系建立在充分同意、平等的伴侣之间,通过协商选择任何方式最大限度地给予彼此性快感及满足。"[3] 但激进自由派女权主义者指出,她们对异性恋的不满与男女之间的性无关,而是针对父权制。妇女应该得到性满足,前提是男人把女人的性满足看得与自己的性满足同样重要。激进文化派女权主义者则认为性正是男性权力的场所,性和社会性别同样都是压迫社会性力量的产物。父权制社会的异性恋对妇女来

---

[1] [美] 罗斯玛丽·帕特南·童:《女性主义思潮导论》,艾晓明等译,华中师范大学出版社2002年版,第72页。

[2] 同上书,第90页。

[3] 同上书,第91页。

第七章 西方语境下女权主义关于身体的理论 233

说是灾难,异性恋的性是男性的统治与女性的屈从,它是为男性性暴力实践而设置的舞台。女权主义者应该拒绝这种性关系。妇女解放的关键是铲除所有的父权制度和把性对象化的性实践。"理想的性关系是在充分同意、平等的伴侣之间感情上亲密相处但不扮演两极化的角色。"①

在生育问题上,两派也存在重大分歧。激进自由派女权主义强调妇女受压迫源于自然生育,主张以人工生育方式代替自然生育方式。舒拉米斯·费尔斯通(Shulamith Firestone)在《性的辩证法》(*Dialectic of Sex*)中指出:使妇女的屈从形成系统的父权制,乃是植根于两性在生物学意义上的不平等。无论妇女在权力上获得了多少平等,只要自然生育依然常规存在,那么对妇女而言并没有发生根本性改变。妇女越少介入自然生育,就越多介入社会生产。而人工生殖技术可以弥补这些。②父权社会把无理的要求加诸妇女,令她们消耗身体和精力,鉴于此,激进自由派女权主义者反对生物性母职(biological motherhood)。认为生物性母职是文化的建构,是一个带有压迫目的的神话。妇女的生物性不可避免地造成局限,技术带来的新前景可以把女人从生育的责任负担下解脱出来,生育技术是妇女解放的唯一方式。而激进文化派女权主义者强调妇女的终极源泉正是存在于她们孕育新生命的力量中,自然生育对妇女解放最有利。剥夺女人这一力量,女人将在男人的权力面前脆弱无措。生育技术远非使妇女解放,而是进一步巩固了男人控制女人的权力。男人既控制了精子又控制了生育技术。妇女作为生育者显示了她的重要性,如果这最后的权力也被男人剥夺和控制,那么女人在这个世界上将没有角色。女人在生育上发挥的是积极肯定的权力,而男人寻求技术控制自然、女人和生命

---

① [美]罗斯玛丽·帕特南·童:《女性主义思潮导论》,艾晓明等译,华中师范大学出版社2002年版,第92页。

② Shulamith Firestone, *The Dialectic of Sex*, New York: Bantam Books, 1970, p. 12.

时，他们发挥的是消极否定的权力，两者之间是不同的。只有权力的压迫形式是应该被抛弃的，而妇女的生育权力绝不是压迫性的。妇女不应该不假思索地去反抗父权制，不应该放弃母职，以致放弃自己从这些活动中得到的巨大的满足感：不仅生育孩子，而且伴随他或她成长，在其个人发展中起到重要作用。在父权制社会，解决妇女生育的痛苦并不是通过生育技术，而应该是让妇女能够驾驭而不是对抗她的身体。妇女应该按照她最满意的方式来运用她的身体，在得到此机会之前不能抛弃自己的身体；父权社会把养育孩子的职责强加给妇女，解决这一问题也不是抛弃孩子，而是以女权主义的价值来养育孩子。

当然，无论激进自由派女权主义和激进文化派女权主义存在多少争执，她们都坚持需要检验男人和女人的性、生育权力以及责任，以充分理解男性统治和女性屈从这一持久稳固的制度是如何形成的。激进自由派女权主义者指出，妇女不仅需要从自然生育和生物性的母职中解放出来，而且需要摆脱所谓性的双重标准，这个标准允许男人却不允许女人进行性实验。激进文化派女权主义者指出，妇女力量的源泉植根于妇女独特的生育角色。男性的性行为不值得妇女竞相效仿；因为男人常常是以性为控制和统治的工具，而不是去创造爱和联系。

激进女权主义者抵制身体的另一个重要方面是质疑文学作品中主流父权话语对女性身体的再表现，即把女性表现为天使和妖魔的刻板形象。其主要策略是以神话、文学和文化中那些拒绝屈服于父权社会权力关系的女性形象为源，创建女性主义的反抗话语，建构关于女性身体和社会性别的话语。如女巫、女神等形象。同时，激进女权主义还为一些传统的边缘妇女人物正名，如老处女、泼妇等。这些形象所具有的难以驾驭的身体对西方中产阶级关于女性循规蹈矩、整洁干净、家庭主妇式的行为规范是一种威胁。

在文学理论和文学批评中，激进女权主义的理论重点是从不同角度阐述女性作品中对身体的再表现,探索身体和语言、写作的关系。20世纪70年代末80年代初,美国激进女权主义就女性文学传统涉及的许多问题展开了激烈讨论。伊莱恩·肖瓦尔特通过挖掘女性文学传统创建女性批评理论(gynocritics)。她们总结了女性作家在男性文学传统中写作出现的一些困境,并提出相应的对策。她们认为,为了挣脱男性作品对女性"天使与妖魔"化的再表现的桎梏,女性作家不得不把女性身体作为写作的文本。女性作家往往在两个方面从女性的身体器官中汲取创造的源泉:一是由于男性文学把女性身体作为主题,因此,女性作家认为她们的身体是她们创作艺术的唯一媒介;二是在女性的文学中,血的比喻和形象是最主要和最常见的,[1] 如《简·爱》中带血的床单。另一些女权主义学者还挖掘女性作品中各种疾病的形象和女性的生病经历来表现女性对父权话语控制和压抑的抵制。在文本分析方面,这类女权主义者注重挖掘女性作家作品中对父权话语关于女性身体界定的抵制,探索女权主义的身体话语的各种形式和策略。

三 "性政治"清算——女权主义批评方法的介入

女权主义文学批评方法诞生于20世纪60年代末70年代初的欧美,至今仍在深入发展中。它是西方女权主义高涨并渗透到文化和文学领域的结果。

由于文学作品中主流父权话语对女性身体的再表现中存在理想化与妖魔化的悖论,女性总是以天使和妖魔的刻板形象出现,女权主义有关身体的文学批评对此予以抵制。苏珊·苏莱曼(Susan Suleiman)认为,在西方文化与文学中,女性的身体美丽、神秘,但又不洁、危险,具有欺骗性和破坏性,它既是快感与温存的来源,

---

[1] Sandra Gilbert, Susan Gubar, The Madwoman in the Attic: The Women Writer and the Nineteen-century Literary Imaginition, New Haven CT: Yale University Press, 1979, p. 63.

又令人恐惧和厌恶,多是魔鬼和邪恶的化身。① 最著名的是美国激进女权主义者凯特·米利特(Kate Millett)于1971年出版的《性政治》(Sexual Politics)一书。在这部著作中,她研究了许多学科中的主流话语和反抗主流话语对身体的界定,批判了西方男性经典作品对女性身体的再表现,质疑主流父权话语对女性身体的迫害。

所谓"性政治",是指两性之间的权力关系。米利特认为,男权社会把生理差别作为依据,在男女两性的角色、气质、地位等方面制定了一系列人为的价值观,并从艺术学、生物学、心理学、经济、教育、宗教等方面对其进行精心维护,使其合理化、模式化、内在化,从而实现对女性的长久统治。她认为男女二元对立的价值观是性政治乃至一切政治的统治手段。根据米利特的分析,父权制的意识形态夸大了男女之间生物学上的差异,它明确规定了男人永远担任统治的、男性气质的角色,而女人永远担任从属的、女性气质的角色。这一意识形态是如此强有力,以至于男人通常都能够得到妇女的赞同拥护,而这些妇女正是受其压迫的。男人通过诸如学术、教会和家庭这些制度来行动,其中每一种制度都合理化和强化了妇女对男人的屈从;结果使大多数妇女从内心接受了自己比男人低等的感觉。如果女人拒绝接受父权制的意识形态,抛弃女性气质,那么男人将对她采用威胁手段。米利特看到,在父权制社会,恐吓无处不在。

在《性政治》中,米利特以论争的态度,选用文学文本作为性政治分析的依据,阐明了她关于父权制的激进女权主义理论。她认为男女两性在性别气质、社会角色、社会地位方面的差异都是父权制意识建构的结果。她赞成用社会性别代替生理性别。文学批评应该将文学放到一个更高层面对之进行考察。在文学这种父权意识的

---

① Susan Rubin Suleiman ed., The Female Body in Western Culture: Contemporary Perspectives, Cambridge, Ma: Harvard University Press, 1986, p.1.

文化产物中，男性作家凭借其性别意识，在其作品中再现现实世界的性政治，女权主义批评家的任务在于使人（妇女）从父权制意识的观念中解放出来。

米利特在书中分三部分集中讨论了四位男性作家父权意识的性暴力。第一部分"性政治"表达了她对性别之间权力关系的认识。她所说的性政治，是指在两性关系中，男性用以维护父权制、支配女性的策略。第二部分"历史背景"概述了19、20世纪女权主义斗争的命运。第三部分"文学上的反映"集中讨论了性别权力关系在D.H.劳伦斯、亨利·米勒、诺曼·梅勒和让·热内四位作家作品中的体现。米利特认为，尽管他们的表现手法各不相同，但女性总是被征服、被鄙弃的对象；在他们描写的性关系中，妇女总是受到男人的性羞辱和性虐待。由于读者把这种对男女关系的描述（description）当作理想性行为的规定（prescription）来接受，因此，读者（女性读者）就倾向于把自己看作性行为失败者而非性行为上的竞争者。

在劳伦斯笔下，"性"等同于"阳物"，男性阳物代表生机与力量，是返回自然的救世主；而女性生殖器只是一个被动的、崇拜阳物的、没有自主性和自由意志的对象性存在。这类似于弗洛伊德的"阴茎羡慕"（penis envy）。与劳伦斯一样，米勒对女性生殖器也采取了蔑视态度。米利特认为米勒的作品具有一种男权文化的发泄功能。在他的笔下，充满了对女性的亵渎，她们作为绝对的性的存在形式，仅仅具备简单的生物性，是"一团肉"和"没有脚的玩偶"。而男性却同时具备文化和理智。在米勒的作品中，"对性的对象进行侮辱，其中的愉快似乎比性本身更加令人陶醉"[①]。性成了欺骗和操纵的游戏，而这一切要满足的不是性的本能，而是男性的自我。梅

---

① [美]凯特·米利特：《性的政治》，钟良明译，社会科学文献出版社1999年版，第473页。

勒的作品则更进了一步,暴力和杀戮成了"男子气概中固有的甚至必需的"①。性就是战场,两性之间的矛盾已到了非战争不能解决的地步,男性只有在对女性的暴力和杀戮中才能重塑英雄的自我。而热内的作品不同,在他的男性同性恋文本中,他以独特的"女性"视角,写出了男性的"女人"的自卑和辛酸,说明了"性角色极端武断和令人憎恶的本性:在背离了它们通常的生物学上的含义之后,'男性的'和'女性的'这些语汇表达出的已是赞誉和谴责、权威和服从、主人和奴隶之类的差异了"②。由此可以清楚地看到在父权制文化中,女性总是处于被支配的地位,女性的身体更是纯粹生物学意义上的对象性存在。

米利特创造了一种文学批评的方法,这种文学批评是以女性的视角清算文学中男性的"暴政"。她赋予读者以相当的权力,使得从女性视角对男性文学作品进行颠覆的阅读有了可能,使父权制的性政治策略能够在这颠覆性的阅读中得到清算。在这种颠覆性的阅读中,妇女经验成了先验的假定,妇女可以通过建立自身经验与阅读的连续性,解构男性作品中的虚假的女性形象和身体。她创造了一种女权主义批评方法:要重读文本,重新识别性别身份对妇女形象再现的重要性。解构男性权威,应该以自身的经历和角度对作品进行阅读和剖析。

通过以上对女权主义主要流派关于"身体"的理论梳理,不难发现,女权主义激进的冲击更多地在政治层面上为人知晓,而不是在语言、理论和方法论层面上。女权主义者使现存的批评方法政治化了。如果说女权主义对传统具有颠覆性的话,那是因为它在性政治上作出了激进的强调。正是在其政治理论的基础上,女权主义批评才壮大起来成为文学研究一个新的分支。女权主义者才能站在学

---

① [美] 凯特·米利特:《性的政治》,钟良明译,社会科学文献出版社1999年版,第502页。

② 同上书,第538页。

第二节　内化视角：后现代女权主义批评中关于身体的"话语性"理论

后现代主义将理论概念重心从"结构"改变为"话语"，由此创造了一个新的视角：话语就是一切；文本就是一切；主体已经死去。后现代女权主义流派将这一理论应用于女性研究。这些女权主义者大多活跃于学术圈内，她们否定所有宏大理论体系，反对西方知识结构中的二元模式，反对性别中立的两性差异理论。在她们看来，这些理论都是以男性为其标准的，完全忽视了女性的存在，甚至就连"女人""父权制"这类概念也都带有本质主义色彩。她们提倡多元模式，提出了关于话语即权力的理论。

当身体和性从形而上学的桎梏中释放出来，消解了先前严格的界线，人的思想变得比任何时候都轻松活跃。界线消解后的秩序重建，使先前的边缘者能够游弋到中心地带，失语者有可能获得新的话语权。权力的重新分配使女权主义能够参与新秩序的重建，从而获得合法地位。这是女权主义能够在壁垒森严、学派林立的学院中取得合法席位的重要原因，其中女权主义的写作主张起到了巨大的推动作用。后现代女权主义批评因其具有浓重的法国特征而被称为法国女权主义批评。她们接受了存在主义女权主义者西蒙·德·波伏娃（Simone de Beauvoir）的"他者性"理论（The Other Theory），但将其颠倒过来。认为妇女仍是"他者"（other），但"他者"具有种种优越性。"他者"的处境可以使妇女退避三舍，从而批评主流文化强加于作为边缘的女性的生活规范、价值和实践。"他者性"，可以是一种存在方式、思想方式和讲述方式，它使开放、多元和差异成为可能。

法国女权主义注重对女性语言的探索，在英美女性主义语言学中，语言是索绪尔认为的能指与所指之间固定关系的独立系统和稳固的媒介，而法国女权主义者否定了语言本身的稳固性。她们认为语言不仅仅是命名、标志和交流的系统，而且是所有意义和价值得以产生的场所，是权力的场所。她们注意的对象由语言系统转向了说话主体。所以，英美女权主义文论的语言学研究侧重作品的能指与所指，即作品与现实的反映关系；法国女权主义则主要解构语言的意指系统，借用男性话语，赋予语言以新的意义。

法国女权主义批评以拉康、德里达、福柯的理论为背景，以波伏娃的存在主义理论为先驱，主要致力于探讨女性的身体与语言、文学创作三者之间的关系。这些女权主义者认为男性占有人类的语言，用语言将他者（包括女性）客体化，以便对其进行控制。男性用语言篡夺了女性言说的权利，得以充当其代言人。因此法国女权主义者主张挖掘女性语言和社会性别化的语言，她们认为这些语言扎根于女性的身体、欲望和想象力中，女性的身体特别是女性的性器官与生殖器官是女性写作的源泉。对女性身体的重新译读有助于瓦解菲勒斯中心，有助于挣脱父权社会的话语统治。女性通过身体写作来挖掘身体语言，借语言来争夺权力，从而建构女性主体。

一 后现代女权主义批评的主要理论来源

后现代女权主义批评主要有三个理论来源：雅克·拉康（Jacques Lacan）对弗洛伊德精神分析理论的结构主义化，雅克·德里达（Jacques Derrida）的解构主义理论，米歇尔·福柯（Michel Foucault）有关权力、话语与身体三者之间关系的理论。

法国女权主义理论建立在拉康的阳具崇拜理论的继承与批判基础之上。在拉康的符号秩序中，女性是男性借以巩固与其他男性之间关系的交换物，女性因为没有阳具而处于被动地位。女性的性含糊不清，既是对男性欲望的负面反应，又游离于阳具之外，有自己的性愉悦（jouissance）。在拉康那里，语言是无意识的情境（condition），他把心理分析看作语言阐释，探索无意识的语言结构有助于揭示主体，因为无意识是主体欲望不能满足的结果。主体是语言系统中的一个能指，这个能指又是不断被建构和颠覆的。① 在拉康的理论中，想象（the Imaginery）与象征（the Symbolic）是两个与现实界（the Real）相异的基本术语。想象与前俄狄浦斯阶段相一致，在这一阶段，孩子认为自己是母亲的一部分，自己与世界之间没有区别，没有压抑，没有缺失，也没有潜意识。象征界则不同，父亲的出现离间了母子浑然一体的亲密关系，对孩子而言，则是失去了母亲的肉体，占用母亲的欲望因此受到压抑，无意识由此展开。换言之，无意识是作为欲望压抑的结果而浮现的，从某种意义上说，无意识就是欲望。② 象征秩序实际上就是父权制的性别和社会文化秩序，它由围绕着男性生殖器官的菲勒斯构成，受父亲的法律（the Law of Father）支配。尽管拉康并不赞成女权主义运动，甚至藐视女权主义，但他从语言出发重写弗洛伊德理论的努力却启发了法国女权主义者。回到前俄狄浦斯的想象界来抵抗象征秩序对女性的压抑，这是法国女权主义者常用的策略；在语言中建构主体，则使法国女权主义理论有了革命性的意义。

德里达之前，法国结构主义思潮盛行。结构主义者认为，意义产生于二元对立，德里达对此持否定态度。他认为，意义产生于能指的在场与所指的缺席之间的开放性关系。语言不像结构主义者认为得那样稳定和规则明确，而像一个无限延展的网，没有一个成分受到绝对的限定。在这里，德里达创造了一个新的术语——"异延"（differance），意指差别或区分、延搁或推迟。借此说明，意义都是从它无数可供选择的意义差异中产生的。其确凿指向播撒于四面八方，环环延宕，构成一张意指的网。这是一种阐释替代另一种阐释

---

① 张岩冰：《女权主义文论》，山东教育出版社1998年版，第115页。
② 同上书，第116页。

的游戏，永远处于延搁和运动状态。"异延"不是一个概念，而是一个无限的过程。① 它由此成了解构西方传统二元对立思维方式的有力武器。德里达认为，西方自柏拉图以来的理性传统，基于一系列的二元对立之上，它们不仅表现在哲学与宗教中，而且表现在语言之中。解构主义的任务就在于拆除使这种二元对立得以成立的逻辑和术语。德里达这种对语言的全新认识和对二元对立的解构思想，启发并直接影响了法国女权主义者对男女两性二元对立的解构。

在后结构主义中，福柯之所以为女权主义特别关注，是因为他在身体理论上的一贯性。他将身体作为一个特殊的历史和文化实体。福柯将身体和性置于权力/知识之间，使之成为话语传递的首要目标。福柯有关权力、话语和身体三者之间关系的理论强化了西方理论界对权力是如何微妙地控制和铸造身体这一问题的敏感度。福柯认为，身体是建构人主体意识的一个主要权力点，身体既是权力的结果，又是权力关系得以形成和反抗的关键载体。这与女权主义原有的身体理论产生共鸣，共同开启了尘封已久的女性身体，使之成为瓦解菲勒斯中心的强大力量。虽然福柯没有对女性的身体作过任何具体的论述，但不少女权主义者都赞同他这些关于身体的论述，并且进一步认为，对女性身体的译读是一个争夺权力的空间，女性通过话语来理解自己的身体感受：身体不可能存在于话语之外。她们赞同德里达对语言含义的认识——有关人的性的语言是动态和多元的。女权主义者认为身体的含义也不是凝固的，它是在特定的文化和历史的话语中建构的，是多元的权力关系作用的结果。身体的多元含义决定了男女的社会性别建构和人的主体意识以及男女在社会中的状况。

二 法国女权主义批评的理论先驱：西蒙娜·德·波伏娃

西蒙娜·德·波伏娃的经典之作《第二性》在许多方面标志着

---

① 张岩冰：《女权主义文论》，山东教育出版社1998年版，第114页。

第一浪潮与第二浪潮女权主义的分界点。它有两个基本论点：其一，女人不是天生的，而是逐渐造就的，即"性别"（gender）是社会建构而非天生的；其二，女人在整个历史上扮演"他者"的角色，通过与男人的关系而被界定。波伏娃认为，女性要想获得真正的自由，就必须做出明确的选择。第一，为了进入男人的文化和理性的领域，她们必须超越自己的生物性，超越自己的身体；第二，女性应该认真考虑她们在私人领域中的一贯角色，尤其是作为母亲的角色，这是她们获得独立的最大障碍。波伏娃采用了存在主义的本体论和伦理学语言，她指出：男人将"男人"命名为"自我"（man），而将"女人"命名为"他者"（other）。如果他者对自我是威胁的话，那么女人对男人也是威胁，男人要想保持自由，必须使妇女屈从于自己。所以，社会性别并不是唯一的压迫形式。[①] 在这里，波伏娃提出并试图回答一个问题：女人是如何成为他者的。

波伏娃认为："女性受制于物种的奴役和她的各种能力的限制，这都是极其重要的事实；妇女的身体对于她在世界的处境是最重要的因素之一。但是身体不足以界定她之为女人；活生生的现实是由有意识的个体通过行动在社会内部所呈现的现实。除此之外，没有别的真实存在。生物学不足以回答我们面临的问题：为什么妇女是他者？"[②] 换言之，女人既是"为他的存在"（being-for-herself），又是"自在的存在"（being-in-itself），[③] 既然如此，我们有必要超越生物学来解释这一问题。传统生物学、精神分析学和经济学对妇女受压迫即女人是他者的解释不能使波伏娃满意。她认为，一旦男人声称自己是主体和自由的存在，他者的概念就产生了。妇女成为男人所不是的一切，成为一种异己的力量。

---

① ［美］罗斯玛丽·帕特南·童：《女性主义思潮导论》，艾晓明等译，华中师范大学出版社 2002 年版，第 263 页。
② 同上书，第 264 页。
③ 同上书，第 265 页。

波伏娃对身体尤其是女性的身体持不信任态度。她虽然批判女性与身体、男性与头脑的二元对立，认为父权话语把女性桎梏在身体之中是为了更好地控制女性，但她认为身体是天生的异化之物，这根源于她的存在主义焦虑。在存在主义理论框架中，身体是一个问题；对于每个自觉主体的自由而言，身体是一个顽固的、不可避免的对象，它限制着主体的自由。波伏娃对身体普遍的不信任发展为她对女性身体的怀疑。她认为，妇女的生育能力剥夺了她的人格，而男人的生育能力却不会剥夺他的人格。怀孕的妇女不再是此前同一个人。波伏娃所赞同的大多是男性规范。认为女性特征是被动、顺从、内在固有，男性特征是积极、主导、有超越性。她指出的自由之路是：妇女应该拒绝她们的身体以及她们与自然的联系。波伏娃认为，妻职和母职以及职业妇女都限制了妇女的自由。因为所有的妇女都在扮演女性气质角色。这些角色从根本上来说都不是女人自己创造出来的。她本人不是造物者，女人是被提供出给生产性社会的男性世界、由这个男性世界认可的。女人被男人建构，被他的生活结构和制度建构。然而，像男人一样，女人也没有所谓先定的本质；因此，她没有必要继续成为男人要她成为的人。女人能够成为主体，能够重新定义她的种种角色，也能够废除这些角色。女人可以创造她自己的自我，因为不存在永恒的女性气质这种指派给她的现成身份。所有阻碍妇女去创造自我的原因在于父权制社会，而这个父权制社会已经走到尽头。和男人一样，女人也是"自为的存在"（being-for-itself）。要实现这些，女人就必须从身体中解放出来，必须拥有自己的声音和自己的道路。

波伏娃对精神的评价高于身体，她拒绝将身体看作妇女解放的关键，她认为这是误将生物性事实当作社会性事实。妇女解放的关键是经济因素。女人要想完全实现自己的潜能，就必须致力于这样一个社会：它能为她提供物质支持，使她能够超越当前存在的限制。为了超越自己的限制，女人可以拒绝内化她们的他者性，拒绝通过社会中占统治地位群体的眼睛来认同自己。接受他者的角色就是接受自己作为对象的地位。他者的凝视使妇女成为对象,这个他者是被男权文化所创造的他者。女人无情地衡量男权文化规定的自己不完美的身体。"时装和流行款式常常约束女性的身体,使之无法有任何可能的超越。"① 妇女如此忙于照顾她们有缺点的身体以致没有时间完善自己的精神。"陷入狂热的自恋,并在这些天性的基础上建立一个制度,它将是妇女的生活和文化制度,这样做没有任何根据。妇女不应该压抑她们的天性,她完全有权利为自己是女人感到骄傲。每个人都可以为自己的身体感到快乐,但是任何人都不应该使这一身体成为宇宙的中心。"② 女人的身体无论多么美好,都不应该被规定为或者硬性指定为对所有妇女都适用的固定存在模式。每一位女人都应该为自己塑造独特的存在模式。因此,当波伏娃要求女人超越她们内在性的限制时,她并不是要求她们否认自己,而是让她们抛弃妨碍她们进步、迈向真正自我的重负。女人要想成为自我,唯一途径就是把自我从他者凝视的身体里解放出来。

三 "话语"领域的硕果——后现代女权主义批评中的"身体语言"

福柯指出,所有的权力都制造反抗,以反面话语的形式产生新的知识,制造新的真理,组成新的权力。后现代女权主义的抱负之一就是发明女性的话语。她们认为:"这个世界用的是男人的语言,男人就是这个世界的话语。""迄今为止所有的女权主义文字一直是在用男人的语言对女人耳语。""我们必须去发明,否则我们将毁灭。"③ 这种话语理论体系的建立将目光投向了女性的身体,投向了

---

① [美] 罗斯玛丽·帕特南·童:《女性主义思潮导论》,艾晓明等译,华中师范大学出版社2002年版,第275页。
② 同上书,第279页。
③ 李银河:《女性权力的崛起》,文化艺术出版社2003年版,第184页。

身体的快乐。在福柯那里，身体成为一种新的历史载体、一个激进的反本质主义术语，身体与性、政治、权力、生命密切相关。女权主义者在运用福柯的性理论来解释妇女身体受压制的同时，意识到其理论中的含混性。为改变理论界对妇女身体的偏见，后现代女权主义者提出了重构妇女身体的写作主张，通过书写妇女的身体和独特的性经验来构建新的女性形象，张扬女性主体的能动性。

长期以来，女性写作在历史上的地位如同女性身体一样被排斥、被忽略、被视为黑暗而沉默的大陆。后现代主义男性哲学家们也不例外，在拉康、德里达那里，女性作为异己的代表或是一种解构权威的策略；尽管福柯对妇女的历史地位表示同情，对身体和性表示关注，但在其权力分析中，只有女性驯服、被动的身体，看不到真实的现代女性主体形象。早在《第二性》中，波伏娃就认识到"女人的性快感与男人的完全不同"，她不能肯定的只是"阴道的感觉能否引起明确的性高潮"，然而令波伏娃遗憾的是"女人对此陈述得很少，即使想描述，也是极其含糊不清的"。[①] 女权主义理论者试图改变这一局面，她们从写作理论和实践上试图改变传统的女性形象。她们将女性写作与女性身体联系在一起，提出"妇女必须参加写作，必须写自己，必须写妇女"的主张，认为"如同被驱离她们自己的身体那样，妇女一直被暴虐地驱赶出写作领域"。[②] 这种新的写作主张第一次将鲜明的性别立场带入文本，她们倡导的"身体写作"为20世纪下半叶的文学创作和美学实践带来了巨大的变革。她们赞美女性的身体，认为女性的身体决定女性的命运。这些女权主义者提出的"女性写作"（ecriture femiinine）理论，质疑父权文化认为女性身体机能不全之偏见，认为女性的身体特别是女性的性器官与生

[①] [法]西蒙娜·德·波伏娃：《第二性》，陶铁柱译，中国书籍出版社2004年，第366页。

[②] 黄华：《权力身体与自我——福柯与女性主义文学批评》，北京大学出版社2005年版，第366页。

殖器官是女性写作的源泉。她们通过身体写作来挖掘身体语言,借语言来争夺权力,从而建构女性主体。其中最具影响力的是法国女权主义者埃莱娜·西苏的"阴性写作"理论、露丝·伊利格瑞的"女人腔"理论以及朱莉亚·克里斯蒂娃的"符号学"理论。

(一)埃莱娜·西苏的"阴性写作"

埃莱娜·西苏被德里达誉为"思考的诗人"。受德里达解构理论的启发,西苏以打破二元对立的思考模式、重新界定阴性想象为出发点,倡导"阴性写作"。在西苏看来,语言受身体的滋润。身体会拆解头脑与身体的二元对立,使女性的写作达到一个新的物质水平。在西苏的理论中,写作是一种从根本上改变主体的颠覆性力量。她认为,社会变革必然是主体的变革,而语言则是控制文化和主体思维方式的力量,要推翻父权制控制,就须从语言的批判开始。妇女由于受父权制文化的压制而缺乏语言,只有身体。那么,写作的颠覆性就须从女性的身体开始。

1. 身体的"突围"

西苏试图"突围"将女性置于二元体系中的结构,而这个二元体系是由女人与男人的差异决定的。在西苏看来,西方哲学话语已将女性建构成二元对立体系中一种语言差异的产物。传统的写作一直被父权制文化控制,妇女失去了讲话的权利,因而西苏认为妇女必须开创一种新的反叛性写作。妇女必须写自己的身体,"写你自己,必须让人听到你的身体"[①]。因为身体是被压制的原因和场所,女性用身体来写作可以接近其潜意识的本原力量,从而使写作具有用身体突围的意义。在西苏笔下,写作是被压抑的女性欲望的爆发,是汹涌的瀑布,是奔流的岩浆,是女性生命的呐喊和创造力的张扬。它不仅使女性身体产生快感,还能激起反压迫的力量。于是,写作成为具有重要意义的革命活动。女性通过写作可以确立自己的主体

---

① 张京媛主编:《当代女性主义文学批评》,北京大学出版社1992年版,第194页。

地位，打入历史。她认为，"写作恰恰正是改变的可能，正是可以用来作为反叛思想之跳板，正是变革社会和文化结构的先驱运动"①。

西苏认为，二元对立的双方并不平等，而是一种"暴力"关系，并且在我们的文化里，每一种话语里，都不断上演着这种二元对立的暴力。阴性词语的那一方总逃脱不掉被扼杀、被抹去的命运。男人是"自我"，女人是"他者"。女人的存在只有两种状况：作为男人的"他者"或者根本不存在。女人要摆脱男性加在她们身上既定的秩序，就得为自己注入新的意义。写作在西苏眼里成为女性可以抵抗象征秩序的一个领域，而且是充满颠覆与救赎意义的领域。要抵抗二元对立的书写方式，只有发展被压抑的一元的原形——阴性。她追求一种新的"阴性形式"，它不像"阳性形式"那样依赖征服与控制，它可以接收混沌，尊崇差异。

西苏在《美杜莎的微笑》这篇被视为"阴性写作"宣言的文章里，指出"阴性写作"是颠覆性的书写形式，它以女性的身体作为写作的源泉和动力。"写你自己。必须让人听到你的身体。只有那时，潜意识的巨大源泉才会喷涌……写作，这一行动不但能实现女人接触对其性特征和女性存在的抑制关系，从而使她得以接近其原本力量；这一行为还将归还她的能力与子宫、她的欢乐、她的喉舌以及她那一直被封锁着的巨大的身体领域。"② 西苏借用美杜莎这个男性眼中的"妖女"形象，用她火山般炽热的激情，打破了过去一切的真理。她将妇女的身体从千年囚禁中解脱出来，随之解放的还有妇女的声音、情感、欲望，欲望的释放开启了她们巨大的身体空间，为她们说话提供了无数的可能性，这种话语将带来一种新的写作形式——阴性写作。这种给妇女以历史地位、让妇女欢乐又自信的女性写作是一种完全不同于男性写作的创造，它不可能运用现成

---

① 张京媛主编：《当代女性主义文学批评》，北京大学出版社1992年版，第200页。
② Helene Cixous, The Laugh of the Medusa. New French Feminisms, eds. Elaine Marks and Isabelle de Courtivron, New York: Schocken Books, 1981, p. 250.

的父权制文化的象征语言,但由于父权制文化一直占统治地位,妇女没有自己的语言,她只有自己的身体可资依凭。出于这种原因,西苏提出"描写躯体"的口号。妇女"通过实体将自己的想法物质化了;她用自己的肉体表达自己的思想"①。西苏将"阴性写作"的动力归结于女性力比多,生殖冲动正如写作的冲动。欲望的释放将开启她们巨大的身体空间,为她们的说话提供了可能;同时,文本与肉体的紧密联系使躯体描写回到没有被菲勒斯中心所污染的前俄狄浦斯的想象界。女性在文化中的边缘位置使她们更容易回到与母亲合而为一的童年的天堂。这种母女之间的联系也是她们写作的来源。她创造了描写女性躯体的文本,借此摧毁了二元对立这一封闭结构,这样彻底开放的文本模式带来的快乐被称为"愉悦",这是与缺失相对立的概念。西苏的"描写躯体"是一种表现欲望的创作,"是一无法攻破的语言,这语言将摧毁隔阂、等级、花言巧语和清规戒律"②。它是反理性的、无规范的,具有极大的破坏性,破坏和颠覆着旧的男性写作以及整个父权制文化。

2. "双性写作"理论

西苏的"阴性写作"并不强调作者的生理性别,而是具有"双性特征"的写作。它不同于传统的"双性"。传统的"双性"是男性思维的产物,是在阉割的恐惧下,以一种"完整"的幻想来消除性别差异,所导致的结果是"中性的双性",是一种抹杀自我性别痕迹和吞并性别类型的"双性"。而西苏提倡的"双性"遵循的是另一种思维:"在这种双性同体上,一切未被禁锢在菲勒斯中心主要表现论的虚假戏剧中的主体都建立了他和她的性爱世界。双性即每个人在自身中找到两性的存在,这种存在依据男女个人,其明显与坚决的程度是多种多样的,既不排除差别

---

① 张京媛主编:《当代女性主义文学批评》,北京大学出版社1992年版,第194—195页。

② 张岩冰:《女权主义文论》,山东教育出版社1998年版,第120页。

也不排除其一致性。"① 由此可见，西苏的"双性写作"是非对立的、多元的、不断变化的、不排除差别也不抹杀同一性的。她的"双性同体"的观点与德里达关于写作的观点密切相关。在她看来，写作是双性同体的，尽管女性比男性更适于这一领域。同时，女性也比男性更倾向于这个领域。在西苏的笔下，"母亲"的意象体现了女性写作的这一特点。在这里，"母亲"不是作为"父亲"的对立面出现的，是其包容一切、创造一切的母性使之完成了对父亲的超越，而具备了双性特征。她的"双性同体"理论，旨在建立一个消解了二元对立性别界限的自由的身体，是一个能够追求多元性与差异性的身体。

（二）露丝·伊利格瑞的"女人腔"

法国女权主义者露丝·伊利格瑞提出了"女人腔"的理论，它与西苏的"阴性写作"理论较为相似，也是一种建立在女性身体和性欲基础上的书写语言。《他者女人的反射镜》和《非一之性别》构成了她的女权主义代表作。伊利格瑞也致力于解构男女的二元对立。她认为女性应该寻求在头脑与身体二元论之外重写人的性差异，因为这种二元论提倡人回避自己的身体，窒息自己的性。启蒙主义头脑与身体的二元对立是停滞的、非历史的和生理决定论的。她在《他者女人的反射镜》一文中对精神分析乃至西方哲学作了批判。她认为，作为父权制的产物，弗洛伊德的菲勒斯偏见被父权制社会视为普遍真理。"内视镜"意象说体现了妇女在菲勒斯中心被对象化、被歪曲的事实。在西方传统理论中，妇女被定义为非理性，一种需要被超越的否定性——他者，一个没有阴茎的不完整男人。同时，妇女也是男人可以随便变更和交换的客体。倘若妇女游离于菲勒斯文化这种单一的、形而上学的男与女、主体与客体的二元对立之外，躲进非理性的神秘状态，就足以扰乱象征秩序，妇女的颠覆性由此

---

① 张京媛主编：《当代女性主义文学批评》，北京大学出版社1992年版，第199页。

第七章 西方语境下女权主义关于身体的理论

而来。妇女的这一颠覆性力量,要建立在一种"女性系谱"(genealogy of woman)即一种新型的母女关系之上。在这种"女性系谱"中,妇女之间的联系是主体与主体之间的联系,妇女不再是对象性的存在。"女性系谱"这种新型的主体与主体的关系模式,要求妇女必须对主体与作品、主体与宇宙、微观世界与宏观世界等各种关系进行重新考虑。她认为不是生理决定了男女的差异,而是拉康描述的象征秩序中语言确定身份决定了男女语言的差异,在父权制的象征秩序汇总,唯一可能的主体位置是男性。因此,在《非一之性别》中,她明确了男女在语言中的自我定位导致了性别差异,由此提出了"女人腔"的主张。

伊利格瑞以女性的性特征和女性写作的关系为基础,指出在现存的语言结构中,男人占主体地位,女性无法发声。女性使用男性的语言常常使女性感觉失落、碎化、失去自我。女性能享受多次多性的性感,但是"父权社会对性的定义使女性无法建构建立在她们身体基础之上的女性气质(femininitiy)"[①]。她认为应该探索女性自己的语言,以表达女性想象(fiminine imagination),使女性更接近自己,以便抵制父权文化对她们语言的剥夺和愉悦的压迫。非理性、无逻辑、思绪漫散等受到男性价值贬低的女性思维特征,被伊利格瑞推崇为对抗父权制象征秩序的力量,要打破菲勒斯中心的同一逻辑,只有让被压抑的女性重新寻找一个主体的位置,寻找她们的语言,为此她倡导建立一种女性话语模式。她认为身体是女性语言和想象的主要源泉。这是一种非理性的话语,同女性生理结构相一致。她把女性的生理特征、心理特征和话语表达方式联系起来,认为女性拥有多个性器官,其性欲特征是多元的,因而其心理特征也是双重的、包容性的、流动性的,这决定了女性独特的语言表达;而男性的性只有一个

---

① Luce Irigary, The Sex Which Is Not One, Ithaca: Cornell University Press, 1985, p. 84.

中心——阳具,他需要用他的手与女性的性器官接触,用窥视和口头表述等方式来享受性快感,因此男性的性是一统的。也就是说,伊利格瑞从女性生理结构中为这种戏拟模拟的女性语言找到了存在的依据。这些性特征使女性的语言和写作富有流动性、随意性和非理性。这种多元性的"女人腔"与西苏的既有包容性又不排斥差异性的"双性同体"写作理论十分相似。伊利格瑞从妇女的生理形态引申出了多元的、非中心的和不可界定的女性特征来对抗单一的男性价值。父权制社会将身体符号化,男性被认为是雄健和有阳具的,女性则是被动的和被阉割的。要对抗这种身体符号化的父权中心文化,就需回归未被符号化的身体本身。这种回归,是女性自我的回归,也是向母亲的回归,而"女人腔"是与未被符号化的女性身体结构相合的,其风格也是包容的、流动的。伊利格瑞的乌托邦式的"易装"(masquerade)理论,就是通过女性对自己身体的控制来实现女性的主体地位,给予女性游离于男性话语之中和之外的自由。[①]

伊利格瑞将"女人腔"与女性的性特征、女权主义的政治目标结合在一起,试图运用这种女性语言讲述女性自身的感受。它可以不遵循逻辑,可以重复含混,可以歧义丛生,可以充满隐喻和戏拟,但它是一种值得肯定的声音,一种能够摧毁"真理"的声音,它向父权制中所有固定的理论宣战:女性需要以自己的声音讲述自己的历史,纠正偏见和谬误,争取自己的权力。伊利格瑞这种语言策略充满解构主义的游戏精神,同时又落入弗洛伊德的窠臼:从生理上寻找心理的依据,把行动的矛头指向语言。但她对女性身体、欲望和语言的差异性的探讨又是十分深刻的。

(三)朱莉亚·克里斯蒂娃的"符号学"

在所有后现代女权主义者中,朱莉亚·克里斯蒂娃是最有争议

[①] 苏红军、柏棣主编:《西方后学语境中的女权主义》,广西师范大学出版社2006年版,第84页。

的人物。她以女性身体的物质性来质疑笛卡尔的头脑与身体的二元对立,以女性身体变化的差异来批判不变的个人身份。她在哲学、宗教、语言学、文学、艺术、政治和心理分析等领域质疑拉康、弗洛伊德的精神分析学对女性主体意识边缘化的论述,探索父权话语建构的女性社会性别对女性有利的方面(如强调母女关系),以此从根本上改变父权社会的权力秩序。

克里斯蒂娃采用拉康的精神分析框架,将"符号期"(the "semiotic")或称前俄狄浦斯阶段与"象征期"(the "symbolic")或称后俄狄浦斯阶段进行对照,以"符号"和"象征"的区分代替了拉康的"想象"与"象征"的区别。她超越了索绪尔的观点,认为"符号学"与前俄狄浦斯的原始冲动有关,与婴儿和母亲接触中最早的欲望驱动相联系。在前俄狄浦斯阶段,孩子不会说话,却有一种由肛门和口唇引起的基本冲动,这一冲动本质上是流动的、没有模式的、不定型的,与声音和节奏相似。符号进入象征秩序便受到压抑,但它构成了语言中的冲动性压力。母性意义的符号作为对父权制象征的破坏创造性力量而活着。象征是一种语言秩序,如果要破坏它便不能使用语言,而必须使用一种非语言的符号去破坏,婴儿在与母亲的咿呀交流中,使用的不是语言,而是符号态的言语。对克里斯蒂娃而言,母性"符号期"(the maternal "semiotic")也并非严格地与象征秩序对立,而是这个象征秩序的一部分。它既在象征秩序之外,也存在于象征秩序之内。象征秩序由两个要素组成:从前俄狄浦斯"领地"渗入的符号因素和仅存于象征秩序的象征要素。象征要素要求理性判断,符号要素允许情感表达,它导致了打破规则的写作。在谈到女性写作的特点时,她认为,由于女性在抚养幼儿期间与孩子之间充满身体上的密切接触、音乐感和日常生活的节奏感,所以她们在写作中常用一些非传统的叙述技巧,如重复和强节奏等。

克里斯蒂娃对母性的重视,不是对传统女性气质的强调。前俄狄浦斯的母亲是包含男性和女性气质在内的双性同体的形象,两者在这一阶段里并不对立,因此也就没有单独的女性气质。在她这里,这种"女性"的存在方式和叙述方式与生理上的女性不完全重合。克里斯蒂娃认为,一个解放了的人,是能够在两个领域即母性的、符号的、前俄狄浦斯的领域和父性的、俄狄浦斯领域之间游戏的人,也是能够在"女性气质"和"男性气质"、混乱与秩序、革命与现状之间自由行动的人。她反对把"女性气质"等同于女人,把"男性气质"等同于男人。她认为,儿童进入象征秩序时,既可认同母亲也可认同父亲。克里斯蒂娃主要强调的是普遍存在的差异,而不是特殊的性差异。她拒绝传统对两种二元的生理性别、两种对立的社会性别身份(opposed gender identities)的说明。然而克里斯蒂娃也承认的确存在男性与女性的性差异。她把性差异的开端置于儿童和母亲的关系,儿童的性身份(sexual identity)是通过与母亲身体的分离这个斗争而具体形成的。男性的斗争不是以拒绝母亲身体而是以"蔑视"它来进行的,男性重新想象这个身体,把母亲的身体想象为如此对象:母亲代表着作为人的一切可恶之物。相反,女性越认同母亲的身体,就越难以否定或蔑视这个身体。在一定程度上,否定或蔑视母亲的身体实际上就和对妇女本身的态度相联系。克里斯蒂娃承认,男人和女人有不同的性身份,但这并不意味着她相信这些身份是由每一个"女性"或"男性"以完全相同的方式来表现的。克里斯蒂娃的"符号学"是以丰富的个性来冲淡男女对立的二元结构。法国现代派作品,以一系列的分裂、缺失和中断语言,否定象征的语言,体现了符号学的作用。

符号学不是对象征秩序的一种替代,而是隐匿于象征语言的内部,是象征语言中矛盾、分裂、沉默和缺失的东西,它组成了语言异质的、分裂的层面,颠覆并超越象征语言符号系统。符号因此可以被看作象征秩序内部的边际,在这个意义上,女性也同样可以被看作存在于这样一个边界线上。女性气质因其边界性而变得难以定义，而克里斯蒂娃也拒绝定义。女性的这种边际地位模糊了男女的明确界限，因而对父权制的男女二元对立有着颠覆性意义；而产生于象征秩序之前的符号学也是一种没有性别二元对立的"中性"的东西，在这一点上，"符号学"与"女性"是同构的，符号学也因此具有了它的女权主义意义。

第三节 世纪之交女权主义关于身体的"多元化"质疑

20世纪至21世纪的转折时期，大多数女权主义派别，尤其是后女权主义关于身体的理论建立在后现代主义理论基础之上。在世界经济、政治和文化日益全球化的历史背景下，女权主义者把身体的研究扩大到以往被学术界嗤之以鼻的通俗文化和消费文化领域，来批判这一时期的主流社会，尤其是消费文化和大众文化对女性身体的建构。

一 一种多元的性向实践："酷儿"（Queer）理论

酷儿理论是20世纪90年代以来在西方兴起的一种新的性理论思潮。它从男同性恋、女同性恋和双性恋的政治和理论中发展而来。"酷儿"一词，来自英语Queer的音译，有奇怪、怪异、同性恋、违规等非常态性意义。"酷儿"一词原本是西方主流文化对同性恋者的贬称，后被激进派用来概括其理论，这种反其道而行之的做法，不无反讽之意味。在学术界，最早使用"酷儿理论"一词的是美国加州大学桑塔克鲁斯分校的德瑞莎·罗丽蒂斯教授，见于1991年《差异》杂志的一期"女同性恋与男同性恋的性"专号。酷儿理论是一种自外于主流文化的立场，"酷儿"这一概念指的是在文化中所有非常态（nonstraight）的表达方式。这一范畴既包括男同性恋、女同性恋和双性恋立场，也包括所有其他潜在的、不可归类的非常态立场。

福柯的《性史》成为该领域的经典之作。在福柯看来,性的分类——同性恋、异性恋以及类似的分类,本身都是权力/知识的产物。他指出,同性恋者及其他性类别在西方近代社会的发生史,是权力的策略从强调性行为转变为强调个体的反应:在自然行为与非自然行为的对立中,性经验被划分为正常的身份和反常的身份,于是性成为主体建构的中心场所。① 在话语建构中,造成了一些人的性是"可见的",另一些人的性则是"不可见"的,同性恋的现身便是与其隐匿相连的。② 酷儿理论认为,福柯所谓性的规范观念并不单指异性恋文化,也包括同性恋者(gay)出于传统观念对规范保守的渴望,"酷儿"现在被看作一个瞬间的术语而与任何形态性的"规范化"相对。"酷儿"不是指同性恋主体解放运动的宏大叙事,相反,它质疑一切使性欲规范化的通性方案。酷儿的政策对"同性恋者源于一独特的同性性欲"这样一种本质论假说提出挑战。③ 同性恋的性欲表现出一种对多态的性形态和性幻想的渴望,这些不是出于那种源于强制性认同的对女性主体规范、控制和组织的需要。多元文化主义的表面文章意味着主体远离占统治地位的意识形态,正如个人远离文化遗产。一方面戏拟异性恋文化的规范,另一方面颠覆它。酷儿意味着对抗——既反对同性恋的同化,也反对异性恋的压迫,酷儿包容了所有被权力边缘化的人们。它所体现的身体性政治理论是其关于身体的重要阐释。

首先,酷儿理论向异性恋和同性恋的两分结构提出挑战,向异性恋霸权之社会"常态"提出挑战。长期以来,主流文化以异性恋为常态,以同性恋为变态。20世纪70年代活跃的同性恋群体打破了

---

① 黄华:《权力身体与自我——福柯与女性主义文学批评》,北京大学出版社2005年版,第176页。
② 同上书,第177页。
③ [英]索非亚·孚卡、[英]瑞贝卡·怀特:《后女权主义》,王丽译,文化艺术出版社2003年版,第103页。

第七章　西方语境下女权主义关于身体的理论 ✻✻ 257

异性恋自然秩序的观念,而酷儿理论挑战异性恋的"自然性",提出了使性欲摆脱性别身份认同的可能性。在对生理性别、社会性别和性倾向的严格分类的挑战中,朱迪丝·巴特勒(Judith Butler)的理论有其特殊的重要性。她进一步发展了伊利格瑞关于女同性恋主体并不能在男权中心主义精神分析中得到表现的观点。巴勒特反对有一个前俄狄浦斯阶段的女同性恋的观点。她没有提出一个女性想象的概念,也不曾试图想象象征秩序概念化。她指出:因为法律事实上并不是僵化的,所以通过呼唤一种性实践的多元性能够使之非中心化。她认为,同性恋、异性恋或双性恋的行为都不是来自某种固定的身份,而像演员一样,是一种不断变换的表演。没有一种社会性别是真正的社会性别,而社会性别也不是天生的性身份的表现。性身份的两分模式从遗传上就是不稳定的。生理性别、社会性别和欲望这三者之间的关系建构了异性恋,而它必定是强迫性和脆弱的。酷儿理论造成了以性倾向、性欲望为基础的性身份概念的巨大变化,它是对于社会性别身份与性欲之间关系的严重挑战。

其次,酷儿理论向男性和女性的两分结构提出了挑战,向一切严格的分类提出了挑战,它的主要批判目标是西方占统治地位的思维方法,即两分思维方法,认为它是压抑人自由选择的囹圄。[①] 酷儿理论跨越了性别类型的尊卑顺序,解构了两分结构,抛开了单一的、永久的和连续的"自我",而选择了一种表演性的、可变的、不连续的和过程性的"自我",是由不断重复和不断为它赋予新形式的行为建构而成的"自我"。巴勒特向性别的内在能力、本质或身份概念提出质疑,认为它们不过是一种重复的实践,通过这种实践,某种表象被沉淀和凝固,从而被视为某种内在本质。异性恋需要女性气质与男性气质相对立,并且将这种对立制度化,把它们理解为"男性

---

① 汪民安:《身体的文化政治学》,载金惠敏主编《新思潮文档》,河南大学出版社2003年版,第106页。

和"女性"的本质。进入 20 世纪 90 年代，超越性别和性别角色的模糊化愈演愈烈，对于超性别现象的重视，使得双性恋倾向在酷儿理论中拥有了特殊的重要性。酷儿理论认为，自由解放的新版本就是取消同性恋和异性恋的区别。如果实现了这一变化，所有的人将不得不承认他们自己的双性恋潜力。

最后，酷儿理论也是对传统同性恋文化的挑战。它预示着一种新的性文化，它是性的、性感的，又是颇具颠覆性的，它不仅要颠覆异性恋的霸权，而且要颠覆以往同性恋的正统观念。它提供了一种表达欲望的方式，它将彻底打破性别身份和性身份——既包括同性恋身份，也包括异性恋身份。酷儿理论向男女同性恋身份本质质疑，批评静态的身份观念，提出一种流动的和变化的观念。它不把男女同性恋身份视为固定不变的，而将其视为弥散的、局部的和变化的。酷儿理论认为，身份是表演性的，是由互动关系和角色变换创造出来的。它批判了传统同性恋理论在身份问题上的排他性，揭示出在建构男女同性恋身份的同时，异性恋是如何被正规化的。①

酷儿理论的多重主体论（multiple subjectivities）造成了不同社会和历史背景下生理性别和社会性别的不连续性（discontiniuities），为男同性恋者、女同性恋者和双性恋者的社群之间改造制度化的异性恋霸权创造了条件。酷儿理论的性倾向是身体的一种自由选择和自由支配，是后现代话语对主流话语的一种解构，为文化走向多元提供了新的视角和实践意义上的可能。

二 一个现状：身体的标准化

后女权主义的一个突出理论是"惩戒凝视"（disciplinary gaze）理论。这源于福柯关于标准化或正常化（normalisation）及惩戒凝视

---

① 汪民安：《身体的文化政治学》，载金惠敏主编《新思潮文档》，河南大学出版社 2003 年版，第 108 页。

的思想。标准化和正常化是控制和自我规范的深化,社会通过纪律管束人的身体,通过话语来定义正常或反常。后女权主义借用福柯这一思想,说明妇女就是生活在这种社会压力之下,遵从规范,自己制造出自己驯服的身体。从福柯的理论模式看,"用不着武器,用不着肉体的暴力和物质上的禁制,只需要一个凝视,一个监督的凝视,每个人就会在这一凝视的重压之下变得卑微,就会使他成为自身的监督者,于是看似自上而下的针对每个人的监视,其实是由每个人自己加以实现的"[1]。一个女人去做隆胸手术不仅仅是男人压迫的结果,也是她自我遵从规范的结果。在后女权主义看来,所有旧式女权主义模式都属于男权压迫和禁制女性的模式。人人都处于社会的凝视下,女人处于男权文化的凝视下,身体处于标准的凝视下,不可越轨。

根据拉康的"镜像理论",个体在其生命早期阶段建立的镜像,"功能在于建立有机体与它的实在世界之间的关系,或者如人们所说的,建立在内在世界与外在世界之间的关系"[2]。从比较的角度说,人也许比任何其他物种更具自身的"身体意识"或"身体反思",人关注自己的身体并为其感到焦虑。身体是当代视觉文化的一个重要主题。消费文化中日常生活趋于美学化,人的美学自觉不仅体现在对外部环境的要求上,而且聚焦于人自身。这种关注越来越趋向于外观和表面,转化为对身体标准化的追求。

身体社会学认为,人的身体是一个双重观念:自然(物质)的身体和社会的身体。自然的身体总是受制于社会的身体。自然的身体向社会的身体转化是身体的意识形态。所谓身体的"标准化"是指当代生活中人们对自己外观形态的关注,强调身体符合当代时尚标准,关键词是"时尚"与"美",这与视觉文化关系密切。把自

---

[1] 李银河:《女性权力的崛起》,文化艺术出版社2003年版,第185页。
[2] 汪民安:《身体的文化政治学》,载金惠敏主编《新思潮文档》,河南大学出版社2003年版,第138页。

然的身体当作社会的身体来使用,从遮蔽到暴露,传统的身体文化有了一个转变,主要体现在:当代人对身体外观的重视超越了以往任何时代;身体的展示或暴露程度超越了以往任何时代;身体本身形成了一种文化,更有甚者,导致了"身体工业"的出现。对身体标准化的诸种策略稍加分析,不难发现,身体标准的确立,体现为当代强制性的身体美的视觉标准。同时,在消费社会形态中,身体不只是个人拥有的肉身,而且还是一个重要的生产和流通符号,是一个人人"购买"和"使用"的消费品。并且,在身体标准和身体消费日益普及的前提下,身体的技术变得越来越重要,包括塑造身体的技术和运用身体的技术。新的技术转而成为控制我们自己身体的外部力量。

　　同时,身体的标准化,有其复杂的意识形态内涵。社会的身体被赋予某种超越身体外观的意义,标准的、理想的和规范的身体范式的合法化过程,是一个值得分析的文化现象。理想的身体形态具有范式功能,它是当代文化中身体工业创造的美的标准,在这个标准的广泛传播中,这些范式被普遍化,成为身体美的规范。身体的技术作为实施身体标准的手段,是通过镜像和自我监视来实现的。首先,身体技术的使用是一种身体意识的自觉,这种自觉意识不断迫使个体来关注自己的镜像。对身体镜像的关注就是个体的反观。镜像不只是个体身份的认同,还是对一种关于身体文化标准的比照,女人面对镜像,既在看自己,又将自己的身体与身体标准进行对比。这隐含着潜在的暴力:如何使自己的身体符合某种外在的规范。于是,自我镜像成为自我监视的对象。自我镜像与理想标准差距小时,便产生认知和谐的快感。当代身体工业必定要制造出这种差距,产生人面对镜像时的认知不和谐状态。而"身体技术"正是缩小自我镜像与理想标准差距的主要手段。身体的视觉快感转化为内心需求,而认知不和谐又为这种快感的合法化奠定了坚实的基础。从文化角度看,身体便越发超出自然的范畴,越发带有社会性。身体从自然的造物演变为一种文化象征。其次,身体意识形态的普遍化中又潜藏着一种局部性和特殊性。它似乎也是特定阶层、特定群体生活方式和价值观的体现。大众媒体提供了这一需要,潜在地实现一种肯定的功能。身体不单纯是一个形体外观问题,而且与精神的控制有关。福柯所说的身体的"监视"和"规训"在这里成为可能。一方面女人"监视"自己的身体,注意它与规范的差距,暗中起着霸权功能的是一种看不见的文化权力;另一方面,在"监视"中,女人又不得不通过种种技术"规训"自己的身体,心甘情愿地去接受身体的"暴力":隆胸、抽脂、增高、拉皮等"虐待"身体的"技术"。[1] 普泛化的身体标准暗中实现着局部的策略,即强调身体时尚乃是一种关于人自身的理性主义原则的胜利。在艰苦的"身体战争"中,人们企求的不但是身体趋近美的典范,而且带有一种进入较高精神境界和生活状态的标志。一旦个体注意到自己的身体及追求,一旦把自己的身体投入媒介所炮制典范的无穷修炼中,也就仿佛具有了一种新的生活和新的自信,这无疑是当代的身体"神话"。

正如阿德诺对启蒙的忧虑一样,启蒙在征服自然的同时,把对付自然的方法反过来对待人自身,于是,启蒙走向了它的反面——野蛮。所以,当我们解读身体标准化的意识形态时,又很尴尬地发现一个悖论:当代社会解放了身体的束缚与遮蔽,给身体的展露和交往带来了新的自由;然而身体标准的普遍化,又导致了对身体的压制和暴力。

三 一种颠覆:女权主义对消费文化中身体理论的质疑、探索和诠释

20世纪90年代,西方女权主义尤其是后女权主义对身体的建构

---

[1] 汪民安:《身体的文化政治学》,载金惠敏主编《新思潮文档》,河南大学出版社2003年版,第143页。

大量涉及后现代主义与政治、经济、科技和文化的交叉领域，如大众文化、消费文化、传媒、影视和艺术领域。

在质疑消费文化对女性身体的建构方面，后女权主义者纳奥米·沃尔夫（Naomi Wolf）于《美的神话》（The Beauty Myth）一书中指出，20世纪90年代理想的"年轻、飘逸和纤瘦"的女性身体是时装、化妆和减肥工业对女性身体的建构。一方面，身体体现着诸如身高、体型等既定的品质特征；另一方面，消费文化中的潮流是身体不如意的部位可以塑造。大量存在的视觉形象主宰了消费文化中人们对身体的理解。消费文化的内在逻辑取决于培养永不满足的形象消费需求。视觉上的身体维护和身体表现空前高涨。为此，这一时期的女权主义者针对身体进行了物质的身体与身体物质化的理论探讨。

简奈特·R. 瑞查斯（Janet R. Richards）指出，20世纪70年代，女权主义为了抵制主流时装工业对女性身体的建构，提倡妇女排斥时装。但后现代主义文化中时装符号的多元性、多义性以及对身体人为建构的随意性、娱乐性，是颠覆主流社会对女性身体建构一个可行的女权主义策略。如果女性能在含义不断变化的后现代时装符号中重新界定自己的身份，她们也可以重新塑造自己的身体。[①] 表演艺术家奥伦（Orlan）对整形外科手术的批判被认为是后现代主义性别表演的顶峰。她的批判基于安妮·巴尔索摩对整形外科手术的女权主义诠释。巴尔索摩认为，显像科技实现了一种新的科学生理权力，把女性的身体对象化、客体化了，使其处于标准化的窥视与监督下，同时女性身体又被注入西方文化中美的神话。当显像科技集中于女性身体时，手术就控制和重新塑造了女性的身体部件。整形是把物质的身体变成了文化的符

[①] Janet Radcliffe Richards, The Skeptical Feminist: A Philosophical Enquiry, London & boston: Routledge & Kegan Paul, 1980.

号，整形手术话语提供了讨论女性身体文化建构的"有争议的题材"。[①] 女性总是这个话语的客体即被施行手术的人，男性总是这个话语的主体即施行手术的人。整形不仅是建造女性形象的话语点，而且是女性身体根据文化和意识形态关于女性外形标准而被切割、拉长、雕刻的一个具体物质点。基于巴尔索摩的认识，奥伦进一步认为人的身份具有多元性和游牧性。她揭示了整形外科手术话语中的性别权力关系，把人们对女性的身体、自我的尊严、完美的定义推至极限，旨在颠覆传统的、被客体化的、理想的女性身体。

这一时期西方女权主义者更加深入地批判了各种男性文化（如传媒、视觉艺术、消费文化、性娱乐行业）中把女性身体理想化与客体化的做法。劳拉·马尔维（Laura Mulvey）的《视觉愉悦和叙述电影》一文奠定了女权主义在电影批评领域的主要理论基础。她认为，电影的视觉愉悦其实是一种男性幻想。由电影幻想产生观看的愉悦把女性角色建构为男性窥视的物化客体，这一过程与观看者的性别无关。她的理论向其他女权主义理论提出了如何进一步颠覆把女性身体客体化的主流话语，以及如何认识女观众的欣赏过程等方面问题。她认为，主流男性对女性身体的凝视具有压迫性和虐待性。质疑父权话语对女性身体的表现和男性对女性身体的凝视是女权主义一个重要战场，它涉及了改变建立在这种男性凝视基础上的消费文化，涉及了文学的物质机制话语，涉及了这些话语对女性消费者主体意识的影响。因为父权制文化有关女性身体的话语通过女性把这些建构内在化，并以此来建构自己的身体来实现，女权主义的这一抗争一直持续至今。

20、21世纪之交，很多西方女权主义者对身体的讨论中都

[①] Ann Balsamo, Technologies of the Gendered Body: Reading Cyborg Women, London: Duke Univeisity Press, 1996, p. 13.

面临一个同样的问题：如何理解福柯有关权力的理论，如何理解身体是抵抗权力话语的战场（battleground）还是游乐场（playground）的讨论。这场讨论源于文化批评家约翰·菲斯克（John Fiske）对福柯权力理论中抵抗理论（resistance）的质疑。他认为，福柯所指的权力，不是个体或群体拥有的某种权力，而是许多起源不同、分散空间中多元化权力操纵的过程。这个过程是通过在时间、空间、人的欲望形成等方面微妙施行于人最隐私领域的一系列标准来实现的。他的抵抗理论建立在他对权力的这种认识基础上。福柯认为，由于现代权力关系的不稳定性，抵抗是不可预测、不可控制的，抵抗是战场，有无数个不确定的交锋点。但是菲斯克认为抵抗可以是娱乐性的，他用法国女权主义喜欢用的性欲的"愉悦"一词来表述这种抵抗。对他来说，抵抗是用文化差异对文本（包括身体）进行创造性和娱乐性的诠释。不少受后现代主义和后结构主义影响的女权主义者认为，福柯的抵抗理论具有鲜明的政治性，对任何文本的译读都涉及各种权力的交锋，而菲斯克的抵抗的娱乐性理论中和了福柯抵抗理论的政治锋芒。这些女权主义者接受他的理论基于对身体弹性的认识。他们认为，以往女权主义有关文化对身体的控制理论主要是对身体对象化和客体化进行建构的话语，这种话语没有认识到人的主体性具有游牧性（nomadic），是碎化的、积极的、具有创造性的，而绝非被动的。

这一时期西方女权主义出现了对麦当娜身体现象的理论研究的热潮，产生了关于麦当娜"身体诗学"的相互质疑。很多后女权主义认为麦当娜的身体代表了后现代主义身体物质性的许多方面，这些方面包括整形医学、健美、健身工业等社会机制和话语对弹性身体的建构。苏莱曼认为，麦当娜的身体代表了一种"女性异性性"，与其说她拒绝男性的窥视，不如说她挑逗男性的窥视，从而拆解了男性观众对她身体的窥视。以往对麦当娜的文化批评多限于她拒绝成为男性欲望的对象，不受父权话语的控制，她的身体藐视男性的窥视，因此她的身体颠覆了父权社会的规范。在性政治里，身体应有多元的方式发出声音，以动态的身份来塑造。苏珊·麦克莱瑞（Susan Mccleary）认为，麦当娜对自己身体的再创造发生了根本变化。一方面，她的身体服从于主流模式：苗条、精干的男性化身体，这种势头显然受主流话语中崇尚随意性、自决权、藐视文化的窥视等价值影响；另一方面，与以往女性一统的理论不同，麦当娜要表现的身体是一种逃避定义的、难以捉摸的、弹性的、流动的身体。她的表演不给观众明确的位置，让他/她们迷惑，游离出中心，从而颠覆了男性的窥视与演员被窥视的权力关系，她的身体成了抵制主流话语的娱乐场。这类女权主义者对身体的建构被苏珊·博尔多（Susan Bordo）称为"后现代主义的弹性身体理论"（plastic body paradigm），她担心这种理论会导致碎化的后现代主义的女性主体意识。她对这些把抵抗界定为娱乐场、把身体界定为弹性的理论感到忧虑。她认为，虽然麦当娜的身体不是一个清楚的、被表明的实体，观众还是把她的身体作为窥视的客体。虽然麦当娜对自己的身体具有完全的控制力，但她对自己身体的建构还是迎合了主流观众视女性身体为客体的话语。麦当娜身体抽象的、固定的、游离于身体之外的自由"是通过抹去了人的生命的物质性、抹去了文化形象的标准化的权力，以及抹去了统治和从属的社会现实来实现的"[1]。麦当娜身体含义的不确定性并没有解构对她身体的客体化，反而促进了这种客体化。并且，麦当娜的身体从另一个角度说明了女性身体被弹性的美的标准一统化了。掩盖了女性之间身体的差异，是对女性身体的规范化。

这一时期也涉及了其他女权主义流派对身体问题的介入。多元文化女权主义把对身体的认识运用到对种族身体的诠释上。约瑟

---

[1] Susan Bordo, Material Girl: The Effacements of Postmordern Culture. The Madonna connection: Representational Politics, Subcultural Identities, and Cultural Theory, ed. Cathy Schwichtenberg. [M]. Boulder, San Francisco/Oxford: Westview Press, 1993.

芬·李（Josephine Lee）认为，与女性的身体一样，少数种族的身体如黑人的身体、亚裔的身体也是一种社会建构。少数种族用社会角色表演来建构不稳定的、边缘的种族群体。在文学文化批评中，第三世界国家女权主义者对女性身体的讨论主要集中于身体和民族主义话语的关系上。玛丽安姆·毕维（Mariam Beevi）认为，女性身体变成了民族国家与跨国资本主义交流或较量的载体。在不同地方、不同文化和不同时期，第三世界国家民族主义话语不断地在女性身体上建构。这种话语把女性身体神秘化，以窒息女性在经济和政治环境中建构主体意识的潜力。与跨文化的和全球的女权主义一样，生态女权主义努力展示各种人类压迫之间的联系，但它同时也集中思考人类控制非人类世界或自然界的企图。生态女权主义者相信，人类彼此相互关联，人类与非人类世界也相互关联，但人类并没有意识到这种关系与责任，相互施暴，对自然施暴。生态女权主义者敬重妇女和自然，将其视为救世主。他们将妇女与自然相联系，通过女性身体的独特体验，妇女开始了解人类与自然是同一的，而男人却无法通过这种方式了解这些。

　　西方女权主义走到20、21世纪之交，她们定义身体的研究和理论化日益深入，很多女权主义者并不希望重新发现不被父权话语建构的女性身体，她们认为一统的身体形象之稳定性缺乏根据，而承认在各种话语中身体形成的多元性和流动性。在文学文化批判中，这一时期的女权主义者认为一切文化与文本都是多元、开放、不稳定的。她们注重在世纪转折这一特定的历史和文化背景中研究文学文化中有关身体的话语，质疑关于身体的稳定性定义和一统化建构。这些女权主义强调的身体理论，重在以心理分析理论来挖掘人主体意识内在的矛盾和碎化，这种身体理论虽远离女权主义的政治实践，削弱了女权主义政治对父权话语和实践的威慑力，然而却提供了一个可贵的视角，让一切单一的规范都变得模糊，从而使文化走向多样，使身体探讨走向多元。

第 八 章

法国与美国的女性主义的身体理论

第一节 法国的女性主义理论与身体之关系

　　法国女性主义理论的研究基本上可以分为两个时期，一是存在主义哲学背景中的波伏娃的女性主义理论，二是 20 世纪 60 年代末以来的女性主义理论。波伏娃的女性主义理论与身体的关系已经有学者进行了研究，因此本书把第二个时期的女性主义理论作为此章的研究重点。波伏娃在《第二性》中提出，人并非天生是女人，而是在"生"中逐步变成了"女人"。她说"生"致使"女人在看待她自己和作用选择时不是根据她的真实本性而是根据男人对她的规定"。① 这启发了法国后来的女性主义者露西·依利格瑞、朱丽娅·克里斯蒂娃和埃莱娜·西苏等从哲学、心理学领域展开对于女性之"生"以及女性的真实本性等问题的思考，并取得了重要的理论成果。我们认为，法国的三大女性主义者在构建自己的理论时都注重对身体的思考：露西·依利格瑞首先批判了弗洛伊德等人关于身体的论述，然后提倡在尊重女性的身体、两性差异的基础上建立女性

---

　　① ［奥］西格蒙德·弗洛依德：《弗洛依德文集》（第三卷），车文博主编，长春文艺出版社 1997 年版，第 268 页。

的主体性以及平等、和谐、美满的两性关系；朱丽娅·克里斯蒂娃认为身体一直是被排斥在意义之外的能指符号，她试图把前俄狄浦斯阶段的非确定的、混乱的、分裂的话语纳入人类话语与语言的整体规划之中来构建自己的符号学理论；埃莱娜·西苏提倡写作从身体中索取包括欲望、体验、内驱力等创作资源，并且把身体写作作为反男权的巨大力量。

一 露西·依利格瑞：从批判男权话语的身体观到"二人同行"

露西·依利格瑞从哲学、心理学的角度思考身体，从《他者女人的反射镜》《此性别非性别》到《二人行》，从批判历代哲学家（包括柏拉图、萨特、胡塞尔、梅洛·庞蒂等）对于身体的忽视以及反对弗洛伊德从生理学的角度阐释女性，到颠覆男权中心，再到建立自己的身体理论——一种和谐、平等、互为主体的理想的两性关系——"二人同行"，"身体"在她的女性主义理论建构中发挥着重要的作用。[1] 依利格瑞对弗洛伊德的批判从两个方面展开：一是学说内容，主要指"阉割[2]情节"等；二是研究方法，主要指对二元对立和同一性的批判。

首先，依利格瑞批判弗洛伊德的"阉割焦虑"、阴茎嫉妒等学说内容。"阉割焦虑"是弗洛伊德学说中的著名论断。弗洛伊德认为，女孩因为阴茎"缺乏"会产生阴茎嫉妒，这在她的心理发展过程中占有重要地位[3]。依利格瑞认为弗洛伊德正是在阉割焦虑的基础上，构建了他的菲勒斯中心，使"身体"被烙上了沉重的父权制文化的印痕。这样，"阉割焦虑"自然就成为她批判和解构的对象。她对弗

---

[1] [法]西蒙娜·德·波伏娃：《第二性》，陶铁柱译，中国书籍出版社1998年版，第160页。

[2] Luce Irigaray, *Speculum of the Other Woman*, New York: Cornell University Press, 1974, p. 22.

[3] [奥]西格蒙德·弗洛依德：《弗洛依德文集》（第三卷），车文博主编，长春文艺出版社1997年版，第268页。

第八章　法国与美国的女性主义的身体理论　✼✼　269

洛依德的阉割焦虑的反思集中在以下两个方面:一是以男性的生理特征为标准来评价女性是不客观性的;二是女性也有生理特征,其性器官是多重的,也可以被赋予意义。在此前提下,依利格瑞开始解构阴茎嫉妒、恐惧等女性心理。她认为,恐惧是一种情感的权利而不应该被先验地指派给某一种性别或所谓的无性别,两性都存在恐惧的心理特征。关于阴茎嫉妒,弗洛伊德认为女孩是被阉割的,当她发现自己被阉割后,在很长时间内都不会屈服这一事实,同时对阴茎的期盼会持续很多年。依利格瑞质疑了阴茎嫉妒的心理特征的来源①,她反驳说如果在早期性欲阶段小男孩就是小女孩,小女孩有一个 clitoris-penis,当进入菲勒斯阶段后,阴茎嫉妒才产生,那么嫉妒的原型是什么?而且阴茎嫉妒也缺乏一定的现实基础,如果阴茎嫉妒不存在,那么小女孩对母亲的憎恨(弗洛伊德认为当小女孩发现自己被阉割后,她所有的憎恨都朝向母亲)以及她如何从对母亲的依恋转向父亲都成为可质疑的问题。同时依利格瑞谈道,"性"要允许差异的存在和选择的可能,它既可以模仿小男孩也可以模仿小女孩,模仿对象的不同决定了它们成长为不同的性别。

其次,依利格瑞批判了弗洛伊德的二元对立和同一性的研究方法。在性别研究中,二元对立表现为只承认有两种绝对对立的性别,男性和女性,且他们拥有相互对立的性别气质。依利格瑞认为,无论"是(女人)/变成(女人),有一个性器官/没有性器官,阴茎/非阴茎,阴茎/阴蒂还是阴茎/阴道,加/减,清晰地阐述/黑暗大陆,理性/沉默或无用的唠叨,对母亲的欲望/变成母亲的欲望等等,所有这些都是被严格假定的对女性功能的阐释模式"②。其最终都归结到主体/客体的对立问题上。依利格瑞还指出,弗洛伊德在有关儿童早期性欲的论述中就预设了主体/客体的理论前提。弗洛伊德说,在

---

① Luce Irigaray, *Speculum of the Other Woman*, New York: Cornell University Press, 1974, p.55.

② Ibid., p.22.

生殖前的虐待狂和肛门的组织阶段,雄性与雌性的区别那时尚未占重要地位,占重要地位的是主动和被动的区别,在接下来的早期生殖组织阶段,雄性存在,但没有雌性,雄性生殖与被阉割对立起来,直到青春期,男性和女性作为性的两极才发展完善。从对弗洛伊德学说与研究方法的批判和对身体中蕴含的欲望、爱的发现,为她在《二人行》中创造有关身体的美丽传说(营造一种幸福、和谐、同为主体性的两性关系)提供了思想源泉。

在《二人行》中依利格瑞批判地吸收了柏拉图、亚里士多德和黑格尔等哲学家对女性身体、女性的看法,并批判地吸收了萨特、梅洛·庞蒂的观点,并在对他们的批判和吸收中寻找一种建立平等的两性关系的可能。依利格瑞认为,梅洛·庞蒂太过悲观,因为他只看到了身体与身体之间的对立关系:要么是主人——征服别人的身体,要么是奴隶——被别人的意识所支配的身体。依利格瑞试图将萨特与梅洛·庞蒂的身体观辩证地综合起来,因为在她看来他们都是有缺陷的,一个只看到了自我意识中的身体,一个只看到了他者意识中的身体,只有将二者结合起来,突出他人意识中的和自我意识中的身体才有可能使客体的身体回到主体的位置,从而建立主体之间的"二人行"才有可能。依利格瑞试图寻找的是第三种可能,不是只作为主体的或客体的身体而是建立在平等、尊重基础之上的互为主体的身体观。

让人深思的是,依利格瑞一直关心女性主体性的建构,但她丝毫没有动摇男性的主体性。她还以此为标准来建构女性的主体性,在思想根源上仍然没有清除男性价值标准的踪影。在如何确立理想的主体间关系的问题上,依利格瑞提出通过"感知""看""沉默"的方式以确立两性间的和谐关系。如何建立这样的"感知"来确立女性的主体性呢?依利格瑞认为:一要承认其相异性;二要尊重他者;三要保卫自己的视角以保持感知中的主体地位,同时必须赋予他者一个视角;四是"我在我身上感知的不是我也不是你"。这个女性的视角如何建立起来呢?"我在我身上感知的不是我也不是你",表明"我"的思想意识不能控制"你","你"的思想意识也不能控制"我"。这让人想到了梅洛·庞蒂的一句话,"他人看到的可能不是我,我看到的可能不是他"。梅洛·庞蒂对依利格瑞是有所启示的。但依利格瑞寻求的是"你""我"共存的理想的两性关系,即消除了统治者与霸权者的两性关系。"看""沉默"都是无声的,没有表达出来的身体话语,为什么两性要采用这种无声的方式进行对话?根据依利格瑞在《他者女人的反射镜》中的分析,父权制下的女人没有自己的话语。如果女性没有自己的语言(最多)只能模拟男性的理论,如果她的理论想要不被人们视为无法理解的唠叨,她就必须模拟男性理论,而女性气质只能在她自己模拟的符号和字行之间留下的空隙中流露出来①。女人没有自己的语言,被排斥在理性的语言之外,这已经成为女性主义者的共识。但是她们解决语言问题的方式各不相同,西苏试图彻底地颠覆男性的语言,克里斯蒂娃把语言延伸到前俄狄浦斯阶段,依利格瑞着意于先模仿男性的话语方式再建立自己的语言,她的唠叨本身构成了对表达清晰流畅的男性话语的解构力量。由此可见,她们都意识到直接建立女性的语言是不可能的,于是大多采取一种先解构男权话语的策略。但是正如陶丽·莫依所言,"解构"体现出很强的依附性,即它必须以现存理论为批判对象。尽管依利格瑞把"沉默"——我们姑且把它叫作一种身体话语描述得富有理想的色彩,事实上,她仍然信心不足。纵观依利格瑞的女性主义理论的发展,她把身体当作女性主义理论的切入点,同时将身体与身体的关系转变成主体间的关系,接着以建立身体话语的方式建构女人的主体地位。在这一思想的流变历程中,依利格瑞让我们看到了她最终想达到的目标,即建立自由、幸福、

---

① [奥]西格蒙德·弗洛依德:《弗洛依德文集》(第三卷),车文博主编,长春文艺出版社1997年版,第268页。

和谐①的两性关系以及通过寻找解放女性的途径来实现"人"的真正解放。

二 克里斯蒂娃：从身体、情爱等层面探寻话语的可能

克里斯蒂娃的女性主义理论与身体的关系主要体现在两个方面。

（一）在"卑贱""升华""净化"中，蕴含在母亲体内的真实体验、感受（压抑的、恐惧的、欲望的等）和情感等构成的话语体系

在对克里斯蒂娃的研究中，要理解母亲的话语就要理解母亲的身体、母亲是一个卑贱的存在。何谓卑贱呢？克里斯蒂娃说："卑贱是一条边界，这是无疑的，但它更是一种模棱两可的状态……"②克里斯蒂娃从对卑贱的研究中看到了人从自然状态到社会状态的界线，这条界线先于我们而存在，它存在于在人从自然向社会的转变过程中不断地产生欲望、追逐欲望，不断地压抑自我以服从秩序，这是一个主体不断分裂自我的过程，一条痛苦的分离的界线。

克里斯蒂娃在分析"卑贱"后提出了"升华"的概念。她说："升华与卑贱相反，它不是别的东西，而是对先命名，先客体的东西，而实际上就是贯穿命名的，贯穿客体的东西进行命名的可能性……（卑贱）和升华处于过程的不同阶段，但是它们存在的主体和话语是同一个。"③可见，"升华"就是进行命名，卑贱和升华处于同样的话语中，来自相同的价值取向。在升华、命名中，伴随着性别划分，命名就是按照占统治地位的性别所设定的标准使处于劣势的性别成为客体，并赋予她们一定的性别特征。母亲必须

---

① ［挪威］陶丽·莫依：《性与文本的政治》，林建法等译，时代文艺出版社1992年版，第183页。
② ［法］朱丽娅·克里斯蒂娃：《恐惧的权利：论卑贱》，张新木译，生活·读书·新知三联书店2001年版，第14页。
③ ［挪威］陶丽·莫依：《性与文本的政治》，林建法等译，时代文艺出版社1992年版，第183页。

第八章 法国与美国的女性主义的身体理论　❋❋　273

被升华、被命名，被认定为一个女人，从而成为一个女人，一个爱的客体。克里斯蒂娃运用卑贱和升华的概念正是要阐明这样的事实：一是母亲的身体如何经历由卑贱到升华的过程，从而使母亲、女性被边缘化；二是在这个过程中，挖掘出蕴藏在母亲身体内的大量话语。

在《恐怖的权力》中，克里斯蒂娃分析了母亲的身体的不洁净，以及它如何使一种性别在道德、宗教、文化中处于劣势。洁净与不洁就是一种界线，在《恐怖的权力》中克里斯蒂娃将人体的污染物分为身体外部和身体内部两大类：粪便等代表了来自身体外部的危险；经血代表了来自身体内部（社会或性欲）的危险。克里斯蒂娃指出，"不洁"本身带有话语的虚构性，话语的主体为满足自己的利益，也出于对母亲身体的恐惧，利用话语对她实行控制，并由禁忌上升到道德、法律的层面。克里斯蒂娃指出，被压抑物并不一定在场，而引起压抑的东西就是语言，象征秩序就是建立在对母亲身体的禁忌上，即禁止自我色情和乱伦。不洁净与洁净的本身隐含着性别压迫和性歧视。母亲的不洁净实质上是男性为维护象征秩序以及等级制度所采取的话语策略，这种话语策略使"原罪"得以内化。克里斯蒂娃分析了父亲们采取的两种净化方式：一种是哲学话语和宗教话语的方式。柏拉图的净化是用理性来压抑情感；亚里士多德的净化是模仿和狂欢，就是通过韵律和歌曲使灵魂到达狂欢和纯洁的境地；康德认为应该通过觉悟远离肮脏，等等。虽然净化的方式多种多样，但他们都想通过精神的、灵魂的、理性的力量来改造肉体。另一种是宗教的方式，它首先使母亲、女性引起对肮脏、不洁的憎恨，接受不洁净的观点，引起对洁净的向往与崇拜并最终走向对上帝的顺从。克里斯蒂娃分析了基督教的净化策略不外乎从情感的净化到精神灵魂的净化，在整个净化的过程中，她试图让我们看到母亲、女性作为个体的完整性如何被不断破坏,① 她的内部不断地被他者侵入,她是怎样形成一个压抑和分裂的无可命名的卑贱物。从卑贱到升华、净化,克里斯蒂娃认为在整个过程当中母亲身体中蕴含了大量的话语——压抑的、恐惧的、欲望的、情感的,等等,它被排除在逻各斯中心话语之外,而事实上它应该成为整个话语的一部分。

(二) 在母亲的法则、想象的父亲的法则和父亲的法则的逻辑链条中探讨想象的、情爱的等话语内涵

母亲的法则、想象的父亲的法则和父亲的法则都出于克里斯蒂娃对拉康的父亲的法则的反思。拉康认为,"父亲只能是一种纯意义的结果"。在认同父亲法则的前提下,克里斯蒂娃把注意力集中在前俄狄浦斯阶段,她认为在此阶段中也有一个法则——母亲的法则。Oliver 在 *Subject without Subjectivity* 一书中详细地阐述了这一点,她说母亲通过给婴儿喂奶和断奶来实现或落空他们的欲望,母亲的肉体是自然与社会的统一体。令克里斯蒂娃感到困惑的是,婴儿如何自愿从母亲的身体的温柔乡进入压抑欲望的象征秩序之中,为了解除这一困惑她构想了一位想象的父亲,她说:"除了通常是残暴的却又令人难以置信的法则(指父亲的法则)与超我的残暴专制之外,实际上精神空间缺乏的危机来自慈爱的父亲。承担一个空无的自恋所遭受的是对于父亲的需要,渴望成为他者,女人,她们渴望被爱。"可见,想象的父亲是为缓解严厉的父亲所带来的精神危机而存在,这些危机包括被压抑的欲望、性欲的压抑、精神的分裂等,只有当精神的危机得到缓解后,人才能进入社会中。"想象之父"也不是空穴来风,美国学者 Oliver 在分析中发现克里斯蒂娃的想象之父来源于弗洛伊德的理论,克里斯蒂娃批评拉康对严厉

---

① [法]朱丽娅·克里斯蒂娃:《恐惧的权利:论卑贱》,张新木译,生活·读书·新知三联书店 2001 年版,第 17 页。

第八章　法国与美国的女性主义的身体理论

之父的热衷而忽略了慈爱的一面，Oliver指出弗洛伊德1921年在"从群体心理学与自我的分析"一章中，在"个体的前历史阶段的父亲"中有对慈爱的父亲的专章论述。她同时指出想象之父就是慈爱之母。

不可否认，克里斯蒂娃在整个理论体系建构的过程中，为我们提供了许多智性的启迪，但也留下了一些困惑。在《爱情传奇》中她专门探讨了性爱、精神之爱、自恋、情爱。克里斯蒂娃认为，爱既是一种不可忽视的精神现象，其中也包含等级和性别之分。克里斯蒂娃并没有把它当作一种理论的武器来批判男权和菲勒斯中心主义，反而沉溺在内涵丰富而广博的"爱"之中，这自然激怒了其他的女权主义者。事实上，在这个问题上克里斯蒂娃思考的立足点远远超出了性别的概念。她在为人如何正常地社会化寻找一条合理的解释，认为压抑的、情感的、想象的语言并不是处于逻各斯中心话语之外，而是存在于它之内。她在一次采访中谈到了对母亲的身体、卑贱、爱、恐惧分析的意义，"我在爱、卑贱、恐惧的经验的层面寻找语言，因为它们无法命名，被我们通常使用的语言（指逻辑的语言）过滤掉而未能成为语言本身"。而且她还说："语言应该有多个源头，而不是一个。"从这段谈话中不难看出，她对现存的话语体系（理性的语言）的怀疑：这些理性的话语是否能够表达我们所想要表达的一切（包括一切心理的、潜意识的、体验的、身体的话语）？她想寻找一种话语解构逻各斯本身，使母亲、女性也拥有语言的权利，她们的话语是被剥夺掉潜存的、压抑的、分裂的，而并不是不存在，这是另一种话语的真实。克里斯蒂娃期望把这种符号的话语看作破坏象征秩序的一种方式。从克里斯蒂娃在《恐惧的权力》中对大量男性作家的分析中可以看出，她认为男性也是拥有这种语言的，也就是说她的符号化的语言并不是女性所专有的，这自然也遭到了激进女性主义者的批评。她在《爱情传奇》中的一段话颇值得玩味，"每一个人都应该懂得,每一性都是另一性的'符号',是另一性的补充,是另一性的意义的提供者"①。

三 埃莱娜·西苏:"身体写作"与"身体"

陶丽·莫依说:"大部分由于埃莱娜·西泽丝(或译为西苏)的努力,女性写作问题得以占据七十年代法国的政治与文化讨论的中心位置。"

西苏从身体中获取了写作的资源与双性同体式的语言,以建立女性作为主体的写作身份,并努力实现两性在写作中以及文化中平等的政治理想。西苏的理论主要包括两大部分:一是身体写作即妇女写作必须写妇女,二是在写作中实现双性同体的写作目标,以"两性性"来解构男性(阳刚)与女性(阴柔)的二元对立模式。西苏的每一部分理论都没有离开对两性身体的思考。从女性写作的起因、写作的方式到写作的目标都表明"身体"在西苏的女性主义理论的建构中充当了主角。她用一种非理性的颇有抒情意味的方式从文化的角度分析了女性、女性写作的社会历史的现状。②她发现男性把写作当作他们的专利,并一直为他们的利益服务,男性和女性在写作中表现出强烈的性别对立。并且,"大部分男女读者、批评家和作家们是出于无知而不愿意承认或者公然否认女性与男性写作之间具有区别的可能性或相关性"。西苏说:"写作,为她自己(女性)锻制了反理念的武器。"这样写作已经从单纯的创作活动被提升到文化和政治的领域,本质上成为一种权利之争和对理性、象征秩序的颠覆行为。

西苏为什么这样界定写作?西苏明确提出妇女写作就是"她通

---

① [法]朱丽娅·克里斯蒂娃:《爱情传奇》,姚劲超等译,华夏出版社1992年版,第58页。

② 同上。

过身体将自己的想法物质化了；她用自己的肉体表达自己的思想"①。西苏提倡身体写作的原因除了反男权外，就是要通过身体书写找到女性自己。当然，这个界定也暴露出一些问题：其一，什么是妇女的身体，身体在西苏的理论中成为写作的资源是因为她已经把它当作蕴含大量文化内涵的一个集合体。而且，并不是每个人都能像西苏那样用强烈的性别意识观照身体。事实上，在人类文明的前进步伐中，男权文化之所以能够存在那么多年，不能完全归结为男性一方，女性如果没有积极地将男性的意识观念内化，男权中心的统治就不可能顺利进行。其二，身体写作的前提是什么。正如陶丽·莫依所言，要成为一个写作者，首先要拥有自己的身体，拥有自己的身体是写作成为可能的必备条件。书写身体的第二个理由是"写你自己，必须让人们听到你的身体，只有到那时，潜意识的巨大源泉才会喷涌"。可见，女性长期被压抑和占有的身体为她们的写作提供了巨大的写作资源。西苏大力提倡的妇女写作，是对潜意识能量的释放，是对完整人格的追求与表达。"她用自己的肉体表达自己的思想"，"她通过身体讲自己的想法"。从大量的身体写作的创作实践中可以看出，身体不仅仅孕育情感、想象力、体验和感受，它还表达女性的精神和思想。

在这种写作理论和实践的结合中有一种事实已经呈现出来，那就是头脑与情感的对立的模式的消解，西苏在寻找第三种状态，把身体从与头脑的紧张的对立中解放出来，让它尽情地在差异中丰富多彩地释放能量阐释意义。身体不应该被先验地赋予意义，写作既是一种身体的实践行为也是阐释身体的意义本身。从西苏的阐述中不难发现，如果头脑与情感不是被先验地赋予了男性或者女性，那么男性和女性都有可能同时拥有头脑和情感，就像如果世界上不只

---

① ［挪威］陶丽·莫依：《性与文本的政治》，林建法等译，时代文艺出版社1992年版，第2页。

存在男性和女性一样，生理上的两性都有可能存在。西苏在对女性的身体现状作了考察后，提出身体写作的理论设想，而不是先验地把身体划给女性，因此，西苏的身体写作也是对二元对立模式的超越。从本书的研究视角来看，正是因为西苏对女性的身体现状的关注与思考，身体才作为一个资源库被挖掘出来，所以身体对于写作的意义，不仅仅是写作行为本身，而且是把女性从被压抑的潜意识状态解放出来恢复为"人"的拥有自己的身体的主体建构的意义。从西苏用自己的身体写作，用自己的肉体表达思想的口号中，可以看出西苏已经解决了写作最为关键的问题——语言。妇女能够将写作进行下去，前提条件是妇女必须拥有自己的语言。[①] 但语言一直被认为是男性的专利，女性一直被排除在语言之外，那么西苏的语言在哪里寻找呢？西苏认为身体即话语，只有在前俄狄浦斯阶段女性才有可能建立表达自己的词语。因此无意识、冲动、内驱力、欲望在她的著作中不断出现并成为她关注的重点对象以形成自己的语言，"身体部位的冲动、肛门的冲动、发声的冲动——所有这些冲动都是我们的力量，在其中有孕育的冲动。就像写作的欲望一样：一种在自我内心活着的欲望，一种对隆起腹部的欲望，对语言、对热血的欲望，如果它将激发我们的幻想，我们将不会拒绝它"[②]。关于母体，西苏表达了害怕离开母体的恐惧和渴望回到起源、母体的欲望，"人必须返回起源处，在起源的神秘上下工夫，因为人最终就是这样在终极的神秘性上工作的。要致力于解决'在哪里'的问题，'从哪里来'的问题，以便接下来解决'紧接着的'各种问题"[③]。妇女写作和以妇女的性别来写作是完全不同的两个概念，妇女写作是说妇女作为一种被压抑的社会性别要书写与言说，而妇女作为一种性别来写作很容易偏向对生理性别的重视，这是西苏所不愿意看

[①] 张京媛主编：《女性主义文学批评》，北京大学出版社1992年版，第207页。
[②] 同上。
[③] 朱立元等编：《二十世纪西方文论选》，高等教育出版社2002年版，第649页。

到的,因为妇女获得了言说的权力也可以以同样的方式占有男性的身体和剥夺他们的权力时,本质主义的倾向又会暴露出来。为避免这种倾向,她选择了第三者——中性性。从身体的中性性到写作的中性性,既反映了西苏完整地构建自己的写作理论的进程,也反映了两性寻找一种共同的生存状态的历程。中性性即双性性,指在同一个人身上既有成熟的雄性器官,又有成熟的雌性器官,在心理学上,指同一个个体既有明显的男性人格特征又有明显的女性人格特征,两性人比那些坚持传统的性别作用的人更容易出现跨性别的行为。[1] 西苏的双性同体不是消除了差异的传统概念中的中性,她说:"我提出的是另一种双性,在这种双性同体上,一切未被禁锢在菲勒斯中心主义表现论的虚假戏剧中的主体都建立了她和他的性爱世界。即每个人在自身中找到两性的存在,这种存在依据男女个人,其明显与坚持程度是多种多样的,既不排除差别也不排除其中一性。"关于妇女写男人的双性,西苏继续说:"这个双性并不消灭差别,而是鼓励差别,追求差别,并增大其数量。从某种意义上说,'妇女是双性的';男人——人人皆知——则泰然自若地保持着荣耀的男性崇拜的单性的观点。"如何增强差异,西苏强调个体必须从自我中走出走向他人,理想的情况是"我"越来越少,而"你"越来越多。我和你共存于同一体内,当我越来越少时,我被你所占领,这样的一种境界就像演员表演,他完全忘记自身而沉浸在对戏剧的表演中,西苏认为在这种情景中,我和他者才会在一种平等的地位相互认识差异并且增强这种差异。按照她的逻辑,不论是"我"还是"你"都要有一颗互相接纳的心灵,而不是一方占有另一方的霸道强权。

---

[1] [挪威]陶丽·莫依:《性与文本的政治》,林建法等译,时代文艺出版社1992年版,第2页。

第二节　美国的女性主义理论与身体之关系

本章在对美国的女性主义理论与身体之间关系的考察中，主要探讨了苏珊·古芭、桑德拉·吉尔伯特、伊莱恩·肖瓦尔特这几位女性主义者的理论，她们是美国女性主义理论的代表人物。她们在美国的女性主义理论中做出了重要的贡献。本节的基本思路：一是反思文本中的女性身体，从女性的身体特征、性别特征中挖掘女性的创造力，寻求女性创作的可能；二是超越女性的身体，并把女性创作从与男性创作对立的思维方式中解放出来，开拓多样化的女性创作的广阔空间。

一　反思、挖掘、寻求

所谓"反思、挖掘、寻求"就是说是反思文本中的女性身体，从女性的身体特征、性别特征中挖掘女性的创造力，寻求女性创作的可能。

在《〈空白书页〉和女性创造力问题》一文中，苏珊·古芭探讨了女性的身体和女性创造力之间的关系。她从文学与艺术创作的现实中——女人的身体被当作"物"以及艺术品，揭示了女性被书写、被塑造、被物化的现实。无论是物还是艺术品的女性身体和女性，都渗透着男性的审美眼光和对理想化的女性形象的提倡，都表明了女性没有了创作的权利，她们是被书写的客体对象。她追溯到文学文本中女性被物化的大量现实，无论是男作家把女人比作诗、白纸、艺术品，还是男批评家把女人的身体比作文章的段落，他们在炫耀男性的创作力的同时企图掩盖这样一个事实——女人没有创造力。

为什么女性没有体现出创作力？古芭总结出三条理由。

其一，古芭认为她们被剥夺了创作的权利而无法展现出创造力。

第八章　法国与美国的女性主义的身体理论　281

男性在神学、艺术、科学创造方面占据优势地位，男性可以像奥维德笔下的皮格梅利翁一样塑造出一位美丽的雕像，替它穿戴，饰以珠宝，爱抚其曲线，并最终把它变成一位美丽可爱的女子，而从来不用承认他们自己出自、来自女人的身体，男性创造了女性的身体和女性，由此得出创造力似乎是男性天赋的权利这样的荒谬结论。关于权利，琼·斯科特有一句话一针见血，她说："女人要求权利可以分析为她们坚持她们应该享有的一个有欲望的人应有的地位（象征性的和实际的）。"要获得创作的权利也就是要争取做"人"的权利。如果没有做"人"的权利，也就没有了言说权，也就没有了创作权。

其二，女性在男权中心话语中并不是完全没有表现创造力的机会，但两性在表现创作力时是有区别的，男性总有主动的心理优势，而"她们"时时都能感到被动的劣势处境，就像古芭所言，"女性艺术的创造如同女性身体的毁灭，由于女人特有的自我表现形式，艺术创造好像是一种受到强暴的感觉，是对男性刺入的迟来的反应，而不是占有和控制"。

其三，古芭发现，正是男性长期的创作实践使女性写作感到了巨大的心理缺失和焦虑。这种心态为消除男性对女性创作的恐惧心理以及为他们专享创作力，无疑提供了极大的便利。女性在创作中表现的身体体验、心理经验以及社会性别经验，都会被看作缺失的符号化的身体体验，正是这种缺失形成了女性的性别身份。

关于缺失与完整的问题，在《阁楼上的疯女人》一文中古芭和吉尔伯特说："的确，塞德本人后来发现，大多数文学文本都遵循这样一个传统：'本文的统一和完整是由一系列的关系维护的：作者—本文、开头—发展—结局、形式—内容、读者—理解，等等，在这些关系下面存在着继承父权制或等级的意象。'"既然文本是统一与完整的，作者也必须是一个绝对的统一体，这一点已经在男作家的身上得到了充分的体现，那么女作家要想获得与男作家或艺术家同等的创作权利,也就必须承认作者与文本中的我都是完整统一的。因为空白书页正是一种缺失的隐喻,在古芭的眼里,空白书页是对女性创造力的忽视,因此作为对它的批判策略之一就是承认女作家乃至女性都是完整的统一体。当然这种策略引起了其他女性主义者的批评,"这种强调把完整统一作为女人写作的理想的态度,还应受到批判,这种态度正是父权制——或更准确地说——男性生殖式的构建"。在女性主义者对两性作历史的考察时,她们发现男性是完整统一的,女性则是分裂的。而当把完整统一与女作家联系起来的时候,陶丽·莫依认为,这之中就蕴藏着悖论:如果女性也是完整统一的,那么女性仍然处于男性的价值[①]观念体系之中,如果女性不是完整统一的,她们就无法进行创作。

古芭对女性没有创作力的三点分析是全面而深刻的,女性作为一种社会性别,她们无法进入文学创作空间的原因是复杂的,既不能完全归咎于男性话语的霸权,也不能无视这样一种现实——女性吸收、内化男性的价值观念对女性认识自身和文学创作带来了不利。

肖瓦尔特在分析女性创造模式时提到了心理的模式和肉体的模式。心理的模式与肉体的模式不同之处在于,肉体的模式是女性的身体在男性的文本中被书写,以及女作家从肉体的、生理的体验来寻找创作的可能,心理的模式关注的是女作家的性别身份,以及这种已经形成的性别身份与创作的关系,还有是否在批评中应该发展一种女性主义文学批评的思考。肖瓦尔特对心理的模式的思考可以说是她从精神分析中女性被阉割的观点出发,看到了阉割在强大的父权制社会中对女作家造成的心理层面的影响,以及这种负面心理在她们的创作中表现的惊人的相似之处,因此为了扶持女作家的创作和创造一种繁荣的女性创作局面,她已经在思考建立一种女作家

[①] [英]玛丽·伊格尔顿编:《女权主义文学理论》,胡敏等译,湖南文艺出版社1989年版,第117页。

的批评的必要性了。她说:"伊丽莎白·艾伯尔对当代女子小说中的女人间的情谊作了大胆的调查……艾伯尔得出结论说:'由于女性结谊的情况和发展异于男性的,女性文学影响的变迁发展也不同,应该有一种适合女性心理的、反映女子在文学史中双重地位的影响的理论。'"

在把女性比作"白纸""诗歌""文本"的同时,男性批评家创造了一套逻辑,那就是创造—生殖、文本—生命构成的隐喻关系。在《阁楼上的疯女人》一文中,苏珊·古芭、吉尔伯特花大量的笔墨阐述了这样的事实,即"在西方文化中的父权制观念是,本文的作者是父亲、祖先、生殖者以及美学之父,他的'笔'是一种像他一样具有生殖力的工具。非但如此,他的笔的威力,不但具有创造生命的能力,而且还具有繁殖后代的功能"[①]。文学创作是一种高尚的精神活动,它带给人的精神愉悦和享受不可以被降低到生理的层面,因为文学创作活动不是繁衍性的生物行为,严肃的批评行为更不能与此等同视之。男性批评家人为地创造了文学创作和身体、性的密切关系,无非是想寻求一种先天的优势使文学、创造力、言说权利等天然地属于他们,以促使文化中男性性别优势的形成。在对女性作家的评价中,曾经出现的一种情况是,男性批评家用生理上的劣势来解释女性创作中的不足,这包括对妇女是被阉割的评价,以及用男作家的创作特色(例如充满阳刚和活力的创作)来评价妇女写作缺乏冲劲和血液等。虽然这样的评价在今天的文学批评活动中表现得不是那么强烈,但是妇女被阉割,妇女写作也被阉割作为一种事实曾经存在于文学活动之中,同时它促使我们反省女性文学批评的批评标准问题。为什么在谈到创作的优势和创作的特征的时候,两性的身体会为男性提供强有力的证据,这说明身体是人们实

[①] [英]玛丽·伊格尔顿主编:《女权主义文学理论》,胡敏等译,湖南文艺出版社1989年版,第117页。

施自我意志的场所,① 当意志和愿望通过身体实现和达到的时候,人会获得巨大的满足感和成就感,如果这种成就感也被他者、他种性别所获得,那么成就感和满足感会相对削弱。创作作为人类的劳动同样如此,当然在文章中苏珊·古芭并未论及此点,但是这并不妨碍对男性剥夺女性创作权的心理层面的分析。

如果身体——"笔"已经为男性创作提供了优势,那么女性是否也可以从"身体"中获得创作的启迪?事实上正是书写工具——男性之"笔"把女性拉回到身体的层面,让他们思考女性的身体和创作的关系。男性的写作是创造,就像他们繁衍生命一样,在这样的逻辑的引导下,还没有对女性写作有深入的认识的理论家和作家们只可能有一种选择,那就是和男性一样,回过头来关照自己的身体,并从女性的生理特征的角度思考女性的创作可能拥有的优势。例如女人的身体排出血液,这隐喻女性的创造往往表现为对于创痛的经验,"女艺术家凡有杀身而化入艺术的感受者,也会有流血而铸成文字的体验"②。这似乎可以表明,女性的身体体验可以作为创作的资源。但是正如男性一样,纯粹生理意义上的经验是很少的,如果把它看作女性创作之源的话,那么女性的创作将会是大同小异的,甚至会造成创作源泉的枯竭。当创作被限制在生理的层面时,作家在文本中表现的情感力度、文本的感染力就会大大逊色。这里也有一种逻辑的错误,我们不否认创作的感受有时可以和生理的感受相互沟通,但是这不足以说明所有的创作感受等同于生理的感受与体验,而只能说男性和女性创作都有自己的独特体验和感受,其中一部分是作为另一种性别所无法体会到的。在古芭的《〈空白书页〉和女性创造力问题》一文中,她发现了女作家创作中的这种倾向,从女性的生理的体验来看创作的体验,她说:"如果将艺术创作比作

---

① 王逢振等编:《最新西方文论选》,漓江出版社1991年版,第290页。
② 同上。

生物意义上的创作,那么,女人感受灵感侵入时的恐惧实在是一种被进入、奸污、占有、夺取、攫获、破身、蹂躏时的恐惧——这些字眼都表明了被动的自我范畴受暴力侵犯时的痛苦。"关于这种隐喻,肖瓦尔特在《荒原中的女性主义批评》中阐述了自己的看法,她把这种在创作和身体之间寻求沟通的创作称作肉体的创作模式,这在很大程度上可以看作对古芭和吉尔伯特合著的《阁楼上的疯女人》以及《空白书页》中谈到的身体与文学创作的关系的再批评。肖瓦尔特承认写作的确能够从身体中获得某种启迪。比如通常把男子的写作比作阴茎的写作,把女子的写作比作分娩,或把身体作为意象创作的源泉,甚至在批评文本中描写批评家的身体,这些都说明了身体对于文学创作的紧密联系。对男性书写工具"笔"的隐喻中深刻地体现了男性作为历史与文化代言人的主体身份,以及女性的边缘化的书写地位,然而要建立从书写开始的女性地位,在她看来并不一定要寻找出一个与"笔"相对的隐喻,事实上写作与身体之间找不到一一对应的关系。就像我们所看到的一样,沿着这样的逻辑——一定要为女性书写寻找与男性书写相对应的生理上的隐喻,就会犯一个致命的错误,即始终把男性和女性放在二元对立的模式上,把性别之间的差异归结为生理上的差异其本质就是生物决定论。如肖瓦尔特所指出的那样,这是危险的。肖瓦尔特思辨地回答了女子写作与身体的关系问题,身体能够进入女性的文本它已不单单是一种生理现象,而是进入了意义和话语的层面,虽然它可能以这种肉体的形式出现。她把我们从身体和写作一一对应的狭隘思维中解放了出来,进入一个更为深广的视域之中,那就是她随后谈到的语言的、文化的视域,这是在解读她的肉体的和心理的创作模式的时候应该看到的。

二 超越、解放、开拓

所谓"超越、解放、开拓"就是说,超越女性的身体,并把女性创作从与男性创作对立的思维方式中解放出来，深入地认识到并开拓多样化的女性创作的广阔空间。

肖瓦尔特的《荒原中的女性主义批评》虽然主要阐述的是"女作家批评"的理论，在文中她把女性的创作归纳为四种模式——肉体的、心理的、语言的和文化的模式（在上文中我们已经分析了肉体的和心理的模式），但我们既可以把这看作对女性创作整体的概括和指导，也可以把它看作对超越身体的创作模式的继续探索。

肖瓦尔特所说的第二种方式是语言的创作模式。在各国对女性创作的研究中，语言问题成为一个很显著的颇有争议的问题。肖瓦尔特在深受法国女性主义者的影响后提出的语言模式，表明她想利用语言模式来实现对肉体模式的超越。

她的语言的创作模式受到了来自法国的女性主义理论的启发。她说："欧裔美国女性主义批评的中心是试图恢复妇女作为读者和作家的历史经验，与此同时法国女性主义理论则是重点考察'女性特征'在语言、形而上学、心理分析和艺术的象征系统中被界定、再现或压抑的情形。"她认为法国女性主义者关注的是男性话语对女性的"压抑"，美国的女性主义者强调的是"表达"。她说："法国的女权主义批评本质上是精神分析学的，强调压抑；美国的女权主义批评本质上是语词文本的，强调表达。""压抑"和"表达"构成了法美女性主义批评的重要区别，问题是在法国的女性主义理论家的眼中，"压抑"可以构成一种话语或成为一种话语的重要来源，"压抑"阐述了女性在菲勒斯中心话语下的真实处境。可见，肖瓦尔特的"压抑"论来源于她对以克里斯蒂娃、依利格瑞和西苏为代表的法国女性主义者企图寻找自己的语言以对菲勒斯中心话语实现突围的焦虑的充分理解。

如果说"压抑"是话语、是情感、是内容，那么，"表达"给女性批评和创作留下了较大的空间，因为"表达"只是一种方式。用什么表达？表达什么？为什么热衷表达？这都成为肖瓦尔特思考的主要问题。

用什么表达？肖瓦尔特的回答是用语言表达，她支持克里斯蒂娃的观点，明确地提出："并不存在一种只有女子社会使用的，显然有别于社会主要语言的性别语言。"因为这种语言（性别方言）没有产生与孕育它的母语，缺少生长的根基。在她看来性别只是形成语言的一个要素，除此以外还包含传统、语境等因素，语言就是包括性别在内的一个广泛的概念，性别不能用作划分语言的标尺。本着这样的语言和性别的关系，肖瓦尔特的表达的工具就很明了，她赞同女性创作是用语言表达，而不是用女性语言表达。

表达什么？肖瓦尔特一直认为女性之间存在一种秘密交流的方式，没有公开表达出来。这可能与她对英国小说、英国的文学创作传统和她对女性经验的重视有关。在肖瓦尔特对语言与性别的关系中，她希望能找到一种语言，只要它能够"表达我们所具有的——心灵与身体"。这就是表达的内容，它包括身体和心灵两个方面，表达身体就是表达处在一定的社会历史背景中的当下体验，表达心灵就是表达建立在这种体验之上的情感、思想和灵魂。身体和心灵不是对立分裂的，而是有机统一的。

为什么热衷表达？这源于美国女性主义者对经验的热衷和对表达的看重。他们对经验的热衷有两个方面的原因，一是出于对理性的怀疑；二是出于对经验的信任，她说："在这篇论文中，我很愿意描述一个大致的分类，如果它不是朝向女权主义诗学的，我希望它成为一部著作的导言，这部著作应该被当作致力于英语研究的主要贡献和致力于重构妇女在社会、政治和文化经验的学科间建设的一部分。"经验需要表达，心灵和身体也需要表达。这遭到了质疑，陶丽·莫依认为，肖瓦尔特的这种倡导为"女性作品指定了另一种标准，而不是要取消任何标准"，并且指出"一种新的标准不会在本质上比旧的标准减少压迫感"。陶丽·莫依质疑的不是身体和心灵的女性经验，而是在这种思维方式中隐含着对女性创作本质的界定，其实这是一个时间的问题，我们要看到肖瓦尔特对她以前的女性创作所作出的理论上的指导，而不应该把她的标准往后延伸，成为未来的女性创作的一个界标。陶丽·莫依的质疑中隐含的焦虑恰恰应该从这个角度来理解。也就是说陶丽·莫依对肖瓦尔特的批评从根本上是对标准本身的质疑，制定一套女性创作的标准无异于给创作本身增加一副枷锁和牢笼，它在一定程度上仍然会阻碍女性文学创作多样化的繁荣景象的形成。

　　肖瓦尔特所支持的第四种女子创作的模式即文化的模式建立在对前三种模式的综合的基础上，把女子写作放入了宏大的社会背景中加以观照。她认为女子的写作不仅仅是自身因素的肉体经验的、语言的、心理的结果，而是一种实践性的社会行为。肖瓦尔特对女子创作的思考从两个方面来完成：首先对于女作家的研究应该把她对肉体、语言、心理的认识放入同她生存攸关的社会环境中去解释，同时也应放入文学传统中去思考。张京媛说，虽然她（指肖瓦尔特）对后解构主义和精神分析的女性主义理论有所吸收，但她并不赞同她们把文本看作既无父又无母。肖瓦尔特也说："假如像布鲁姆和埃德华·萨伊德所强调的那样，男子文本有父亲，则女子文本不仅仅有母亲而且有双亲，女子文本面对父亲和母亲的先辈，必须应付所继承的双方各自的问题和长处。"在此，她肯定了男性文本对女子创作的影响也要求人们承认女子创作的影响力，这至少暗示了两点，一是女性一直都有自己的文学，二是女性文学已经形成了自己的文学传统，只是它们作为亚文化的一部分潜存着。她所说的这个传统总是与女性亚文化群有着本质的联系。"妇女亚文化群首先产生于一种共同的，不断变得羞羞答答的和仪式化了的身体体验，发身、来月经、性欲的萌动、怀孕、生育和绝经——形成一种必须隐瞒起来的生活习惯。"而这些共同的身体体验、生活经验以及充当的相同的社会角色会使妇女紧密地联系在一起。"可以说妇女们已经在一个更大的社会圈子里构建了一个亚文化群，以价值、常规、经历以及与每个人紧密接触时的行为为准则组成了一个统一体。重要的是应从大的方面看女性文学传统，紧密联系妇女自我意识的发展进程及任何少数团体在一个统治社会中寻找表达自己的方式所走过的道路。"共同的身体经验能够促使集体经验、自我意识的形成以及在观念与行动上使妇女结成巩固的联盟，在作品中形成共同的母题，同时她对女性身体经验、生活习惯、思想意识的思考成为她建立女性文学传统以及亚文化群的原动力。

肖瓦尔特对女子创作的分类遭到了陶丽·莫依的质疑，这是必然的。因为她既没有提到分类的标准，反而更强调这四种模式——肉体的、语言的、心理的、文化的模式之间的内在联系，并且把前三种模式当作最后一种模式的基础。在这些模式中广泛地涉及身体与女性创作以及女性主义文学理论的关系，其中她不仅对以往的女性主义理论中的身体的隐喻阐发了自己的观点，对法国女性主义者的与身体相关的语言观、写作观进行了理论反思，而且阐述了自己的女性创作的文化模式，其中对以往的理论不乏批判的吸收，因此从某种意义上可以把她的女性主义批评理论看作一种理论的再批评。

从个体创作到女性创作，美国女性主义理论无法离开"身体"。从肉体的写作到语言、心理和文化层面的创作再到一种文化的形成，从被写作的客体身体到主体化的创作局面的形成，这些都离不开对身体的思考，女性认识身体就是认识自我的过程，也是女性主体化的过程。美国的女性主义理论中体现出对身体认识的发展态势，她们从关注男性文本中的自我形象开始，意识到女性创作的必要，并在创作中表现女性的生理体验，到超越于生理的身体探究女性的心理与语言层面，最后在历史文化的宏观视野中观照女性的创作，这样一个过程也可以看作对生理的身体向社会历史的身体的认识在创作理论和实践中的呈现，理论上的贡献有力地指导了女性的创作，充分发挥了理论的重要作用。

同时，"身体"天然地与美国的文学创作实践和女性主义创作理论融合在一起。从文本中被塑造的女性身体到从事文本创作的女性身体，从文本中的女性到文本外的女性，文学文本作为一种反射镜让女性看清了自己，由此建立起对女性自身的反思，这包括对女性的有无创作权的反思，对女性社会历史身份的反思，对历来的女性创作本身的反思。因此对身体的思考贯穿在整个美国的女性主义理论之中。对身体的思考不应该仅仅被看作后现代文化反理性的结果，因为它早已存在于文学文本以及创作活动中。只有在对历代文学文本的宏观观照中，两性的身体尤其是女性的身体才能从被菲勒斯话语淹没的境况中剥离出来，完成由物化的身体向人的身体以及追求主体身份的身体演变的艰难历程。

本章从对《〈空白之页的书写〉女性的创造力问题》《阁楼上的疯女人》《荒原中的女性主义批评》的分析中，可以看出美国女性主义者为了使女性获得创作的权力力图把女性从男性的身体话语的束缚中解救出来，用强烈的性别意识认识创作和身体的关系，以促进多样化的女性文学创作局面的形成所作出的努力。苏珊·古芭、吉尔伯特、肖瓦尔特充分地认识到，处于男权中心语境中的女性身体如何成为她们创作的桎梏，没有正确地认识自己的身体就不可能进行自觉的女性创作，有无创作优势不应该从生理特征方面寻找证明，男性的性征与文学创作的个性没有必然的联系。不是说男性是阳刚的男性作品就一定是热情洋溢充满阳刚之气的，也不是说女性的阴柔的一面必定会在女性的创作中有所表现。在苏珊·古芭陷入从女性生理特征上为女作家创作寻找优势时，肖瓦尔特看到了她思想上的局限，指出身体与创作不存在一一对应关系，这种两性生理上的不同不是决定创作上只有两种创作模式的依据，她同时指出沿着这种思路必然会陷入二元对立的思维模式中的危机。那么超越对立的性别创作模式——男性的创作模式和女性创作模式，内在地要求超越身体对写作的限制，为多样化的女性创作局面的形成在理论上疏通了道路，并为女性创作在文化的、社会的和心理的各个层面开拓出更为广阔的空间。

第三节　法、美两派女性主义理论比较

本节包括两部分：一是法、美女性主义理论在观照"身体"时表现出的共同点；二是法、美女性主义理论在观照"身体"时表现出的不同点。

一　法、美女性主义理论观照"身体"之相似性

这些相同点包括：其一，"身体"进入女性主义理论是女性主义者的自觉行为，她们都致力于女性主义理论的学科建设，并使女性主义者对身体的研究和思考呈现出围绕一个中心——性别的身体，向周边学科扩散从而呈现出开放的态势；其二，两国的女性主义者观照"身体"都体现出强烈的批判性，他们不仅反思身体，还以一种全新的眼光重新阐释社会、历史、文化，过去、现在和将来。这些反思，都经历了从解构菲勒斯中心到建构女性主体性的过程。

"身体"进入女性主义理论是女性主义理论家的自觉行为。原因有：（一）从理论建构来讲，理论不可能完全脱离经验的层面，而恰恰是建立在它的基础之上，从这个思路出发就能理解"身体"为什么不是某个学科领域的独霸的研究对象这个问题了。（二）"身体"早已存在于人类的话语资源当中，不少男性哲学家、文学家、心理学家等都对女性身体做出了论断，并以此来界定女性。女性主义者研究与女性有关的问题时，她们不得不回到身体的层面，重新对身体进行言说，以重新界定女性并为女性寻求政治的文化的生存空间。身体、性别、话语构成了一个循环，女性主义者认为，男权主义者所做的是从身体中寻求性别优势的有利证据来策划一种话语霸权，而她们所采用的策略是在观照性别的同时返回"身体"以解构这种话语霸权，后现代的话语语境恰好为它提供了一个很好的话语背景，

在这种情况下,身体进入女性主义理论就成为女性主义者的一种自觉行为。

　　女性主义理论家都发现,把人划分为两性是从身体的区分开始的,但身体中更多地蕴含着社会、历史的人文话语,这种话语掩盖了我们对肉体的单纯理解,身体由此在女性主义理论中被复杂化。如上所言,身体进入广大的学科领域的时候,它就不是哪一个学科所专有的研究对象,而是可以共同涉足,进行多方位多视角研究的领域。而女性主义理论作为一种批评的文学理论有自己独立的学科性质。从她们的理论研究中可以明显地看出,她们没有把身体当作女性主义理论研究的专有领域,因此在她们把身体引入自己的研究过程中的时候,还尤其关注身体在其他学科领域的境况,美国的有些女性主义者看到了女性的身体在男性文学创作和社会学中的真实的一面,她们积极地从事社会实践,反对男性中心主义,把妇女从厨房、家庭的单调空间中解放出来,为妇女争取政治地位、人权而斗争,这种强烈的性别意识随即进入文学领域和文学批评领域。有些法国的女性主义者看到了西方以及东方的哲学家对身体的阐述,例如依利格瑞对于东方文化的中有关身体的理论也有所吸收和借鉴,反映在其《二人行》中"佛看花"一章中关注身体、修养气息与提倡自律的身体态度上。至于心理分析学家眼中的两性身体是她们都看到了的。大多数女性主义者都对弗洛伊德和拉康的理论阐述了自己的观点,依利格瑞反对其学说的内容(主要指阉割焦虑)并质疑了二元对立和同一性的研究方法。克里斯蒂娃更多地吸收了弗洛伊德的观点,并在弗洛伊德所建立的三角的家庭关系的基础上进行发挥,还着重探讨了女性的情感、内驱力等方面的问题。弗洛伊德认为婴儿已经能够把身体的性区域与身体的其他部分区分开来,他的口腔快感、肛门快感和生殖器快感等都是将来的性敏感区,克里斯蒂娃着重探讨了口腔欲和肛门欲,她指出早于父亲法则的是母亲身体的法则,母亲用身体控制着婴儿的口腔欲和肛门欲的内驱力。美国的女性主义者米莉特对弗洛伊德大力批判，认为他完全忽视了社会的历史的因素对性别的形成、性特征的影响作用。女性主义的研究也涉及美学，比如男性把理想的女性设想为皮肤白皙的美丽艺术品就隐含了他们的性别审美观。这样女性主义理论对身体的研究和思考就呈现出围绕一个中心向周边学科扩散开放的态势，这个中心就是有性别的"身体"。

两国的女性主义者观照"身体"都体现出强烈的批判性，她们不仅反思身体，还以一种全新的眼光重新阐释社会、历史、文化，过去、现在和将来。这些反思，都经历了从解构菲勒斯中心到建构女性主体性的过程。

法、美两国女性主义者在对身体的关注中，不论是审视哲学视野中的中性的、无性别的两性身体，解构精神分析中的菲勒斯中心主义下的被阉割的、缺失的女性身体，还是揭露创作实践中的男性伪神化的概念以及女性的身体被书写的事实，都体现出强烈的批评意识和反抗精神。为什么会体现出强烈的批判意识？每一种文学批评理论的诞生都有孕育它的温床，要研究这种批评意识的来源就必须考察女性主义理论所处的社会历史背景和文化思潮——这就是后现代的文化思潮。长期以来对于理性的信仰在后现代文化思潮的风浪中动摇了，非理性、身体一下子备受关注，这使身体从社会思潮、社会运动进入文学活动的领域具备了前提条件。女性主义者从男性文本（包括哲学的、心理学的、文学的等）中的两性身体中开始认识自己的身体，并开始思考女性的在社会历史文化的各个层面的真实处境，这个反思包括美国女性主义者对创作实践的反思、西苏对创作理论的反思、依利格瑞对两性关系的反思和克里斯蒂娃对语言的反思，并用一种崭新的眼光重新审视过去、现在和将来。

毋庸置疑的是，在反思审视之后就是在各个层面颠覆的行动，试图重新阐释并改写历史、文学、文化。这种解构行为产生了巨大影响并唤醒了更多女性的性别意识，她们不满于从对女性身体的界定到对女性作为一种性别的界定，其中的伪逻辑使女性主义者开始质疑界定的标准，标准不具有客观性，而只有利益的考虑。如果所有的利益都是向男性倾斜的，那么凝结在所有的伪逻辑中的困惑就会迎刃而解。既然观念从身体中来，那么首先需要解救的就是身体，也就是说以女性主义的眼光来重新认识身体。依利格瑞所做的是，女性的身体不是被阉割的，因此阉割情结不构成女性心理或性征的一部分。克里斯蒂娃努力在卑贱的母亲身上找到被理性的语言所淹没的被边缘化性别的压抑的语言，并把这种语言沿着这个思路拓展。西苏直接从现实的女性身体中挖掘创作的源泉，美国的女性主义者充分地认识到对身体的理解直接影响了女性创作的发展。

正是在对现实的严酷审视中，两国的女性主义者积极地在主体化的过程中寻求女性的主体性。要建立女性的主体地位，就要认真地对待女性的身体，如果女性没有支配自己身体的权力，没有言说身体的体验、精神和心灵的权力，或者说她们的精神空间被男性主体意识所殖民化，她们无法真正拥有自己的肉体和灵魂，那么这样的女性就是没有主体性的女性。女性争取主体性的斗争是一个漫长的过程，从前两章的论述中可以看出，从人类文明建立之初，就埋下了性别斗争的种子。今天的女性主义者所从事的事业，仍然处于这个斗争的过程当中。因为她们认为女性相对于男性而言在政治、经济、文化等各个方面仍然处于客体的被动地位，女性还没有和男性一同拥有世界。她们认为女性仍然没有取得真正的主体地位和身份。缺乏主体地位并不能否认缺乏主体性，主体性不是在主体身体建立起来以后所体现出来的一种特性，而恰恰是在建构主体身份和地位的过程当中必不可少的，因此有学者认为主体性是建构主体身份和地位的前提条件。这样理解是中肯的，可以从女性主义理论与实践中找到大量依据。要建立起女性的主体身份，也要从两个方面作出努力，一个是争取获得身体的主体，在实践的层面，另一个是争取获得精神的主体，在观念的层面。而且只有真正地成为一个精神上的主体，才能获得身体的主体权力。两国的女性主义者在自己的理论建构的过程当中都表现出这样的倾向，在各个层面充分展现女性的"身体"，用残酷的事实说明女性丧失了自己的身体从而丧失了自我的危险处境，目的在于在精神上唤醒女性，使她们能够同男性一样真正为"人"，能够自由地言说、表达、创造、思考。

寻求主体身份的努力，在美国和法国的女性主义理论中都可以看到。在依利格瑞的理解中，女性的主体身份的获得与男性对待女性身体的态度是分不开的，她希望男性以这样的态度来对待女性的身体——充分地尊重、理解女性的身体和身体话语，充分地尊重和理解女性，力图使女性获得一种为"人"的身份和地位，并在此基础上实现真正的二人同行。在肖瓦尔特的理解中，女作家如果不能从对立的两性身体观和创作观中超越出来，就不可能有真正的女性创作理论和实践，也不可能获得真正的女性创作的主体身份，而是仍然停留在男性话语中的女性创作的层面，女作家要对文学文本内外的"身体"问题保持清醒的认识，不是把自己摆在与男性对立的性别立场或从生理的层面挖掘女性的创作资源，而是把这种女性的独特的生命体验（来自身体和心灵的体验）放在社会的、历史的、文化的背景下进行观照才有可能进入真正的女性创作当中，她试图建立一个女性的文化群体来寻求女性主体身份的可能。

二 两国女性主义理论观照"身体"之差异性

法国和美国的女性主义理论在观照"身体"时体现出的不同点包括：其一，不同的文化知识背景影响了她们对身体的思考方式，法国女性主义理论中对身体的思考在较抽象的哲学、语言学以及创作理论中拓展女性的空间，而美国的女性主义理论中对身体的研究更紧密地贴近现实和创作实践。其二，她们对于"概念"也有不同的看法。法国的女性主义者比如依利格瑞、克里斯蒂娃非常关注对女性的身体、女性的哲思层面的概念界定，并能够把哲学中的概念赋予一种性别意识。美国的女性主义者例如古芭、吉尔伯特、肖瓦尔特等擅长以形象化的方式来考察女性的身体以及女性的社会历史处境。

不同的文化知识背景影响了法、美两国女性主义者对身体的不同思考方式。正如陶丽·莫依在《性与文本的政治》中根据知识背景不同把女性主义理论分为美派和法派两大部分一样，知识背景决定了她们思维方式的不同。法国文化中素有思辨的传统，出生在这样的知识背景下的女性主义者对"话语中的话语"——哲学产生兴趣，并用一种强烈的性别意识来审视这些哲学话语就是一件很自然的事情了；在法国的女性主义者中颇有成就的几位，比如克里斯蒂娃、依利格瑞本身就有很高的哲学素养，这为她们把女性主义批评和理论深入意识形态的各个层面提供了极大的便利。美国的知识文化背景与法国不同，它倾向于将女权主义的口号与政治运动更紧密地结合在一起，从文学实践、社会历史实践的层面来思考女性的生存处境。可以说，虽然在很多方面两派的女性主义理论者都对身体问题做出了思考，但是她们沿着两个不同的方向在前进，法国女性主义理论中对身体的思考在较抽象的哲学、语言学以及创作理论中拓展女性的空间，而美国的女性主义理论中对身体的研究更紧密地贴近现实和创作实践。

依利格瑞在《他者女人的反射镜中》以及《二人行》中，有意识地进入很多哲学家的理论中考察他们对身体的看法，这些哲学家包括柏拉图、亚里士多德、黑格尔、萨特和梅洛·庞蒂。

从依利格瑞对柏拉图、亚里士多德和黑格尔的哲学著作中的理论反思中不难发现，他们都从生理出发把人分为两类即男人和女人，并以男性的标准从生理特征中挖掘证据把性别优势赋予了男性，从而使女性在哲学视野中长期地处于劣势性别的地位。以男性生理的标准来界定女性，这使依利格瑞明确意识到了身体的重要性，她力图摆脱这样的标准，以平等对待两性身体的标准来看待两性关系。

第八章 法国与美国的女性主义的身体理论

比较而言，依利格瑞对萨特和梅洛·庞蒂的理论反思中，有批判地吸收的一面。她认为"意识"是双向的，并把这个双向的意识运用到性别中。在她看来，男性对女性产生意识或女性进入男性意识之中时，女性同样也会对男性产生意识从而使男性进入女性意识之中，那么在意识之间就存在相互关系。如果抹去意识的双向性，就会使每一方在对方的意识中成为抽象的人，成为无性别的人，因而性别差异会再次丧失。她认为萨特只承认单向性的意识最终会走向一种性别，只承认一种性别。而且意识到一个对象首先是意识到它的身体，当意识在两性之间建立起来的时候，身体之间的关系也就建立起来了。由此依利格瑞提出了"身体"的概念，"身体不是简单的'事实性'或'人为性'，它是和的关系——和我，和我的性别，和另一性别"。可见依利格瑞理解的身体是关系中的身体，要成为一个主体首先必须真正拥有一个自己的身体，并且它处在与另一性别的身体的关系域中。这多少受到了梅洛·庞蒂的影响，他认为存在有两种方式，一种是作为物质的存在，另一种是作为意识的存在，前者是从客体到主体体验的过程，后一种是从主体到客体再返回到主体的过程。梅洛·庞蒂说："我通过我的身体理解他人，就像我通过我的身体感知'物体'。"在他看来，身体是主体认识他人世界的一种方式。他者的身体也包括在主体的认知范围内，梅洛这样阐述他的主奴辩证法，"因为我有一个身体，所以在他人的注视中，我可能变成物体，不再把身体当作人，或者相反，我能成为身体的主人，我也能注视我的身体"。依利格瑞批判了柏拉图、亚里士多德、黑格尔的二元对立的性别观点，强烈地反对他们以男性的价值观来认识和评价女人、女性。在她对萨特、梅洛·庞蒂的理论反思中则有批判地吸收的一面，她从萨特那里借用了意识的概念，并认为意识是双向的、双性的，又从梅洛·庞蒂那里看到身体对认识世界的重要性，人和人的关系是身体与身体的关系。

三　法国和美国的女性主义理论在对身体的观照中，对于"概念"也有不同的看法

克里斯蒂娃的女性主义理论直接把哲学中的概念延伸到性别领域，例如她在"时间"和"空间"与"男性"和"女性"之间建立起联系，这个联系是时间属于男性，女性永远存在于循环的空间之中。同时大多数法国女性主义者颇为重视对专业概念的谨慎使用，她们试图回避直接使用"男性""女性"的概念，像依利格瑞和西苏在理论的阐述中用"你"和"我"代替"男性"和"女性"、"他"和"她"，唯恐一不留神地滑入二元对立的陈词滥调中。美国的女性主义者执着于从男性文学创作的文本中认识到女性的身体是白纸、是诗歌、是艺术品，并认为这些对于女性身体的界定正是对于女性的界定。而且，法国女性主义者从哲学上来观照身体和女性的时候，投射出一种冷峻和压抑，而在美国的女性主义者对身体的观照中身体透射出一种美，无论这个身体是以男权为中心的还是带有女性主义色彩的身体。

克里斯蒂娃对母亲身体和母亲的界定：母亲的身体是一个空间。克里斯蒂娃在《妇女的时间》中把时间分为两种类型：一种是线性时间，它属于男性，即父亲的时间；另一种是循环时间，它属于女性，即母亲的时间。她说："我们遇到两个时间层面：线性历史的时间，或者（如尼采所说）'连环的时间'；另一历史的时间，也即另一时间，或者（仍依尼采所说）'永恒的时间'，这一时间将这些超国家的社会文化整体纳入更大的参项制之中。"线性的时间不断向前流动、推进，就像历史的前进一样，而循环的时间始终在起点和终点之间来回循环，从而丧失时间的真正意义，因此母亲被排斥在线性时间之外而被边缘化。空间是母亲的象征体，这个空间意味着容纳、被占有、被填充，也意味着缺失，那么无意义到底意味着缺少意义还是本身就意味着意义？关于这一点取决于话语的立场，站在以菲勒斯中心自居并且能流利清晰地表达意义的男性立场，女性就

是"无"。如果转换一种视角，深入这些矛盾的分裂的情感的唠叨的情境中，发现它原来蕴含巨大的能量和语言资源，体验到恰恰是在对它抽象和概括的过程中使大量的信息和意义流失，那么这个"无"就是所有的意义。

克里斯蒂娃对于身体的研究主要集中在对于母亲的身体、母性上，而不是女人、身体，其中的原因颇多。主要理由是，她与其他的女性主义者一样极力避免回答"是什么"的问题，正如任何理论都是有缺陷的一样，任何界定也都是不充分的，这使它很容易陷入本质论的旧模式，成为下一个批判的目标。所以"克里蒂娃断然拒绝给'女人'下定义……她甚至说相信一个人是'女人'几乎就像相信一个人是'男人'一样荒谬和朦胧"。女人不一定成为母亲，但是只有母亲才能承担母职，拥有母性，克里斯蒂娃回避"女人"并不意味着回避母亲、母性，她正是在对母亲思考的基础上来考察女人的社会历史现状。当然这种回避的做法会给研究克里斯蒂娃的女性主义理论带来一定的麻烦。

由此看见选择合适的研究视角的重要性，与作为"母亲"相关的一系列问题包括怀孕、生育、母与子、母亲的情感、经验等都会进入她的研究领域，母亲为她的研究提供了巨大的理论资源，同时从"母亲"到"女人"的研究思路是克里斯蒂娃为回避本质主义、顺利进行理论阐述打开了通道，并避开了传统的思维方式的禁锢，在一些日常话语中提出了许多精辟的见解。例如她对怀孕的分析。"怀孕似乎被视为主体分裂的重要经验，这种分裂表现为：一体之内产生另一体，自我与他者，自然与意识，生理与言语的分离和共存。"她从普通的生理现象通向对分裂主体的思考，明显对超验的主体的完整性产生了质疑。有人认为，克里斯蒂娃将母性看作对菲勒斯中心主义的一种挑战：怀孕和养育打破了自我与他人、主体和客体、内部和外部的对立。可见，母性、母亲已经成为克里斯蒂娃消解二元对立的有力武器。然而，做母亲、履行母职之所以遭到美国女性主义者的批判，是因为她们强烈地意识到被剥夺了人权——自由选择与决策权，她们认为当女人想要成为母亲并且做好了一切准备的时候才可以成为母亲。虽然如此，我们仍然不能轻易地否定克里斯蒂娃对母亲、母性等问题的研究价值。

在女性主义理论的建构中，依利格瑞也非常重视以性别意识来吸纳哲学概念。在《性别差异》中当她从时间和空间的角度来阐释性别时，明确地把时间赋予了上帝，她说"上帝就变成了时间"，时间属于男性，空间属于女性，这在克里斯蒂娃的理论中已有论述，与克里斯蒂娃不同的是，依利格瑞在对上帝是不是男性的问题上有过犹豫。上帝并不曾拥有一个实实在在的身体，上帝只存在于我们的观念意识之中，因此在观念上她不想把上帝划归为男性。所以她又说上帝是中性的，这可以看作出于协调两性关系的需要所作出的思考。没有上帝，没有谁可以享受无上的权利，权利应该让每一个有性别的人来分享。依利格瑞承认身体都是有差别的，作为有差别的身体都是"在场"，而不是缺席或缺失的。"在场"和缺席的概念来自解构主义大师德里达，他通过解构"在场"来消解意义，依利格瑞重新把"在场"拣回来，并不是要反驳德里达，而是因为"在场"拥有意义，如果女性的身体获得了意义，那么也就意味着女性作为一种性别存在的意义。此外，不能因为性别差异没有在哲学、美学、伦理学、逻辑学等学科中得到充分的发展就否定它的存在。当发现了性别的差异后，同一的性别观念应该得到改观。可见通过强调性别差异依利格瑞最终想建立的仍然是主体间的关系，至于作为主体的男性和女性之间到底存在哪些具体的差异，依利格瑞并没有展开详细的阐述。所以从某种意义上说，性别差异问题就是主体间关系的建立问题，因为只有承认和互相尊重性别之间的差异，真正的主体才会建立起来，主体之间才会相互尊重。除了这些概念以外，依利格瑞还从柏拉图的关于子宫、洞穴的隐喻中获得启发，她说："当母亲不再被当作生育后代的容器、土地时，挖掘出母亲身上的丰富蕴藏尤其有必要,这种蕴藏与身体、土地密切地联系在一起。"总体来看,法国的女性主义者在对身体的反思中,带有强烈的哲学意味,她们把女性的身体当作一般,从一个宏观的视角来思考女性的身体以及女性的社会历史处境,同时在强烈的性别意识和思辨才能的综合作用下,哲学中的时间、空间、身体、在场被随心应手地嫁接到性别领域中,形成了身体—空间—女性、意识—时间—男性的逻辑链。

美国的女性主义者也在思考身体,与法国的女性主义者不同的是,她们擅长以直观的、感性的方式来展现女性身体和女性在文本中的真实的一面。例如这对概念:"笔"和"纸"隐喻男性和女性。男性创作生命,书写生命,他们书写人类历史。在这样的前提下,女性就成为书写的对象,是男性在创造女性。女性主义所做的是反抗——批判男性之"笔",反对男性把女性当作被书写被填充的工具"纸"。在弗洛伊德的著作中可以找到对男性生殖器的大量隐喻,在加拿大文学理论家诺思罗普·弗莱的代表作《批评的剖析》中,探讨了仪式和梦幻的相似之处,其中男性是滴血的长矛,女性是杯子和容器。不难看出,这些比喻都是以生理的特征来比喻两性,从生理特征中寻找两性的差别并把它当作界定其本质的依据。这种思维方式是从形象到抽象,由个体上升到一般的,形象化的身体比喻是美国女性主义者对身体理解的一大特点。对身体的形象化的理解,与她们所从事的女性主义文学批评的具体实践有关。美国的女性主义者在社会实践中为女性争取政治、民主权利而斗争,她们对现实生活中的女性的各个方面做出考察,她们所接触到的女性是实实在在有生命的女性,当这种性别意识进入文学活动领域后,她们所接触到的是文学文本、心理学文本等文本中的两性关系,这种研究的方式和法国女性主义者完全不同,后者大量地接触到的是哲学领域的文本,这影响到她们对女性的思考方向和思维方式,尽管如此,她们最后都得出了同样的结论并继续进行同样的事业,那就是看到了女性在社会历史文化中的无权、被动、客体的现状，并努力为争取两性平等、在各个领域获得女性的主体地位而斗争。

美国的女性主义者首先研究的是男性作家文本中的女性身体，在文本中，女性被表现为两种类型，女巫和天使。天使是纯洁、美丽、温顺的理想化的女性代表，因此这一类的女性被赋予了男性的审美观，他们认为女性的美在于纯洁，形象化地表现为"白纸"，在于美丽的外形和曲线，形象化地表现为"艺术品"，在于拥有丰富的情感，形象化地表现为"诗歌"，还在于她们是一个被塑造的、被书写的场所，形象化地表现为"文本"。而在法国女性主义者对身体的比喻中很少看到美的特质，身体是"空间"和"容器"，透射出一种冷峻的思考和对女性的现实处境的清醒认识。可见，女性的"美"也是被男性赋予的特质，它就像一副套着华丽外衣的枷锁，充满诱惑。对于女性的定位首先是对她们身体的定位，如果女性的身体已经被赋予了男性的价值标准，即用她们的眼光来批判什么是美的和不美的，那么女性主义者首先要做的是就是超越这种标准来自我界定。比较而言，法国的女性主义者的女性身体谈论到生育、身体的内驱力、情感、语言这些方面，几乎不涉足"美"的问题，她们看到的是真实的女性存在的一面。从两国的女性主义者对身体的思考中可以看出，"美"也是被性别化的，我们可以从阶级、民族、个体、群体等角度阐释"美"的不同内涵，也可以从性别的角度来挖掘。从性别的角度考察美，女性的美是男性主观赋予的，当他们把美的特质对象化的时候，这个对象就存在于他们的观念、理想中。反驳和批评这种美意味着女性主义者从观念向现实的、真实的自我存在的角度的转变。

第 九 章

女性身体：作为"性"符码的生产和消费

身体和性是人类社会得以存在和发展的基础和前提条件。人的身体和性器官繁衍了人类自身，创造了精神产品和整个文化；同时，它们又以享受这些文化产品作为它的生存条件。女性身体和男性身体一样，千百年来承担着人类自身的生存活动和物质文化活动，体现出自然性、社会性和文化性等属性特征。进入文明时代以来，女性身体和性被纳入语言之维，以性别符号的形式接受超验能指的编排与整合。在这一象征秩序的规范之下，身体和精神发生分离，身体开始承担被父权制言说的对象，在父权制的言说中生产出权力主体所需要的文化观念来。由于这一秩序建立起维护和巩固自身的严格法规，并作为一种绝对形式而存在，因而规范并重构了主体。在这个过程中，主体和精神从"在场"中退出，女性身体降解为肉体，以"他者"的身份成为一种不能说、不能思和难以名状的东西，并作为一种观念形态，深深植根于我们的集体无意识中，由此完成了父权制社会的内在的性别区分。女性身体作为性的符号，在进入菲勒斯象征秩序之后，通过不同的程序编码和性别规训，服务于不同历史时期的社会制度和文化体系；与之相适应，妇女身体各部位的展现方式，在不同的时代通过各种观念和仪式的规范被社会化和象征化，以达到巩固统治阶级政治权力和文化控制的需要。

进入商品社会以后，身体和性作为一种观念形态，必须经过重新编码，经由传播、流通、消费和再生产，遵从商品交换规则和价值规律，才能真正进入文化市场，成为消费者直接的欲望对象。启蒙时代以来，身体叙事只有寄身于审美和艺术文本，才能把欲望消费模式同身体解放联系在一起，使自己取得市场的合法性地位。然而，不容忽视的是，身体的社会身份和认同机制始终限制着身体自身的活动方式，对于女性而言，女性身体只能依照面前的"镜像"完成自我身份的认同，而这"镜像"又是游离于自我之外，脱离了现实存在的幻象。因此，女性身体与性的编码并没有体现出身体欲望与现代性的接近，而是集中显现了长期以来占统治地位的父权中心主义文化的特质，体现出传统文化以女性身体为最大牺牲品，以建构男权中心的所谓不偏不倚的标准文化体系的整体倾向。进入现代社会以后，随着科技发展和经济利益的推动，技术媒体开始直接或间接地将身体和性纳入商业竞争领域，身体成为商业发展和文化消费的重要手段，女性身体和性成为当代消费文化的主要旋转轴心。社会对于身体的控制，主要不是采取赤裸裸的直接的肉体规训方式，而是通过必要的知识、道德、法规的训练和教育，让身体的活动方式自觉地符合整个社会的规范。在父权制意识形态的掌控下，女性身体和性的规训也主要转化为通过文化文本（包括文学文本）的制作和生产，来满足占统治地位的父权主义观念的消费需要。

综观国内女性身体的文化发展历程，性符码的文本化经历了两次大的转移，性符码的文化消费意义也出现了两次大的变动，经由父权制文化意识形态的策略调整，逐步把属于现代性范畴的文化启蒙整合为男权主义消费模式。第一次是20世纪20年代前后以启蒙运动为文化背景，对性符码与文学文本的疏离、对立状态加以抹平，重新置入文学文本的深度模式之中，以女性身体对欲望的渴求和身体性征的彰显为特征，通过对传统伦理道德的背叛达到与现代性的

第九章 女性身体：作为"性"符码的生产和消费 ✱✱ 305

接近。但是，现代性对于女性而言，是要从根本上实现其从身体到精神的彻底解放，这一时期性符码体现的男权主义立场和父权制文化观念，游离于启蒙的宏大主题之外，消解着文学文本的深度叙事模式，它虽然迎合了大都市中部分市民阶层的消费需要，但却与文化启蒙的宗旨相背离，与启蒙大众的传统伦理观念相脱离，因而没有获得广大消费者的积极响应，最终退隐并消匿于文化市场之中。第二次是20世纪90年代前后以消费主义潮流的泛起为文化背景，把性符码置入图像文本之中，通过编码的方式重新确立起男权主义消费模式。由于性符码主要采取了图像的传播和消费方式，以感性审美的名义混同于现代艺术形式，因而契合了后现代社会中感性消费的时尚观念，并引领了消费大众文化意义上的商品消费。性符码不再奢谈启蒙的现代性问题，而是不断刺激并制造消费者的欲望消费，从整体上遮蔽男性欲望对于妇女肉体的观念性"侵犯"，继续着启蒙时代尚未完成的寓言叙事，并从观念上完成了父权制对大众文化的意识形态操控。

性符码在两个不同历史时期的不同境遇，反映了特定时代女性身体与特定的社会机制和文化观念之间的互动关系，也反映了阅读时代和图像时代父权制意识形态在性符码文本化过程中的不同策略状况。启蒙时代属于阅读时代，启蒙的目标之一就是赋予受压迫的妇女以政治和文化上的权利，促进妇女的翻身解放。启蒙的政治需求规定了文学文本的宏大叙事主题，要求人们通过解读这一主题接受启蒙理性的教育和启迪，因此，深度模式成为文学文本叙事的主要特征。性符码对于文学文本的介入，固然部分地体现了启蒙主义的感性要求，但终因脱离文本的深度叙事模式和启蒙理性而被边缘化，以致被现代文化市场淘汰出局。这表明，父权制意识形态尚未形成完整成熟的市场化战略，尚无能力从消费层面完成对女性身体的性别规训和意义再生产。20世纪90年代以后的中国，视觉消费打破了自启蒙时代以来阅读消费的单一格局，把图像形式提升为文本消费的主要形式，重新塑造了现代人对世界的态度和看法。性符码之于图像文本的生产介入，适应了消费语境下男权模式对于女性身体符号价值的意义消费，在这种消费模式下，性符码不再指向女性"自我"本身，而是以极度仿真化的"类像"图式，造成了真实与虚假、主观与客观、能指与所指之间的"内爆"，复制出了现实生活中并不存在的虚拟世界，以女性肉体作为表征为男性欲望提供性消费的对象。昔日身体符号与深度模式的断裂，在视觉消费模式中得到了平面整合，启蒙理性的批判与反思让位于感性的存在和消费的欲望，消费者在审美艺术的谎言中虚构出心灵的乌托邦，制造出新一轮的欲望渴求与需要，并在技术传媒的诱导下，从文化观念上确立了性符码作为审美艺术的合法性形式，由此完成了一个历史悠远的神话寓言的现代式的转换。在这场转换过程中，父权制把性符码的欲望解读模式重构为感性审美的消费模式，把文化观念的生产和消费重释为商品的生产和消费，借助于大众传媒的传播诱导和商业文化力量的驱动，精心地编织了一个具有现代性特征的性寓言，并把寓言的意蕴转化为消费大众的价值观念和生活方式。究其实质，不过是父权制文化文本在消费主义文化语境下的一次重演。

第一节　从符号到符码："性"寓言的现代式转换

一　从身体符号到符码

从符号学的角度来看，女性身体作为符号进入编排程序，实际上也就是符号的"符码"化过程。所谓符码，又叫代码，最早见于索绪尔《普通语言学教程》中的"社会代码"这一术语，艾柯将它定义为"一种具有结合和变化规则的意义系统"[1]，罗兰·巴尔特进

---

[1] Eco, *Einfuhrung in die Semiotik*, Fink: 1972, p.134.

第九章　女性身体:作为"性"符码的生产和消费

一步将文本中的所有能指归纳为解释代码、语义代码、象征代码、布局代码和文化代码五种,并指出"意义从符号的相互影响中产生,我们生活于其中的这个世界不是一种'事实',而是关于事实的符号,我们从一个系统到另一个系统不停地给这些符号编码和解码"[①]。显而易见,符码作为符号的指示过程已经从语言的一个层次过渡到另一层次,而能指的转换和意义的不确定性则是符号编码的必然结果。女性身体由符号转入符码,可以有多种意义的生成空间,在感性解放和文化启蒙的氛围中,它可以作为女性张扬个性和主体性的手段,突破男权主义的包围,由此生发出女性身体的现代性问题。女性身体被置入现代性语境中,就是要求把强加在女性身体上的枷锁和桎梏彻底打破,把妇女的身体解放同妇女解放联系在一起,同人的解放联系在一起,最终实现包括妇女在内的人的自由和解放。"五四"以后,随着启蒙运动的进一步发展,女性身体作为启蒙对象进入雕塑、美术、绘画、舞蹈、音乐、戏剧等各个领域,成为人们直接观照和审美的对象;妇女从足不出户到开始剪发和放足,投身于改革和革命的激流之中,其身体的审美价值不断得到人们的发现和肯定。然而,女性身体的革命化、美学化,只是妇女身体踏入现代性的第一步,由女性身体所引发的女性主体性、妇女的权利和自由等问题,仍然处于被遮蔽状态,妇女身体通向自由的道路仍然十分漫长。而且,妇女身体没有为妇女自身的解放创造先决条件,而是受到种种社会关系的限制,被迫将自身连同自身所处的社会关系抽象并转化为象征符号和观念载体,以便接受社会权力的控制和满足消费者的观念欲求。这表明,女性身体的符号化、符码化,同样存在被文化意识形态观念吞噬的危险,这种危险不仅来自身体符号的意义转换,更来自消费主义的文化语境。

[①] 参见[英]特伦斯·霍克斯《结构主义和符号学》,瞿铁鹏译,上海译文出版社1999年版,第125页。

20世纪70年代及以后，英国学者霍尔和费斯克根据大工业时代的技术条件、传播方式以及商业消费趋向，把符号学理论引入生产和消费领域，提出了各自的符码理论。他们论述了符号的制码和解码过程，并把这一过程看成符号由生产到流通再到消费的一整套程序，从中可以体现出制码者的主观意图乃至整个社会的文化消费观念。在他们看来，符码就是在消费主义背景下，传播媒介根据技术条件和一定的制作标准，对符号加以重新编排组合的转换机制，符码对于符号的组合转换具有意义再生的作用。按照这种理论观点，女性身体在消费社会条件下的种种遭遇，除了与父权制意识形态观念在人们心目中的根深蒂固有关外，也与消费主义的文化语境和技术环境有着密切的关系，换句话说，女性身体从身体符号到性符码的转换，不排除是父权制度与技术消费主义合谋的结果。大众传媒和商业文化的运作，是为了获取商业利润，而父权制对于女性身体符号的重新编排和潜在性的置换，是为了传播和再生产出父权制意识形态观念，两者有可能通过对女性身体的压制和和改写达成某种契合，以此适应商业消费主义的潮流，并在全社会形成强迫的、伪装的整体性观念，随时对企图叛逆和反抗该意识形态的观念和行为加以规范和调整。

二 性符码的伪装与改造

在明代中后期及其以后的某些文学和文化文本中，女性身体作为符号已经被置换为性的消费对象，以性符码的方式满足男性的欲望。从历时的向度看，愈是向后发展，其欲望叙事和欲望消费的观念愈加强烈，情色气氛和肉体欲念充斥于文本之中；而且，在女性身体之上，始终有一种男性视角的存在，以某种权力关系和商品交换方式达到对身体的观念性占有。这在早期作品中是比较少见的现象。综观明代以前的性爱作品，一般都呈现出"主情"倾向，"性"只是"情"的补充或升华，女性身体很少得到过分暴露和琐碎描述。

第九章　女性身体：作为"性"符码的生产和消费

从《诗经》中少男少女的两心相悦，到《洛神赋》中神女与公子的邂逅；从《西厢记》中张生与莺莺的偷期密约，到《牡丹亭》中杜丽娘与柳梦梅的幽冥交合，女性的肉体与灵魂始终是合而为一的，由此引发的性爱关系也是平等互动的两性关系。这种两心相悦、两性相吸的性爱观念和叙述模式，有助于我们把女性身体理解为生命意义的本体，避免把身体降解为欲望对象和肉身客体。西方现象学家梅洛-庞蒂认为，相对于肉体和灵魂来说，"身体在前，身体是最先的。不要想把我们这个身体或者还原到躯体和肉体，或者拔高到灵魂和思想，在这两者之间的身体更为根本"[①]。然而，这一文本传统并没有贯彻始终。明代中后期及以后，人欲思潮泛起，市民阶层中享乐之风盛行，女性身体开始以异化的符号进入文学作品，出现了《金瓶梅》《歧路灯》等世情小说和《玉蒲团》《绣榻野史》等艳情小说。这类新型的文学样式，以惊世骇俗的方式冲击了传统的伦理道德，与程朱理学的禁欲主义形成了鲜明的对峙格局。然而，作品的反禁欲主义又是以妇女的肉体作为献祭的，作品中大量赤裸裸的性描写不仅没有展示女性角色情感上的愉悦，反而造成了女性本位的缺失，女性以肉体的"奴性"满足男性的色欲，并使自身转化为"他者"的存在，成为一种失去真实内容的空洞能指。在这类文学文本中，女性身体作为符号接受了父权制秩序的重新编排，以肉体的展示形式满足着贵族和市民阶层的欲望需要，读者主要从女性肉身的欲望叙事中获取快感，并与作者及作品人物达成欲望的认同和默契。

20世纪以后，随着启蒙时代的到来，社会发生了巨大变迁，文化语境也发生了相应变化，妇女身体成为启蒙的主要对象，反对包办婚姻、禁止妇女裹脚、鼓励妇女走出家庭、追求个性解放成为启

[①] [法]梅洛-庞蒂：《眼与心》，刘韵涵译，中国社会科学出版社1992年版，第105页。

蒙的主要目标之一。20 世纪 20 年代，一些启蒙作家开始把女性身体引入小说和戏剧创作中，探索妇女解放和妇女自身的出路问题，例如，袁昌英的剧本《孔雀东南飞》，丁西林的剧本《一只马蜂》《酒后》，丁玲的中篇小说《莎菲女士的日记》，张资平的小说《飞絮》《苔莉》《最后的幸福》等作品，都以妇女身体的自我感受来探讨新的历史条件下女性主体性的确立、女性的精神解放等问题。总的来看，这些作品中绝大部分都把妇女身体看作灵与肉的统摄体，以强烈的主观精神张扬妇女的主体性，以及对于传统社会的叛逆态度。但是，也有一些作品招致了社会的非议，《莎菲女士的日记》中的莎菲形象以灵魂与肉体的割裂与冲突为特征，因而肉体的欲望不断受到灵魂的抵制和洗礼，而《苔莉》中的苔莉、《最后的幸福》中的梅英，失去了灵魂只剩下了充满性欲诱惑的肉体，不断提供和生产着男性欲望消费的需要，成为市场文化需要的世俗版本。不难看出，丁玲作品中妇女身体因受到精神的制约而与现代性紧密联系在一起，张资平作品中的妇女身体则失去了灵魂而走向了现代性的反面，成为迎合市场需要的通俗读本。这种差异性不仅仅在于雅文学和俗文学有着严格的区分，更在于启蒙思潮和市场文化错综复杂的纠葛冲突造成的张力。丁玲的作品虽然拒斥了女性身体的符号化而与文化市场的走向相悖，但与文学现代性的要求相适应而在现代文学史中找到了相应位置；张资平的作品把女性身体符号化进而置换为性的符码，虽然部分地满足了市场需求，但却被排除在现代文学史之外而沉淀于历史长河之中。两类与女性身体相关的文本出现了截然不同的历史境遇，这不能不引起我们的深刻反思：审美和艺术一旦失去了对生命本真意义的思考，就会放弃审美救赎的宗旨和目标而误入歧途，甚至对现代性的历史进程起到阻碍作用。中国的启蒙时代，从其文化启蒙的主要方式来看，是以文字阅读为主的启蒙，即借助于西方的科学和理性达到启迪民智、拯救国民的目的，理性的启蒙既规约了感性的欲望，也为感性的解放指明了目标和方向。表现在

第九章 女性身体：作为"性"符码的生产和消费　✻✻　311

文字阅读中，要求读者的感性想象和情感愉悦服从于理智、意志，个人的欲望和快感服从于正义和信仰，以此实现人类可能达到的总体目标。因此，明清的世情小说和艳情小说虽然以出卖妇女肉体、兜售父权制观念在文化市场上大获全胜，启蒙时代企图为妇女身体重新编码的性爱小说却受到了前所未有的冷遇。毕竟，父权制的意识形态观念与自由解放的人类目标相距太远。

20世纪80年代末至90年代初，随着市场经济的进一步发展，文化市场的进一步繁荣，商品原则开始成为人们日常交往的普遍规则，物化的商品意识不断腐蚀着人的心灵，理性的启蒙让位于感性的消费，印刷的文化让位于视觉的文化。随着电影、电视、网络等大众传媒的普及，虚拟的仿真的图像符码成为大众的主要文化消费对象，表明了图像时代的真正到来。[①] 人们生活在图像符号包围的世界中，以其感性的冲动和僭越的虚妄对抗理性主义的压抑，以其视觉的碰撞和想象的满足追求戏剧化的狂欢。人们渴望行动、追逐新奇、贪图轰动，而艺术中的视觉成分则成为大众消费欲望的感性快餐和致幻剂，正如当代美国学者丹尼尔·贝尔所指出的，"视觉文化则由于强调形象，而不强调思维，引起的不是概念化，而是戏剧化"[②]。视觉文化似一桌享用不尽的盛宴，不仅令人耳目一新，也为人们带来了快感和幸福的慰藉。不过，视觉享受之后继之而来的是精神的疲劳，快感和享乐之后仍是一片空虚。视觉画面的戏剧性固然刺激了人的感官，促成了人的思维方式的根本变革，但是，图像符号的泛化并不能实现对人性的终极意义的拯救，人们在感性的虚无中迷失了方向，忽略了生存的本真思考，人们终会发现，通过感

[①] 由于消费时代以图像消费为主导，所以我们称其为图像时代，而把以语言文字（主要是指印刷品形式存在的文学文本）为主导媒介的时代称为阅读时代。在这里，阅读时代与图像时代的划分只是为了方便于文本的阐释，而不具有绝对的意义区分。

[②] ［英］丹尼尔·贝尔：《资本主义文化矛盾》，赵一凡等译，生活·读书·新知三联书店1989年版，第170页。

性存在实现感性解放的目标不过是附着在感官上的心造的幻影,视觉的快感固然能给人提供身心的愉悦,但视觉上的"审美疲劳"又会钝化人的思维和创造力。由图像画面带来的新奇感刺激着人们的感官欲望,欲望满足后的空虚感对图像制造着新一轮的刺激要求,由此形成了刺激—满足—再刺激—再满足的恶性循环,消费大众已经把理性思索远远抛在脑后,通过图像的不断刺激沉醉在形而下的卑微愉悦之中。这种虚假的感官需求由于刺激的连续性失去了"惊颤"效果,感性解放的目标被悬置起来,最终服从于整体化的感性消费需要。从某种意义上说,父权制对于女性身体的歧视与消费社会中人们对于感官刺激的追逐存在一致性,女性身体符号进入象征秩序服从于父权制度的安排也与消费大众对于欲望刺激的无节制需求相吻合,因为,父权制的要求正构成了"审美疲劳"状态下消费大众对于性符码的文化消费的需求,在此前提下,大众传媒对于女性身体的重新编码,除了服从于商业运作的目的外,有可能遵从于父权制发出的指令,重新唤回植根于人们内心深处的集体无意识,进而再生产出父权制的文化意识形态。

三 商品交换原则下的色情命令

英国女学者盖尔·卢宾在《女人交易——"性"的政治经济学初探》一文中,将女性身体、性与商品直接联系在了一起。她指出,最初的婚姻制度是以礼品交换的形式出现的,为了避免家族内部血亲繁衍带来的危害,妇女作为礼品被从一个部落输送到另一个部落,由此形成了部落之间的亲属关系。在这场交易中,妇女身体充当了交换对象和商品资本,通过商品输出的方式从其他部落换取血亲之外的妇女,而妇女身体只不过是"性"的代名词。她是一个被动的客体,一个没有所指的能指,其主要的功能也只是男性欲望的承担者。从这个意义上讲,女性身体从原始社会就已经作为商品符号化了,女性身体作为符号开始受到父权制的编排而被赋予了相应的文

第九章 女性身体：作为"性"符码的生产和消费

化意义。从此，这一根深蒂固的传统一直延续数千年之久，而且每每在商业经济较为发达的时期和地区，父权制文化观念就愈加明显，性符码为男权社会所消费的特征也就愈加突出。明清时代一些市井小说和艳情小说中，妇女身体直接等同于性符号，除了父权制意识形态的直接操控外，也与当时的商品文化观念和消费时尚存在密切联系。女性身体被物化、商品化、性对象化，成为商品经济条件下身体符号在文本中呈现的直接特征。进入现代社会，父权制对于女性身体的介入遭到了启蒙理性的抵制，对女性身体的感性需求被纳入人类解放的总体目标之中，女性身体的文化控制也逐渐转入审美制度化一途。然而，女性身体在被美学化之前，就已经作为符号进入父权制象征秩序，成为男性观看的欲望对象，从而与身体的现代性追求胶柱鼓瑟。当代学者潘知常认为："女性既是审美之中男性'惊鸿一瞥'的欣赏对象，又是审美之外男性'目不转睛'的欲望对象，甚至是百看不厌、秀色可餐的对象。"[1] 因此，性符码对于女性身体符号的置换，是父权制基于菲勒斯中心主义发出的一道色情命令，它要求从符号的编排、制作到符码的最后完成，都必须服从于父权制象征秩序，在对父权制秩序的整体膜拜中达成个体消费欲望的满足。面对女性身体图像，消费者首先被要求的是商品消费，他在消费的过程中是把女性身体假定作商品来看待的，认为自己付了费就要获得相应的价值补偿。交换价值的意义在于它把身体符号的价值泛化了，个体的欲望结构服从于整体的价值体系，欲望的本能让位于功利性的交换关系，女性身体的艺术和审美功能由此被消解，消费者被熏陶得虔诚地相信，他对于妇女身体的观念性侵犯不过是在进行着实用性的商品交换，身体符号的消费同其他商品消费一样，不过是在执行着商品交换的一般规则。由此，父权制披上了现代性外衣，悄无声息地融入了商品文化观念之中，以价值交换的

---

[1] 潘知常：《大众传媒与大众文化》，上海人民出版社2002年版，第502页。

名义发布色情命令，将父权制的文化观念以规范化的形式再次植入消费者的内心世界，不断推动着性符码的生产和消费。

第二节　阅读时代性符码的生产和消费

一　在性符码中穿行的欲望叙事

中国的阅读时代是漫长的，自印刷术发明以来，信息的传播和接受方式发生了重要变化，书籍开始部分地取代绢帛和竹简成为信息传播的重要载体，但在很长一段时间内，由于纸张成本较高，以书籍方式呈现的文学文本只能成为贵族文人和上层统治者的案头阅读对象。明清时代，随着商品经济的进一步发展，手工业者和市民阶层的经济生活水平有了较大程度提高，他们具有一定的经济支付能力来消费文学书籍。市民社会消费欲望的逐渐扩张，阅读空间和范围进一步拓展，再加上晚明以来享乐风气盛行，床帏之事成为人们可以公开谈论的话题，在这一特定的文化氛围中，女性身体开始通过文学符号进入人们的欲望视野。据统计，明清以来以女性身体为刻意描写对象并借以推动市场消费的艳情作品，流传下来的就达数十种之多，以署名为"吴门徐昌龄"的《如意君传》为起始，相继出现了《一片情》《巫梦缘》《春灯闹》《桃花影》《玉蒲团》《金瓶梅词话》《绣榻野史》《海上妖孽》《歧路灯》等作品。这些作品除了部分属文人自娱外，大部分作品为书商操纵。在男女纵欲狂欢的细节描写中，女性身体被置于男性欲望视角之下，为男权消费提供欲望对象；女性角色虽然有着自己的独立行为和心理意识，但她们的行为模式只是主动勾引或被动迎合男人的行为模式；女性形象内容空洞，所指为能指所代替，情节描写具有公式化、套路化倾向。不过，对于那些一手炮制了性神话的作者而言，他们在对妇女问题的态度上很难说就是心安理得的，《金瓶梅词话》的作者曾感叹道："劝君莫作妇人身，百年苦乐由他人。""这种矛盾的态度实际上是

第九章 女性身体:作为"性"符码的生产和消费

两种立场的表现,站在男人立场上,要求女人的贞洁,要求女人的绝对依附,对女性的欲望自觉自然持警惕和批评态度,既需要女人的放荡以获得性放纵的满足,又要给女人的放荡以最严厉的惩罚;站在一般市民立场上,又对女性的弱势命运表示有限度的同情。这种既爱又恨,既怜惜又厌恶,既感兴趣又时刻戒备的心态,是男权社会中男性对女性的典型态度……"[1] 在这类作品中,性符码的直接性和无遮蔽特征既与彼时的人欲思潮相关,也与商品文化观念的侵入有着密切的联系。鲍德里亚指出,当我们把作为物的商品系列看作一个符号系统,符号系统里面的符号性质之间则具有对等、可替代和可互换等性质,并受系统内部的规则、符码和符号逻辑的支配。在此,"符码是起决定作用的,它是能指和交换价值相互作用的规则"[2]。也就是说,当消费者把女性身体当作商品来消费时,他所要求的价值补偿可以通过符号的能指意义来实现,由此完成能指对象的意义认同和交流。性符码以对"阳具"的崇拜编织了一个与女性身体有关的性神话,在文本中通过身体符码的形式构成了欲望叙事的本体。因此,在阳具中心主义的介入和影响下,晚明社会对人欲思潮的认同也就等同于对人的本能欲望的认同,而对于人的本能欲望的肯定与发掘不过是"阳具"阴影下对女性身体的压制和改写。欲望叙事使得性符码的文化意义不再受到遮蔽,男性心理、男性视角和男性欲望共同组成了一张大网,泯灭了女性的人的内涵和主体特征,妇女身体被欲望的饕餮吞没而变成了神话仪式的客体,性符码不断穿梭于欲望叙事的文本之中,以能指的语言游戏生产着男性欲望的消费需要。

进入启蒙时代以后,中国社会呈现出前所未有的多元化的变革态势。民主思潮的发展、反帝爱国斗争的深入以及资产阶级民主革

---

[1] 李明军:《禁忌与放纵》,齐鲁书社2005年版,第251页。
[2] [法]鲍德里亚:《消费社会》,转引自赵一凡等主编《西方文论关键词》,外语教学与研究出版社2007年版,第663页。

命的高涨,将妇女解放运动推向高潮。中国特殊的政治和文化语境,一开始就将妇女解放置入民族解放的大潮之中,统一在大写的"人"的旗帜之下。禁止妇女缠足的律令和鼓励妇女社会改造的要求只限于身体解放的外在形式,妇女的身体觉醒在革命旗帜和救亡目标下尚未充分展示出来。表现在文学文本中,妇女自我解放的要求被压制在宏大的叙事背景之下,感性启蒙的功能由于理性启蒙的目标被无限期搁置了。因此,女性身体对于文学文本的介入,一方面具有感性启蒙的特征,它呼唤着身体的自由和解放,扩充着感官的范围和视界;另一方面,对于身体感性的过分张扬又可能与启蒙理性冲突,僭越启蒙理性的本位目标并消解深度叙事模式。女性身体在文学文本中的二重特征造成了身体符号在文化上的双重意义,既扩充和深化了启蒙的内涵和意义,又因冲动和快感的膨胀可能脱离启蒙的轨道。20世纪20年代与之相关的启蒙文学作品,在女性身体问题上呈现出两种倾向,一是将身体看作灵与肉的结合体,有意表现肉欲的世俗特性并张扬灵对于肉的超越,同时也表现灵与肉发生分裂时的张皇与痛苦,如丁玲的中篇小说《莎菲女士的日记》中的莎菲,庐隐的《海滨故人》中的露沙,茅盾的《蚀》中的静女士、孙舞阳、章秋柳等;二是对妇女身体中灵魂的一面弃置不顾,突出地表现妇女身体的肉体特征,以显示对传统礼俗的不满与抗议,如张资平的《苔莉》《最后的幸福》中的苔莉、梅英等。丁玲的作品是将女性身体当作灵与肉的统一体来看待的,因而具有内在的女性立场、女性意识和女性视角,这与启蒙文化中人的主体性的确立的宗旨体现出一致性;到了张资平那里,女性身体则降解为肉体,女性身体彻底转化为性符号,服从于作品欲望叙事的整体要求。在张资平的作品中,女性没有自己的独立性和个性立场,她的心理和欲望只是为了迎合男人的需要而设计的,她的肉体和个人隐私完全暴露在男性视角之下,成为男性欲望的工具。这样的妇女身体已经变成性符码,以其肉欲的性征在欲望叙事中跳跃穿行,满足着男性的欲望消费需要。因此，丁玲的作品以其灵与肉的结合张扬了女性主体性，坚持了女性主义的基本立场，因而进入了启蒙现代性一途，并在广大青年知识分子中产生了积极影响；而张资平的作品则割裂了灵与肉的有机统一，以性符码的方式推销横陈的肉体，"女性身体遂由道德意义上的客体转化成为生理意义上的被动主体，其形象亦难免地变成了遭受新型男性统治的象征性符号"[①]。

二 性符码的特征与消费模式

在整个阅读时代，性符码并不直接表现为妇女身体的外观，而需要通过语言文字以阅读的方式才能完成，性符码的消费需要借助于内在的想象加以实现。因而，性符码的消费具有间接性、内在性和想象性的特征，它通过文字符号的严密组织和有序安排，以能指形式内化于消费者的内心。能指是对女性身体的空幻转换，它接受父权制发出的指令，掏空了女性身体的灵魂，以割断与所指的关系为前提将本来富于生命意义的女性身体抽象化、性对象化，消解女性的独立意识和主体性；并将女性身体完全置于男性视角的控制之下，为男性的性刺激、性幻想和性欲望的发泄提供对象条件。由于女性身体不是以视觉而是以文字方式呈现在消费者面前，因此，作为身体符号存在的性符码在消费的角度来看具有间接性和想象性特点，它必须经由消费者的阅读和想象才能生产文化意义，强化男性欲望消费中的性别无意识观念。西方后精神分析学家拉康认为，作为文本的语言结构与主体无意识结构具有相似性，能指的符号秩序以其形式化的特征和象征性的形式对于主体具有控制性的作用，主体在移位时会形成相互接替的重复过程，造成符号秩序中主体无意识的重复现象。在拉康看来，意识有着与语言相似的结构，无意识

[①] 苏滨：《艺术形象的社会构造》，载陶东风主编《文化研究》，广西师范大学出版社2005年版，第42页。

是在语言秩序中形成的,因此作为主体的象征的艺术,也必然是具有由无意识决定的语言秩序的结构,也就是说,是无意识决定了文本的语言结构。① 性符码作为有秩序的能指符号构成,与人们思想观念中的集体无意识在结构上有着充分的相似性和密切的相关性,性符码的连续出现或交叉重复,正反映出父权制无意识观念在人们心中强制灌输和挥之不去的阴影。

性符码在阅读时代的特征,决定了它必须把性别符号从制作到编码再到消费组成一个完整有序的体系,必须把欲望消费观念贯彻到创作和消费过程的每一个环节。性符码首先抽空了妇女身体的实体性存在,以男性角色的欲望眼光偷窥和"侵犯"妇女身体的性感部位,以妇女肉体隐私的暴露和诱惑激起男性角色的生理欲望,然后再通过对两性交媾的琐碎描写最终实现男性角色欲望的满足。这一过程也是消费者无意识欲望从刺激到达成的过程,它在客观上解除了男性消费者由于肉体刺激带来的性焦虑,缓解了性兴奋和性紧张带来的压力,并保证了性压抑感最终的顺利释放。女性身体作为性符码在被描述和展开时,它的展示过程和行为过程不仅受男性角色的控制,更受叙述者视角的操纵和摆布,它不仅再现了女性身体的展示过程,以及男性角色"看"的过程乃至性行为过程,而且把这一过程以能指符号的形式转化为消费者对于身体符码的性消费过程。由此,男性角色、叙述者和消费者在男性视角的控制中紧紧联系在了一起,形成了性别一体化的消费模式。这一男权化的消费模式,是父权制意识形态观念"播撒"的结果,也是阅读时代"性"消费文化发展的必然趋向。它将女性身体引向了男性欲望的深渊之中,并以其感性的虚妄溢出启蒙的理性规范,不断消解着深度叙事模式,瓦解作品中宏大主题的建构。这样的作品,在内含性别歧视观念的同时还带有色情文学的某些特征,因而是健康的文化市场所不能容纳的。

---

① 马新国:《西方文论史》,高等教育出版社2002年版,第472页。

三 性符码与消费群体的文化观念

阅读时代,父权制要求通过文本对消费者进行一次整体性的性别规训。性符码作为身体符号的组合开始与父权制权力相勾结,力图通过能指形式在消费者那里再生产出父权制的文化观念。能指符号能够顺利流通就在于它借助了父权制的权威,把女性身体客体化、神秘化,从而建构了一个男权主义的神话。父权制神话与历史深度模式是相通的,它通过文字文本的形式重新唤起长久积淀于人们心中的集体性别无意识,通过联想、想象、幻想、神领意会等对文字符号进行观念意义的重构,以维护和巩固父权制象征秩序的威严。那么,消费大众又是怎么看待这类作品和性符码的呢?就一般的消费群体来说,他们的生活态度和思想观念与他们身处其中的社会文化环境是分不开的,在缺乏理性启蒙和科学反思的条件下,消费者即便具有个体的主体性,也很难对复杂的社会文化现象作出明晰的辨别。父权制灵魂已经内化为消费大众的集体无意识,一旦条件适宜就有可能被激活,将大众思维的主动性变为接受的被动性。而物质的存在则会退化人们的感官思维功能,经济条件的富裕、物质生活的奢靡又会贬低人们的精神存在,导致人们最终失去曾经为之恪守的精神家园。大众失去了精神目标,只能以物质的富裕填充精神的空虚,把精神文化产品的消费当作商品消费,并在特定的阶级阶层中间培育和生成公共的文化消费意识,消费文化观念由此在公共消费意识中诞生。晚明的人欲思潮是在商品经济较为发达的沿海地区率先产生的,受王阳明心学和禅宗的影响,晚明思想把外在的"天理"拉向了人的内心,由对主体的"良知"的推崇转而肯定人性和人的正常欲求。这种复苏人性、张扬个性的思潮不仅是对僵化教条的理学观念的反动,也是对扼杀人性、戕灭人欲的传统文化观念的一次强有力冲击,推动了人的身体意识的觉醒。然而,人欲思潮由于过分强调个体的感性欲望而把大众推向世俗层面,人们只关注现实人生的享乐,渴求着强烈的刺激和欲望的放纵,把感官享受和物质消费等同于存在本身,忽视了理性的追求和对人自身的反思。文化观念的转型使得父权制意识形态在文化层面不得不做出一次适应性调整,它不再谋求与政治制度在伦理层面的合作,而是放大人的感性欲望力图达到与人欲思潮在某一层面的契合,以继续牺牲妇女身体为代价来适应大众群体的世俗要求,借助于书籍的传播制作性的符码,以从文化观念上达到维护和巩固父权制度的目的。在晚明和清代的一些市井小说和艳情小说中,性符码的特征十分明显,"以至于公然宣扬露骨的色情,怂恿'诲淫导欲'的作品出笼,使文学陷入了非道德、非理性的泥淖之中"①,其目的就在于迎合大众文化的观念,重新唤回已经走向没落的父权制观念。

　　进入20世纪20年代,受西方文化启蒙思潮的影响,中国社会开始步入现代化进程。然而,由于中华民族正处于局势动荡和生死存亡的紧急关头,民族救亡的主题高于文化启蒙和反封建的主题,因而对于妇女身体解放和个性自由的要求,对于妇女在精神文化上的更高需求,除了禁止缠足和要求读书识字之外,似乎没有太多的机会。妇女身体依旧被置于男权文化的控制之下,在旧的政权、神权被打倒之后,依然受着父权和夫权的盘剥,表现在文化市场上,一些以妇女身体为性描写对象的文学文本依然十分畅销,从中仍然可以看出父权制操控的影子;还有一些作品,干脆披上启蒙的外衣,继续编织女性身体的寓言故事,以感性启蒙的名义贩卖父权制和性别集体无意识观念。不过,这一时期的文化转型与明清时期有所不同,文化的发展经历了启蒙的洗礼,逐步衍化为启蒙文化、封建文化和市场文化三种类型,封建文化是要破除的对象,启蒙文化是文化发展的主流,消费大众(主要指知识分子)对于这两种类型的文学作品一般来说是有着清晰的辨别力的;但是,居于这两类作品之

---

① 袁行霈主编:《中国文学史》第4卷,高等教育出版社2001年版,第11页。

间的市场文学作品情况就比较复杂。一些通俗小说和先锋派的作家，一方面要做出破除封建文化的姿态，以适应启蒙文化的发展趋势；另一方面，又要适应市民阶层对于感性刺激和欲望消费的要求，以推销自己的文化产品。于是，女性身体进入文学作品就形成了一个悖论：女性身体以其性爱自由和感性欲望的渴求，颠覆了传统礼教对于妇女的文化控制，从而与启蒙的解放目标达成一致；女性身体又以性符号的形式，接受父权制象征秩序的编排，通过性心理、性行为的展示制造新一轮"被看"模式，从而与启蒙的解放目标背道而驰。造成这一悖论的原因除了作家的创作动机和复杂心态外，市场因素的影响也是不容忽视的。"鸳鸯蝴蝶派"作家和张资平等人的一些作品就很好地说明了这个问题。不过，在启蒙文化的背景下，市场文化尚不能动摇以启蒙文化为主导的整个文化格局，市场文学作品的消费主体除了注重世俗生活的市民阶层外，还包括具有清醒启蒙意识的部分知识分子和青年作家，他们虽然有着反禁欲主义的渴求，但更渴望一种健康、有益于社会和谐发展的现代性爱观，要求在确立女性主体性、建立两性平等关系的基础上描写女性身体，张扬女性的个性。例如庐隐、凌叔华、丁玲早期以表现女性追求个性解放和性爱自由的小说，对于早期市场文学作品起到了创作实践上的示范和引导作用。因此，这一时期有关性符码的自然主义描写并没有产生太大的市场影响，在社会舆论压力和进步启蒙作家的创作示范下，这类作品不过是昙花一现，很快退出了文化市场。这从另一方面也表明，单靠父权制本身是无法完全达到操控女性身体、传播性别不平等观念的目的的。

第三节　图像时代性符码的生产和消费

一　技术符码对于身体符号的介入

进入图像时代，随着电子信息技术和现代传媒的高度发展，人类生活在一个由模型、符码和控制论所支配的信息与符号的环境之中，人们对于物质乃至艺术的消费主要经由技术图像来完成。商品逻辑逐渐取代人们的生活逻辑和思维逻辑，商品价值主要不再取决于商品本身能否满足人的需要，而是取决于交换体系中作为文化功能的符码。鲍德里亚将商品逻辑区分为实际演算逻辑、等同逻辑、模糊性逻辑和差异性逻辑四类。在这四类逻辑中，代表着使用价值和交换价值的实际演算逻辑和等同逻辑，已经让位于代表着象征价值和符号价值的模糊性逻辑和差异性逻辑。因此，他指出："对于商品，人们崇拜的是它的那些能够给人们带来身份、地位和威望的东西，即符号价值，而符号价值又是在整个社会区分系统中得到规定的，所以拜物教包含着整个社会区分系统。"[1] 消费者在消费逻辑支配下由实物消费转向价值意义的消费，在虚无的意义消费空间中对自身存在做出虚假的承诺。而电视、网络、广告等大众传媒所要传达的信息，也并非通过音像展示出来的真实内容，"而是与这些传媒的技术实质本身联系着的、使事物与现实相脱节而变成互相承接的等同符号的那种强制模式"。大众传媒的介入，将商品本身的实物性彻底抽空，转化为能指符号不断转换的抽象的流动的意义空间，以对画面的剪辑和歪曲使消费者遁入符号世界之中，消解了对现实意义的积极思考。女性身体和性符码对于图像世界的闯入，正在于这种强制模式的功能已经和正在改变着人们的审美趣味，把商品交换规则逐步引入人们对女性身体的观赏和消费之中。人类进入技术和信息时代以后，技术符号和信息价值既推动了人类社会的现代转型，也使人们陷入由技术符码和控制模式生产制作的符号世界之中，阻碍了人们的正常交往和对话。当今社会，现代传媒凭借着强大的技术优势，以消费过程中的视觉快感为动力，根据自身的编码规则将

---

[1] ［法］鲍德里亚：《物体系》，转引自赵一凡等主编《西方文论关键词》，外语教学与研究出版社2007年版，第664页。

第九章 女性身体:作为"性"符码的生产和消费

模糊逻辑和差异逻辑赋予本是充满矛盾和混乱的世界,以其"既具技术性又具'传奇性'的编码规则切分、过滤、重新诠释了世界实体"[①]。生产技术对于世界意义的重新建构,包含着对女性身体和快感意义的重铸。技术符码对于身体符码的介入,改变了性符码的消费方式和消费过程,由此带来了消费文化观念和消费意义的变迁,它以感性解放的名义遮蔽了父权制意识形态观念的侵入和控制,通过先进逼真的技术图像宣告了以往现实的不复存在。技术符码大大缩短了消费者与图像符码的距离,消费者不需要任何深度的思维活动,只需要象征性地体验,体验可以不断地制造满足欲望需要的快感,使人逃避现实生活的压力和紧张的工作节奏而遁入性的乌托邦中,在消解与现实的距离中把一切欲望和幻想等同于自我存在本身。于是,"印刷物逻辑"被"显像管逻辑"取代,商品消费的意义空间被符号消费的意义空间所占据,支配这个世界的上帝变成了我们自己的感官,我们除了感觉以外一无所有,而感觉就是我们自身的存在。

然而,我们的感觉器官真能成为我们自己的精神主宰吗?舒适的快乐是在被动接受中产生的,这种失去了理性和理智的快乐总会带来一种离开生活目标和方向的失落感,而且,这种感性的快乐同时又在制造着与快乐相伴的感伤,它发现了欲望冲动满足后的空虚和失落,却无从找到失落和空虚的根源。生活在虚拟世界的人们,他们从逼真而又虚假的图像符码中得到的快乐无法回归现实的幸福感,他们的快乐永远是被动的、虚幻的、丧失了本原意义的快乐。造成快乐感的二重性的正在于技术本身。在大众传媒的控制下,技术生产订制了女性身体的物质材料,按照特定标准和规范进行剪裁和编码,它不再标明女性身体的符号所指,也不表明与父权制文化

---

① [法]让·鲍德里亚:《消费社会》,刘成富等译,南京大学出版社2000年版,第133页。

观念的决裂态度，而是以大量机械复制的、仿真的、丧失本原的图像符号，将人引领到"超真实"的虚拟世界之中。这样，当它以仿真的图像符号将女性身体展示在消费者面前时，其符号的能指和所指关系便发生断裂，身体符号的所指意义丧失，能指意义则滑向了文化消费的意义域。生产的规范化和技术的标准化，不仅将女性身体的原有文化意义削平，而且将性符码的生产和消费纳入一种总体性的技术逻辑之中，以先进的技术标准和精确的复制效果引导和制约着大众的文化消费观念。因此，媒介对于大众文化观念的诱导和控制，实际上也就是技术符码对于图像符号的介入，大众传媒对于文化观念的操控，不过是依赖先进技术将符号的能指意义彰显出来，把女性身体的消费引渡到观念意义上的情色消费。然而，即便是观念意义上的情色消费，女性身体总是被动的、被消费的客体和商品符号，性的消费观念只有对于男人和男性消费模式来说才有意义和价值。所以，鲍德里亚一方面肯定了妇女身体解放的现代性，另一方面又指出，"一切在名义上被解放的东西——性自由、色情、游戏，等等——都是建立在'监护'价值体系之上的"[①]。所谓的"监护"价值体系，正是父权制意识形态对于大众文化观念的布控网络，它保证了大众快感的来源——男性对于女性身体观念上的占有和支配权力，由此在文化观念上再一次实现了对男女的性别区分，并完成了对女性身体的观念意义上的重构。

二 性符码的特征与视觉转换

在消费社会中，性符码通过大众传媒的方式，主要以类像的形式向大众传播性观念和消费意识。按照鲍德里亚的理解，类像是指后现代社会大量复制、高度真实而又没有客观本原、没有任何所指

---

① [法]鲍德里亚：《符号的政治经济学批判》，转引自赵一凡等主编《西方文论关键词》，外语教学与研究出版社2006年版，第667页。

的图像符号。类像可以对现实世界中客观存在的真实进行精确复制和逼真再现,从而消除原本和摹本之间的等级秩序,而且也能消除摹本与摹本之间的差距,从而在根本上消除真实与虚假的界限。类像比逼真再现客观世界的真实事物更进了一步,甚至可以根据"仿真"逻辑创造出并不存在而又极为逼真的形象和影像。于是,"一切现实都被符码(code)和仿真的超真实所吞噬。现在是仿真原则而不是过时的真实原则控制着我们"[1]。仿真原则引领我们进入了并非真实而又极度逼真的虚幻世界,女性身体作为性符码从身体概念的所指符号中脱离出来,以性感、诱惑等肉体特征和视觉化的平面特征把人们导向男性欲望消费的期待指向。在性符码传播和消费的过程中,女性的性别认同意识消解,女性的主体性和完整真实的女性身体缺席,时空界限模糊,只剩下支离破碎的肉体图像在向人们"播撒"着性别歧视和欲望消费的种子。与前图像时代相比,性符码不再以文字形式为人们提供阅读想象空间,而是通过视觉形式把读者的想象转化成为虚拟的真实,以平面模式将文字阅读转化为视听式消费,转化为图像与视觉的对接和碰撞,意义的想象空间被图像的虚拟空间所取代,虚假与真实的二元对立被技术的仿真逻辑所取消。人们置身于虚幻世界中,以其距离感的消失和感性对理性的僭越实现父权制的仪式狂欢,以其在虚拟空间的遁匿来遮蔽对人生现实意义的拷问。视觉转换为人的阅读和消费方式带来了根本性变革,把人的思维方式从工具理性的束缚中解脱出来,视觉图像摆脱了语言文字中预设的逻各斯中心主义,不断地刺激着人们的感性欲望,使人们在从媒体获取信息的同时,不断地享受媒体"烹饪"出来的"视觉盛宴"。人们徜徉在感性的快乐和臆想当中,忘记了自身存在的现实世界。视觉图像和外在物象

---

[1] Baudrillard, *Symbolic Exchange and Death*, Translated by Lain Hamilton Grant, SAGE Publications, 1993, p. 2.

相互重叠，认知和思考的空间距离被缩短，阅读和鉴赏的方式被切换，有利于开发人的大脑，恢复人业已失去的感觉模式，也有助于摆脱释义和理性的重负，从而在自然语言、文字语言之外，把表情语言、体态语言引入审美活动之中，以愉悦取代判断，以快感取代净化。从视觉思维方式的角度来讲，这的确是一场感性意义的解放。

然而，问题在于，是否任何作为观念和意义层面的视觉图式都能涉及感性解放的目标，都能带来真正意义上的感性解放？尽管诸多后现代理论家都把情色图像和感性审美联系在一起，把肉体展示看作对传统伦理禁忌的突破，并以身体的突围作为艺术精神的表征，但是，性符码对于视觉形式的介入仍然是令人担忧的，媒介机制切断了身体图像与真实物象的对应关系，割裂了能指和所指的链条，使本已缩短的间距再次拉大，性符号的编码没有带来真正意义上的感性解放，反而陷入男权意识形态的重围之中。马尔库塞清醒地看到了传媒背后的东西，他说，"大众传播媒介的专家们传播着必要的价值标准，他们提供了效率、意志、人格、愿望和冒险等方面的完整的训练"[①]。这一价值标准在审美和艺术的大旗下，融合了商业利益准则和父权制文化观念，从制度性和合法化层面完成了对身体的性别规训，并以性符码形式将现代性无限期推延下去。视觉转换形式使得女性身体获得了形象式的审美外观，使其堂而皇之地加入了启蒙的现代性行列，并以商品交换和形象消费的名义赢得了消费大众的认可和接受。

三　感性审美与本能欲望的纠结

当性符码以艺术形式呈现在图像文本之中，并被大众认同为艺

[①] [美]赫伯特·马尔库塞：《爱欲与文明》，黄勇、薛民译，上海译文出版社1987年版，第68页。

术品而加以消费的时候,理性的反思终于被感性的狂欢所淹没,昔日被道德伦理禁锢的本能欲望终于找到了释放的出口,它无须对作为性符码的女性身体做出身份认证,更不必对性符码的出现做出反思性论断,它只需要体验,体验就是存在本身。因为,性符码的艺术形式本身已经把对于女性身体的"暴力侵犯"美学化、合法化了。身体美学的合法化使得男性消费者可以以艺术欣赏的名义进行男权主义消费,他们不再为自己的"意淫"行为惶恐不安,而是把视角直接对准镜头,把形式观赏统统化为意义能指,在对女性肉体的观赏和把玩中获得象征性满足。进一步讲,性符码的艺术消费并不能取代消费社会中的商品消费观念,或者说,艺术消费在消费时代本身就是商品消费的一种特殊形式,观众身处电影院中或坐在电视机前,最初也许是以观赏的心态来欣赏影视作品的,然而,在观赏的过程中,由于性符码的突然介入,观众的欲望被迅速刺激起来,随着画面的组接滚动加剧膨胀,最终将艺术欣赏观念转化为欲望消费观念。不仅如此,即便是女性身份的观众也会为这种消费氛围所感染,在性符码能指意义的引领下,情不自禁地转换自己的性别身份,以期获得男性中心主义的消费效果。由此,父权制意识形态获取了统领性的地位,它把艺术欣赏转化为商品消费,并把观念的性别消费整合为一体化的男权主义消费模式。在这一过程中,欲望与消费的结合把审美之维引向了单向度被动接受的物化领域,个体的欲望结构被功利性的交换关系取代,当女性裸露的身体和性感部位在荧屏上出现的时候,消费主体之于妇女身体的对象化关系逐渐转化为观念性的商品交易关系,消费者把自身的付费行为看成对性符码消费的补偿,父权制意识形态消费的强制模式由此转换为商品交换和消费的自然模式,女性从身体、意识到主体性,都被遮蔽在这一自然模式之中,以其自然性和合理性沦为父权制意识形态的牺牲品。

　　启蒙主义把情色观念引入了现代性,造成了这一概念的理论错位,女性身体作为性符码进一步引起我们的思考:女性身体能够给予我们的,到底是感性的自由与超越,还是男性欲望的消费?是无功利的审美,还是一种功利性的交换关系?事实上,消费者在最初接受这一图像符码时,其接受心理和消费观念也在发生着剧烈冲突,以两者之间的对立和断裂消解着宏大叙事主题和启蒙现代性的内涵。当他用性符码启发自己的审美感性的时候,他的审美意识不时为意识形态功能所侵扰;当他以本能欲望的膨胀来抵抗理性压制、追求快感和享受的时候,他的欲望结构又不时为物化的商品意识所解构。或者说,在消费主义的条件下,审美活动以其悖论性使其自身充满了矛盾和张力,消费主义语境下的审美只不过是感性欲望之上的一层美丽光环。商品消费的观念和形象消费的形式使消费大众在消费时处于矛盾的心态,他们已经失去或者甘愿失去自己的审美判断力和辨别力,以其功利性的商品消费欲望消解审美判断的无功利性和先验性。德国学者阿多诺曾经预言,"艺术的生命在于灭亡"[1]。在这样一个充满异化和暴力的社会中,视觉方式的变革已无法拯救审美自身,更无法唤醒沉醉在感性享乐中的众生灵魂,灭亡了的艺术正宣告审美救赎理想整整一个时代的终结。

四 性符码与大众文化观念

迈克·费瑟斯通认为,在大众文化影像中,以及在独特的、直接产生广泛的身体刺激与审美快感的消费场所中,情感快乐与梦想、欲望都是大众欢迎的。关于大众文化定义的概念,西方学界从法兰克福学派、伯明翰当代文化研究学派,到杰姆逊、费斯克等西方学者,再到布迪厄、鲍德里亚等流行文化的批评家,历来有着不同的

---

[1] [德]阿多诺:《美学理论》,转引自赵宪章编著《二十世纪外国美学文化学名著精义》,江苏文艺出版社1987年版,第457页。

认识和界定,我们很难从中梳理并归纳出一种完整的、确切的、具有代表性的定义。不过,一些中国学者结合世界和中国当代文化发展的实际情况对于大众文化概念所做的界定,对于我们研究性符码的生产和消费,是很有启发意义的。当代学者金元浦认为,大众文化"主要是指兴起于当代都市的,与当代大工业密切相关的,以全球化的现代传媒(特别是电子传媒)为介质大批量生产的当代文化形态,是处于消费时代或准消费时代的,由消费意识形态来筹划、引导大众的,采取时尚化运作方式的当代文化消费形态。它是现代工业和市场经济充分发展后的产物,是当代大众大规模地共同参与的当代文化公共空间或公共领域,是有史以来人类广泛参与的,历史上规模最大的文化事件"[①]。当代学者潘知常把它细分为广播影视中的大众文化、报刊书籍中的大众文化、日常生活中的大众文化三类。大众文化作为当代大工业的产物和时尚的文化消费形态,既是对长期以来的理性压抑和科层统治的逆反,更与大众传媒的出现有着最为直接的关系。从日常生活大众文化、报刊书籍大众文化到广播电视大众文化,技术媒体的介入和控制不断深入,消费者和消费群体的范围和层次不断扩大,消费模式和消费观念不断发生迁移,高雅/通俗、中心/边缘、历史/文本、虚假/真实的界限被打破,笼罩在人们头上的理性光晕消逝了,文字文本构成的深度模式消解了,消费者对于幸福的快感、感性的狂欢的追求似乎成了大众文化的唯一目标,消费大众开始以"虚幻"的满足凌驾于现实的满足,在图像符号的世界中体验到了前所未有的愉悦和知足。宗教制造的神话终于被技术制造的神话取代,技术对于文化的介入成为20世纪文化的一大景观。技术的存在不仅改变了人的生存方式,甚至取代人的生存目的而成为唯一的

[①] 金元浦:《定义大众文化》,载金元浦主编《文化研究:理论与实践》,河南大学出版社2004年版,第164页。

一极，它以标准化的生产尺度和消费方式模糊了艺术逻辑和社会现实的区分，并把隐秘的私人空间推向公共领域，以其时尚性感和标准化尺度制造着欲望的渴求和消费。从这个意义上讲，大众文化就是一座欲望加工厂，它把技术传媒关于欲望的复制进一步文化化、商业化、市场化，通过技术传播和接受再生产出欲望式的大众文化观念来。因此，"大众文化，就是它为消费大众造就的大众之梦、白日之梦"。

大众文化终于赶走了上帝，把单向度的思维模式套在了人的头上。大众文化消解了人自身的存在意义，把人导向感性的虚无的梦幻之中。大众文化再现了作为个体的人对于现实生存条件的想象性关系，因而也虚构了能够满足人的欲念的性神话，它让人们相信，主体对于欲望对象的观念性占有，就是人的存在本身，消费者的观念模式就是消费大众的生活方式，把握了人的感性和感觉本身，也就等于把握了生命的存在本身。大众文化由此完成了对消费大众加以规约的操控机制。其中起作用的，正是大众文化的意识形态功能。大众文化意识形态以分散的个体化形式控制并促动了大众文化观念的形成和扩散，并对大众文化观念具有控制和诱导作用。大众文化观念所要满足的，正是这样一种被高技术刺激出来的、由文化意识形态引领的观念性消费欲望。因此，性符码的生产和消费，必然包含着父权制对于大众文化意识形态的参与，也必然把大众文化观念纳入父权制文化的象征性秩序之中。就这一现实情形来看，性符码形式对于大众文化的参与和介入，并没有使大众文化观念增进人类社会的总体经验，认识和理解人类文化的总体结构，反而以欲望的消费和再生产的方式参与着性别歧视和话语权力的争夺。父权制利用了大众文化观念的个体性、想象性、思维模式单一性等特点，以性符码的视觉感性化、平面化、消费形象化、商品化等特征，借助于技术传媒的支持和传播，为其走向市场打开了便利的通道，推动了性符码生产与大众消费之间的互动关系。它表明，父权制已经在市场范围内得到了有力的支持和帮助，并且争取到了对于大众文化观念的主控权和制导权，进而形成了对女性身体和身体文化的全面合围。

第四节　不同时代文本的解读

一　两个文本和一种机制

20世纪20年代，张资平在上海利用市场的文化转型和启蒙主义思潮的泛起，力图在文学创作上接近启蒙文化的主流，并与文化消费市场接轨。这一时期，他发表了《飞絮》《苔莉》和《最后的幸福》等中长篇小说，以性苦闷、性压抑和性解放作为招揽，企图与市场消费主义观念相吻合，以占领市场文化的主阵地。不过，他的作品并没有得到市场的特别青睐，而仅仅流行于知识分子和市民阶层的文化消费圈子之中，其生命力也没有长久地维持下去。我们以《苔莉》为例，分析性符码的制作与启蒙主题和文化市场的关系，从中寻绎其背后的内在权力机制。《苔莉》中女主人公苔莉与其上大学的表弟谢克欧邂逅，两人发生了性关系，由此酿成人生悲剧。苔莉作为一个孩子的母亲，原本有一个还算完整的家庭，生计问题不用发愁，丈夫对她也还不错。然而，似乎完全是出于无聊和性苦闷，在她丰满的肉体之中似乎永远存在本能的欲望，这种欲望已经超越了现实存在和理性反思，成为她生命中不可抑制的冲动和渴求，也成为她最终走向毁灭的始基和原动力。我们无法推断张资平过分夸大性本能欲望的动机和目的，也许是出于接近"五四"启蒙文化思潮的缘故吧，然而，这欲望以及由欲望表现出的性征被纳入男权主义视域、成为其欲望的消费对象，却是无可争辩的事实。因为，苔莉已不再是苔莉自己，而是谢克欧眼中作为"他者"存在的性感尤物："在克欧的眼中觉得此时的苔莉另具一种媚力。一阵阵由微风送到他的鼻孔中来的发油和香粉混合而成的香气把他限于沉醉的状态中了，他觉得自己的身体不住地胀热,他早想过去把她拦腰的抱一抱。"① "他想,苔莉现在定在流泪,她恨我不能理解她,拒绝了她的表示,不和她亲近,不和她拥抱,不和她接吻……的确,她是在渴望着男性的拥抱。"② "'这么大的乳房!'雪白膨大的乳房给了克欧不少的诱惑,他失口叹美起来了。"③ 小说中始终存在一种男权视角和男性欲念,实际上是把女主人公当作一个性的符号来纳入父权制体系。苔莉形象在克欧欲望的"打造"下已经成为变形扭曲了的女性形象,成为男性欲望视角下的性对象。这不仅与克欧的男性欲望心理有关,更与作者男权主义主导下的创作观念有关,在这种创作观念的指导下,女性心理也完全在男性欲望的支配下炮制出来:"苔莉近来感到性的寂寞了,由性的寂寞就生出许多烦闷来。受了这次克欧给她的刺激后,她的性的烦闷更深也更难受了。她几次都想自动地向克欧求性的安慰,但恐怕遭了他的意外的轻视。"④ "她对克欧的要求象始终取无抵抗主义般的。因为他的新鲜的青春之力——强烈的肉的刺激在她身上引起了比国淳给她的更强烈更美满的快感。她不单精神全受着他的支配,现在生理上她也是他的奴隶了。"⑤ 作品中没有彼此的情感交流与心灵的融合,只有性的欲望与臆想,苔莉的身体部位、身体器官乃至身体散发的香气都能给人以巨大刺激,引诱和激发着男性自我的"兴奋和满足"。正如沈从文所评价的,"年轻读者从张资平作品中,是容易得到一种官能抽象的满足,这本能的向下发泄的兴味,原是由于上海旧派文学所酝酿成就的兴味,张资平加以修正,却以稍稍不同的意义

---

① 张资平:《苔莉》,载张资平《冲积期化石·飞絮·苔莉》,人民文学出版社1988年版,第340页。
② 同上书,第59页。
③ 同上书,第368页。
④ 同上书,第370页。
⑤ 同上书,第383页。

给年轻人了"①。然而,苔莉对于性的渴求以及主动迎合男性欲望的行动并没有给自己带来现世的幸福,她在人们的流言和非议中悄然死去,死时带着一种"女为悦己者容"的满足。婚前已经失去了女儿身的苔莉,如今能于新爱的人面前奉献自己,这便是一种死而无憾。女人的卑微与可怜已经全部转化为性的神话,在反传统的旗帜下和惊世骇俗的艺术效果中,通过男人的欲望式消费使其获得象征性的满足。张资平的心态是矛盾的,他一方面要适应启蒙的现代潮流,对于不合理的社会制度进行猛烈抨击;另一方面,为迎合市场的消费需要,又不惜把"鸳鸯蝴蝶派"的写作模式和套路照搬过来,以"性"作为招牌,有意无意地从中推销父权主义观念。应该说,张资平的这种尝试是不成功的,原因在于文化消费主义观念在当时尚未兴起,更不可能与父权制模式达到完美结合,父权制模式在启蒙语境下不仅形单影只,也更容易引起人们的警觉和抵制。20世纪20年代,中国启蒙文学正处于蓬勃发展的时代,摧毁封建主义的象征堡垒,打倒父权制文化已成为时代发展的主潮,上海的文化市场虽然呈现出多元化的文化发展势头,带有浓厚商业气息的文学作品充斥文化市场,但总的来说,公开地贩卖"性"观念,将妇女身体量体裁衣地打造为性符码,不仅会引发新一轮的道德冲突,而且会使自己的作品乃至整个文学创作面临着边缘化的危险。所以,张资平的《苔莉》等作品出版以后,率先受到了一部分有着先进文化意识的知识分子的坚决抵制,再加上海市民的文化开放程度还远未达到坦然接受性启蒙的程度,张资平作品中启蒙观念与父权制观念对立、冲突的情况又是那样的凸显和外露,所以,即便他打着启蒙主义的旗号,也仍然难以将父权制文化观念在市民阶层中完全推销出去。鲁迅先生曾经在《张资平氏的"小说学"》中这样讥讽道:"张

---

① 沈从文:《论中国现代创作小说》,载王运熙主编《中国文论选(中)》,江苏文艺出版社1996年版,第47—48页。

资平氏先前是三角恋爱小说作家,并且看见女的性欲,比男人还要熬不住,她来找男人,贱人呀贱人,该吃苦。""现在我将《张资平全集》和'小说学'的精华,提炼在下面,遥献这些崇拜家,算是'望梅止渴'云。那就是——'△'。"① 也许,"△"背后包含着诸多反传统的惊世骇俗的内容,不过,我们仍会发出这样的疑问,由男性"性别无意识"打造出来的具有"性"符号特征的女性形象,能够承担得起富于现代特征的"风雅的盟主"的角色吗?

  20世纪随着图像时代的来临,视觉的盛宴给人带来了思维方式的根本变革。我们借用马尔库塞的术语可以将这场变革称为"感性的革命"。这场革命在冲破工具理性的限制,使我们获得自由空间的同时,又以图像符号的形式使我们放弃了感性解放的目标,消解了人们对人生终极目标的追问和存在意义的思考。其中,父权制意识形态观念仍然在起作用,不过,它不再是孤立于文字文本之中的权力模式,它找到了自己的合作伙伴——消费主义,并以感性的形式和形象消费的外观为其披上了现代性外衣,从而为男权主义的泛滥提供了合法性和美学保证。由于电视广告与消费主义的关系最为密切,性符码特征最为突出和直接,所以我们不妨以此为例说明这一问题。总的来说,电视广告成为一门艺术,其目的并不在于唤起人们的感性审美和情感愉悦,而在于通过美学方式达到推销商品获取利润的目的,以形象传播和再生产的方式,把物化消费的观念灌输给消费者,为其提供欲望想象的替代感、抚慰性和一致感,消除其内心的惶恐和焦虑。电视广告在根据编码规则对现实重新诠释之后又不加区别地将它们激发出来,这一编码规则既是一种意识形态结构,也是一种与现代传媒制作程序相适应的技术结构。编码规则对于女性身体的技术要求主要体现出以下两点,一是把女性身体作为物化符号进行重新编排。不再将妇女身体作为实体来看待,而是作

---

① 鲁迅:《鲁迅全集》第4卷,人民文学出版社1981年版,第230页。

为一个商品符号来看待。这样的一种主导观念使得消费者产生错误的幻觉和思想意识的混同，他（她）把对妇女身体的消费等同于商品消费，以此再生产出父权制的意识形态观念。例如，在一系列令人眼花缭乱的减肥广告中，出现了女性比例占绝大多数的形象代言人，她们拥有靓丽的外表和魔鬼般的身材，以其迷人的微笑或性感的姿势形成了强有力的磁场，把观众的注意力尽可能吸引过来。其中，大印象减肥茶的广告最为明显。镜头中，一位妙龄女郎风姿绰约、性感美丽，款款地出现在我们面前。她没有介绍减肥茶的疗效，也没有说明如何服用才能保持苗条的身材，而以迷人的语言向我们道出她获取美丽身材的"秘密"："时间不停流逝，唯有你——大印象减肥茶，留住我的美丽"。女郎便是美丽，美丽便是大印象减肥茶。由此，女性身体便被编入消费的商品之中，以物化形式再生产出男性欲望消费所需的父权制意识形态观念。二是女性身体被肢解，趋于破碎化、平面化、直观化，并富于诱惑性和性的意味。女性身体的面部、胸部、大腿成为展示和包装的突出部位，以其性感和时尚为消费者提供性的想象空间。除去一些明星的着意招揽之外，大多数性感女郎身份不明，时间地点模糊，历史深度模式被直观平面取代。例如国内的浪莎袜业广告：一位魅力四射的现代女子，胯部性感，玉腿修长，一双透明的袜子套在玉腿之上。画面的左下角站着一位风度翩翩的成功男士，他在欣赏这"美丽的风景"。丝袜与美腿、商品与女性黏合在一起，以其破碎化的身体、符号化的形式吸引着男性的注意力，形成了看与被看的男权消费模式。

图像时代的传媒技术成功地利用视觉形式的特点，通过编码的程序和规则偷运了性别歧视和性别偏见，将女性身体作为性符号植入了受众的集体无意识之中，使其在不经意中接受了父权制文化观念的熏陶和浸染，并以物的消费的名义为消费者提供了心理的抚慰感。从阅读时代和图像时代艺术传播方式的对比来看，两者在本质上是一致的，即由父权制将女性身体作为符号进行编码，以观念的方式进入象征秩序，经过读者的阅读和消费，再生产出父权制文化观念。在阅读时代（主要指启蒙时代），父权制意识形态由于缺少合法化的表达方式，它对于女性身体的赤裸裸的性符号化的描述，对于女性性心理的披露和男性视角的强化，无法与传统的文化语境相适应，更无法与启蒙的潮流完全合拍；图像时代的父权制意识形态适应了消费主义的文化语境，利用了传播方式的变革以及图像本身的直观性和感性特征，通过技术手段对女性身体进行重新编码，形成了一套完整的美学化的操控体系，由此完成了父权制观念的消费和再生产。这一切，不仅与父权制操控机制的趋于完善相关，更与商业文化和消费主义的时代潮流有着密切联系。

二　父权制与消费主义的合流

在后现代社会消费主义语境下，性符码的商品化使父权制观念获得了市场魔力，并与消费主义结盟，共同实施并完成了父权制发出的色情命令。在消费社会中，社会意识形态从整体上开始向消费意识形态转型，并不断为消费意识形态话语所控制，享乐主义和拜金主义已突破传统的伦理规范而成为人们的生存法则，消费成为刺激欲望、再生产欲望的泉源。消费意识形态话语告诉人们，他们沉醉于其中的幻想世界是真实的，欲望的体验和满足就是现世的人生目的，一切对于异化社会的反抗都是徒劳的。父权制意识形态观念与后现代大众的感性消费存在一定的合拍性，它为大众传媒推广欲望消费模式提供了观念上的文化资源，并以性符码形式在大众思想观念中传播和流通。因此，历史深度模式的消解，主体性的泯灭，非理性意志对于现代理性的全面侵占，正是父权制文化观念沉渣泛起的根源。这与阅读时代是不同的，在消费主义尚未兴起的阅读时代，读者对于文本的思想内容总会加以理性的审视，即便是缺乏深层知识文化的一般读者，也会拘于伦理道德层面的限制做出相关价值判断。而在消费主义时代，感性的冲动弥漫于整个理性空间，道德的评判标准让位于欲望的放纵和快感的尺度,人们把理性深度和思想内容重新置于同一平面,放逐了历史连同对于历史的沉思,将人生的目的和意义重新定位于感性存在本身。然而,形象消费固然能够给人带来视觉上的快感,但也容易造成人视觉上的"审美疲劳",钝化人们的思维和创造力。在这样的状态下,性符码便会乘虚而入,以形象消费和身体艺术的名义侵入人们的集体无意识之中,灌输着欲望消费和两性不平等观念。例如,情色图像在进入广告之先或广告制作的过程中,已排除了两性之间的互动关系,以单向度的男性消费作为传播和接受的前提;广告传媒往往具有"敞开"与"遮蔽"双重特征,在其制造"仿真"的世界和虚假的"真实"的同时,又以其"时尚"和"感性"的消费观念掩盖了人们对于生存意义的追问和反思,从观念上实施对女性身体的暴力侵犯。因此,女性身体的编码是人的想象力的拓展和欲望消费空间的延伸,女性身体也是各种力量围绕话语权力进行角逐和争斗的场所,争斗的结果在争斗之前已经在图像符码和消费观念中做出了预设和裁定。对此,当代美国学者詹姆逊不无忧虑地说,"那种快感观是男人'有权观看'的权力的象征性表达,它的首要对象是妇女身体,或者更确切地说,妇女的肉体"。女性身体的价值并不仅仅取决于它作为商品能否满足人的需要或具有交换价值,更取决于交换体系中作为文化功能的符码效应。女性身体的编码以及转换,在满足消费者欲望达到商业运作目的的同时,执行了父权制所发出的色情命令,父权制、大众传媒、商业文化由此联结为一体,父权制意识形态开始与消费主义合流,以感性审美作为幌子,以商品消费作为宗旨和动力,在大众传媒的帮助下,逐渐渗透到商品文化观念之中,消泯了人们对于现实世界的思考与建构,并加剧了父权制意识形态的扩张和渗透。

三 从文化观念到意识形态

张资平所处的时代从政治文化背景上来说是一个启蒙的时代,

文学的启蒙是一种感性、审美的启蒙,文学启蒙的意识形态性质在于,它虽然以理性观念统辖人的思维和感性,但理性仍然和感性处于和谐统一的状态之中,感性和理性共同维护着同一个宗旨,即将人从思维和精神的混沌状态中解脱出来,实现人的精神的自由和解放。这与自康德以来人文学家所倡导的现代性是一致的,康德在对公共领域和私人领域的理性运用进行区分时,注意到了自由理性与专制理性发生冲突的可能性,因此他假定两者之间达成一个契约,通过和睦相处互不侵犯来缓解理性的自由运用和绝对服从所造成的张力。由此我们可以推断,审美的感性同自由的理性一样,也可以以其自由的特征同理性达成某种契约,条件是理性必须满足审美的感性冲动的要求。这一契约的目的即在于使感性和理性处于融洽和谐的状态。马尔库塞把这一人由本能冲动而产生的超越现实规则的感性称为"新感性",审美对于现存秩序以及现实规则的颠覆正来自新感性。审美依据新感性材料,借助于艺术的幻想和想象对这些材料加工改造,构成了审美形式,而审美形式"就是否定,它就是对于无序、狂乱和苦难的把握","这个超越的秩序,就是作为艺术真理的美的显现"。[①] 在这里,现实内容和理性主义观念通过审美形式的否定性转换被纳入审美之维,审美由此获得了对社会的政治介入,或者说,审美的政治化途径就在于审美形式自身。在这个时候,市场文化观念对于审美形式的侵入是不合时宜的,市场文化观念对于理性的排斥以及欲望的放纵,对于历史主题的放逐以及深度模式的消解,不仅打破了感性和理性的和谐机制,也使得审美形式对于感性材料的整合功能失去了相应效能,在这种情况下,父权制意识形态作为"他者"的侵入不仅难以占据主导地位,而且因为审美形式的不配合始终处于与感性疏离的状态之中,难以得到消费者的接纳

[①] [美]马尔库塞:《审美之维——马尔库塞美学论著选》,李小兵译,生活·读书·新知三联书店1989年版,第70页。

第九章 女性身体:作为"性"符码的生产和消费

与认可。这种情况表明,市场文化观念尚没有上升到意识形态的高度,或者说,文化意识形态还没有能力为自身确立进入市场的合法性。

进入图像时代后,随着科技进步和社会物质财富的进一步积累,人们的文化观念和思维方式发生了深层变革。人们的消费方式及其对于世界和自我的态度都发生了变化,人们不再对现实荒谬和生存意义进行追问,而把物质消费和感性欲望当成了存在的现实本身。技术控制造成了单向度的社会、单向度的人和单向度的思想,技术的标准化、符码化取代了文化市场的量体裁衣式的自由选择权利以及消费者的个体独立性,这一标准和符码的背后存在一个技术化的权力体系,它以文化工业管理模式和大众传媒为依托,以消费者的欲望消费为动力,源源不断地生产出人为的虚假需要,借以满足失去理念和信仰的人们的空虚无聊,并以制度化方式对于人们的叛逆和反抗加以劝降和诱导,把消费阶层的文化观念上升到意识形态层面加以规范和操控。技术制度化对于感性的青睐和推崇,为父权制意识形态进入市场提供了合法化途径。技术本身以其"虚拟"和"仿真"手段制造着逼真的现实,通过消费者的内化在心理层面获得想象性和象征性的满足,这正是意识形态虚假需要的突出特征。正如阿尔都塞所说,意识形态只不过是"个体与其真实存在条件的想象性关系的一种表征",并且,"意识形态拥有一种物质性的存在。……一种意识形态永远存在于一种机器及其实践中。这种存在是物质的"。[1] 这种虚假的想象性的关系既是大众文化观念在消费主义语境下的具体体现,也是物质技术形式被纳入一种总体化、制度化条件下的大众文化意识形态使然。大众文化意识形态是相对于大众文化而言的,当代印度尼西亚学者伊恩·昂在《看〈达拉斯〉》

---

[1] [法]阿尔都塞:《意识形态与意识形态国家机器》,转引自[斯洛文尼亚]齐泽克编《图绘意识形态》,方杰译,南京大学出版社2002年版,第161页。

中指出，大众文化意识形态是对大众的审美要求和主体的情感愿望实施操控的意识形态，它以责任感、批评距离和审美的纯粹性作为目标，否定快感，拒绝现实生活的平庸，从而与消费主义社会的文化语境和大众文化观念呈现一定程度的背离。饶有兴味的是，大众文化意识形态的标准越是严厉，越被看作一种压迫力量，它的意识形态效果便越是适得其反。大众文化意识形态对于官方意识形态的屈从，对于消费主义趋向的无力抵制，使它在政治权力话语的旗帜下，不得不对大众文化观念的蔓延趋势加以默许甚至暗中鼓励。正如阿多诺指出的，"在文化批判的诸多母题中，历史最长且最重要的是谎言这个概念：文化创造了并不存在的与人相称的社会幻想；它掩蔽了全部的人工制品据以产生的物质条件，而且在安抚与哄骗时，它还有助于保持经济对存在的有害的决定，这就是作为意识形态的文化概念"①。这表明，大众文化已经上升到意识形态高度，通过欺骗和蒙蔽的方式来对大众文化观念实施诱导和控制。大众文化意识形态对于经济事实和物质消费的推崇，对于消费者想象空间的虚无的承诺，为父权制文化观念的侵入提供了前提条件。而市场文化的进一步转型，大众传媒借助于现代技术和商业运作机制复制艺术品、生产"类像"的活动，无疑为父权制意识形态参与制码活动开了绿灯。因为，父权制对于妇女身体的观念性的"暴力"侵犯，正构成技术媒体对于物质材料的重新制码活动，也构成消费者对于商品对象的消费活动。在媒体制码过程中，女性身体在被消费者内化为商品之前，在媒体制码过程中，已经作为物化的消费对象而存在，即已经在制码者那里观念性地存在了。大众传媒和消费主义已为父权制意识形态观念在整个国家机器中准备好了位置，呼唤着父权制意识形态的到来，并在大众文化意识形态整合父权制观念的过程中，为父权制本身确立了合法性，使之由文化观念上升到意识形态，成

---

① T. Adorno, Minima Moralia, London, 1974, p.131.

为大众文化意识形态的一个组成部分。大众文化意识形态既不同于大众文化观念也不同于国家意识形态。它利用了大众文化观念并对其具有引导和控制作用。父权制观念进入大众文化意识形态，具有以下几个特点：第一，它可以引导人们进行性符码消费，但又不至于越出规范。父权制意识形态把女性身体的消费通过技术符码的形式演绎为性消费，但又借助于大众文化意识形态的谎言，把消费者对于女性身体的性消费引渡到所谓的艺术消费和商品消费。第二，对于消费者而言，它可以给人提供想象性和抚慰性的一致感，平衡消费者心理的失调，帮助消费者解除由消费社会的"完美的罪行"带来的内心焦虑。第三，它以感性审美和商品消费为手段，以大众文化意识形态的名义把肯定和否定它的思想观念都包容在内。因为，在这样一个时代，从性符号的制作、编码，到符号观念的传播、接受，再到消费者的肯定与反抗，所有这一切都被一种"总体性"的手段加以制度化了。文化产业的生产和消费，都在听任着一种新型的混合的意识形态的压抑和操纵。身处技术包围和异化控制中的人们，已无法看清自己与现实真实的距离，更无法逃避已布下天罗地网的符码世界。

第十章

生态女性主义早期文本解读

第一节　生态女性主义文化思潮

一　生态女性主义的产生背景

作为女性主义（feminism）的一个主要流派，生态女性主义（ecofeminism）衍生于20世纪70年代中期。按照美国《生态百科全书》的释义，生态女性主义：（1）它是一种激进的政治活动形式，来源于妇女权利、公民权利、和平运动和生态运动的结合，并对这种结合做出贡献；（2）它是关于社会对环境统治和主宰的原因、本质和解决办法的各种理论。① 它也是"当代西方由环境运动和女权运动汇流而成的主动适应社会变革需求的文化思潮"②。生态女性主义是在这样的背景下形成的：

（一）女性主义已形成一定的气候

女性主义其时已经历了两次运动浪潮。按照通常的说法，女性主义运动的第一次浪潮发生于19世纪中期到20世纪初，其代表思想是自由主义的女性主义（Liberal feminism），主要是资产阶级妇

---

① 刘兵：《在激进的理论中寻找启示——读Mies与Shiva的〈生态女性主义〉》，《妇女研究论丛》1999年第3期。
② 关春玲：《西方生态女权主义研究综述》，《国外社会科学》1996年第2期。

向本阶级男性统治者要求平等参政、平等就业、平等受教育、平等财产继承权等具体平等权利,不过她们要求的"平等"却只停留在表层,其标准本身也是男性自由、平等、博爱的父权制文化意义上的平等。女性主义运动的第二次浪潮出现在20世纪60年代,其代表思想是激进的女性主义(Radical feminism),随着当时平等、自由等观念的深入人心,妇女开始强调差异和独特性,她们对存在于各个领域的性别歧视提出质疑,并试图以女性主义来补充、修正和重构西方文化。她们孜孜以求的不是以男人为标准的平等,而是体现性别差异的平等。经过两次大的运动浪潮,西方女性主义理论和实践已日渐成熟并呈蓬勃发展之势,为即将出现的生态女性主义奠定了坚实的基础。

(二)环境保护运动开始步入正轨

与女性主义运动相比,环保运动的起步有些迟,虽然生态主义的精神先驱梭罗、缪尔、史怀哲等早在19世纪就通过自己的思想倡导人对自然的合宜态度。梭罗在其著作《瓦尔登湖》中认为"人和自然的亲近乃是人类的必需,因为人接近自然,就是接近'那生命的不竭之源泉'"[①]。直到1962年,女海洋生物学家R. 卡逊(Rachel Carson)的著作《寂静的春天》的诞生才真正引起了环保主义者的关注,那时美国的公共政策中甚至还没有"环境"这项内容,而环境污染对民众健康正悄悄地构成威胁。在《寂静的春天》中,卡逊将DDT及其他杀虫剂和化学药品对各种生物的毒害进行深入透彻的分析和批判,对"控制自然"这一在生物学和哲学尚处于幼稚阶段时的产物表示质疑,虽然该书出版后遭到大多数化工公司的攻击和抵制,甚至作者本人也受到极大的侮蔑和否定,但毫无疑问《寂静的春天》连同随后出版的保罗·埃利(Paul Ehrlich)的《人口炸

---

① [美]亨利·大卫·梭罗:《瓦尔登湖》,徐迟译,吉林人民出版社1997年版,第126页。

弹》和巴里·康芒纳（Barry Commoner）的《封闭的循环》共同成为当代西方环境保护主义运动的最初的精神资源和知识基础。而后由于大幅度的生态问题的频繁出现，对这些问题的生态学关注的不断增长，环保主义运动终于在全球如火如荼地开展起来。1970年4月22日，第一个"地球日"活动在美国举行，活动的主题是严肃地反省地球的环境状况，来自世界不同国家的环境主义者见证了这一历史事件。此后，一系列国际环境会议相继召开，在美国媒体的宣扬下，"生态学时代"这个名词一下子成了时尚用语。虽然所有的环保主义者都认为人应该尊重自然，但是由于思想的不同，他们尊重自然的理由存在差异。1973年，挪威哲学家阿恩·奈斯（Arne Naess）发表文章《浅层的与深层的、长远的生态学运动：一个概要》，第一次将环境主义分为两个对立的阵营：浅层生态学运动和深层生态学运动。奈斯认为，浅层生态学是人类中心主义的，只关心人类的利益，尊重自然就是进一步保护人类的利益，它只是停留在对环境退化的征候的关注上，如污染、资源衰竭等，它把人当作大自然中唯一具有内在价值的存在物。"大自然是为了人的利益而创造出来的"这一论点在西方可谓历史悠久，甚至到了19世纪，许多学者仍对此论点笃信不已。深层生态学则是非人类中心主义和整体主义的，关心的是整个自然界的利益，尊重自然是基于地球自身所具有的内在价值，它要探究环境危机的根源，包括社会的、文化的、人性的。它试图建立一种生态中心主义的思想体系，彻底改变文化及个人的意识形态构造。深层生态学关心与尊重所有生命，它要求对待任何生命都不应采取功利的态度，试图保护业已被人类破坏的地球生态系统，提倡绿色运动、绿色政治等。他们的观点受到北美、北欧和澳大利亚等地部分学者的追捧，当然也遭到来自不同方面的包括主流环保主义、社会生态学尤其是第三世界学者的质疑和批判。许多西方学者指责其生命圈平等主义是"生态法西斯主义"，一些第三世界学者认为深层生态学实践对发展中国家意味着"生态帝国主义"。

(三) 女性主义者对环保运动的积极号召和参与

法国女性主义学者弗朗索瓦·德·埃奥博尼 (Francoise d'Faubonne) 是"生态女性主义" (ecofeminism) 概念的始作俑者,她在 1974 年出版的著作《女性主义或死亡》(*Le Feminismeou La Mort*) 中提出"生态女性主义"这一术语。"埃奥博尼在自己的作品中把女性与自然所遭受的压迫联系在一起,她指出,几乎所有人都知道对于生存最直接的两种威胁是人口过盛和资源破坏,但很少有人认识到男性制度所应承担的责任,因为男性在地球和女人身上播种的能力以及他们在繁殖行为中的参与使得他们在这两种威胁中起到作用。她强调,妇女已经被男性统治的社会降至少数种族的地位,尽管她们在人数、特别是在生育中的重要角色应该使她们有着重要的发言权,但她们长期以来得不到控制自己生育功能的权利。同样,地球遭受了与妇女同样的待遇,受男性统治的城市化技术社会已经削减了地球的繁殖力,而同样也受男性统治的人类正在不断增加人口。人口过盛对于人类与地球都是毁灭性的灾难,因此妇女必须行动起来,在拯救自己的同时也拯救地球。埃奥博尼在其作品中大声疾呼:'人类将最终被视为人,而不是首先是男人或女人。一个更接近于女性的地球将变得对于所有人都更加郁郁葱葱。'"[1] 这可谓生态女性主义文本中最早的关于女性和自然关系的论述,埃奥博尼认为对女性的压迫与对自然的压迫有着直接的关系,强调妇女在生态革命方面有着巨大的潜力,号召女性领导一场生态革命来拯救地球,并预言这场革命将在人与自然、男性与女性之间建立一种全新的关系,将来的自然更接近于女性。

生态女性主义思潮伴着全球不断出现的生态灾难迅速得到发展。从诞生至今,西方尤其是美国的生态女性主义研究日益繁荣,其主

---

[1] 金莉:《生态女权主义》,《外国文学》2004 年第 5 期。

要特点表现如下：一是众多女性主义学者参与该研究，出版大量论著。代表性著作包括苏珊·格里芬的《自然女性》（1978）、卡洛琳·麦茜特的《自然之死》（1980）、斯塔霍克的《古代女神宗教的复兴》（1981）、范达娜·席瓦的《妇女、生态和发展》（1988）、卡伦·沃伦的《生态女权主义的权力与承诺》（1990）、瓦尔·普鲁姆伍德的《女权主义、环境哲学和理性主义批判》（1993）等。二是经常召开国际会议以加强生态女性主义的学术交流，促进了国际生态女性主义学者之间的学术思想互动与合作。三是学术思想论争呈现空前活跃状态，对"为什么环境伦理学必须涵盖女权主义内容""生态女权主义的理论和实践的关系是怎样"等热点问题进行探讨。通过对这些问题的论述，众多生态女性主义流派和观点相互批评，相互补充，取得了长足的进步。四是生态女性主义学者在实践上身体力行，为世界的和平和进步做出贡献。在美国，生态女性主义学者曾发动并领导了两次生态女性主义运动史上规模最大的示威活动——"妇女的五角大楼行动"（the Women's Pentagon Action），她们呼吁"维护妇女的社会、经济和生育的正当权利"，强烈谴责军备竞赛和无节制的剥夺自然资源、破坏生态环境的丑恶行径，这两次运动和其后蓬勃发展的生态女性主义运动，使生态女性主义由个别学者的见解变为学术研究的热点，并扩展为强劲的社会思潮。[①] 早在1975年，罗斯玛丽·鲁瑟（Rosemary Reuther）在其编辑的第一本生态女性主义文集中就提道："女性必须意识到这一点，那就是在一个基本关系仍是某种压迫模式的社会根本不可能有她们的解放及解决生态危机的方法。要想实现对基本的社会经济关系和支撑着这个社会的价值观的目的的重塑，她们必须把妇女运动的要求和生态运动的要求结合起来。"[②] "环境问题就是一个女性问题"这一观点此后

[①] 参见关春玲《西方生态女权主义研究综述》，《国外社会科学》1996年第2期。

[②] R. R. Ruether, *New Woman/New Ether: Sexist Ideologies and Human Liberation*, New York, 1975, p. 204.

成为众多的女性主义者(尤其是生态女性主义者)研究和实践的准则。

二 生态女性主义与女性主义、深层生态学的对话

生态女性主义是一个边缘兼交叉学科,对西方哲学、经济学、政治学、伦理学、生态学、文学等诸多学科领域都有所涉足,加之其特殊而复杂的产生背景,使得人们在对待这个新鲜事物时显得有些无所适从,总是试图对其界定却又难以厘清它与关系密切的女性主义和生态主义之间的"距离"。可以这样说,生态女性主义首先是"女性的",因为它以揭露并祛除各种形式的男性偏见、建立以男女平等为出发点的行为方式、政治制度和学术理论为己任,作为女性主义的一个流派,生态女性主义的出现代表着女性主义运动第三次浪潮的到来;生态女性主义同时又是"生态的",因为它关心的是自然与人的问题,并热情地称赞环保主义的行为,认识到保护生态环境的重要性,积极地投身到环保运动中去。它把人作为生态的人来看待,坚称所有的女性主义都应该关注环境问题,所以通常被称为"生态学的女性主义"或者"女性主义的生态学"。事实上,女权运动和环境运动汇流而成的生态女性主义并不是单纯的"1+1"的组合,在理论建构和实践探索上,它已经超越了前两者,在更高的层面上高屋建瓴。从女性主义发展到生态女性主义,可以说是女性主义的重大进步。著名的生态女性主义者瓦尔·普鲁姆伍德认为:"作为女性主义运动第三次浪潮的主力军,生态女性主义的思想特征是,强调对妇女的统治与对自然的统治之间的联系,要求把环境保护运动与妇女解放运动结合起来。"[1] 第三阶段的女性主义者已经不是仅仅看到自身在父权制的文化统治下所受到的迫害与剥削,而是认识

---

[1] V. Plumwood, "Feminism and ecofeminism", *The Ecologists*, Vol. 22, No. 1, 1992. 转引自何怀宏《生态伦理——精神资源与哲学基础》,河北大学出版社2002年版,第223页。

到和人类有着密切关系的自然也是男性统治者掠夺和欺压的对象，因为历史、文化、概念等方面的联系，自然和女性之间的联系比自然和男性之间的要密切得多，女性主义者终于意识到，忽视统治女性和统治自然之间关系的传统女性主义是不完整的，只有把女性主义运动和环保运动结合起来，女性的真正平等和自由才有可能实现。当代女性主义运动要把消除性别压迫和消除人对自然的压迫结合起来，重新建构女性主义的宗旨和行动策略。这一阶段的女性主义在理论和实践层面已然超越了传统范畴，正努力将这两个层面向着更为纵深的方向拉动。

对深层生态学的许多观点，生态女性主义者都持赞同和肯定的态度。但是"生态女权主义对所谓深生态学的主要兴趣集中在它无视性别的前提上，即它在谴责人类中心论时没有严肃考虑男性中心主义或男性统治的构成机制"①。这里的"人类中心论"只是男性中心的问题，并不包括女人在内，这是生态女性主义者对深层生态学要加以质疑的地方。所谓"人类中心论"的确立是在父权制的统治基础之上提出的这样一个概念，男人是宇宙的中心、世界的主宰，而从很久以前，至少是在"人类中心论"这个概念提出之前，女人的地位已降至被统治地位，又何谈包括女人在内的"人类"对自然的占有和控制？所以，当深层生态学谴责"人类中心论"的时候，它只是想当然地认为"人类"这个范畴既包括男性也包括女性，却忽视了女性其实和自然一样经受着蹂躏和践踏，人类这个词对她们毫无意义可言，她们和自然一样是应该被善待和重新重视的生命，妇女和自然的主要敌人不是神人同形同性论而是男性中心论。生态女性主义学者发现，深层生态学的大部分研究者都是男性，站在男性立场上，他们不敢真正面对引发目前环境危机的性别歧视和对自

---

① ［美］查伦·斯普瑞特奈克：《生态女性主义建设性的重大贡献》，秦喜清译，《国外社会科学》1997年第6期。

然的偏见，对妇女的仇恨本身导致对自然的仇恨，这是支配男人（男性）的行动，因此也是支配西方/父权制文化整体的原则性机制。这也是目前生态女性主义者不加入生态学的阵营，要与他们撇清的原因之所在。"大部分生态女权主义者承认，在拒绝理性主义价值理论和建立于抽象原则和普遍原则——只有通过理性才能发现这些原则和准则——之上的环境伦理方面，她们与深生态学立场一致。大部分生态女权主义者还赞赏深生态学对欧洲式的人类自然分离观的排斥。但是，生态女权主义者对包含在'生态学的自我'这个概念中的前提有所警惕，此概念由深生态学的创始人阿恩·尼斯提出，该概念是指与大写的自我（即存在的统一层面）而非个体的自我相联结的人的存在方面。"① 深层生态学在排斥理性主义价值和建立于抽象原则和普遍原则之上的环境伦理方面赢得了生态女性主义的赞赏，深层生态学将地球看作一个整体，任何生命都有其存在的价值和意义，而只有人类存在所谓的理性，按照抽象原则行事，所以只有摒弃了理性主义和抽象原则及普遍原则的环境理论，才能真正祛除"人类中心主义"。

阿恩·奈斯提出的"生态学的自我"具体落实到女性身上就成了一个毫无意义的术语。女性在父权制的社会里不可能作为大写的自我中的一份子，女性的受压迫和剥削的卑下地位，被要求为家庭、丈夫、孩子无偿服务的处境导致她们失去了自身的存在价值和意义，更不用提"生态学的自我"。只要"生态学的自我"依旧建构在父权制的基础上，女性的话语权仍然被男性牢牢控制着，"所有生命皆有价值、皆平等"就不可能实现。

三 生态女性主义的多元理论观点

一般来说，生态女性主义主要从女性性别视角通过在理论和实

---

① ［美］查伦·斯普瑞特奈克：《生态女性主义建设性的重大贡献》，秦喜清译，《国外社会科学》1997年第6期。

践层面系统而深入地研究人类所面临的生态危机,重点关注女性和自然的紧密联系,尝试寻求社会上普遍存在的贬低女性和贬低自然两者之间的关系,坚决反对父权制统治模式和二元思维方式对女性和自然的压迫和剥削,提倡在人与人、人与自然之间建立新型的和谐关系。因此,对女性和自然关系的关注和分析、对西方现代科学观的否定和批判、对"父权制"世界观及价值二元论的批判就构成了生态女性主义的最基本的观点。

女性和自然的关系是生态女性主义关心的核心话题,对二者关系的解析理所当然也成为生态女性主义理论的首要论点,甚至可以说,生态女性主义的其他理论观点归根结底都是对女性和自然关系从不同层面、不同视角的阐释与发掘。女性和自然的关系可谓历史悠久、源远流长,并且在20世纪后半期开展的女性运动和生态运动中受到关注。这两场运动都属于社会文化思潮,它们都力求在理论和实践等层面为各自的解放对象说话。"自然在西方文明发展史中被视为没有发言权的他者和被征服与统治的对象,它被迫成为被人类开发的'自然资源',用以服务于人的需要和目的,而这些需要和目的与自然自身的需要和目的是背道而驰的。"① 与自然在人类文明社会中的地位相似,女性是父权制社会统治模式下的他者,她们也和自然一样被剥夺了话语权,成为被男性压迫和剥削的"资源"。在这样的男权文化和经济桎梏中,她们和自然一样沦落到任人宰割的地步。生态女性主义结合了女性主义运动解放女性和生态运动拯救自然的目标,力图建构一种建立在男女平等、人和自然和谐共处之上的道德观念和社会制度。生态女性主义这个伞状术语是一种多元的、复杂的、有差异的生态文化,虽然所有的生态女性主义者都承认这样的观点:女性和自然的联系是导致性别歧视和自然歧视的根源之所在;但是,女性和自然的联系主要体现在生物、心理方面,还是

---

① 金莉:《生态女权主义》,《外国文学》2004年第5期。

在社会、文化方面？是否应该强调或者重新想象女性自然之间的联系？对于这些问题，女性主义者的看法很不一致，由此形成了众多派别，包括文化生态女性主义、精神生态女性主义、社会的或社会—建构主义的生态女性主义、社会主义生态女性主义等。

对于西方现代科学观的否定和批判是生态女性主义的另一重要论点。生态女性主义者重新审视西方世界观和科学价值观的形成根源，重新审度现代科学的创始人培根、笛卡尔、牛顿等对于人类社会的贡献，认为是西方现代科学打破了16世纪之前人类对自然的依赖和尊重，从而使人类给宇宙中的所有生物划分等级，人类"理所当然"地占据最高等级的位置，自然界的其他生物都在人类的统治之下，人类中又分为统治和被统治的等级制度，两性关系成为压迫性等级关系的最好诠释，从此自然和女性一样都沦为人类发展和进步的"被奴役和被损害者"。生态女性主义运用生态运动的观点来证实：自然万物是没有等级可分的，无论是人类之间还是人与自然之间，或者是自然界的其他生命形式之间都是平等的，都有自身存在的价值和意义，人类只是地球上无法计数的物种中的一种，并不比别的物种更高级，各个物种彼此之间构成相互联系的网，人类只是网上的一个普通的节点，并不存在什么等级制度，所谓的等级制度只是以西方现代科学观为基础的价值观的一种误导。生态女性主义的目的"不仅仅是要关注不平等的性别关系，而是要从根本上消除男权统治下以人为中心的自私观念，倡导平等主义的理想"[1]。

对"父权制"世界观和价值二元论的批判是生态女性主义的又一基本观点。生态女性主义者认为，在西方"父权制"文化中，"价值二元论（value dualisms）价值等级制（value hierarchies）是导致对自然和女性双重统治的观念基础。价值二元论把世界上的事物都分为两类对立的对子，并把这两类对子视为对立的（而非互补

---

[1] 金莉：《生态女权主义》，《外国文学》2004年第5期。

的)、相互排斥的（而非相互包容的）。价值等级制则用一种空间意义上的'上—下'隐喻来理解事物的多样性,并把较高的价值赋予那些处于'上面'的事物。理性/情感、心灵/身体、文化/自然、人类/自然、男人/女人等的二分就是这种用等级制方式建构的二元价值的例子"[1]。统治妇女与统治自然之间有着某种概念上的联系。美国生态女性主义学者卡伦·J.沃伦（Karen J. Warren）在考察了男人对女人的统治和人类对自然的统治之间的观念联系后认为：二者共同源于"父权制"的世界观和意识形态。这是一种包含了等级制度、价值二元论、统治逻辑在内的"压迫的概念框架"，这种概念结构将个体特征确定为彼此之间在道德上有高低之分，并假定那些具有高级特征的类型应统治那些具有低级特征的类型，这样就证明了人类（男性）统治女性和自然的合理性，成为控制自然和女性的理论基础。生态女性主义者看到，在西方认识论的二元思维模式中，男性总是被归于文化、心智、理性、客观的主流的文明的领域，而女性则与自然、肉体、情感、主观的从属的生育世界相关联。这种主观与客观、心智和肉体、理性与情感的二元对立形式，体现了"父权制"文化中男性中心主义的思想，从而导致自然和女性同被排斥在主流文化之外，成为被动的机器和玩偶，遭到无情的剥削和严重的贬抑，所以要想结束对女性和自然的统治，就必须认清和批判"父权制"概念结构的本质。

第二节 生态女性主义早期文本中的女性和自然观

生态女性主义诞生至今仅仅经历了四十年左右的发展历程，生态女

---

[1] 何怀宏：《生态伦理——精神资源与哲学基础》，河北大学出版社2002年版，第226页。

性主义关注的核心话题始终是女性和自然的关系。在短短的四十年中，生态女性主义学者围绕这一话题形成了众多的流派和观点，呈现出由浅入深的研究态势。关于生态女性主义发展的分期问题并没有定论，可以看到的国内学者的文章和译文只是笼统地提到早期、晚期的字样，没有明晰的时间界定。通过对研究资料的阅读，笔者发现生态女性主义学者发表论著的年份、理论主张呈现出两大高峰。一是20世纪70年代末至80年代中期。二是20世纪90年代前期。由此以1990年为限将20世纪70年代中期至80年代末划分为早期生态女性主义，将20世纪90年代至今划分为后期生态女性主义。对于生态女性主义早期文本中的女性和自然观的考察就限定在20世纪70、80年代活跃在学界的学者所发表的论著上。以苏珊·格里芬的《自然女性》（1978）和卡洛琳·麦茜特的《自然之死》（1980）作为主要的研究文本来展开论述。

一 共识：女性和自然之间有联系

"自然"（Nature）一词从古到今的含义有很多，这是因为随着自然和人类自身不断地发展进化，人和自然的相互作用也在发生变化，人对自然的认知程度及态度在不断改变，最终导致人和自然的关系发生了相应的变化。对于自然的理解，不同历史时期、不同文化地域形成了不同的诠释：古代人类还没有现代科学技术为他们打开认识宇宙的门，所以他们没有将自身从自然界中抽离出来，"天人合一"是对彼时人与自然关系的很好诠释，因为自然界的很多现象都无法解释，人类对自然界有着一种敬畏的态度，自然是这一时期人类的"主宰"，很多地区的人将自然界的某些动物、植物甚至自然界本身尊奉为神灵或看作自己种族部落的图腾而顶礼膜拜。考察众多的古代典籍可以得出这样一条结论：从远古时代起，自然就是作为女性而存在的。在古希腊神话谱系中，掌管大地和自然的神灵是女性——女神盖亚（Gaia），她和海神波塞冬生下了巨人安泰，造福于人类的普罗米修斯据说是她的孙子，她是一个非常原始而古老的神灵，是大地和自然的象征，是人类和宇宙万物的缔造者,被称为大地之母。"美索不达米亚人的英娜娜(Innana),埃及人的爱西斯(Isis),希腊女神德米特(Demeter)和盖亚(Gaia),罗马人的塞列斯(Geres),以及欧洲异教徒、亚洲人、拉丁美洲人和非洲人的女性象征和神话。"[①] 上述所及都是为人类生命的延续提供物质的自然和大地的象征。其实在人类发展的早期,女性最早和最具有意义的人类经验就是把母性培育认同为宇宙的原初关怀、维持和实现的力量。从考古中发现的大量印有图案和文字的陶器传递给我们这样的信息:旧石器晚期和新石器时代的自然和女性都很受尊敬,那时出现的女神形象代表着人类对宇宙的体验,自然和大地被看作女性,是人类的母亲,地球也是养育者,一个有生命的、有感觉的、面对人类行为作出反应的母亲。人类之所以有这样的认识,是因为"大地和子宫都依循宇宙的节奏。大地上孕育万物的河流随月的盈亏而涨落,而女人子宫的来潮也经历同样周期性的变化。所有文化都不能不注意到以下两者间的联系,或者说自然造化力量的相似表现:即女人用自己的血肉之躯生儿育女,并把食物转化为乳汁喂养他们,大地则循环往复地生产出丰硕物产,并提供一个复杂的容纳生命的生物圈"[②]。女人的子宫是孕育生命的地方,女人的周期性来潮是能够孕育生命的标志,女人的生养是人类延续生命的唯一方式,所以我们都尊重母亲,因为是母亲带给我们生命,用乳汁哺育我们,含辛茹苦地把我们养大,同样我们也应该尊重自然,自然界的季节变换、潮涨潮落就像女人的来潮一样经历着周期性的变化,通过这些周期性的变化,自然像母亲一样不断地为人类提供生长的养分和空间,所谓的茹毛饮血、躬耕劳作无不是在自然中寻找生存下去的养料,人类哪怕一点点的食物都是从自然界获取的,自

---

① [美]卡洛琳·麦茜特:《自然之死》,吴国盛译,吉林人民出版社1999年版,前言。

② [美]查伦·斯普瑞特奈克:《生态女性主义建设性的重大贡献》,秦喜清译,《国外社会科学》1997年第6期。

然界像母亲一样无私奉献着自身所有的一切。

公元前4500年前后,父权制社会制度的建立,使得人类对自然和女性的态度陡转。"从青铜时代开始,欧洲社会中对自然和女人的贬低虽潮起潮落,但从未消失。毕达哥拉斯的信徒们制定出影响广泛的对立图式,其中女人与一些负面特征联系在一起,如无形式、不确定性、不规则性、未限定性,也就是说无法言明的物质,与固定的形式和明确的界限这些(男性)原则相对立。亚里士多德认为女人是被动的残疾人。他认为,男人在智力方面的杰出才能能够揭示并规范自然界中有机体的所有形式和功能。之后,中世纪的宇宙论又将男人摆在女人、牲畜和自然界其他一切存在物之上,后者与物质的联结方式被认为不同于男性的精神和智力方式。"[1] 到16、17世纪的科学革命,人类开始控制自然,并试图去征服和改变自然的一些本来面貌以适应人类的需要,在人类的肆意践踏之下,自然渐渐地失去了生命的活力和主动权,被建构成一个死寂的、被动的、被人类任意支配的世界。在随后的岁月里,人类更加肆无忌惮地向大自然无休无止地索取,把自然看作任人宰割的"羔羊",大自然成了人的客体,自然的含义也随之而发生变化。当人类把自然伤害到体无完肤的程度,各种可怕的生态灾难终于不可避免地爆发了。正像恩格斯早在19世纪工业时代仍处在蒸蒸日上的时候说过的那样:"但是我们不要过分陶醉于我们人类对自然界的胜利。对于每一次这样的胜利,自然界都对我们进行报复。"[2] 马克思也指出:"在我们这个时代,每一种事物好像都包含有自己的反面。我们看到……技术的胜利,似乎是以道德的败坏为代价换来的。随着人类日益控制自然,个人却似乎愈益成为别人的奴隶或自身卑劣行为的奴隶。甚至科学的纯洁光辉仿佛也只能在愚昧无知的黑暗背景上闪耀。我们

---

[1] [美]查伦·斯普瑞特奈克:《生态女性主义建设性的重大贡献》,秦喜清译,《国外社会科学》1997年第6期。
[2] [德]恩格斯:《马克思恩格斯选集》第3卷,人民出版社2012年版,第998页。

的一切发现和进步,似乎结果是使物质力量具有理智生命,而人的生命则化为愚钝的物质力量。"① 马克思和恩格斯对当时工业社会的审视和批判的话语中潜藏着关于"人与自然"和"人与人"关系的辩证思考,人类究竟应该如何对待自然?人性的发展究竟怎样才算是健康的?这些成了后来的学者精英们反复咀嚼的主要论题。毋庸多言,20世纪频繁发生的生态灾难就是对马克思和恩格斯的话语中关于"人与自然关系"及"人与人关系"辩证思考的最好例证。而女性也经历着从女神沦为比男性低一等级的变动,在对生态问题的积极参与和关注中,通过对历史和文化的梳理,有生态女性主义学者发现自然的概念和女性的概念在本质上并不是一成不变的,而是由历史和社会建构起来的。"性(sex)、性别(gender)或自然,并没有不变的本质特征。每一个个体在其出生、社会化和受教育的社会里有许多观念和规范,正是吸取这些观念和规范,每一个个体组建关于自然以及他们与自然之关系的概念。生活在一定时期的人们,总是以能给他们的生活赋予意义的方式来构造自然,精英分子或普通人,男人或女人,西方人或东方人,概莫能外。"② 自然和女性的联系是导致性别歧视和自然歧视的根源,女性和自然的解放是一个相互联系的工程,这是所有的生态女性主义者都赞同的方面。正如罗斯玛丽·雷德福·路德(Rosemary Radford Ruether)的看法:"妇女必须看到,在一个继续以支配关系作为基本关系模式的社会,妇女与生态运动的种种需求联合起来,想象新的前景:积极改造和重新建构基本的社会经济,重建作为这个(现代工业)社会基础的价值观念。"③ 自然和人类是有机生存的整体,并不是什么对立的两

---

① 《马克思恩格斯全集》第20卷,人民出版社1965年版,第519页。
② [美]卡洛琳·麦茜特:《自然之死》,吴国盛译,吉林人民出版社1999年版,前言。
③ Rosemary Radford Ruether, *New Woman/New Earth: Sexist Ideologies and Human Liberation*, New York: Seabury press, 1975, p. 204.

级。自然在这里不是僵硬的、木讷的单纯他者，而是重新被定义为活的有生命的机体，它是人类生存的源泉，不是人类去征服、任意宰割的对象，自然也是有尊严的，一如女性，她们绝不容再被剥削、被忽视、被压迫。

早期的生态女性主义者强调的是女性和自然联系的历史作用，它主张女性是保护生态系统的天使，号召妇女积极投身到生态保护运动中，对女性解放和环保运动的发展起到了推波助澜的作用。

二 分歧：是否应强调女性和自然的关系

女性与自然之间有联系，这是所有生态女性主义者都赞同的观点。但是，女性和自然的联系主要存在于生物心理层面，还是社会文化层面？女性与自然之间的这种联系是应该得到强调，还是应重新设定？生态女性主义内部观点不一致并由此形成众多流派。

（一）切断自然和女性的联系的观点

对于女性和自然联系的思考，当然并不仅仅限于生态女性主义者，其他阵营的女性主义者也注意到了这个问题。罗斯玛丽·帕特南·童在其著作《生态女性主义思潮导论》中指出，早在《第二性》中，西蒙娜·德·波伏娃就认定女性他者身份部分原因在于她的生物特征，尤其是她的生育能力；还有部分原因是出自社会赋予她的养育子女的必要责任。她激励女性去"超越"与自然的联系。对于波伏娃的解放女性的建议和论调，生态女性主义者瓦尔·普鲁姆伍德（Val Plumwood）很是不满，她认为波伏娃给那些关心自然的女性指错了方向：波伏娃认为，妇女要成为和男人一样完整的人，她就要加入男人的行列，像男人一样远离自然、超越自然和控制自然。波伏娃把男性对自然的超越与征服和妇女的内在性对立起来，妇女被等同于自然和身体；不仅如此，妇女还被动地沉溺于自然和身体之中。① 普鲁姆伍德指出，如果妇女按照波伏娃的建议去远离自然、超越自然和控制自然以获得和男人一样的"完整的人性"，那么她们并不会获得真正的个性发展的机会，而仅仅是有"可能"有"资格"成为男性的同盟。男/女的二元对立并没有得到根本改变或和谐统一，而只是其中的女性被男性消解同化而已。

谢里·B. 奥特纳承认相对于男人而言，女人与自然的联系更密切。理由有三："首先妇女的生理特征（physiology）决定了她比男人更密切地卷入，花更多的时间与'生物物种'联系；养育人类未来的正是妇女的身体。其次，妇女的位置（place）更多的是在家庭环境；在这里'动物般的婴儿'缓慢成长为社会文化的一员，动物和植物产品被制作成食物、衣服，形成人们藏身之所需要的物品。第三，妇女的心智（psyche），'通过她自己的社会化过程，妇女的心智得到了合适的塑造，得以胜任母职功能'。相对于男人而言，她们的心智趋向于更注重关系、具体性和个别性的思维模式。"② 正因为如此，要想解除女性和自然的联系，将是极为困难的事情。奥特纳认为文化把女性看作文化与自然的中间物，这意味着妇女处于低于男性而高于自然的中间位置或者表明女性起着自然和文化之间的综合或转换的作用。女性被看作中间物的观点实质上是"社会活动"的产物，女性和自然联系的三个理由实质上都是"社会活动"的产物，只有女性处境改变了，女人才能和男人一样平等地去从事创造活动，和男人一样被看作"文化的"。奥特纳和波伏娃都认定应该切断女性和自然的联系，女性的解放与自然的解放并不存在相辅相成之势。即使后者没有得到解放，前者依旧会如愿以偿地获得解放。

生态女性主义者认定女性和自然的解放是相互关联的，二者缺一就无法实现真正的解放。但是对于女性与自然之间的关系是应该

---

① 转引自［美］罗斯玛丽·帕特南·童《生态女性主义思潮导论》，艾晓明等译，华中师范大学出版社 2002 年版，第 373 页。

② 同上书，第 324 页。

张扬还是应该削弱或重新定位？阵营内部观点不一，由此大致形成以下几个流派：文化生态女性主义、精神生态女性主义、社会或社会—建构主义生态女性主义、社会主义生态女性主义。其中持张扬女性与自然联系观点的是文化的生态女性主义者和精神的生态主义女性者；持弱化二者相互联系观点的是社会的或社会—建构主义生态女性主义者；试图重新定位的是社会主义生态女性主义。这里所讨论研究的仅仅是生态女性主义的早期文本内容，而且以《自然女性》与《自然之死》作为主要文本，所以在论述中将有所侧重，重点放在对苏珊·格里芬在《自然女性》和卡洛琳·麦茜特在《自然之死》中所体现的对女性和自然观的分析上。

(二) 张扬女性与自然联系的观点

持这一观点的包括两个流派：文化生态女性主义和精神生态女性主义。文化生态女性主义（Cultural ecofeminism）兴起于20世纪60年代后期与70年代的女性主义第二次浪潮中，其具有激进的文化女性主义的背景，可以说是对女性与自然在西方文化中彼此联系并同样遭受压迫的事实所作出的反应。这派学者把建构和弘扬女性文化、女性原则、女性精神作为解决生态危机和解放妇女的根本途径，强调妇女和自然界在创造生命方面有本原的联系，妇女通过孕育生命、哺养后代的身体功能与养育万物的大自然亲近。可是父权制社会中女性与自然均处于被贬抑的地位，被男权主流文化排斥。男权统治者以男女不同的生物机制为借口来压迫女性和自然界，"他们在压迫'自然化的女人'的同时，也以微妙的心理定势压迫'女人化的自然界'。通过审视主流宗教、神学、艺术、文学中的妇女与自然界之间象征性的关系可以清楚地发现'对妇女的憎恶和对自然界的憎恶内在相连且相互强化'"[①]。

文化生态女性主义的代表人物包括苏珊·格里芬和玛丽·戴利

---

① 关春玲：《西方生态女权主义研究综述》，《国外社会科学》1996年第2期。

等学者。苏珊·格里芬认为，父权意识以自我的抽象的线性的理性为特质，把男性思维看作某种完整清晰的、井然有序的范畴，与此相反，长期被压抑的女性意识却是以关注特殊性的、叙事性的、感性的、生活化的模式存在着，女性思维也是被看作由模糊的、非静止的、变异和彼此渗透组成的混合体。让事物存在着、自生自灭，而不去试图掌控它们，是女性意识的主导倾向。以格里芬为代表的文化生态女性主义者倡导新型的女性文化，这种新型文化以激励和弘扬女性的独特天性为基础，力求重新评价、弘扬和捍卫曾经被父权制文化贬低的女性和自然、肉体和情感的价值和优势，而且预言在以女性为主导的文化中父权制终将被推翻。

与文化生态女性主义者持相同的观点，精神生态女性主义者也致力于强化女性与自然的联系。她们相信当前环境的恶化与西方"父权制"式的犹太教和基督教的信仰（上帝赋予人类"统治"大地的权利）之间有着密切的联系。在赋予生命和创造万物的过程中，女性的生物性角色与地球母亲相似。在人与自然的关系上，女性比男性要优越，所以应解除"父权式"信仰压迫，寻求一种新的以女性为主导的文化。

20世纪70年代以降，精神生态女性主义者一直致力于寻觅和挖掘古希腊前奥林匹克时期的女神宗教传统。精神生态女性主义的代表人物之一查伦·斯普瑞特奈克（Charlene Spretnak）认为地球上的所有生命都出自一个有无限生育能力的女神（母亲神盖娅）之手，地球就是女神盖娅的身躯。女神利用地球来繁衍生息，地球因作为女神生命的载体而受到尊崇。斯普瑞特奈克认为既然女性角色与盖娅角色相似，女性与自然的关系比男性与自然的关系更优越，那么就可以通过复兴以女神为中心的古代仪来颂扬女性与自然的关系。当然，当代的女神精神运动并不是简单地复兴远古时期的女神宗教，而是用女神来追求人类与自然和谐共处的精神支持。她们认为文化不是自然的对立面，而是自然的和谐的延伸。女神宗教的复兴将激发起人们尊崇自然界的情感,把自然界看成神圣的,而人类只是自然之子,她们相信,这些思想对于缓解当前的生态危机是大有裨益的。

(三) 削弱女性与自然联系的观点

持有这种观点的社会生态女性主义学者,认为女性与自然的关系并不比男性与自然的关系优越。全人类、全世界,无论男性和女性都同时具有男性气质和女性气质。她们不再强调女性与自然联系的重要性,并尝试削弱这种联系。

社会生态女性主义学者不承认女性"与生俱来"的关怀和生育的特质。认定女性这种特质是适应文化或社会化的产物,女性与自然的所谓特殊联系是由社会建构并得到主流社会意识形态的强化。在父权制的经济发展模式中,男性对女性的压迫与人对自然的压迫这两者彼此强化。从而导致社会的不可持续性以及自然的不可持续性。卡洛琳·麦茜特在其著作《自然之死》中以历史的视角探究了欧洲从中世纪以来逐渐生成的男性主导的机械式宇宙观怎样一步步地毁掉被看作有机的、有生命的自然,认为正是共同源于西方社会16、17世纪以来形成的父权体制,所以男性通过杀戮女巫来对女性实施攻击并以此来剥夺女性的知识的这一过程与机械论自然观取代有机论自然观的过程之间存在象征性的联系。《自然之死》开篇即指出:"妇女与自然的联系有着悠久的历史,这个联系通过文化、语言和历史而顽固地持续下来。"[①] 自然的女性形象有两面:一是自然作为"女性的仁慈的养育者的形象",被比作"养育而多产的地球母亲",它是有生命的、自我完善的、有机的;二是自然作为"非理性的施虐者形象",它是混乱无序的、不可控制的、野性的。随着17世纪科学革命的推进和机械论观点的兴起,自然作为女性形象的第

[①] [美] 卡洛琳·麦茜特:《自然之死》,吴国盛译,吉林人民出版社1999年版,导论。

二个形象逐渐取代第一个形象成为现代世界的核心观念。"这种占支配地位的比喻的变化是与人类对待地球的态度和行为的变化直接相关的。养育者地球的形象可视为一种文化强制力,它从社会道德方面限制了人类对待地球所应采取的行为类型,而统治和支配的新形象则为人类对自然的剥夺提供了文化支持。"[1] 当欧洲科学革命带着胜利者的姿态以新的机械论宇宙观正式确立父权制社会男性的主体地位时,也就意味着"自然的死亡"。因为沦为客体、他者地位的自然和女性此时已危机重重,这种状态是建立在人类对自然和男人对女人的支配和统治的认可之上的。麦茜特在后期著作中又着重强调:"任何显示妇女有特殊本质和素质的分析都把妇女束缚在她们的生物学命运上,这是妨碍妇女解放的可能性的。基于妇女的文化、经验和价值观的政治可以看作是倒退的。"[2]

社会生态女性主义试图重新塑造并确立自然和文化、男性和女性的概念,主张把女性和自然存在的特殊联系的重要性降到最低限度,否则女人仍将屈从于男人,自然将屈从于文化,现在正在遭受贬抑的女性以及自然所受的压迫更不可能得到解除。

(四) 既不张扬也不削弱女性与自然联系的观点

持这一观点的社会主义生态女性主义学者认为,加强或是解除女性与自然的联系,这两种态度都不能使女性获益,生态女性主义必须同等地看待男性和女性,每个人既是"自然的",又是文化的。这一流派的代表人物之一,印度学者范达娜·席瓦早在1986年就发表论文《让我们活下去:妇女、生态和发展》,明确阐述了自己的生态女性主义思想。她认为以往的环境主义者和女性主义者关于女性与自然紧密相连的说法只不过是允许对女性和自然进行统治的一种

---

[1] [美] 卡洛琳·麦茜特:《自然之死》,吴国盛译,吉林人民出版社1999年版,第27页。

[2] Carolyn Merchant, *Radical Ecology: The Search for a livable World*, New York: Routledge, 1992, p. 135.

论断，她们的视点主要放在妇女是环境污染和破坏的特殊受害者方面。而参与并领导了第三世界国家如印度的生态运动的妇女（主要是农村妇女）的角色则不仅仅是受害者，她们也并非被动地与自然相联系。她们还担负着创造者的角色，在保护生命的斗争中与自然密切联系。正是发展和现代科学这两样父权制的产物导致的对自然的征服和创造力的贬抑与否定引发了生态危机，对女性劳动的贬抑和否定导致了性别主义和性别不平等，对建立在人类劳动和自然的和谐共处之上的可持续发展方式的否定则诱发了当今社会形形色色的伦理和文化危机。

三　早期生态女性主义文本的特点

生态女性主义学者从一开始就将研究的焦点集中在女性与自然的关系上，为了使自身的论点更具说服力，她们注重从历史中以追根溯源的方式查找女性与自然有关联的各种证据，倾向于从传统意义上寻求二者之间的关系，有些学者的研究方法是建立在本质主义思想上的，之所以这样认定是因为她们把男女之间的生物学差异作为支撑女性与自然联系的理论基点，在对男人与女人、女人与自然的观照中，她们得出女性与自然更亲近的结论。通过对西方现代科学观、二元论的批判，早期生态女性主义学者进一步厘清了自己的女性与自然观。

（一）倾向于寻求传统意义上的女性与自然本身之间的联系

生态女性主义早期理论文本侧重从历史的角度以追根溯源的方式探寻女性与自然之间关系的建立与形成。一直以来西方文化流传着"地球母亲"的说法。这一说法可谓是人类内心将自然看作养育者母亲的认同与期望。在女性的众多特质中，仁慈的养育者这一特征凸显出来并被强化，用来比喻一个孕育万物、提供生命的地球其实并非偶然。卡洛琳·麦茜特在其早期著作《自然之死》导论中就提到妇女与自然的联系有着悠久的历史。这个联系通过文化、语言和历史而顽固地持续下来,而自然的概念和妇女的概念都是历史和社会的建构。生活在一定时期一定地域的人们总是以能给他们的生活赋予意义的方式来建构自然,社会精英或普通民众、男性或女性、西方人或东方人无一例外。在16、17世纪之前,一个以有生命的女性的大地作为其中心的有机宇宙形象被建构,"有机论"的自然观占据着人们的头脑。"有机理论的核心是将自然,尤其是地球与一位养育众生的母亲相等同:她是一位仁慈、善良的女性,在一个设计好了的有序宇宙中提供人类所需的一切。自然作为女性的另一种与养育者形象相反的形象也很流行:即不可控制的野性的自然,常常诉诸暴力、风暴、干旱和大混乱,仁慈的养育者和非理性的施虐者均是女性的性别形象,均是女性性别的特征观念向外部世界的投射。"① 有机论自然观力图将自然当作活的有机体,认为宇宙万物都是相互作用、相互依赖、相互影响而且充满生命动力的。即便是荒野也可看作精神洞察力的源泉,岩石、池塘、山脉也渗透着生命的活力,自然是一个有着内在联系、可以自行生长与创造的生命整体,大地母亲创生万物就像人类母亲孕育生命一样。透视历史,麦茜特认定:这是一种16世纪之前在欧洲广泛流行的自然观。例如按照炼金术士帕拉塞尔苏斯的说法,地球是一位女性,她的子宫养育了所有生命。这种观点认为,地球是金属的发源地,卑微的金属在地球子宫内可以成长并转化为黄金,就像孩子在女性子宫的温暖窝巢中孕育成长一样。地球就如女性一样能给所有生长的物质提供营养,是所有生命的看护者。

(二) 本质主义(essentialism)思想倾向

在早期的生态女性主义者中,有很多人具有本质主义思想倾向,尽管她们对此予以否认。然而在这些生态女性主义的著作中却有着

---

① [美] 卡洛琳·麦茜特:《自然之死》,吴国盛译,吉林人民出版社1999年版,第2页。

本质主义的痕迹。因为她们或多或少认为,压迫逻辑的、本质的、普遍的决定性原因存在于男人和女人之间的生物学差异——而非他/她们的"社会性别自我"的差异——之中。比如奥特纳(sherry Ortner)在1974年就写过文章尝试从女性身体结构与功能和女性的社会角色两个方面来回答"为什么女人被视为较接近自然"的问题。①

苏珊·格里芬在其著作《自然女性》中按照历史年代追溯了从父系社会开始人类对自然的认识和征服过程中伴随着男性对女性的征服。这本作者自称"不合常规"的书,以富有诗意和激情的散文笔法通过联想、直觉等"自然思维"将论断以模仿的声音传递出来,取代了传统学术著作惯用的理性逻辑方式,用女性文化主观的、激情的、形象的声音反击男性文化客观的、冷漠的和空洞的声音。格里芬用一系列的动物(如母牛、马、绵羊、狐狸、雌鹿、兔子等)指称女性,意图加强女性与自然的天然的联系。如:"她是一头大乳牛……她什么也不思考,只等待着别人挤奶,年复一年,生小牛,为公牛配种作好准备。她忠实,日复一日,总是在那里,在同一个时间生产,热乎乎的乳汁,乳白色的眼睛睁得大大的,轻信、呆滞、乡下气、闲散、鲁莽的头脑昏昏沉沉、恍恍惚惚,像一个懒汉。她展示自己的肉,供世界使用。"② 乳牛等同于女人:能生育,健壮,丰满、感觉迟钝,不思考,轻信、呆滞、乡下气、闲散、愚笨,"像一个懒汉",即使用男人作比,也是最令人不齿的男人——懒汉。在男人对女人的观照中,甚至在女人的自我观照中,乳牛的形象就是女人的真实写照。母牛=女性,在孕育生命、繁殖后代方面二者的行为职责是一致的。生育是她们生存价值的最大体现,而生育后的

---

① Sherry Ortner, "Is Female to Male as Nature Is to Culture? From Readings in Ecology and Feminist Theory", Edited by MacKinnon and McIntyre, *Women, Cultureand Society*, Stanford University Press, 1974, pp. 67 – 87.

② [美]苏珊·格里芬:《自然女性》,张敏生等译,湖南人民出版社1988年版,第89页。

母牛就没有饲养价值了,失去了饲养价值的母牛将等同于废物,只有任人宰割的份。女人也一样,在生育了孩子之后,仿佛她的生命的最大价值已经消失殆尽,这唯一区别于男性的所谓"优势"一旦归于虚无,女性的存在便毫无意义,同样失去"饲养价值"。从女人与母牛的天性与价值来看,比起男人,女人与自然的关系更为微妙与密切。对于自然,女人的体会与解读似乎更得心应手,因为那几乎就是她们自身生命的另外一种诠释。男人对女人的理解却更多出自一种臆想。他们认为分娩的痛苦只是女人自己想象出来的,他们觉得实际上这一过程是自然的,是愉快的。男人如此评价和臆测女人生产时所承受的极痛。他们甚而认为怀孕是一件有趣的事,还调侃着说自己也能怀孕就好了。这种玩笑话预设的前提是:男人明明知道这不可能成为现实,因而才敢表现出享受式期待。对于分娩的真实感受他们是无论如何也无法体会和感知的,他们只见到产妇在历经磨难之后的艰难一笑,便主观臆断地认定那一过程是幸福的,令人愉悦的。对待分娩的动物,他们更多的是采取无动于衷的态度。女人则感同身受,将自身的生育体验与动物分娩联系起来,从而更将善待与珍惜自然界的生命。

苏珊·格里芬写道:"我们知道自己是由大地创造的。因为我们看到了自己。我们就是大自然。我们是观察大自然的大自然。我们是具有大自然观念的大自然。是哭泣的大自然。对大自然讲述大自然的大自然。"[①] 和男人相比,女性有着特殊的认识和感知世界的方式。苏珊·格里芬指出,女性和自然的密切关系可以通过女性的独特体验来证明:女性每月必定经历的子宫来潮,她们怀孕时消耗精力的共生关系,分娩的痛苦,给孩子哺乳时的满足,妇女大致开始领悟人类与自然是同一的。这是女人独有的体验,男人是无法通过

---

① [美] 苏珊·格里芬:《自然女性》,张敏生等译,湖南人民出版社1988年版,第289页。

这种方式了解到这些的。妇女和动物、大地、星月亲密接触，与大自然享有充满活力的联系，这更是男人无法奢求的。苏珊·格里芬认同女性更接近自然的观点，并将其作为女性独特文化价值的基点。

（三）以对西方现代科学观、二元论的批判来剖析女性和自然

早期的生态女性主义学者认为，最初人类是在与自然和谐共处的状态中生活的。人类把自身看作一个更大整体的组成部分，只有适应这个整体，他们才能生存繁衍下去。以灵长类动物和现世遗留下来的原始社会生活为依据，可以推断出最初的人类社会是以女性为中心的，因为只有女性才有可能在群体的活动中扮演最重要的角色。在这个以女性为中心的世界，妇女得到充分发展，她们可以控制自己的生活，彼此之间保持着密切联系。她们也和非人类的动物和自然有着亲密的接触。在她们主导的以生存为目的的活动中，人类与自然友好相处，他们的生活自由而幸福，然而随着人类人口的增加，食物变得越来越少，人类的欲望则越来越多。当欲望膨胀到一定程度，他们便不再认定自然是慷慨的慈母，他们决心自己来掌控事物，于是在16世纪到18世纪欧洲兴起了科学革命和以市场为方向的文化，自然位于宇宙的中心位置的观点开始削弱，人们利用科学技术把自己从自然的任性中解脱出来，面对"她"（自然）已决定阻止人类贪婪榨取物品的状况，人类采取的是无情的钻探、挖掘、耕作等行为，以满足自身的贪欲。然而，人类从自然中赢得的控制越多，他们在肉体和心理上就越是与自然疏离。这种疏离、异化导致人类对自然的"畏惧"以及久而久之形成的"仇恨"。欧洲科学的整体模式是父权制的、反自然的和殖民主义的。由于女人在生育中的角色与自然相近，男人遂将女人与自然联系在一起。这种通过科学技术来控制和占有的欲望，包括对于女性性能力和自然繁殖能力的控制和占有，有力地揭示了压迫女性和压迫自然之间的相互关系。地球作为养育者母亲的隐喻逐渐消退，代之的是自然作为无序的第二个形象所唤起的一个重要的现代观念，即驾驭自然

(power over nature)的观念。机械论精神取代以女性原则为主导的有机论精神登上历史舞台。

在《自然之死》中,卡洛琳·麦茜特重新考察了西方世界观和科学观形成的根源,也重新评价了培根、笛卡尔、牛顿等现代科学缔造者们对于人类社会的贡献。"现代科学之父"培根有一句名言:"让科学技术与自然结成婚姻,把自然嫁给科学技术为妻。"典型地显露了潜在于主流文化中的对女性和自然的侵略倾向。培根对于那种把妇女归于精神心理和繁殖生育之源的同样社会变化极为敏感,转而开发语言力量作为政治工具,认定妇女的本性是经济生产之源,从而妇女的形象就成了利用科学知识和方法作为人类控制自然的新形式的一种工具。因为当自然用女性来诠释时,这个方法将会非常便利地使开发环境成为可能。正如女人的子宫在象征意义上屈从于镊子或手术刀等工具,自然的子宫也包蕴着众多可以用技术来挖掘的秘密,找出这些秘密,人类的物质生活条件将有极大的改善和提高。"有充分的基础相信,自然的子宫中仍有很多极有用处的秘密,它们与现在我们所知的任何事物都没有类似或相当之处……只有以现在所言的这种方法,我们才可以迅速、即刻、同时地预知和发掘这些秘密。"[①]当自然尚陷于她的外衣被撕破的哀伤中时,人类已用种种技术手段强制地进入自然,由此获得的利益已经得到语言上的赞许和支持,从而使得剥夺和"强奸"自然有了合理合法的借口,那就是"为人类的善",对自然的奴役和侵害成为公开而合法的行为。

培根赞成通过手工操作、技术和实验实施对自然的权威,而笛卡尔等哲学家所倡导的机械主义世界观也成为一种概念化的权力结构。笛卡尔采用这样一种方法论的预设,那就是问题可以被分解成

[①] [美]卡洛琳·麦茜特:《自然之死》,吴国盛译,吉林人民出版社1999年版,第187页。

第十章 生态女性主义早期文本解读 369

部分,然后信息可以用数学规则和关系来处理。他认为这个方法是征服自然的关键:因为这些被几何学家使用的推理方法"促使我们想象,所有在人的认识能力之下的事情都可能以同样的方式相互关联"①。遵循这种方法就不会存在遥远得使我们不能达到的事情,或隐秘得使我们不能发现的事情。由此可见,西方的理性科学模式和自由观念都是建立在自然对于(男)人意志的臣服,建立在人对依赖自然的战胜和超越及摆脱之上的。

西方现代科学观的出现使人类将自身从对自然的依赖状态中摆脱出来,相应地世间万物也被人类划分出等级。人类心安理得地处于最高位置——精神层面,依次排列下去的动物、植物"无可置疑"处于次要位置,比起自然界的其他物种,人类被自身认定为更具价值、更为重要。正是人类利益高于一切这一设定促成了以下观念:万物都是有序排列的。因此,人类就优于其他动物,文明也优于自然。这不仅仅存在于人类与非人类之间,即使人类群体内部也是存在等级次序的。西方文化的主要权力结构就是一种统治与被统治的等级制度,这种制度构成了社会中人与人、群体与群体的关系。柏拉图在《理想国》中导引西方男人远离他所认为的低级的感官领域、表象世界,而进入他所认为的高级的智力领域、实体世界。由此产生出二元世界的对立性"分离":精神/肉体,理智/情感,城市/荒野,认知者/认知对象。苏珊·格里芬愤怒地指出:柏拉图错误地坚持精神优于物质,他让我们把男人看作精神,把女人看作身体,这就把我们引入了歧途。格里芬强调,正是"柏拉图的二元对立等级制度支撑着西方社会的这一观念:妇女是比男人低贱的人"②。两性关系成为这个集权的等级制度的社会中压迫性的等级关系的范例:

---

① [美]卡洛琳·麦茜特:《自然之死》,吴国盛译,吉林人民出版社1999年版,第253页。

② [美]罗斯玛丽·帕特南·童:《女性主义思潮导论》,艾晓明等译,华中师范大学出版社2002年版,第379页。

凡居于统治地位的都被划为男性的，凡居于被统治地位的都被划为女性的。在这种二元对立的权力等级中，一方被赋予特权，而对立面的另一方却被剥夺了完整的人所有的权利。在人类与自然的关系中，自然和女性一样，被看作统治的对象，所以权力就集中在男性统治者手中，女性必须为男性的利益服务，自然必须屈从于机械化的农业和文明社会的权威之下，动物和植物必须牺牲自己的生命来满足人类的种种欲望和需要，在父权社会里不存在对于"他者"的尊重。作为男权理性的客体存在的他者，只有在它能够使主体受益的情况下才被列入考虑的范畴。这是一种完全以自我为中心的，与自然对立的文化观点，从而人类无视这样一个基本事实，即它自己的生命依赖于整个世界的完整与健康，人类的生存和生态的平衡与稳定休戚相关。文化/自然、男人/女人的二元对立被格里芬看作一种灾难。在对科学知识作出批判性的反思，对男人赋予数字重要性和财产量化加以嘲讽之后，格里芬迫切希望女人逃离文化这个二元对立思考的迷宫，回归自然，回到物质和精神合一的岩穴。她认为那才是人类真正的栖息地，人类并不仅仅是"理念"。在《自然女性》的第三卷和第四卷，格里芬发起号召：我们女性是能够战胜那些贬低自然、物质、身体和女人的思想的，但是只有我们学会为自己和自然世界讲话才能实现这一目标。自然是有其自身存在的价值的，这种价值同样不能简单地处理为对男人的用处。女人也有其自身存在的价值，这种价值同样不能简单地处理为对文化的用处。女人不能再让自己和自然遭受各种各样的侵害和利用。我们应该发出心底的呼号，学会对已经存在的现状说"不"，以便寻求未来的可能更为有利生存的状态。

第三节　女性和自然：生态女性主义的永恒话题

一　对早期生态女性主义女性与自然观的评价

生态女性主义思潮从出现、发展到现在不过短短的四十几年时间,发展时间之短与思潮内部观点的不一致导致这些生态女性主义学者的思想不断地发生变化。如果刻意将其纳入生态女性主义的某个具体分支,往往很牵强并具有一定的局限性,况且生态女性主义各个分支之间的界限也并非截然分开。早期生态女性主义发生发展时间则更短,从20世纪70年代中期至80年代末,仅仅十五年左右,在这样短的时间里对一个新生观点形成正确客观的分析、研究和评价是很困难的。早期生态女性主义学者由于对女性与自然的关系的认识还不够深入和具体,她们往往采用某种研究方式单方面从某个角度来解析女性与自然的关系,由此形成的女性与自然的关系的观点也比较复杂,其中有些观点具有合理性和相应的价值,有些观点则要由后来者进一步去审视和重估,甚至有些学者自身随着认识的深入、研究的不断完善在前后期对待女性与自然观的态度也在发生变化。这些是我们在对早期生态女性主义学者的女性与自然观进行研究时应该注意的。下面对其进行简要的分析评价。

以苏珊·格里芬和玛丽·戴利为代表的文化生态女性主义学者试图把自然从压迫性的男性文化中解放出来,认可人类对自然的尊重,认可人与自然之间的重要的内在联系。倡导建立新型的女性文化,主张重新评价、颂扬和捍卫曾被父权制文化贬低的女性与自然、肉体和情感的价值和优势。但是许多批判者对文化生态女性主义的思想产生了疑问。认为她们过分强调女性与自然的生物学关联,倾向于把女性看成生物学上具有独特优势的生态存在,赞美自然与女性的联系。这是需要担风险的,包含着内在逻辑错误,强调女性的独特性本身就是"用来压制女性,使之沉默的公式"[1]。将女性等同于自然,只是将业已存在的种种对妇女和自然的压迫联结起来,这样反而会加深西方文化中的自然工具化和女性工具化,而不会解放

---

[1] [美]罗斯玛丽·帕特南·童:《生态女性主义思潮导论》,艾晓明等译,华中师范大学出版社2002年版,第409页。

女性。因为父权制文化的倡导人正是将男性与女性的不同生物机制作为压迫女性与自然的根据。在他们看来，女性是自然的、肉体的、情感的、主观的、私人的代名词，而男性则意味着文化的、心智的、理性的、客观的、公众的。理性的和文化的男性理应统治自然的、情感的女性，因此女性和自然一起被主流文化所排斥、所贬抑。文化生态女性主义者过于简单地把妇女理解为纯粹的身体，或者把妇女的潜能和能力简单地理解为一种自身具有的本性。自然和女性的天然联系一直都被用来作为贬低女性的理由之一，积习数千年的消极文化是不可能通过文化生态女性主义者热情地强调"重申"而发生改变。这是后来的文化生态女性主义应该重视的一个课题。

　　精神生态女性主义者将女性和自然看作神圣的宗教信仰的方式。她们的思想中存在这样的观点："如果犹太教和基督教这些具有'父权制'性质的宗教不能肃清空洞的男性精神这种观念，女性就应该抛弃犹太教和基督教的压迫限制而寻找一种新的精神信仰，一种新的文化，而这种新的文化在把女性奉为神圣的同时也强调了自然的神圣性。"[①] 有些批评者认为，精神生态女性主义学者的错误在于试图以宗教代替政治，浪费很多时间"施咒唱歌"，这种关于灵性、女神崇拜以及将女性与自然联结的观点在现实中并没有实际意义。不过，精神生态女性主义者认为她们自己是人世间的行动主义者，致力于以日常生活的形式，在许多小型的社会团体中传播她们的精神思想，以努力做到既尊重女性又尊重自然。虽然精神生态女性主义在抵制父权制的宗教和发扬女神文化方面达成共识，但是有些精神生态女性主义者强烈反对政治行动或者对政治行动抱有敌意，有的只接受那些与其历史和文化背景相符的宗教符号和行动。无论怎样，精神生态女性主义都应记住一条基本准则：那就是她们既是生态的，

[①] 赵媛媛、李建珊：《人类与自然关系的多角度解说——生态女性主义思潮评析》，《自然辩证法研究》2006 年第 6 期。

又是女性的。只有记住这一点，精神生态女性主义才能将女神精神与生态运动很好地结合在一起。

社会生态女性主义不再强调女性与自然的联系，认定女性与自然的特殊联系是由社会建构并由意识形态强化的。她们认为，那种主张女性更接近自然的观点是幼稚的和反动的，创建一种新的女性文化并不会给经济和社会结构带来根本的改变，也不能消除父权制社会对自然和女性的压迫。但是，应该看到，不强调女性与自然的特殊联系，"在一定程度上削弱了生态女性主义最初的激情，她们的初衷是要在有机体的意义上——尤其是在提到女性的生物学特征时——重申自然"①。但是，社会生态女性主义学者看到了女性与自然之间的非生物学特征上的关联，女性社会角色的形成却是受到社会因素的强烈影响。许多文化生态女性主义学者认为自身不仅关注女性的生理特征，而且关心社会经济制度的变革，她们对后者重视还是得益于社会生态女性主义的批判的。

社会主义生态女性主义者把女性和自然的关系提升到生存必需的程度，从根本上反对资本主义父权制及其所产生的各种对于环境具有破坏性的思想，倡导人们改变目前的生活状态和方式，以尽可能少的消费来达到保护自然的目的。作为第三世界生态女性主义的代表人物，范达娜·席瓦着重研究第三世界经济发展中女性与自然遭受的剥削和压迫。强调统治女性和自然的政治——社会因素而非个人因素，她关注殖民主义以及跨国公司给第三世界国家带来的灾难，认为这种恶性发展会造成女性、自然和处于不利地位的文化的毁灭。她以激进的观点和态度对当下全球几乎所有代表性的社会经济和意识形态毫不留情地进行批判分析，始终以生态女性主义视角关注第三世界问题，把生态女性主义理论和第三世界的实践相结合，使整个生态女性主义思想发展更为成熟和完善。

---

① Tanet Biehl, *Rethinking Feminism Politics*, Boston: South End Press, 1991.

尽管社会主义生态女性主义的观点具有相当的合理性和吸引力，但是它的要求极具挑战性，普通民众能否接受成为最大的问题，在实际生活中，虽然越来越多的人开始关注生态问题、自然的破坏问题，但是若要以牺牲他们目前的生活方式和享受方式来减轻对自然环境的压力，他们未必欣然接受。因此，如何在实践当中实现理念和价值观是社会主义生态女性主义学者需要进一步思考的问题。

二 后期生态女性主义女性与自然观的发展

进入20世纪90年代，生态女性主义思潮进入了又一个发展高峰，其间，除苏珊·格里芬、卡洛琳·麦茜特、范达娜·席瓦、查伦·斯普瑞特奈克等早期生态女性主义学者继续深入阐发自己的理论，加强和深化自己的研究课题外，许多新锐学者开始崭露头角，她们不断以新的文章、著作充实着生态女性主义这个领域。随着研究的不断深入，许多女性主义学者包括生态女性主义学者认识到，早期生态女性主义那种过分强调女性和自然联系的历史作用的方式，将无法摆脱逻辑上的矛盾，会犯本质主义与二元论的错误。于是很多学者开始不承认和接受所谓存在特别的理解、体验和评价世界的"女人方式"，"担心承认女人比男人更靠近自然会强化独裁和支配的逻辑，致力于分析和批判女性与自然相联系的概念，指出女性和自然受双重统治的根源乃是统治逻辑和二元对立的思维模式，强烈批判西方近现代环境伦理学中以统治逻辑和二元对立为特征的理性主义、机械论、男性中心主义和人类中心主义等观点"[①]。她们试图超越性别特征深入哲学理论层面来研究女性与自然的关系，探求对自然和女性统治的根源。有的甚至还吸纳了后现代主义的观点来确立自己的女性与自然观。

---

① 郑湘萍：《生态女性主义视野中的女性和自然》，《华南师范大学学报》2005年第6期。

第十章 生态女性主义早期文本解读 375

美国著名的生态女性主义理论家卡伦·沃伦（Karen Warren）认定是父权制等级制度、二元论和压迫性的思维模式对女性和自然造成了极大的伤害。她希望能重新建立自然与文化、男人与女人的概念，女性主义必须以废除"自然歧视"（即对非人的自然的压迫和统治）为己任。女性主义理所当然是终止自然歧视的运动，同时也是结束性别歧视的运动。

1993年，沃伦通过梳理生态女性主义与其他女性主义流派的关系，总结出女性与自然是密切相关的，并将这种联系进一步概述为八个方面的联系，她认为生态女性主义是一个伞状的术语，它包括了多种把统治人类社会中从属地位的人们，尤其是统治妇女的社会制度和统治非人类的自然联系起来的关于自然的多元文化视角。任何不把这二者联系起来的女性主义理论和环境伦理都是不充分的。这种观点极大地拓宽了如何看待女性与自然联系的视域，充分反映了生态女性主义学说的不断发展。普鲁姆伍德认为，在对待女性与自然的关系上，我们确实需要重新对女性地位、自然进行文化上的价值定位，但是要警惕落入在女性身上寻找生态救赎的窠臼。她认为女性主义之所以必须关注自然生态与非人类的物种的被压迫性结构的议题，主要在于这些压迫性结构支持并强化了彼此的压迫关系。她十分清晰地勾勒出二元论的逻辑结构，指出女性与女性气质如何被相对于男性和男性气质的二分化、背景化、低下化、同一化等，最终导致了二分的男性/男性气质对于女性/女性气质的殖民化。她同时也认为，在提到女性与自然的关系时，我们不需要用本质主义的观点来理解，而应将这两者的关系置于女性不同的社会与历史关系中来认识。[1] 这也说明了有些生态女性主义学者认识到，随着女性在不同的社会历史发展历程中社会位置的改变，她们与自然的关系

---

[1] Val Plumwood, *Feminism and the Mastery of Nature*, London: Routledge, 1993, pp. 35 – 39.

也相应发生变化。她的论述表明，后期的生态女性主义学者已由单纯地关注传统意义上的女性与自然本身之间的联系转变为关注对于妇女的统治和对自然的统治及其他形式统治之间的联系，代表了生态女性主义女性与自然观向着纵深方向的发展态势。

美国的查伦·斯普瑞特奈克（Charlene Spretnak）运用生态后现代主义的观点来盘点生态女性主义的观点。在20世纪90年代她相继发表了大量的文章和著作来表明自己的立场和观点。其中《生态女权主义建设性的重大贡献》及《生态女权主义哲学中的彻底的非二元论》被我国学者译为中文，国内很多研究者也都是从这两篇文章中了解到她的生态女性主义理论观点的。在《生态女权主义建设性的重大贡献》一文中，斯普瑞特奈克开篇就提出自然和女性之间即大地和子宫之间的相似与联系，认为生态女性主义"主要是关注贬低自然与贬低女性间的历史联系的运动"。并分别从哲学政治行动主义和精神性展示和分析了生态女性主义的三个重要方面。在论及生态女性主义对环境哲学的批判时，斯普瑞特奈克认为是康德式的对立思考的理性框架方法导致了对具体他者（"阴性的"、个人领域）的关心和关注与普遍化的道德关注（"阳性的"、公众领域）之间形成尖锐对立，生态女性主义将其看作西方文化虐待自然的主要原因，认为"对自然的关注不应被看作是完成（阳性）普遍化过程、道德抽象活动，不应是分离和抛弃自我、情绪和某些特殊联系过程"。她看到，"生态女性主义者从传统的女权主义者关注性别歧视发展到关注全部人类压迫制度（如种族主义、等级主义、歧视老人和异性恋对同性恋的歧视），最终认识到'自然主义'（即对自然的穷竭）也是统治逻辑的结果"。[①] 在《生态女权主义哲学中的彻底的非二元论》中，她谈到正是因为生态女性主义哲学并未以彻底的

[①] ［美］查伦·斯普瑞特奈克：《生态女权主义建设性的重大贡献》，秦喜清译，《国外社会科学》1997年第6期。

非二元论来理解实在相互联系和相互依赖,所以生态女性主义者在探讨女性与自然的联系时会不小心陷入父权体制中二元论的陷阱,而"生态后现代主义为生态女权主义提供了一个可以接受的非二元论的概念体系"。而对于女权主义对妇女自我界限的松散定义在历史上受到鼓励而便于人们利用女性为己服务和现代的个人构成会因承认彻底的非二元论而消失殆尽的担忧,生态后现代主义的多元化价值观念给予了回答:"宇宙中每一个显示出来的主体性都是真实可爱的,而它们在广大体系中的广泛参与也一样是真实可爱的。"① 只有在本体论上作更彻底的转变,才能避免因强调女性与自然的关联而陷入本质主义和父权制中二元论的窠臼。所以,斯普瑞特奈克坚持应以彻底的非二元论来解构女性与自然的关系问题。

三 21 世纪生态主义女性与自然观的发展前景

作为发展中的社会思潮和文化运动,生态女性主义还不能说已经很成熟。即便如此,"它对压迫妇女和掠夺自然的共同的社会文化根源的挖掘,无疑深化了人们对环境保护和环境伦理问题的探讨。它对作为压迫妇女和自然的共同根源的父权制、二元论和统治逻辑的揭示,使我们能够避免把当代环境问题的根源简单地归结为抽象的人类中心主义。它对关怀、关系、特殊性的强调也有助于我们超越现代性的各种'陷阱'"②。尤其在 21 世纪的今天,在全球生态环境危机日益加剧的语境中,生态女性主义关于女性与自然的观点有着极为重要而深远的意义和影响。"它把女性主义的'社会性别'(gender)范畴作为研究和分析问题的范式,重视女性的地位、价值、体验和利益,以性别视角透视环境伦理、生命伦理、妇女伦理

---

① [美]查伦·斯普瑞特奈克:《生态女权主义哲学中的彻底的非二元论》,张妮妮译,《国外社会科学》1997 年第 6 期。

② 何怀宏:《生态伦理——精神资源与哲学基础》,河北大学出版社 2002 年版,第 256 页。

等实际问题，注重挖掘生态危机产生的深刻历史根源，并试图为这些问题的最终解决提供新思路和新方法。"① 生态女性主义克服了女性主义、生态主义视角单一的缺陷，而力图从女性和自然的关系的视角出发，将环境问题和妇女问题联系起来进行综合考察，使生态主义和女性主义得以互相促动、协调发展。

21世纪，人类所面对和所要处置的是一个已掌管了这一星球功能约6700万年的生物时期的混乱，甚至是它的终结，是过去从未有过的存在于空气、水和土壤中的毒素，是分布在整个地球上的无以计数的化学物品，是某些物种的灭绝，是关乎我们生存质量的气候变化。为了摆脱上述种种危机，人类必将付出更多的心力去研究生态，努力达到人与自然的和谐统一，实现解放自然的过程，同时又是对女性解放的过程，因为二者是相互联系的，任何一方的解放都离不开另一方的努力。在生态女性主义学者的努力下，在后现代语境中，人与自然、人与人关系的压迫性结构必将得到解除，建立新型平等的人与自然、人与人的关系指日可待。

生态女性主义文化思潮带给学界一个新的理解女性和自然的关系的视角和方式，一套独特的价值体系，一种全新的意识形态，它主要从女性性别视角在理论和实践层面系统而深入地研究人类所面临的生态危机，重点关注女性和自然的紧密联系，尝试寻求社会上普遍存在的贬低女性和贬低自然两者之间的关系，坚决反对父权制统治模式和二元式思维方式对女性和自然的压迫和剥削，提倡在人与人、人与自然之间建立新型的和谐关系，为当代全球生态危机和性别歧视问题的解决提供了新方法和新路向，对世界造成了深远的影响。其中，早期生态女性主义学者对女性和自然观的解读和思考起到了重要作用，尽管在是否应该强调女性和自然之间关系的问题

---

① 郑湘萍：《生态女性主义视野中的女性与自然》，《华南师范大学学报》2005年第6期。

上思潮内部存在分歧并由此形成众多观点不一的流派。所有的生态女性主义学者都承认：女性和自然之间有联系，解放自然和解放女性是相互联系的工程。也许相对于后期女性主义对女性和自然观的诠释，早期生态女性主义对二者关系的认识和理解尚嫌稚嫩，还存在解读视角单一、本质主义倾向、理论主张停留在表面等各种各样的不足。但是，毋庸置疑，正是因为苏珊·格里芬、卡洛琳·麦茜特、范达娜·席瓦等学者的不懈努力，才有了后期生态女性主义对女性和自然观的更深入的探究和阐释。

参考文献

何怀宏：《生态伦理——精神资源与哲学基础》，河北大学出版社 2002 年版。

李银河：《妇女：最漫长的革命——当代西方女权主义理论精选》，生活·读书·新知三联书店 1997 年版。

林树明：《多维视野中的女性主义文学批评》，中国社会科学出版社 2004 年版。

鲁枢元：《生态文艺学》，陕西人民教育出版社 2002 年版。

陆扬：《德里达：解构之维》，华中师范大学出版社 1996 年版。

王逢振主编：《詹姆逊文集第 1 卷：新马克思主义》，中国人民大学出版社 2004 年版。

王政、杜芳琴：《社会性别研究选译》，生活·读书·新知三联书店 1998 年版。

文洁华：《美学与性别冲突：女性主义审美革命的中国境遇》，北京大学出版社 2005 年版。

[奥地利] 奥托·魏宁格：《性与性格》，肖聿译，中国社会科学出版社 2006 年版。

[奥地利] 弗洛伊德：《精神分析引论》，高觉敷译，商务印书馆 1984 年版。

[德] 阿克塞尔·霍耐特：《为承认而斗争》，胡继华译，上海世纪出版集团 2005 年版。

［德］哈贝马斯:《公共领域的结构转型》,曹卫东等译,学林出版社1999年版。

［德］哈贝马斯:《交往行为理论》(第一卷),曹卫东译,上海人民出版社2004年版。

［德］哈贝马斯:《交往行为理论》(第二卷),洪佩郁、蔺青译,重庆出版社1994年版。

［德］哈贝马斯:《交往与社会进化》,张博树译,重庆出版社1989年版。

［德］哈贝马斯:《重建历史唯物主义》,郭官义译,社会科学文献出版社2000年版。

［法］雅克·德里达:《书写与差异》,张宁译,生活·读书·新知三联书店2001年版。

［法］埃蒂安·巴利巴尔:《马克思的哲学》,王吉会译,中国人民大学出版社2007年版。

［法］鲍德里亚:《生产之镜》,仰海峰译,中央编译出版社2005年版。

［法］鲍德里亚:《完美的罪行》,王为民译,商务印书馆2000年版。

［法］鲍德里亚:《消费社会》,刘成富等译,南京大学出版社2000年版。

［法］吕西·依利加雷:《二人行》,朱晓洁译,生活·读书·新知三联书店2003年版。

［法］梅洛-庞蒂:《知觉现象学》,姜志辉译,商务印书馆2001年版。

［法］梅洛-庞蒂:《作为表达和说话的身体》,载朱立元、李钧主编《二十世纪西方文论选》,高等教育出版社2002年版。

［法］米歇尔·福柯:《词与物》,莫伟民译,上海三联书店2001年版。

［法］米歇尔·福柯:《知识考古学》,谢强、马月译,生活·读书·

新知三联书店2003年版。

［法］皮埃尔·布尔迪厄：《男性统治》，刘晖译，海天出版社2002年版。

［法］让－利奥塔等：《后现代主义》，赵一凡等译，社会科学文献出版社1999年版。

［法］西蒙娜·德·波伏娃：《第二性》，陶铁柱译，中国书籍出版社1998年版。

［法］雅克·德里达：《多重立场》，佘碧平译，生活·读书·新知三联书店2004年版。

［法］雅克·德里达：《论文字学》，汪家堂译，上海译文出版社1999年版。

［法］雅克·德里达：《马克思的幽灵：债务国家、哀悼活动和新国际》，何一译，中国人民大学出版社1999年版。

［法］雅克·德里达：《文学行动》，赵兴国等译，中国社会科学出版社1998年版。

［法］朱丽娅·克里斯蒂娃：《爱情传奇》，姚劲超等译，华夏出版社1992年版。

［法］朱丽娅·克里斯蒂娃：《恐惧的权利：论卑贱》，张新木译，生活·读书·新知三联书店2001年版。

［荷兰］佛克马、［荷兰］伯顿斯编：《走向后现代主义》，王宁等译，北京大学出版社1991年版。

［加］巴巴拉·阿内尔：《政治学与女性主义》，郭下娟译，东方出版社2005年版。

［美］查伦·斯普瑞特奈克：《生态女权主义哲学中的彻底的非二元论》，张妮妮译，《国外社会科学》1999年第6期。

［美］查伦·斯普瑞特奈克：《生态女权主义建设性的重大贡献》，秦喜清译，《国外社会科学》1997年第6期。

［美］巴里·康芒纳：《封闭的循环——自然、人和技术》，侯文蕙

译，吉林人民出版社 1997 年版。

［美］J. 希利斯·米勒：《重申解构主义》，郭英剑等译，中国社会科学出版社 1998 年版。

［美］M. 米德：《性别与气质》，光明日报出版社 1989 年版。

［美］M. 米德：《性别与气质》，宋正纯等译，光明日报出版社 1989 年版。

［美］艾莱恩·肖瓦尔特：《妇女·疯狂·英国文化》，陈晓兰等译，兰州大学出版社 1998 年版。

［美］安德鲁·芬伯格：《可选择的现代性》，陆俊等译，中国社会科学出版社 2003 年版。

［美］贝蒂·弗里丹：《女性的奥秘》，程锡麟等译，广东经济出版社 2005 年版。

［美］贝尔·胡克斯：《女权主义理论：从边缘到中心》，江苏人民出版社 2001 年版。

［美］比尔·麦克基本：《自然的终结》，孙晓春等译，吉林人民出版社 2000 年版。

［美］伯格：《通俗文化、媒介和日常生活中的叙事》，姚媛译，南京大学出版社 2002 年版。

［美］大卫·雷·格里芬等：《超越解构——建设性后现代哲学的奠基者》，鲍世斌等译，中央编译出版社 2002 年版。

［美］道格拉斯·凯尔纳、［美］史蒂文·贝斯特：《后现代理论》，张志斌译，中央编译出版社 1999 年版。

［美］弗雷德里克·詹姆逊：《后现代主义与文化理论》，唐小兵译，北京大学出版社 2005 年版。

［美］弗雷德里克·詹姆逊：《快感：文化与政治》，王逢振等译，中国社会科学出版社 1998 年版。

［美］弗雷德里克·詹姆逊：《政治无意识》，王逢振等译，中国社会科学出版社 1999 年版。

［美］葛尔·罗宾：《酷儿理论》，李银河译，文化艺术出版社 2003 年版。

［美］吉布森－格雷汉姆：《资本主义的终结：关于政治经济学的女性主义批判》，陈冬生译，社会科学文献出版社 2002 年版。

［美］卡洛琳·麦茜特：《自然之死》，吴国盛等译，吉林人民出版社 1997 年版。

［美］凯特·米莉特：《性的政治》，钟良明译，社会科学文献出版社 1999 年版。

［美］坎迪达·马奇：《社会性别分析框架指南》，冯媛等译，社会科学文献出版社 2003 年版。

［美］理安·艾斯勒：《圣杯与剑：我们的历史，我们的未来》，程志民译，社会科学文献出版社 1993 年版。

［美］琳·马古利斯、［美］多雷昂·萨甘：《神秘的舞蹈：人类性行为的演化》，潘勋译，中国社会科学出版社 1999 年版。

［美］罗斯玛丽·帕特南·童：《女性主义思潮导论》，艾晓明等译，华中师范大学出版社 2002 年版。

［美］马尔库塞：《审美之维——马尔库塞美学论著选》，李小兵译，生活·读书·新知三联书店 1989 年版。

［美］佩吉·麦克拉肯：《女权主义理论读本》，艾晓明等译，广西师范大学出版社 2007 年版。

［美］乔纳森·卡勒：《论解构：结构主义之后的理论与批评》，陆扬译，中国社会科学出版社 1998 年版。

［美］赛义德等：《后殖民主义文化理论》，陈永国等译，中国社会科学出版社 1999 年版。

［美］史蒂文·塞德曼：《后现代转向》，吴世雄等译，辽宁教育出版社 2001 年版。

［美］苏珊·S. 兰瑟：《虚构的权威：女性作家与叙述声音》，黄必康译，北京大学出版社 2002 年版。

［美］苏珊·格里芬：《自然女性》，张敏生等译，湖南人民出版社1988年版。

［美］托马斯·贝里：《伟大的事业：人类未来之路》，曹静译，生活·读书·新知三联书店2005年版。

［美］约瑟芬·多诺万：《女权主义的知识分子传统》，赵育春译，江苏人民出版社2003年版。

［美］朱丽亚·T. 伍德、徐俊、尚文鹏：《性别化的人生——传播、性别与文化》，暨南大学出版社2005年版。

［挪威］陶丽·莫依：《性与文本的政治——女性主义文学理论》，林建法等译，时代文艺出版社1992年版。

［日］柄谷行人：《马克思，其可能性的中心》，［日］中田友美译，中央编译出版社2006年版。

［日］高桥哲哉：《德里达》，王欣译，河北教育出版2001年版。

［斯洛文尼亚］齐泽克：《图绘意识形态》，方杰译，南京大学出版社2002年版。

［斯洛文尼亚］斯拉沃热·齐泽克：《快感大转移：妇女和因果性六论》，胡大平等译，江苏人民出版社2004年版。

［英］戴维·麦克莱伦：《意识形态》，孔兆政等译，吉林人民出版社2005年版。

［英］戴维·麦克莱伦：《马克思以后的马克思主义》，李智译，中国人民大学出版社2004年版。

［英］恩斯特·拉克劳、［英］查特尔·墨菲：《领导权与社会主义的策略：走向激进民主制度》，尹树广等译，黑龙江人民出版社2003年版。

［英］弗郎西斯·马尔赫恩：《当代马克思主义文学批评》，刘象愚等译，北京大学出版社2002年版。

［英］雷蒙·威廉斯：《关键词：文化与社会的词汇》，刘建基译，生活·读书·新知三联书店2005年版。

［英］玛尔考姆·波微：《拉康》，牛宏宝等译，昆仑出版社 1999 年版。

［英］玛丽·伊格尔顿：《女权主义文学理论》，胡敏、陈彩霞、林树明译，湖南文艺出版社 1989 年版。

［英］迈克·费瑟斯通：《消费文化与后现代主义》，刘精明译，上海译文出版社 2000 年版。

［英］佩里·安德森：《当代西方马克思主义》，余文烈译，东方出版社 1989 年版。

［英］尚塔尔·墨菲：《政治的回归》，王恒等译，江苏人民出版社 2005 年版。

［英］索菲亚·孚卡、［英］瑞贝卡·怀特：《后女权主义》，王丽译，文化艺术出版社 2003 年版。

［英］特里·伊格尔顿：《历史中的政治、哲学、爱欲》，马海良译，中国社会科学出版社 1999 年版。

［英］特里·伊格尔顿：《美学意识形态》，王杰译，广西师范大学出版社 1997 年版。

［英］特伦斯·霍克斯：《结构主义和符号学》，瞿铁鹏译，上海译文出版社 1999 年版。

［英］威廉姆·奥斯维特：《哈贝马斯》，沈亚生译，黑龙江人民出版社 1999 年版。

Kelly Oliver, Kristeva and Feminism [EB/OL], http://www.cddc.vt.edu/feminism/Kristeva.html, 2000.

Julia Kristeva, Revolution in Poetic Language [M], New York: Columbia University Press, 1984: 69, 24, 462.

Alison M. jaggar, Feminist Politics and Human Nature, The Harvester Press, New Jersey, 1983.

Ann Balsamo, Technologies of the Gendered Body: Reading Cyborg Women [M], London: Duke Univeisity Press, 1996.

Baudrillard, Symbolic Exchange and Death, translated by Lain Hamilton Grant, SAGE Publications, 1993.

Bidney, Martin, ANDERSON AND THE ANDROGYNE: 'SOMETHING MORE THAN MAN OR WOMAN' Studies in Short Fiction [J], Summer88, 25 (3): 261.

Carolyn G. Heilbrun, Toward the Promise of Androgyny [M], New York: Alfred A. Knopf, 1973.

Carolyn, Merchant, Radical Ecology: The Search for a lirable World [M], New York: Routledge, 1992. Cheng, Cecilia, Gender-Role Differences in Susceptibility to the Influence of Support Availability on Depression [J], Journal of Personality, Jun99, 67 (3): 439 - 467.

Helene Cixous, The Laugh of the Medusa, New French Feminisms, eds., Elaine Marks and Isabelle de Courtivron [M], New York: Schocken Books, 1981.

Janet Radcliffe Richards, The Skeptical Feminist: A Philosophical Enquiry [M], London & boston: Routledge & Kegan Paul, 1980.

Jean Bethke Elshtain. Man/Private Woman. Princeton University Press, 1981.

Judith Butler, Gender Trouble, Feminism and the Subversion of Identity, New York: Routledge, 1990.

Juliet Mitchell, Psychoanalysis and Feminism, New York: Vintage Books, 1974.

Karen, Warren, The Power and the Promise of Ecological Feminise, Environmental Ethics, 1990, 12 (2).

Kelly Oliver, Subject without Subjectivity [M], Boston: Rowman & Littlefield Publishers, 1998: 63, 136 - 137.

K. J. Warren, "Introduction" for Ecofeminism. in M. E. Zimnerman etd., eds, Environmental Philosophy: From Animal Rights to Radical Ecology [M], EnglenoodCliffs, 1993.

Luce Irigaray, Translated by Gillian C. Gill, Speculum of the other women, Cornell University Press, 1985.

Luce Irigaray, Speculum of the Other Woman [M], New York: Cornell University Press, 1974: 55, 22, 113, 160, 198, 301.

Luce Irigary, The Sex Which Is Not One [M], Ithaca: Cornell University Press, 1985.

Rosemary, Radford, Ruether, New Woman/New Earth: Sexist Ideologies and Human Liberation [M], New York: Seaburry press, 1975.

Sandra Gilbert, Susan Gubar, The Madwoman in the Attic: The Women Writer and the Nineteen-century Literary Imaginition [M], New Haven CT: Yale University Press, 1979.

Susan Bordo, Material Girl: The Effacements of Postmordern Culture, The Madonna connection: Representational Politics, Subcultural Identities, and Cultural Theory, ed., Cathy Schwichtenberg [M], Boulder, San Francisco/Oxford: Westview Press, 1993.

Susan Rubin Suleiman ed., The Female Body in Western Culture: Contemporary Perspectives [M], Cambridge, Ma: Harvard University Press, 1986.

Tompson, Ideology and Modern Culture, Stanford, 1990.

Val Plumwood, Feminism and the Mastery of Natuye [M], London: Routledge, 1993.

Zillah Eisenstein, Capitalist and the Case for Socialist Feminism, New York: Monthly Review Press, 1979.